清代契约文书整理及研究

北京西山大觉寺藏

张蕴芬　姬脉利　编著

图书在版编目(CIP)数据

北京西山大觉寺藏清代契约文书整理及研究 / 姬脉利，张蕴芬编著 .—北京：北京燕山出版社，2014.7
ISBN 978-7-5402-3575-8
Ⅰ．①北… Ⅱ．①姬… ②张… Ⅲ．①契约－文书－
史料－北京市－清代 Ⅳ．① D927.103.6
中国版本图书馆 CIP 数据核字 (2014) 第 191375 号

北京西山大觉寺藏清代契约文书整理及研究
BEIJING XISHAN DAJUESI CANG QINGDAI QIYUE WENSHU ZHENGLI JI YANJIU

编　　著：姬脉利　张蕴芬
图片提供：北京西山大觉寺管理处
项目负责：李满意
责任编辑：海涵　郭东梅　王梦楠　李满意
营销编辑：涂苏婷
责任校对：袁大威　石英　胡玉萍
封面设计：周泳妍
社　　址：北京市西城区陶然亭路 53 号（100054）
网　　站：http://www.bjyspress.com/
微　　博：http://weibo.com/u/2526206071
电　　话：01065240430
传　　真：01063587071
印　　刷：小森印刷(北京)有限公司
开　　本：710mm × 1000mm　1/16
字　　数：400 千字
印　　张：22
版　　次：2014 年 7 月第 1 版
印　　次：2014 年 11 月第 1 次印刷
定　　价：150.00 元

出版发行：北京燕山出版社 BEIJING YANSHAN PRESS

目录

目录

前言

千年古刹大觉禅寺拥有丰富的历史文化遗存，其中的古代建筑、金石碑刻、园林生态、绘画雕塑、佛教典籍等寺庙文化内容丰富多彩。大觉寺及周边古迹，以山水林泉之胜，皇家寺庙园林密集闻名，自古以来就是风水宝地。大觉寺悠久的历史，深厚的文化底蕴和清幽静谧的自然环境吸引众多中外游人前来观光览胜，探古寻幽。

大觉寺珍藏清代、民国时期的契约文书档案百余件，发现于二十世纪九十年代初，起于清康熙七年（一六六八），讫于民国十七年（一九二八），迄今已历三百多个寒暑。这批契约文书所涉及的内容均与大觉寺有关，其种类可分为土地房产的租赁契、典当契、买卖契，以及置产簿、收租簿，依资合同、施舍供养契，分家析产合同，还包括禀呈文书、判决正本、认同具结，官府告示等，堪称完整记录大觉寺两个半世纪的一份文书档案。

大觉寺不仅因是清代雍乾两代帝王的行宫而得到皇室的重视和多次修缮，而且还以其园林的秀丽、环境的幽雅及高僧大德们住持梵修而成为京西一处著名的佛教圣地。有着近千年历史的古刹大觉寺，伴随辽、金、元、明、清五个朝代的兴衰更替，能够在岁月的风雨沧桑中长盛不圮，独颖于京西数百座梵宇琳宫之中，主要原因是历代的帝王和后妃都对这里格外眷顾：修葺寺庙，赏赐田亩，遣僧住持，巡幸驻跸，御题诗匾，这一切都使得大觉寺在改朝换代的兵掠火焚中衰而复兴，永远秀出禅林。由于大觉寺在京西寺庙中的历史地位及其与清王朝皇室的特殊关系，这份文书档案不仅对于研究当时寺院历史、寺院经济、佛教文化有重要意义，而且为我们今天深入了解北京地区三百多年的土地制度、租佃关系、宗教政策、风俗民情、宗法制度等多方面情况，无疑提供了十分珍贵的第一手资料。此外，这批契约文书在流传过程中没有受到干扰，分散外流的可能性不大，因此具有相对的完整性、独立性和连续性，对于契约文书的文本形式的比较研究、历史地名的地区考证以及契约文书相关内容的研究都有特殊的价值。

大觉寺藏清代和民国时期契约文书，原件基本保存完整，虽然数量不多，但内容极为丰富，真实具体地记录了大觉寺清代至民国初年寺院经济及其他方面的具体活动，在朝代更替的兵火、世事变迁的兴衰、岁月轮回的消磨中，能够流传有序，完整保留至今，殊为不易。有效地保存和保护大觉寺历尽沧桑、硕果仅存的佛教建筑及相关文物，是我们文博工作者责无旁贷的任务。对大觉寺藏契约文书进行系统整理、考证研究和编辑出版，为今后深入进行北京史研究、大觉寺历史研究提供新鲜真实的宝贵资料；用文字和图片的形式把藏品存留下来，延长藏品的生命力，拓宽藏品的传播范围，也是我们出版此书的目的之一。同时，通过该书的出版，我们希望有更多的专业学者和普通读者关注和喜爱大觉寺，研究大觉寺的相关历史。

北京西山大觉寺管理处主任　姬脉利

凡例

一、本书所辑各件契约文书，均为大觉寺所藏，整理后录文的标题、标点均为编者所加。大部分标题包含立契年代、契约类型、契主姓名等要素，标题中涉及年份的数字统一用小写中文数字表示；标题下方为英文字母和数字，是契约原件的库藏编码，方便读者核查原件。

二、本书所辑各件契约文书，排列顺序一般按照立约时间排序；原件落款相同或不能区分前后的，以契约原件库藏编码先后为序排列。有个别文件仅仅注明帝王年号而没有具体年份的，放入该年号时期契约部分的最后；有个别契约文件具体年代不详，或完全没有年代信息又无法考证的，统一归入一章，不再排序。契约年代残缺的，其标题统一用［缺］表示。契约中本应写明年代而未署明的，其标题用〈缺〉表示。

三、本书所辑各件契约文书，原件系繁体竖写，本次整理、点校的录文为方便读者阅读，均作简体竖排。

四、本书所辑各件契约文书，凡需注释之字句，均在该件契约的录文中加注释序号，于录文末尾作注，注释力求简明。

五、本书所辑各件契约文书，凡错别字，在录文中用（）注正；凡漏写的字，录文中用〈〉补写；凡因契约原件残损而缺字，用□表示，缺文较多之处，以［缺］表示；凡字迹残损不清，或潦草难辨的，编者根据上下文推测出来的录文，在录文中该字右下方加*表示；不能辨认的，在录文中用○表示。租批、串票、升科执照等，凡是原件中需当事人填入姓名、地段四至、钱两数目等内容处留空的，录文中相应位置用空一个字表示；凡异体字一律改为简体字，人名、地名不予改动；原件以同音字、俗写字代用者，以字体加粗表示，正字见后附『俗写字、同音字借用与正字对照表』；非立契当时所写的文字，录文中用仿宋体表示；原件中已涂删之字不录；租批、串票、升科执照等，原件框线外的文字不录。

六、本书所辑各件契约文书，凡原件正文右侧补入小字的，录文中将小字直接并入正文。

七、录文版式与原件版式基本一致，如原件一行文字过多、造成录文一行排不下的，录文则另起一行；原件中的日期、署名等位置，录文或略作调整，使版式统一美观。

绪论

坐落在北京市海淀区西北阳台山麓的古刹大觉寺建于辽代，距今已有近千年的历史，寺初名『清水院』，后称『灵泉寺』，明宣德三年（一四二八）重修扩建后改称大觉寺。寺院依山而建，坐西朝东，体现了辽代契丹族尊日东向的习俗。寺内殿宇巍峨，古木参天，流泉淙淙，翠竹挺立，自然景色清幽秀丽。寺存《阳台山清水院创造藏经记》石碑记载：『阳台山者，蓟壤之名峰，清水院者，幽都之胜概。』早在辽金时，这里就成为著名的风景区，曾是金章宗的八大水院之一，历代帝王多次巡幸驻跸，参禅礼佛，文人墨客更是留诗作赋，争相吟咏。大觉寺这座宝刹梵宫，曾经收藏过辽代《契丹藏》和明代《永乐北藏》，有着辉煌的历史，不仅如此，寺内还珍藏着鲜为人知、保存完整的清代至民国初年有关寺院庙产等方面契约文书的原始资料，是研究清代和民国初年大觉寺历史、寺庙经济史及北京社会经济史的第一手资料，具有珍贵的史料价值。

一、大觉寺藏契约文书简述

人们在社会生活中发生的种种物权和债权行为用文字的形式记录下来，以保证当事人履行权利和义务所形成的文字，即契约。中国使用契约的历史，最早可见于西周时期的铜器铭文，而契约原件则以西汉为最早，保存至今数量最多的当属明清时期的契约文书。北京大学历史系教授张传玺在《中国历代契约会编考释》一书中提出了契约学的学术分类和定性问题，认为中国契约学作为一门现代学术，发轫于民国初年，契约学不仅为中国学者所重视，也为国外汉学家所重视。书中有这样的论述：『……中国契约学的任务首先是要研究中国契约自身发展的历史及其规律。进而要研究与之直接有关的中国社会史、民法史、商业史、财政赋税史、土地制度史、阶级关系史、宗法制度史等。此外，契约在政治史、民族关系史、宗教史、民俗史、语言学史、文学史、文字学史上的史料价值及其反映的重要问题也要研究。可以这样说，如此门学术发展起来，定会成为一门重要学科而跻身于学术之林。』[一]契约文书是研究契约学的重要史料，在明清史的研究中已被广泛运用，它真实地记载了当时社会各种各样的有关财产的买卖、典押、租赁及诉讼纠纷，记载了签订和执行契约的习惯及宗法影响，在当时社会法律上具有凭证约束作用。中国自古就是契约关系发达的国家，契约关系随着社会经济的发展而不断发展，渗透到社会生活的各个方面，研究并探讨契约发生发展过程中形成的内在规律，对于认识和规范今天人们在社会经济生活中的各种关系将大有裨益。

目前我国有一大批契约文书资料经整理考释后出版，其中包括唐长孺教授主编、国家文物局古文献研究室等编辑的《吐鲁番出土文书》第一至十册（文物出版社一九八一—一九九六年版），张传玺主编的《中国历代契约会编考释》（北京大学出版社一九九五年版），中国社会科学院历史研究所编《徽州千年契约文书》（花山文艺出版社一九九三年版），自贡市档案馆、北京经济学院、四川大学合编《自贡盐业契约档案选辑（一七三二—一九四九）》，四川新都县档案史料组编《清代地契史料》和《民国地契史料》，沙知辑校的《敦煌契约文书辑校》（江苏古籍出版社一九九八年版），谭棣华、冼剑民编《广东土地契约文书》（暨南大学出版社二〇〇〇年版），等等。众多契约文书的整理和出版，为研究契约的发展历史及相关问题提供了极为珍贵的史料证据，为我们系统深入地研究明清社会经济提供了大量翔实的资料，具有相当程度的参考价值。

近年刊布的徽州文书、福建契约、新都地契等虽已为学术界瞩目，但这些契约文书所涉及的地区和反映的内容南方较多、北方较少；农村社会经济的较多，寺院经济的较少。而大觉寺所藏契约文书则是以大觉寺及其下院僧人的经济活动为主，从多方面揭示了清代和民国初期北京西山地区寺院经济情况。大觉寺所藏契约文书中关于清代及民国初期北京社会经济的资料很丰富，通过对其进行经济分析，可探讨租佃关系、土地关系等方面的情况。通过对土地价格、土地典卖、土地经营以及地租率、地租形式

[一] 张传玺主编：《中国历代契约会编考释》，北京：北京大学出版社，一九九五年版，第九页。

等具体内容的研究，可剖析当时的社会实态，并由此窥见诸多清代及民国初年北京社会经济现象。大觉寺作为千年古刹，有着辉煌的历史，寺存许多御制碑刻和匾额题诗，高僧在此住持焚修、传经布道。随着中国进入多灾多难的近代社会，大觉寺也失去了往日风采，日渐衰落破败。关于大觉寺的记载，除《宛署杂记》《日下旧闻考》等书的记录外，系统资料很少，已有资料中不少也只是只言片语、零星杂记。而大觉寺发现的契约文书不仅是研究清代和民国初期寺院经济、北京社会经济的史料，同时也为研究大觉寺的历史提供了真实的宝贵资料。

大觉寺藏契约文书，大部分属于清代，还有少数属于民国时期，上起康熙七年（一六六八），下至民国十七年（一九二八），时间跨度达二百六十余年之久，数量达百余件，内容十分丰富，涉及土地制度、宗法制度、赋役制度、诉讼司法、风土人情以及寺院宗教管理制度等许多方面，是极为珍贵的原始资料。契约文字均用毛笔较为端正地书写在横长四十—五十厘米、纵宽五十—六十厘米的黄棉纸上，文字竖排。契约右侧首行开始的文字一般写明该契的种类和立契人，接着写明出卖或典当土地或房产的具体原因，还写明了土地或房产的来源，所处的位置及数量，写明了买、卖、中人三方共同议定的价格及立契日交付银两的事实，最后则是为预防纠纷写下的约定内容，强调契约根据当事者双方意愿而立，结尾部分是立契日期和立契者、中人的名字，名字下画押。大觉寺藏契约文书大部分无官印，可知为民间自行议定，但并不影响其实质，具有同等的法律效力。将这些契约与国家图书馆所藏清代契约相比较，两者在格式上大致相同，都是由立契约文书人姓名、立约原因、土地或房屋来源、名称位置、四至地点、土地或房屋数量、卖方或租方姓名、价钱、银钱交付方式、立约保证、立约时间、立契人、中保人姓名等构成。所不同的就是大觉寺所藏契约大多为白契，而国家图书馆收藏的宛平、大兴契约中有红契，有的还有完税的契尾，但大觉寺藏的此种契约形式并不影响契约文书的实质，这足以证明清政府已不能按其意志控制土地田产的买卖活动。另外，也从另一方面反映了大觉寺与清皇室及地方政府的关系极为密切。对土地田产买卖实行官契，是清政府试图加强对封建土地管理的一种手段，尽管三令五申严格要求各州府县具体实施，但事实上仍有大量白契通行，寺藏契约文书就是典型的代表。

二、大觉寺藏清代和民国时期契约文书的研究价值

（一）大觉寺藏清代和民国时期契约文书是研究清代寺院经济的宝贵资料

土地是农业社会中基本的生产资料，以土地占有作为标志的农业经济也就成为中国古代寺庙经济的主要构成。明清时期的土地兼并达到了历史上最严重的地步，土地愈来愈集中到以皇帝为首的封建地主阶级手里，其中就有僧道地主，而僧道地主受封建统治阶级庇护，享有减免赋役等特权，使得他们在土地兼并中比一般世俗地主具备更多的优势。土地田产是寺院赖以存在和发展的基础，关系着寺院的兴衰存亡。因此，扩大土地占有量是寺院的经常性活动。至于土地占有的多少，各个时期各个寺庙很不一致，多者百顷千顷，少者十亩百亩。现存的乾隆六十年（一七九五）收地租账簿记载了大觉寺出租的土地就达一千六百余亩。大觉寺的土地来源，除钦赐、固有外，还有信徒的施舍、纳献及其他寺院的赠予，但更多的是出钱典买土地，卖主中既有农民，也有僧人，所买入的土地来源，多为『祖遗』或『自置』，也有僧人本身『香火地』等。大觉寺内土地来源与中国古代寺庙土地来源的渠道大体相同。

寺院土地称为香火地、常住地，带有宗教色彩，但对土地的经营与世俗地主并无区别，大多数采取招佃收租的形式。寺田有常住庄与私庄之别，前者是寺院的公产，寺租收入主要用于寺院的焚修和僧众的口粮，后者则为僧人个人私产，可以买卖转让，不受限制。从嘉庆二十年（一八一五）地亩押租账看，租种大觉寺土地的村庄达十余个，租种土地多者达百余亩。大觉寺出租土地时，要与佃户订立租批，在其中说明所租土地的位置、名称、四至、亩数、租金等，并申明交租日期及罚约。由于商品经济发展的影响，地租以货币地租为主。

佛教教义之根本在于让人摆脱一切欲望，以明心见性。佛教戒律明确规定不许僧尼蓄积个人财产，然而契约文书中所反映的僧人经济情况却并非如此。在敦煌文书中僧尼拥有个人私产的例子数不胜数，大觉寺所藏契约文书中也有这样的实例，如嘉庆七年（一八〇二）僧人信悟带土地果园到大觉寺养老，僧人义起把祖遗地卖给大觉寺，等等。从契约文书中可知，僧人个人财产的来源也是多种多样的，有的是继承的，有的是自己典买的，有的是接受善男信女施舍的，等等。其个人财产的处理权归自己掌

握，不受寺院限制，与世俗的个人财产没有区别，既可以在僧人与僧人之间、僧人与寺院之间以及寺院与寺院之间进行典卖，也可以自由决定带个人私产投奔某个寺院，成为寺院的香火地，还可以在身后由其徒子法孙继承，大觉寺这方面的契约文书较为多见。

寺院除接受善男信女的施舍与招募佃农租种土地外，也从事其他经济活动。如道光十六年（一八三六），大觉寺监院了尘参与合股开煤窑活动，订立『旧业窑户马进山、旧业山主张起龙，因南安河村小南山地方旧有煤窑一座，嘉庆九年后做过，因工本短少未成。今马进山会同新业开窑人大觉寺常住监院了尘与三官庙豁然，报明做煤，言明按壹佰贰拾股开做。言明出煤得利之日，先归新业工本，后有余利，照字所分。旧业窑户马进山应得贰拾伍股，山主张起龙应得拾伍股，大觉寺常住应得四拾股，三官庙豁然应得四拾股』的契约文书。合资经营，按股份分利，不仅反映了清代中期合股经营的情况，而且表明大觉寺常住监院与三官庙僧人也参与了合股经营活动。此外，大觉寺所藏契约文书中还有从事出租房屋和宅基地以收取租金等经营活动，以及与他人交换土地等经济活动，寺院经济活动范围十分广泛。从乾隆六十年（一七九五）收地租账簿来看，大觉寺出租一千六百余亩土地，一年收地租钱八百六十吊五百四十二文，再加上其他经济收入，足以维持其日常生活开支。但在近代内忧外患频繁而至的社会条件下，寺院经济活动也陷入困境，如其收入不能满足其生活需要时，寺院也会典卖土地房屋，以渡难关，寺藏咸丰十年（一八六〇）大觉寺住持同寿典房屋契，以法兴寺出租房屋借钱事可以为证。

清代北京地区寺庙林立，数量众多。由于各寺院规模不同，与皇室、贵族、官府关系远近不一，因此拥有的土地数量以及形成的经济实力也相差悬殊，但在土地来源、土地的经营、僧尼个人财产等方面具有共性。

（二）大觉寺藏契约文书是研究清代和民国初期北京社会经济的宝贵资料

大觉寺藏契约文书中有许多关于土地房屋典卖的契约。典卖的原因，从契约来看，有的是出于衣食困难，有的是缺钱缺物，有的是为债务所迫，有的是为换取资本，大多是『手乏』『手乏不便』『手乏无银使用』等，少数的是老年无子、不能耕种等。而多数写成『手乏』之类的公式化语言，在其背后，肯定存在着各种各样的原因。典当契约，一般都注明典当年限，少则一年，多则五十年、八十年。在规定的期限内赎回，一般约定地无租价、钱无利息，提前赎回就要出高低不等的利息。到期无力赎回，也可要求再增加一些钱，而土地房屋等则归为他人所有。

土地价格方面，契约是土地价格的原始记录，大觉寺契约文书中有关土地买卖的原始记载，虽然只是关于一个地区的资料，却反映了本地区及相邻地区土地价格变化的情况。土地价格的高低，主要取决于地租多少、供求关系、社会环境、土地和人口比例等因素，因土地肥瘠、位置、时期、交通条件等不同，也有些差异。典当土地价格远远低于卖价，当是出典者在一定的期限内保留有赎回土地的权利等原因造成的。在大觉寺发现的契约文书中，还有相当一部分只有总价钱，而土地面积则含混不清地只写成一段、两段或两沿等，直接影响了对土地价格的比较研究。据乾隆收地租账簿来看，出租的土地，零散地分布在周边十六七个村庄，由于土地地块分散，面积不大，土地买卖规模日益变小，对土地价格的高低也会产生影响。

清代中后期，福建、安徽等地一田二主或一田多主，田骨与田皮相分离的情况相当普遍，而在北方，此类情况则不太多，但也存在。如在大觉寺发现的契约文书中，有光绪十八年（一八九二）十月大觉寺佃户李和、李晏因手乏，将佃种的八亩土地倒与陈文祥名下认佃交租永远为业，言明倒价京平松银一百一十五两，每年九月初一交大觉寺，租价当十钱九吊的契约。这件倒佃契，既反映出永佃权已成普遍现象，同时又提供了一个北京地区不太多见的一田二主的例证。

光绪《大清会典事例》卷七五五载：『凡典买田宅不税契者，笞五十，仍追契内田宅价钱一半入官。不过割者，一亩至五亩，笞四十，每五亩加一等，罪止杖一百，其田入官。』[一]『雍正五年议准，自雍正五年以后，凡民间置买田房地土，一切税契，务须粘连有布政使所发契尾，州县官钤印，给业户收执，如无契尾者，即照匿税例治罪。』[二]此类规定在契尾上也可以见到。规定虽然严厉、具体，但大觉寺所发现的契约中，既没有州县官钤印，更没有布政使所发契尾，大都是按着契约规范格式立下的白契，多由中保人、知情保底人、族人、诸山等为之担保而已，以逃避偷漏应该缴纳的契税，反映了清代北京地区，尤其是像大觉寺这样的寺院，更是置律条于不顾，官府也以民不告官不究的心态不予追查。

[一] 光绪《大清会典事例》卷七五五《刑部·户律·田宅·典买田宅》，北京：中华书局，一九九一年版，第九册，第三百二十九页。

[二] 同上。

大觉寺藏契约文书的结尾之处一般都有大体相同的文字内容，一般百姓：『如有来路不明、重复典卖及亲族人等争竞，俱由卖主及中保人等一面承管。』寺庙僧人：『自后如有同宗同派人等争竞等情，由作证人一面承管。』这既是立契约文书的基本要求，也是立契人和中保人给买入方的一个毋庸置疑的保证，以免买入方卷入是非争竞之中。同时，也说明无论是世俗的亲族人等，还是僧人的同宗同派人等，在土地房屋等财产转移活动中，均具有优先获得权，由此反映出宗法血缘关系、僧侣宗派关系在财产转移中起着不可忽视的作用。

大觉寺所藏契约文书中关于北京清代和民国初期社会经济的资料相当丰富，除上述内容之外，在进行土地交换、借用钱粮、典用土坡、出借水井、承建工程、供养茔地等经济活动中都要订立契约文书，以明确各方面的责任等事项。对其进行经济分析，可剖析当时的社会实态，窥见诸多清代北京社会经济现象，也可看到清代民间契约文书广泛深入发展的情况，大觉寺藏契约文书是研究清代和民国初期北京社会经济不可多得的珍贵资料。

（三）大觉寺所藏契约文书是研究大觉寺历史的宝贵资料

大觉寺在明末清初时由于世乱年荒，佛事不兴，殿堂已年久失修，廊宇多圮。这种局面一直持续了许多年，直至清康熙四十五年（一七〇六）以前尚未有大的改观。大觉寺所藏清代契约文书中康熙四十五年（一七〇六）前的五件契约均为寺庙僧人典当房产和出卖土地的内容，由此可见当时寺庙经济困难、香火冷落的窘况。从雍正末年至乾隆初年一段时间，寺院建筑凋敝，经济衰退，这一点从寺藏契约文书中可见一斑。康熙五十九年（一七二〇），皇四子和硕雍亲王胤禛出资重修大觉寺，并力荐迦陵为大觉寺住持，这时大觉寺的寺院经济处上升阶段。迦陵因雍亲王的宠遇和倚重，在任大觉寺方丈期间，大觉寺于康熙五十九年（一七二〇）十二月十五日即购置香火地九亩。康熙六十一年（一七二二）二月初七，大觉寺以五十年为期典进香火地四亩。大觉寺曾是清代皇帝的行宫，乾隆皇帝多次巡幸驻跸寺内，并题写了大量碑文、匾额、楹联，乾隆时期是大觉寺的繁盛时期。因为皇室的垂青眷顾，大觉寺的寺庙经济得到恢复发展。乾隆十二年（一七四七）至乾隆六十年（一七九五），大觉寺逐年购入香火地和杂果园数块数顷之多。乾隆五十年（一七八五）二月，因大觉寺行宫外有旧庙址一所，殿宇倒塌，恐有碍圣驾巡幸观瞻，故购入修补，这些经济活动都是当时寺院经济实力和地位的证明。嘉、道以后，清王朝由盛而衰，财源日渐枯竭，已无力顾及这座行宫，大觉寺逐渐变得清冷，甚至连御路上的树木也被人砍伐。大觉寺契约文书中有一份嘉庆年间的札谕，命将大觉寺内所存陈设全部撤回，运交黑龙潭新建殿内安置摆放，其余残缺不全之件，俱交圆明园器皿库存贮。这件札谕让我们知道了大觉寺行宫的使命已经完成，从此失去了皇帝的关注，衰落成为定局。另外，寺存契约文书中还有一张道光八年（一八二八）大觉寺住持禀报寺内多处建筑渗漏坍塌损坏情况的记录，十分详细具体，无疑是大觉寺濒临衰败的真实证明。

寺院的兴盛，不仅在于皇帝的重视，还在于大德高僧的焚修和民间供奉香火的旺盛。清代大觉寺有名的住持是迦陵性音，迦陵（一六七一—一七二六），沈阳人，法名性音，字迦陵。康熙五十九年（一七二〇），朝廷出资修缮大觉寺后，迦陵担任住持，雍亲王作《送迦陵禅师安大觉方丈碑记》，称迦陵性音『净持梵行，志续慧灯，闲时偶接机锋，不昧本来面目，是可主持法席而俾以宏阐宗风者也』[一]。雍正元年（一七二三）春，性音辞住持事而南游，雍正四年（一七二六）秋示寂于江西庐山归宗寺。雍正六年（一七二八）敕赐『圆通妙智』谥号，建灵塔于西山大觉寺南塔院。迦陵一生参学佛法，活动范围遍及江南、塞北许多著名寺院，著述颇丰，有《宗鉴法林》《是名正句》《杂毒海》等多卷佛教内外典籍，是清代早期著名高僧。佛泉（？—一七四四），讳实安，号佛泉，湖北人。他是清代临济正宗第三十四世传人迦陵禅师的弟子，清代著名僧人。迦陵示寂后，佛泉禅师继任大觉寺方丈，成为临济正宗第三十五世传人。佛泉禅师有《佛泉禅师语录》上下二卷、《佛泉禅师后录》四卷流传于世，这些语录木刻板至今仍存于大觉寺之内，是研究佛泉禅师生平的重要资料。乾隆年间任大觉寺住持之一的月天宽，被庄亲王允禄称为『真心实行，遐迩信瞻』。月天禅师是清代著名僧人，讳际宽，号月天，河北遵化玉田县人。他生于康熙四十二年（一七〇三）十一月，卒于乾隆十七年（一七五二）三月九日，有《月天宽禅师语录》传于后世。月天禅师幼年聪慧，性善好施，雍正十二年（一七三四）经京西大觉寺参礼佛泉禅师，因其深明大法而得继佛泉禅师衣钵。乾隆九年（一七四四）佛泉示寂，月天禅师奉庄亲王命继任大觉寺方丈。乾隆十二年（一七四七），皇帝出帑金重修大觉寺，月天宽在大觉寺九年，『谨守祖法，无愧人天』[二]。但此后的住持为何

[一] 大觉寺存清康熙五十九年（一七二〇）《送迦陵禅师安大觉方丈碑记》。

[二] 《高僧传合集·新续高僧传四集》卷五八《清燕京龙泉寺沙门释真如传·月天宽》，上海：上海古籍出版社，一九九一年版，第九百三十九页。

人，如何延续传继，则可供考察的材料不多。从大觉寺所藏契约文书中，可以知道嘉庆、道光年间（一七九六—一八五〇）的住持有慧彻，道光年间的住持有真觉、月宽，咸丰年间（一八五一—一八六一）的住持有同寿，以及道光年间的监院有了尘等。同时，还可以了解一些僧人情况，如海山、寂举，明依、行义，申缘、修同三对师徒，性德、寂志师兄师弟，觉晶、信悟、圆通等僧人。

雕梁画栋、飞檐斗拱、暮鼓晨钟、香烟缭绕，这一切使大觉寺蒙上了神秘的宗教色彩，但高高的寺墙、悠悠的钟声并没有隔断它与世俗社会的联系。寺僧不仅靠善男信女的施舍和佃农缴纳的地租维持生活，而且与世俗有着诸多的交往联系。大觉寺藏契约文书记载了当时的僧俗关系：道光十三年（一八三三）大觉寺方丈慧彻与汪菊圃交换土地，道光十六年（一八三六）大觉寺监院了尘与窑户马进山等合股开煤窑，光绪二十三年（一八九七）大觉寺同本利木厂工头张永吉立修建南塔院合同，诸如此类的事情反映了大觉寺在经济上与世俗社会存在着很多来往。大觉寺与周围的村庄百姓也存在许多冲突，如嘉庆十四年（一八〇九）乡长邢秉理等人为修村中真武殿而砍伐御路树木，道光十七年（一八三七）李万春等因饥饿贫困而偷大觉寺肥犬被发现，还有赵连秋因大觉寺失盗而被控告，等等。从契约文书的记载可知，这些事情发生之后，大觉寺僧人并不是简单处理了事，而是以告官为名，迫使当事者服输认错，并在众乡亲担保下立下字据，保证以后不再发生。一百多年过去了，当事人所立下的字据有幸保存至今，为今天我们了解大觉寺与世俗关系提供了不可多得的证据。

佛教在中国近两千多年的传播发展过程中留下了大量的建筑遗存，遍布在名山胜地或城市乡村中的古代寺院，不仅是供奉佛教诸神、僧众修行的所在，而且也是人们朝圣膜拜、游览观赏的场所，具有丰富的历史文化内涵。佛教寺院中的殿堂建筑与中国传统建筑相互融合，形成了艺术表现丰富、颇具中国传统建筑特色的佛寺建筑群落。北京西郊阳台山麓的古刹大觉寺是至今保存完好、规模宏大的佛寺建筑，其建筑布局和建筑艺术堪称中国古代佛寺建筑中的精品。研究清代大觉寺的历史，寺院建筑是不可忽视的重要内容，寺藏契约文书中就有关于大觉寺清代寺庙建筑名称情况的详细记录。因该寺地处海淀区，所以这些契约文书尤其是收租账簿中涉及到很多海淀区内的地名，如现在的太舟坞、韩家川、亮甲店、屯佃、马连洼等，不同历史时期，其地名的叫法也有所不同。可以说，这些契约文书的存在，为海淀区部分地名的演变提供了翔实的资料。

以上从研究清代北京寺院经济活动、清代北京社会经济、清代大觉寺历史的真实记载和宝贵资料等方面分析了大觉寺所藏契约文书的史料价值，但并不仅仅在这三个方面，且契约在内容上还有关于民国年间法兴寺房租的诉讼、宛平县公署升科执照、禅堂条规等。大觉寺藏契约文书中，还有从咸丰二年（一八五二）三月到同治十年（一八七一）三月关于北京旧鼓楼大街口袋胡同路北三十余间房屋而发生的旗人与旗人，旗人与民人之间交易的契约，从中我们不仅可以看到房屋几经易手的情景，还为研究旗人与民人交产提供了新资料。契约文书中所出现的静妙庵、三教寺、普照寺、瑞应寺、三官庙、老爷庙、西观音庵等庙宇名称，都与大觉寺有或多或少的联系，为研究大觉寺与其他寺院关系提供了资料。

大觉寺藏清代和民国时期契约文书，是契约文书中具有鲜明特色的一种，大觉寺藏契约文书原件基本保存完整，真实具体地记录了大觉寺清代至民国初年寺院经济及其他方面的活动，数量虽然不多，但内容极为丰富，颇具寺院及北京地区特点。这批契约文书在流传过程中没有受到干扰，分散外流的可能性不大，百余件契约文书均为寺庙所独有，反映的内容也是大觉寺历史上发生的相关事件，因此具有相对的完整性、独立性和连续性。关于大觉寺契约文书的研究蕴藏着极大的潜力，随着研究的深入，将会有更多的内容被发现，其史料价值必将被认识得更加充分，发挥更大的作用。

大觉寺藏清代和民国时期契约文书书影及录文

上编

一、清康熙、雍正、乾隆时期大觉寺契约文书

大觉寺是清代北方地区重要的佛教寺庙，与清皇室关系十分密切，清统治者对佛教的态度基本上沿袭了明代，采取了支持和保护的政策。清朝的顺治、康熙、雍正、乾隆四代皇帝都崇信佛教，不仅出资修扩寺庙建筑，御题匾额诗文，而且还遣僧住持，并与当时著名的僧人往来频繁。

位于阳台山东麓的寺庙——大觉禅寺，在清代康、雍、乾时期曾经得到清皇室两次大规模的修缮和扩建。雍正帝胤禛（一六七八—一七三五）是清入关后的第三位皇帝，在位十三年。胤禛崇信佛教的程度在中国历代帝王中非常突出，在政教两界有很大的影响。北京西山大觉寺有康熙五十九年（一七二〇）雍亲王亲撰《送迦陵禅师安大觉方丈碑记》，碑文详细记载了西山大觉寺修葺后胤禛特遣当时著名高僧性音入寺住持，开堂演法之事。迦陵为临济正宗第三十四世嗣法传人，一生参学佛法，著述颇丰，是清代早期著名禅师。从碑文中可以看到雍亲王对迦陵禅师的高度评价，以及当时雍亲王与迦陵僧俗君臣关系之密切程度。清高宗乾隆（一七一一—一七九九）是雍正第四子，雍正十三年（一七三五）继位。乾隆笃信佛教，于乾隆十二年（一七四七）出内帑重修西山大觉寺，并撰写《御制重修大觉寺碑》。乾隆帝在碑文中赞誉其父皇佛学修养之精湛，追述了雍正当年对性音的倚重，间接地表达了对禅宗的态度和对迦陵禅师的肯定。因通达佛理、机敏聪慧而与清代帝王结识的迦陵禅师，一直作为大觉寺开法第一代先师被其徒子法孙所奉重。在康熙末年到乾隆十二年（一七四七）这三十余年里，大觉寺也经历了从兴到衰、从衰到兴的跌宕起伏，其中的重要原因就是雍正帝与大觉寺迦陵禅师的关系。这一点，从寺藏清代契约文书中可见一斑。清代契约文书正是以

大觉寺及其下院僧人的具体经济活动为主，多方面揭示了清代北京西山地区寺院经济的情况。

大觉寺藏康熙、雍正、乾隆年间的契约文书共计二十九件，包括各种契约、字据、告示等。这些契约文书真实记载了清代大觉寺有关寺庙土地、房产及其他一些财产的买卖、典押、租赁事例，记录了在签订和执行契约中的习惯及宗法势力的影响，在当时社会具有法律凭证、约束的作用，反映了当时社会中普遍存在的一些社会现象。

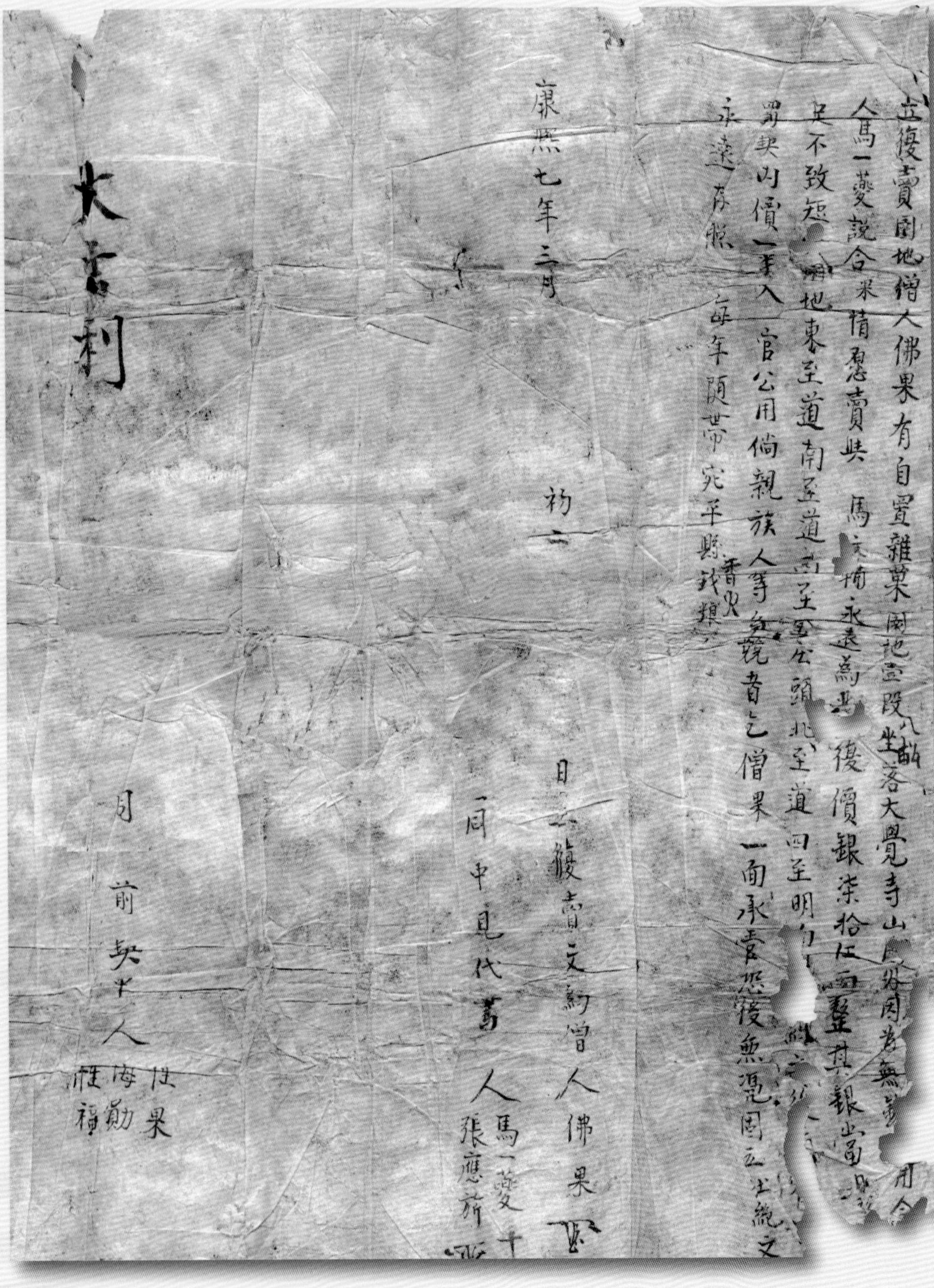

立復賣園地僧人佛果，有自置雜菓園地壹段八畝，坐落大覺寺山[illegible]因為無[illegible]用，今
人馬一夔說合，果情愿賣與馬文埔永遠為業，復價銀柒拾伍兩整，其銀當日[illegible]
足不致短[illegible]。明地東至道，南至道，西至寺公頭，北至道，四至明白[illegible]
買契內價一並入官公用。倘親族人等争競者，乙僧果一面承當。恐後無憑，同立此文
永遠存照。　每年隨帶宛平縣錢糧香火。

康熙七年三月　初二　日立復賣文約僧人佛果（押）

同中見代筆人　馬一夔（十）　張應祚（押）

同前契中人　性果　海勳　維福

大吉利

【康熙七年（一六六八）僧人佛果立复卖园地契】（QW—〇三七）

立复卖园地僧人佛果，有自置杂果园地壹段八亩，坐落大觉寺山门*外。因为无□□用，今*〔缺〕人马一夔说合，果情愿卖与马文辅*永远为业。复价银柒拾伍两整，其银当日□足，不致短□□地东至道，南至道，西至〇庄头，北至道，四至明白*。〔缺〕罚契内价一半入官公用。倘亲族人等争竞者，乞僧果一面承管。恐后无凭，固（故）立〇〇文，永远存照。每年随带宛平县香火钱粮。

康熙七年三月初二日

立复卖文约僧人　佛　果（花押）

同中见代书人　马一夔（押）

张应旂（花押）

同前契中人　性　果

海　勋

性　福

大吉利

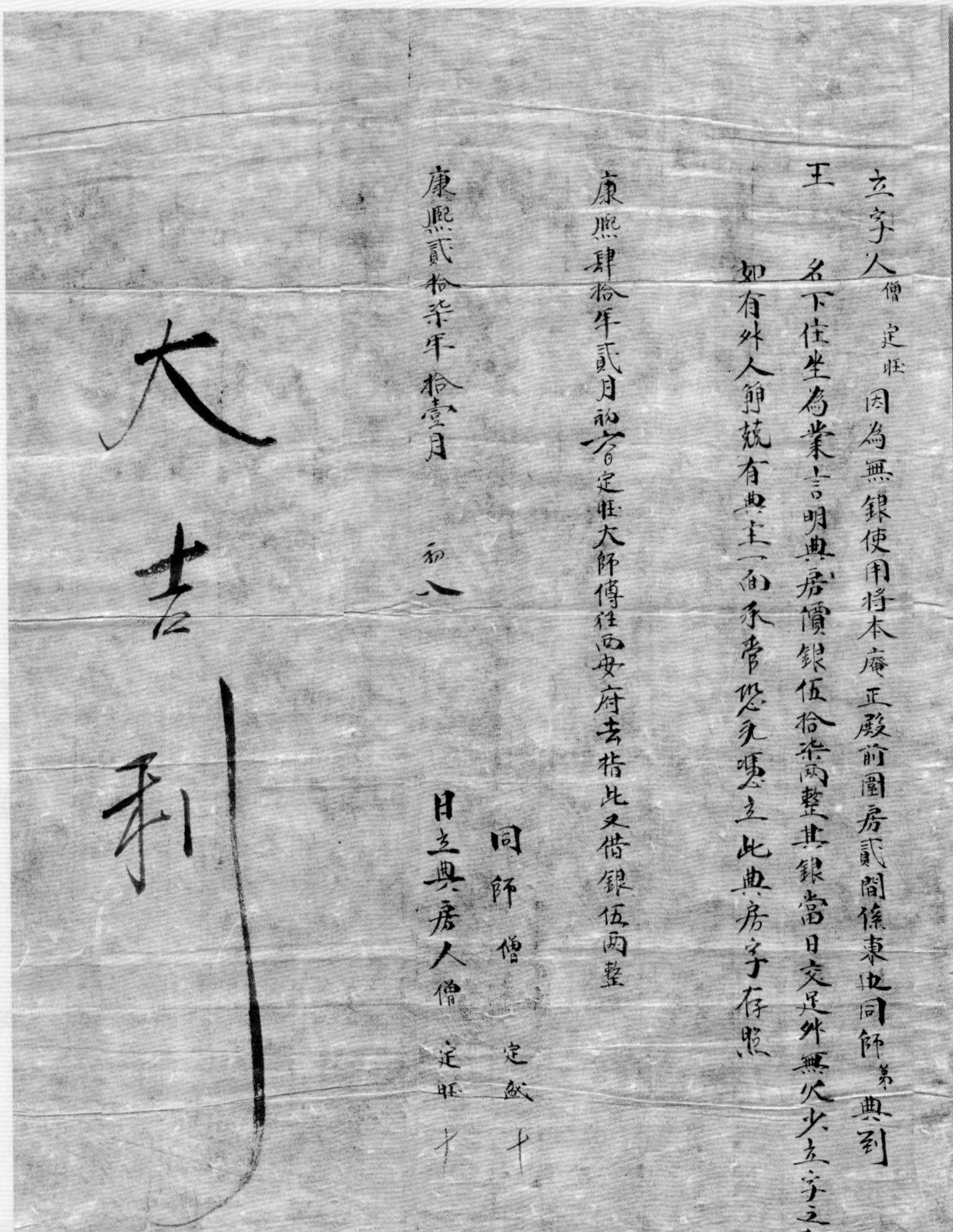

立字人僧定旺因為無銀使用將本庵正殿前園房貳間係東北同師弟典到
王名下住坐為業言明典房價銀伍拾柒兩整其銀當日交足外無欠少立字之后
如有外人爭競有典主一面承當恐無憑立此典房字存照

康熙肆拾年貳月初十日定旺大師傅往西安府去指此又借銀伍兩整

同師僧定献 十

康熙貳拾柒年拾壹月初八日立典房人僧定旺 十

大吉利

【康熙二十七年（一六八八）僧定旺立典房契】（QW—〇三八）

立字人僧定旺，因为无银使用，将本庵正殿前围房贰间，系东边同师弟典到王名下住坐为业。言明典房价银伍拾柒两整，其银当日交足，外无欠少。立字之后，如有外人铮兢，有典主一面承管。恐无凭，立此典房字存照。

康熙肆拾年贰月初六日，定旺大师傅往西安府去，指此又借银伍两整。

同师　僧　定　盛（押）

立典房人　僧　定　旺（押）

康熙贰拾柒年拾壹月初八日

大吉利

立轉典房契人明良楝因爲無銀使用情愿將瓦房二間轉典到

徐

名下文銀肆拾貳兩整（二次借銀四兩正）言定叁年爲滿二家情愿銀到歸贖恐后無憑

立此存照如有反悔罰銀拾兩入官工用

保人張興祖 十

中保人左勝侶光祖 十

立轉典房契人明良楝 十

伍十八年十一月

康熙肆拾壹年玖月　　吉

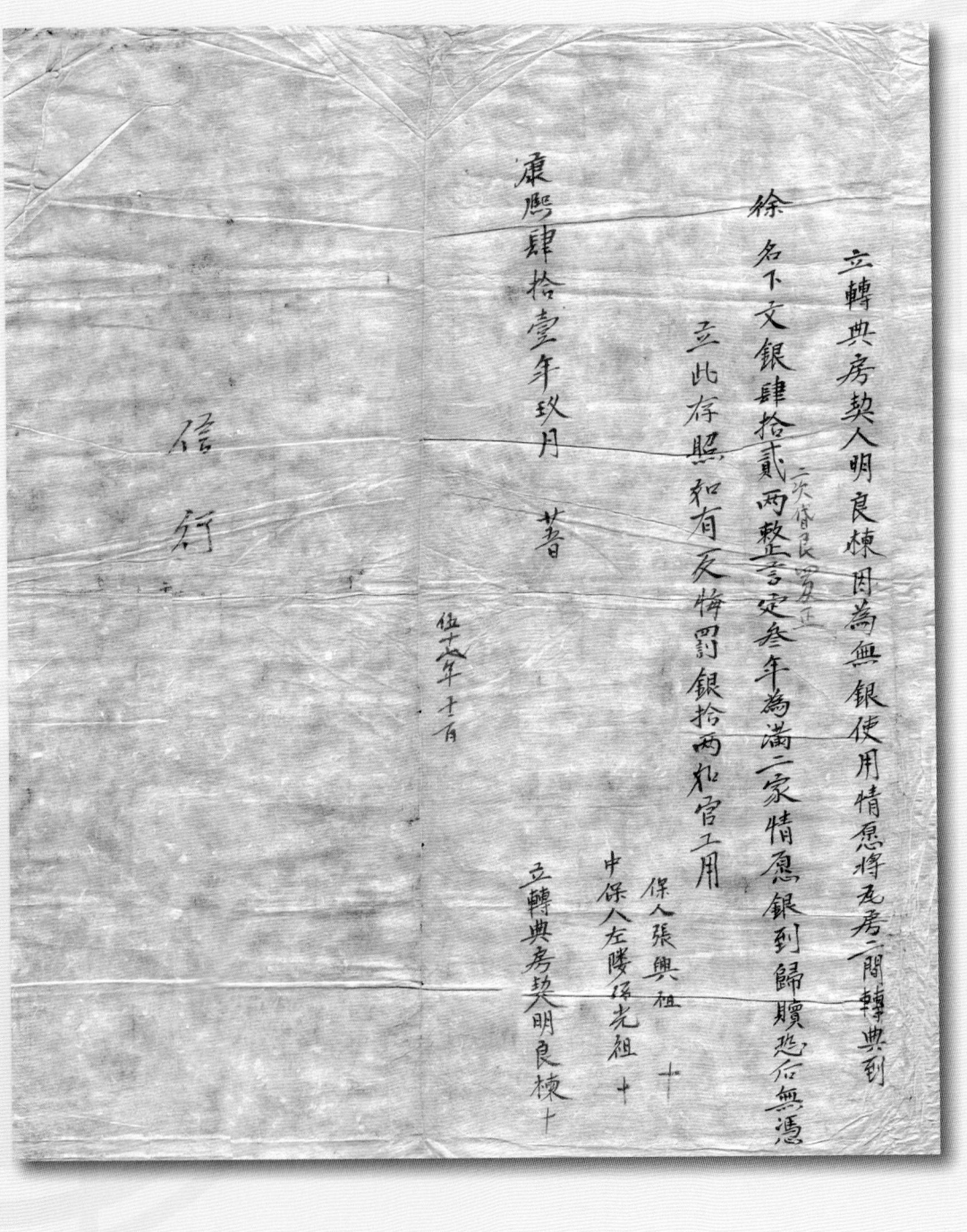

信行

【康熙四十一年（一七〇二）明良栋立转典房契】（QW—〇三九）

立转典房契人明良栋，因为无银使用，情愿将瓦房二间转典到徐名下，**文**银[一]肆拾贰两整，二次贷**艮**四两**正**。言定叁年为满，二家情愿，银到归赎。恐后无凭，立此存照。如有反悔，罚银拾两，如（入）官工（公）用。

保人　张兴祖*（押）

中保人　左陵孙光祖（押）

立转典房契人　明良栋（押）

康熙肆拾壹年玖月廿五日

伍十七年十二月

信　行

[一] 文银：旧时称成色最好的银子，因表面有皱纹，所以叫文（纹）银。

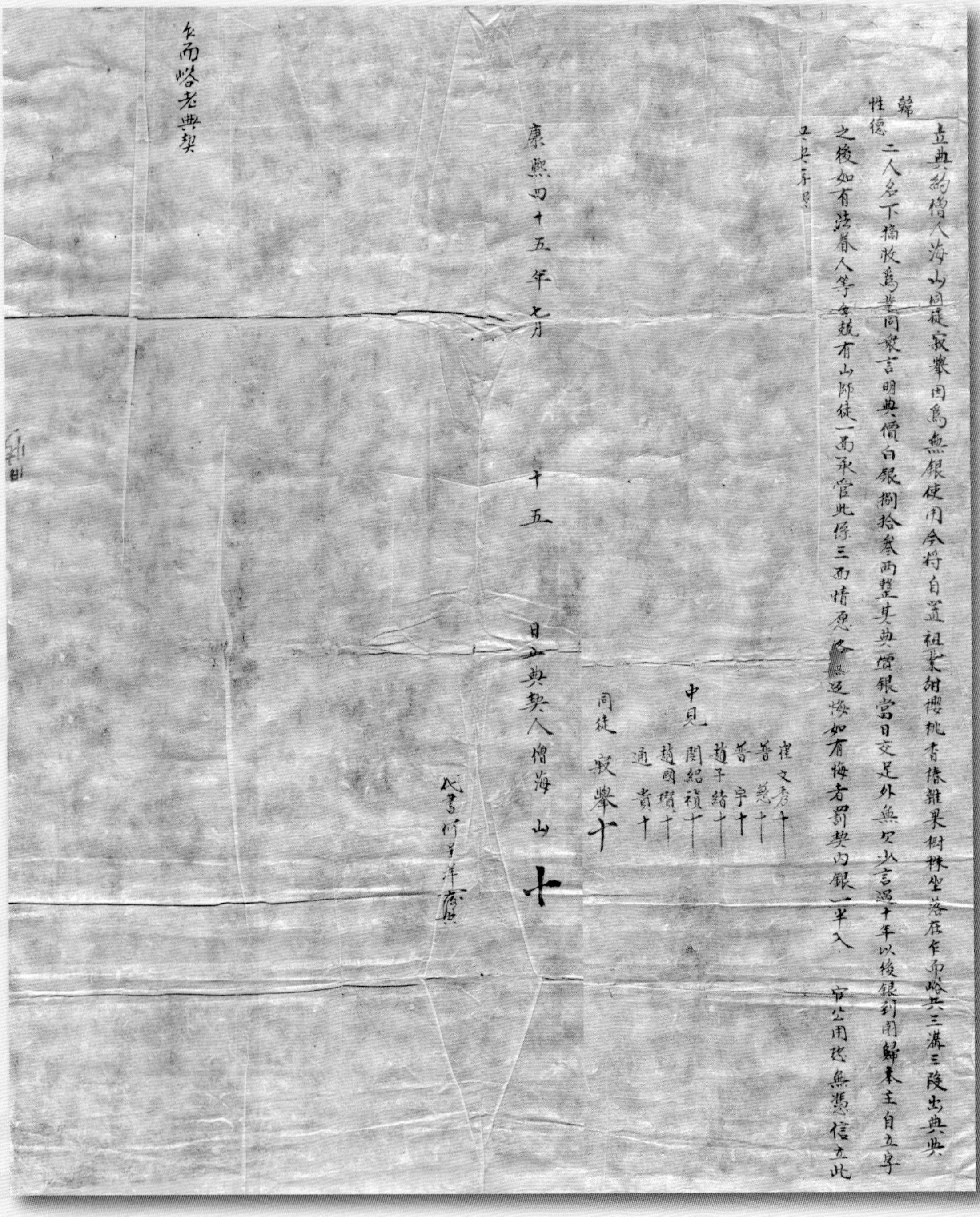

立典約僧人海山同徒寂攀，因為無銀使用，今將自置祖業甜櫻桃杏椿雜果樹株，坐落在乍而峪，共三溝三段，出典與韓性德二人名下摘收為業。同衆言明典價白銀捌拾叁兩整，其典價銀當日交足，外無欠少。言過十年以後，銀到回歸本主。自立字之後，如有諸眷人等爭競，有山師徒一面承管。此係三面情愿，各無返悔，如有悔者，罰契內銀一半入官公用。恐口無憑，信立此[illegible]

康熙四十五年七月十五日立典契人僧海山十

同徒寂攀十

中見 崔文秀十 普慈十 普宇十 趙子緒十 閻紀禎十 趙國璽十 通貴十

代書何[illegible]洋[illegible]

乍而峪老典契

【康熙四十五年（一七〇六）僧人海山立典祖业契】（QW—〇四〇）

立典约僧人海山同徒寂举，因为无银使用，今将自置祖业甜樱桃、香椿、杂果树株，坐落在乍而峪[一]，共三沟三段，出典与

韩、性德二人名下摘收为业。同众言明，典价白银捌拾叁两整。其典价银当日交足，外无欠少。言过十年以后，银到园归本主。自立字

之后如有法眷人等争兢，有山师徒一面承管。此系三面情愿，各*无*返悔。如有悔者，罚契内银一半，入官公用。恐无凭信，立此

典契存照*。

中见　崔文秀（押）　普　慈（押）

普　宇（押）　赵子绪（押）

闵绍祯（押）　赵国瓒（押）

通　贵（押）

同徒　寂　举（押）

立典契人　僧　海　山（押）

代书　何呈祥（花押）

康熙四十五年七月十五日

乍而峪老典契

[一] 乍而峪：今海淀区寨儿峪。

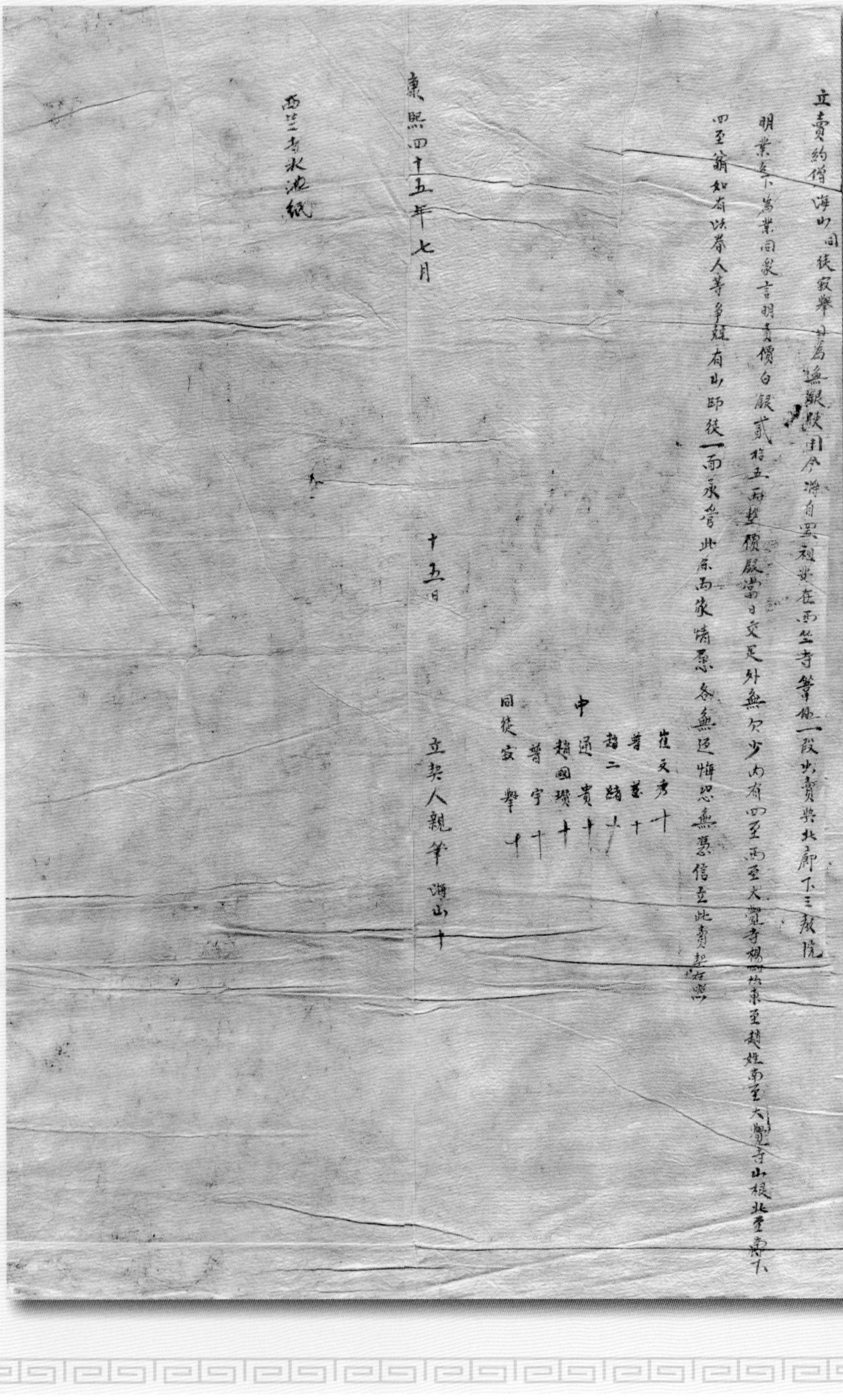

立賣約僧海山同徒寂舉，因爲無銀使用，今將自置祖業在西竺寺笋地一段，出賣與北廊下三教院

明業名下爲業，同衆言明賣價白銀貳拾五兩整，價銀當日交足，外無欠少。內有四至：西至大覺寺墳地，東至趙姓，南至大覺寺山根，北至南大

四至爲界。如有諸眷人等爭競，有山師徒一面承管。此係兩家情愿，各無返悔。恐無憑信，立此賣契存照。

中

崔文秀十

普茂十

趙二臨十

通貴十

趙國璞十

普宇十

同徒寂舉十

康熙四十五年七月　　十五日　　立契人親筆　海山十

西竺寺水流紙

【康熙四十五年（一七〇六）僧海山立卖祖业地契】（QW—〇四一）

立卖约僧人*海山同徒寂举，因为无银使用，今将自置祖业，在西竺寺苇地一段，出卖与北廊下三教院明业名*下为业。同众言明，卖价白银贰拾五两整，价银当日交足，外无欠少。内有四至：西至大觉寺杨树*坎，东至赵姓，南至大觉寺山根，北至南山下，四至分明。如有法眷人等争兢，有山师徒一面承管。此系两家情愿，各无返悔。恐无凭信，立此卖契存照。

中　崔文秀（押）
普　慈（押）
赵二绪（押）
通　贵（押）
赵国瓒（押）
普　宇（押）
同徒　寂　举（押）
立契人亲笔　海　山（押）

康熙四十五年七月十五日

西竺寺水池纸

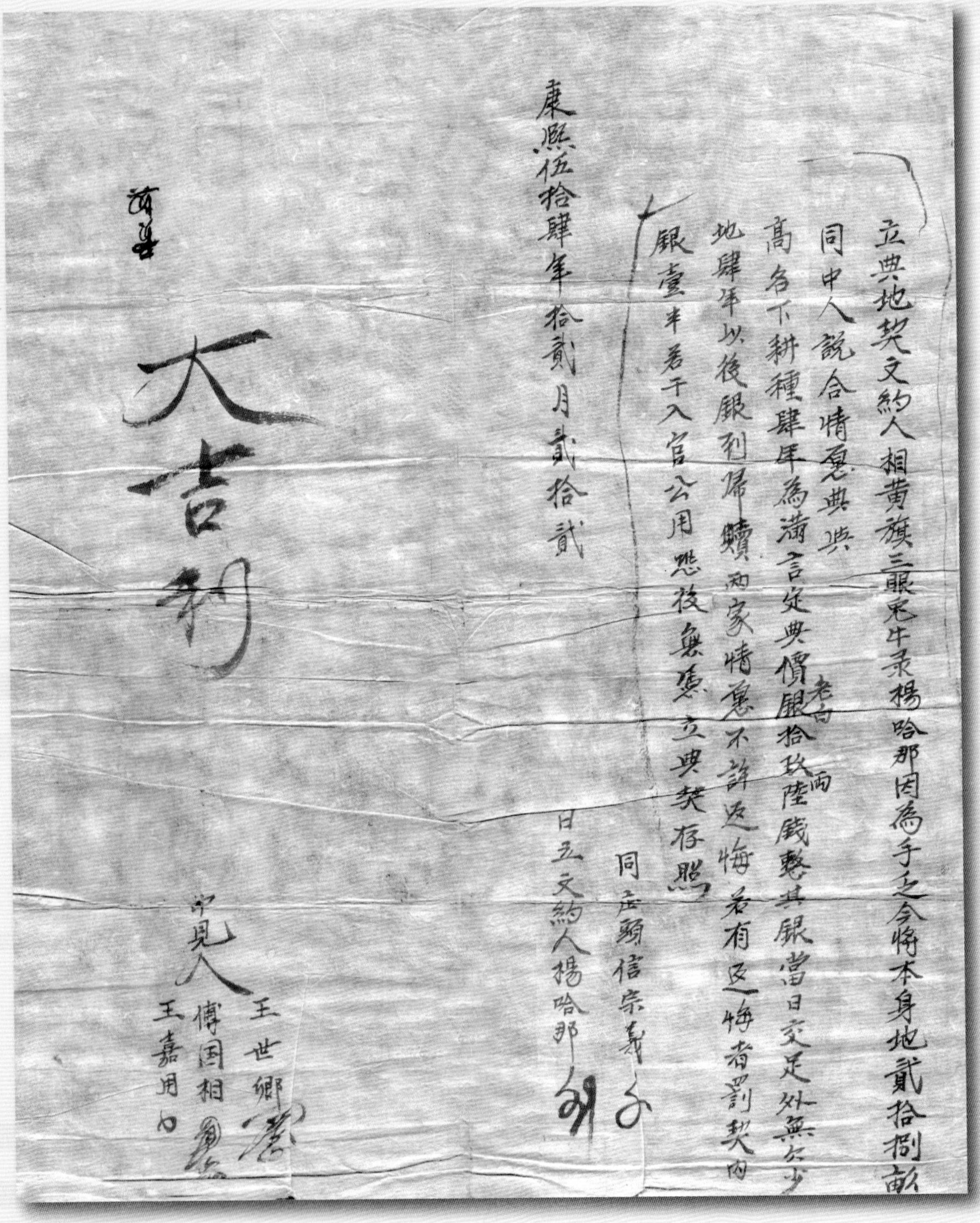

立典地契文約人相黃旗三甲兜牛彔揚哈那因為手乏今將本身地貳拾捌畝
同中人說合情愿典與
高名下耕種肆年為滿言定典價老白銀拾玖兩陸錢整其銀當日交足外無欠少
地肆年以後銀到歸贖兩家情愿不許返悔若有返悔者罰契內
銀壹半若干入官公用恐後無憑立典契存照
同立約信宗義
康熙伍拾肆年拾貳月貳拾貳日立文約人揚哈那
中見人 王世卿 傅国相 王嘉用

大吉利

【康熙五十四年（一七一五）镶黄旗杨哈那立典地契】（QW—〇四二）

立典地契文约人相（镶）黄旗[一]三眼兔牛录[二]杨哈那，因为手乏，今将本身地贰拾捌亩，同中人说合，情愿典与

高名下耕种，肆年为满，言定典价老白银拾玖两陆钱整。其银当日交足，外无欠少。地肆年以后，银到归赎。两家情愿，不许返悔。若有返悔者，罚契内银壹半若干，入官公用。恐后无凭，立典契存照。

康熙伍拾肆年拾贰月贰拾贰日

同庄头　信宗义（花押）

立文约人　杨哈那（花押）

中见人　王世卿（花押）

傅国相（花押）

王嘉用（押）

大吉利

贾契[三]

[一] 镶黄旗：满旗兵民合一的社会组织制度，为八旗制，镶黄旗是八旗之一。

[二] 牛录：满旗人出兵或打猎，每人出一支箭，十人为一牛录（汉语『箭』的意思），其中有一首领，叫『牛录额真』，汉语译为『佐领』。

[三] 此二字原件中为倒写。

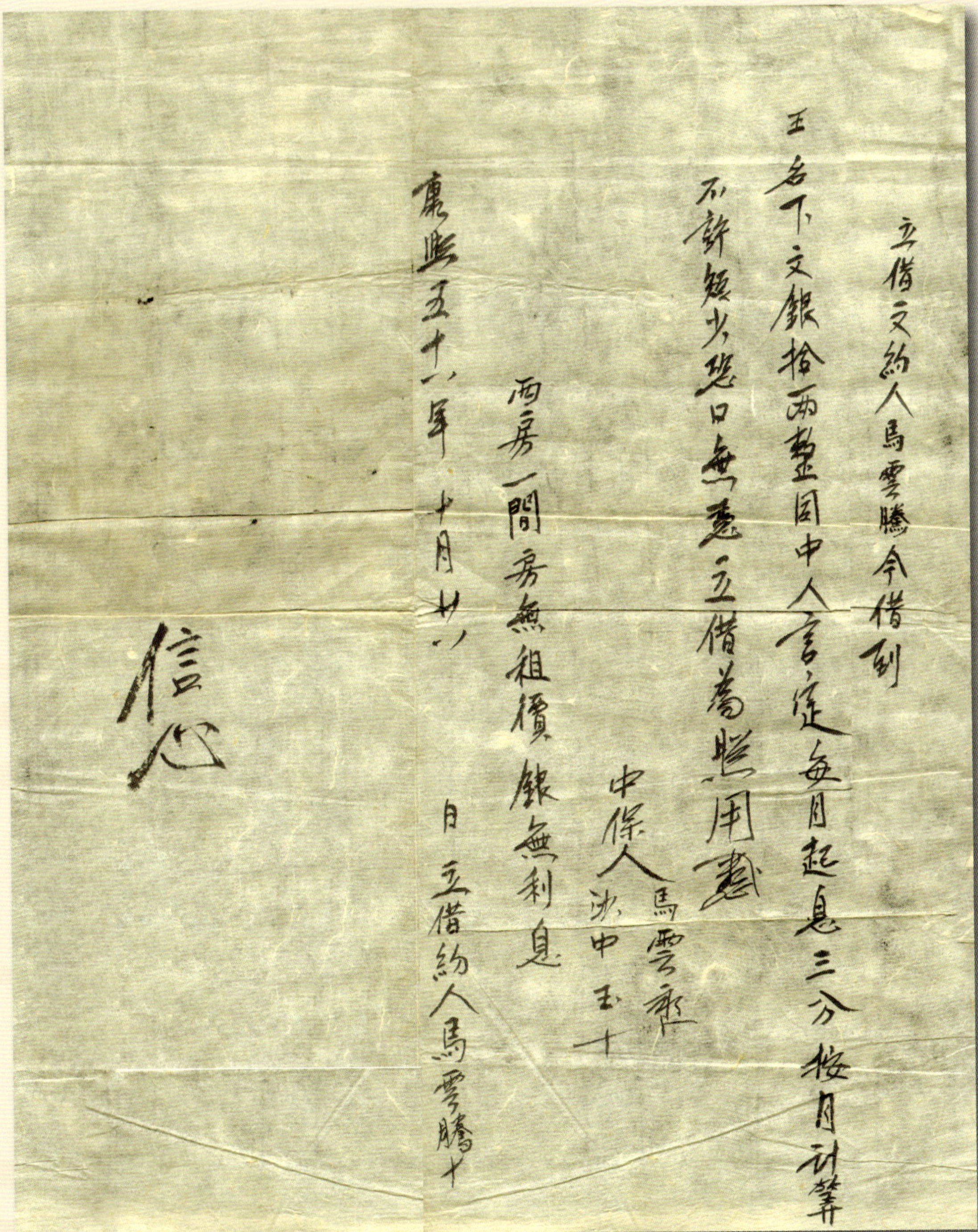
立借文約人馬雲騰今借到
王名下文銀拾兩整因中人言定每月起息三分按月計算
不許短少恐口無憑立借為照用憑
中保人馬雲飛
沈中玉十
西房一間房無租價銀無利息
康熙五十八年十月廿八日立借約人馬雲騰十
信心

【康熙五十八年（一七一九）马云腾立借据】（QW—〇四三）

立借文约人马云腾，今借到

王名下文银拾两整，同中人言定，每月起息三分，按月计算，不许短少。恐口无凭，立借为照用凭*。

中保人　马云永（押）

沙中玉（押）

西房一间，房无租价，银无利息。

康熙五十八年十月廿八日

立借约人　马云腾（押）

信　心（行）

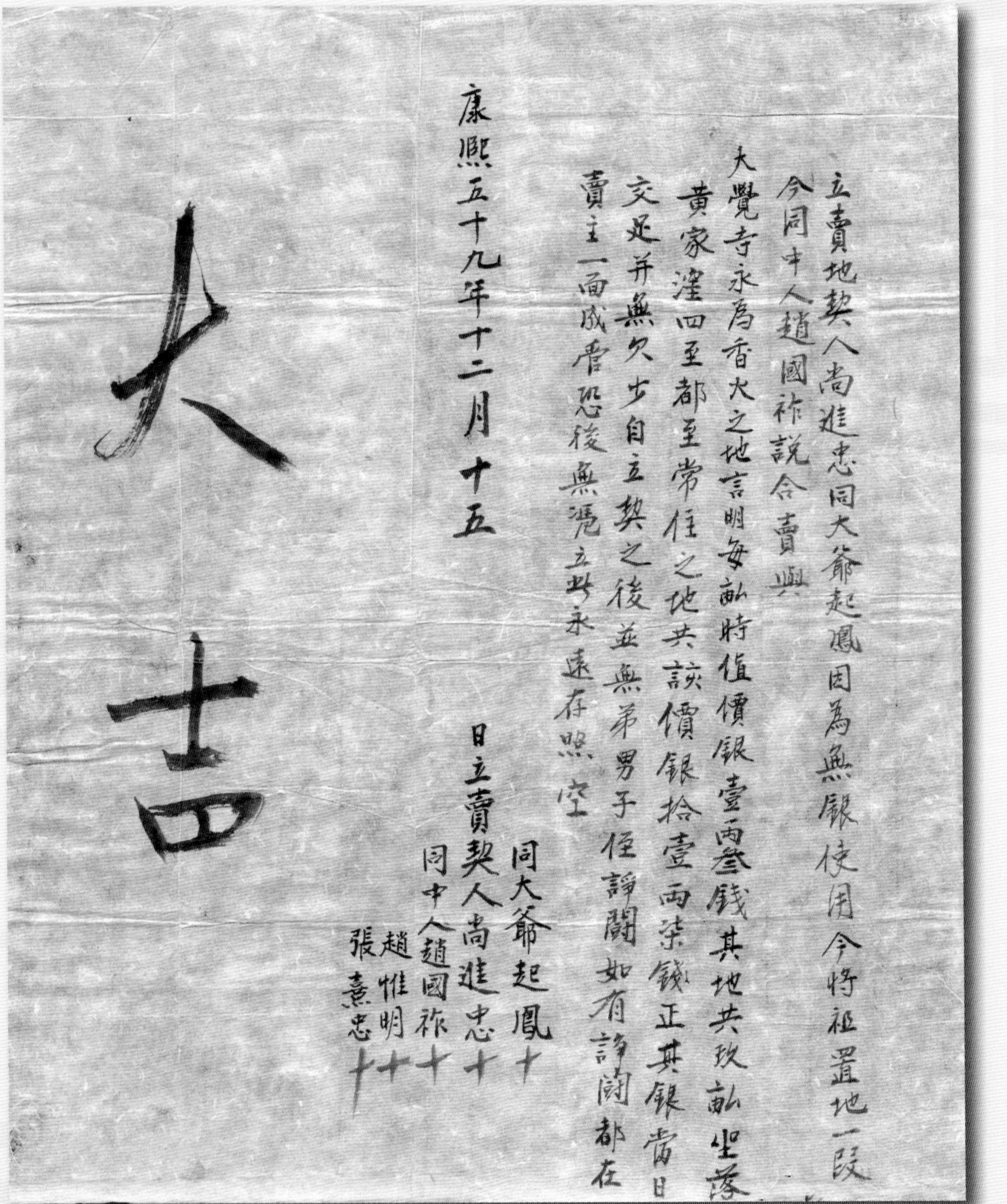
立賣地契人尚進忠同大爺起鳳因為無銀使用今將祖置地一段
今同中人趙國祚説合賣與
大覺寺永為香火之地言明每畝時值價銀壹兩叁錢其地共玖畝坐落
黄家洼四至都至常住之地共該價銀拾壹兩柒錢正其銀當日
交足并無欠少自立契之後並無弟男子侄諍鬭如有諍鬭都在
賣主一面承管恐後無憑立此永遠存照　空

康熙五十九年十二月十五日立賣契人尚進忠十
同大爺起鳳十
同中人趙國祚十
趙惟明十
張熹忠十

大吉

【康熙五十九年（一七二〇）尚进忠立卖地契】（QW—〇四四）

立卖地契人尚进忠同大爷起凤，因为无银使用，今将祖置地一段，

今同中人赵国祚说合，卖与

大觉寺永为香火之地。言明每亩时值价银壹两叁钱，其地共玖亩，坐落

黄家洼。四至都至常住之地。共该价银拾壹两柒钱正，其银当日

交足，并无欠少。自立契之后并无弟男子侄诤斗，如有诤斗，都在

卖主一面成管。恐后无凭，立此永远存照。空

康熙五十九年十二月十五日

同大爷起凤（押）

立卖契人　尚进忠（押）

同中人　赵国祚（押）

赵惟明（押）

张熹忠（押）

大吉

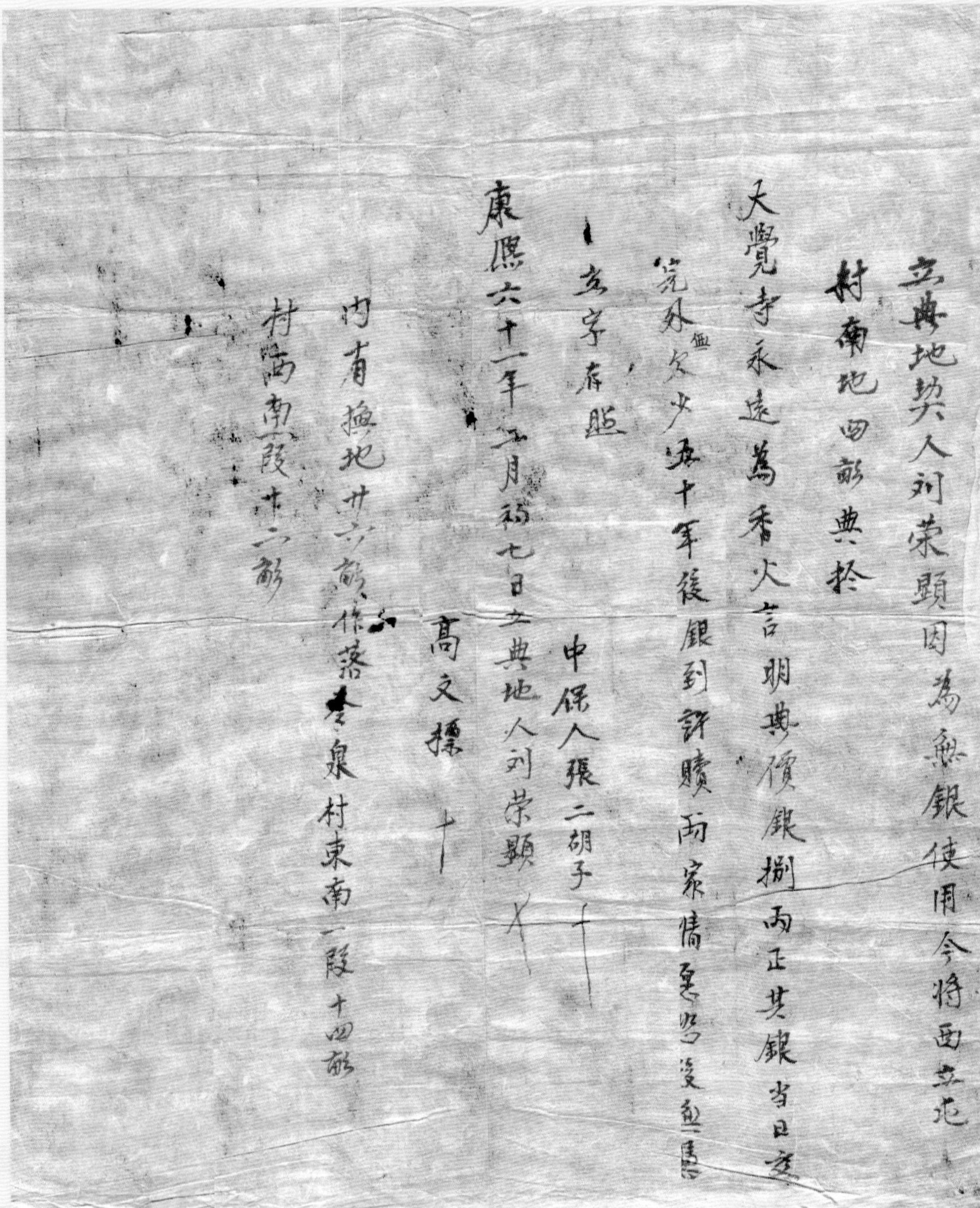

立典地契人刘荣显因為無銀使用今将西立屯
村南地四畝典於
大覺寺永遠為香火言明典價銀捌兩正其銀当日交
筦外無欠少恐十年後銀到許贖兩家情愿恐後無憑
立字存照
康熙六十一年二月初七日立典地人刘荣显 X
中保人張二胡子 十
高文標 十
內有換地廿六畝作落李泉 村東南一段十四畝
村西南一段十二畝

【康熙六十一年（一七二二）刘荣显立典地契】（QW—〇四五）

立典地契人刘荣显，因为无银使用，今将西立屯村南地四亩，典于大觉寺永远为香火。言明典价银捌两正，其银当日交完，外无欠少。五十年后银到许赎。两家情愿，恐后无凭，立字存照。

中保人　张二胡子（押）

立典地人　刘荣显（押）

高文标（押）

康熙六十一年二月初七日

内有换地廿六亩，作落冷泉村东南一段十四亩，村西南一段十二亩。

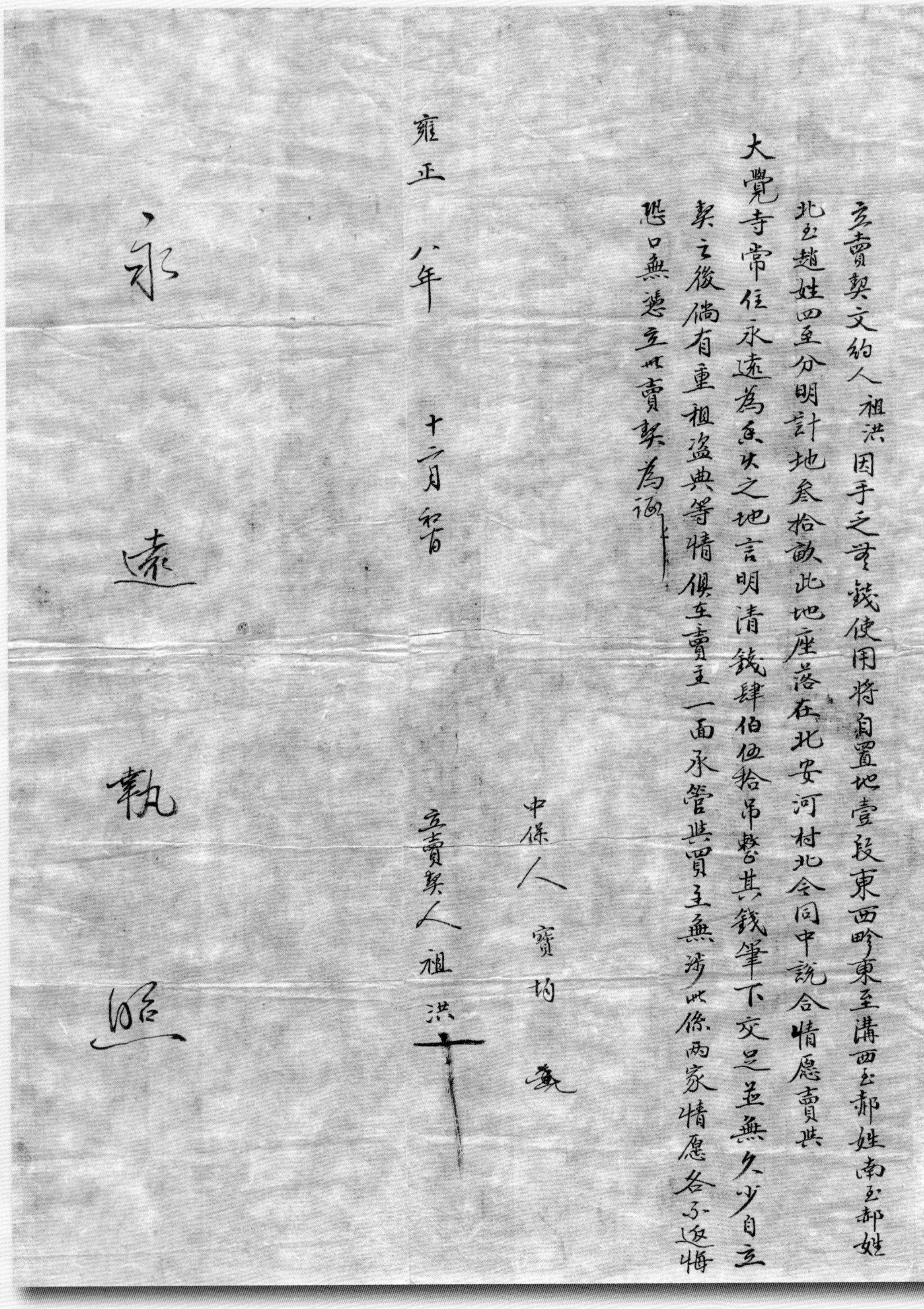

立賣契文約人祖洪因手乏無錢使用將自置地壹段東西畛東至溝西至郝姓南至郝姓
北至趙姓四至分明計地叁拾畝此地座落在北安河村北今同中説合情愿賣與
大覺寺常住永遠為業之地言明清錢肆伯伍拾吊整其錢筆下交足並無欠少自立
契之後倘有重祖盜典等情俱在賣主一面承管與買主無涉此係兩家情愿各不返悔
恐口無憑立此賣契為証

雍正 八年 十二月 初十日

中保人 寶均 押

立賣契人 祖洪 十

永遠執照

【雍正八年（一七三〇）祖洪立卖地契】（QW—〇四六）

立卖契文约人祖洪，因手乏无钱使用，将自置地壹段，东西畛[一]，东至沟，西至郝姓，南至郝姓，北至赵姓，四至分明，计地叁拾亩。此地座落在北安河村北，今同中说合，情愿卖与大觉寺常住，永远为香火之地。言明清钱[二]肆佰伍拾吊整，其钱笔下交足，并无欠少。自立契之后，倘有重租盗典等情，俱在卖主一面承管，与买主无涉。此系两家情愿，各不返悔，恐口无凭，立此卖契为证。

中保人　宝　均（花押）

立卖契人　祖　洪（押）

雍正八年十二月初十日

永远执照

〔一〕畛：田里的小道。

〔二〕清钱：清代流通的铜钱，分官方铸造的制钱和私人铸造的私钱两种。制钱按法定重量、成分制造，体大而重，成色好，在市场上受人欢迎。私钱由于偷工减料，小而薄，有杂质，砂眼多，成色不好，叫作『一九钱』；法定成分占两成以上，叫作『二八钱』，以此类推。如果一串钱内全都是质量好的制钱，即『清一色』的制钱，就叫作清钱。

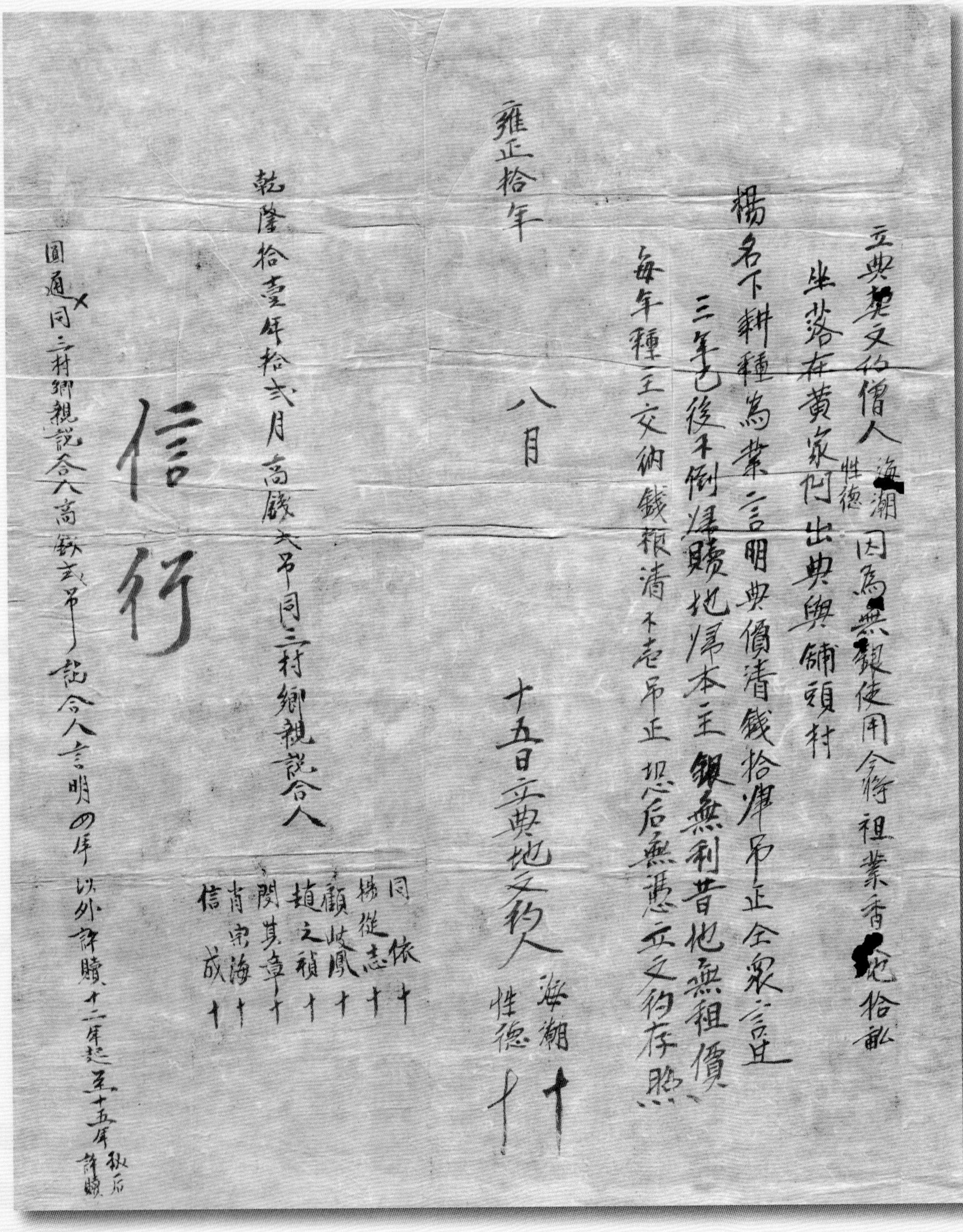

立典契文約僧人海潮性德因為無銀使用今將祖業香火地拾畝

坐落在黄家門出典與舖頭村

楊名下耕種為業言明典價清錢拾肆吊正全衆言足

三年已後不倒得贖地歸本主銀無利昔地無租價

每年種主交納錢粮清不壹吊正 恐后無憑立文約存照

雍正拾年 八月 十五日立典地文約人 海潮 十 性德 十

乾隆拾壹年拾弐月高錢文吊同二村鄉親說合人

同 依 十

楊從志 十

顧岐鳳 十

埴之積 十

閔其章 十

肖宗海 十

信成 十

信行

圓通 同二村鄉親說合人高欽文弐吊 說合人言明四年以外許贖 十二年起至十五年 秋后許贖

【雍正十年（一七三二）僧海潮、性德立典地契】（QW—〇四七）

立典契文约僧人海潮、性德，因为无银使用，今将祖业香火*地拾亩，
坐落在黄家凹，出典与铺头村
杨名下耕种为业。言明典价清钱拾肆吊正，同众言过，
三年已后钱倒归赎，地归本主，银无利昔，地无租价，
每年种主交纳钱粮清钱壹吊正。恐后无凭，立文约存照。

雍正拾年八月十五日

立典地文约人　海　潮（押）
性　德（押）

乾隆拾壹年拾贰月，高钱贰吊同三村乡亲说合人

同　依（押）　杨从志（押）
顾岐凤（押）　赵之祯（押）
闵其章（押）　肖宗海（押）
信　成（押）

信行

圆通(押)同三村乡亲说合人高钱贰吊，说合人言明四年以外许赎，十二年起至十五年秋后许赎。

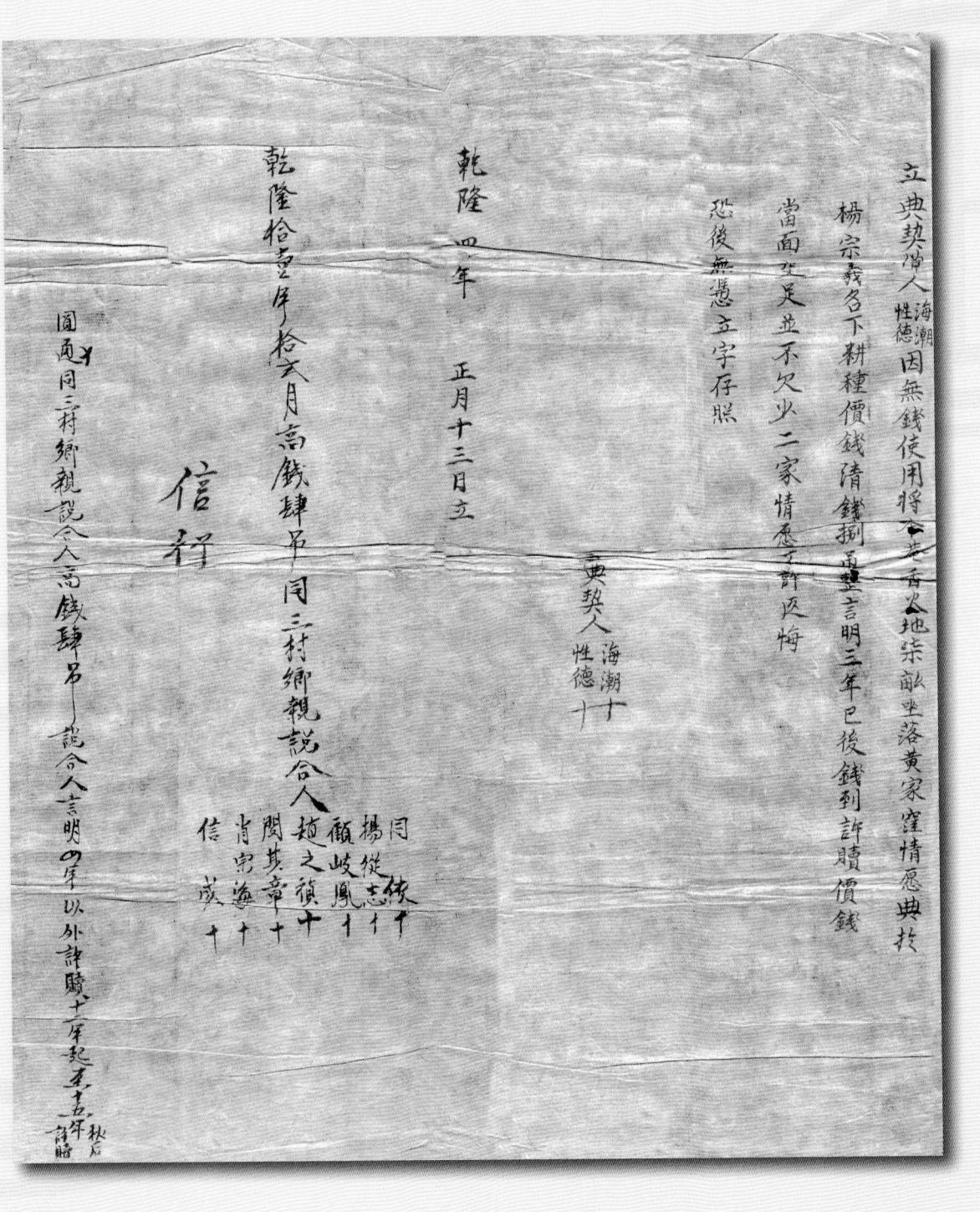

立典契僧人海潮、性德因無錢使用，將本寺香火地柒畝，坐落黃家窪，情愿典於

楊宗義名下耕種，價錢清錢捌吊整，言明三年已後錢到許贖，價錢

當面交足，並不欠少，二家情愿，不許返悔。

恐後無憑，立字存照。

典契人 海潮十 性德十

乾隆四年正月十三日立

乾隆拾壹年拾弍月高錢肆吊 同三村鄉親說合人

同 楊從志十 顧岐鳳十 趙之禎十 閔其章十 肖宗海十 信成十

信行

圓面同三村鄉親說合人高錢肆吊 說合人言明四年以外許贖 十一年起至十五年 秋后許贖

【乾隆四年（一七三九）僧人海潮、性德立典地契】（QW—〇四八）

立典契僧人海潮、性德，因无钱使用，将本庵香火地柒亩，坐落黄家洼，情愿典于杨宗义名下耕种。价钱清钱捌吊整，言明三年已后钱到许赎，价钱当面交足，并不欠少。二家情愿，不许返悔。恐后无凭，立字存照。

立*典契人 海 潮（押）

性 德（押）

乾隆四年正月十三日立

乾隆拾壹年拾贰月，高钱肆吊同三村乡亲说合人 同 依（押） 杨从志（押）

顾岐凤（押） 赵之祯（押）

闵其章（押） 肖宗海（押）

信 成（押）

信行

圆通（押）同三村乡亲说合人高钱肆吊，说合人言明四年以外许赎，十二年起至十五年，秋后许赎。

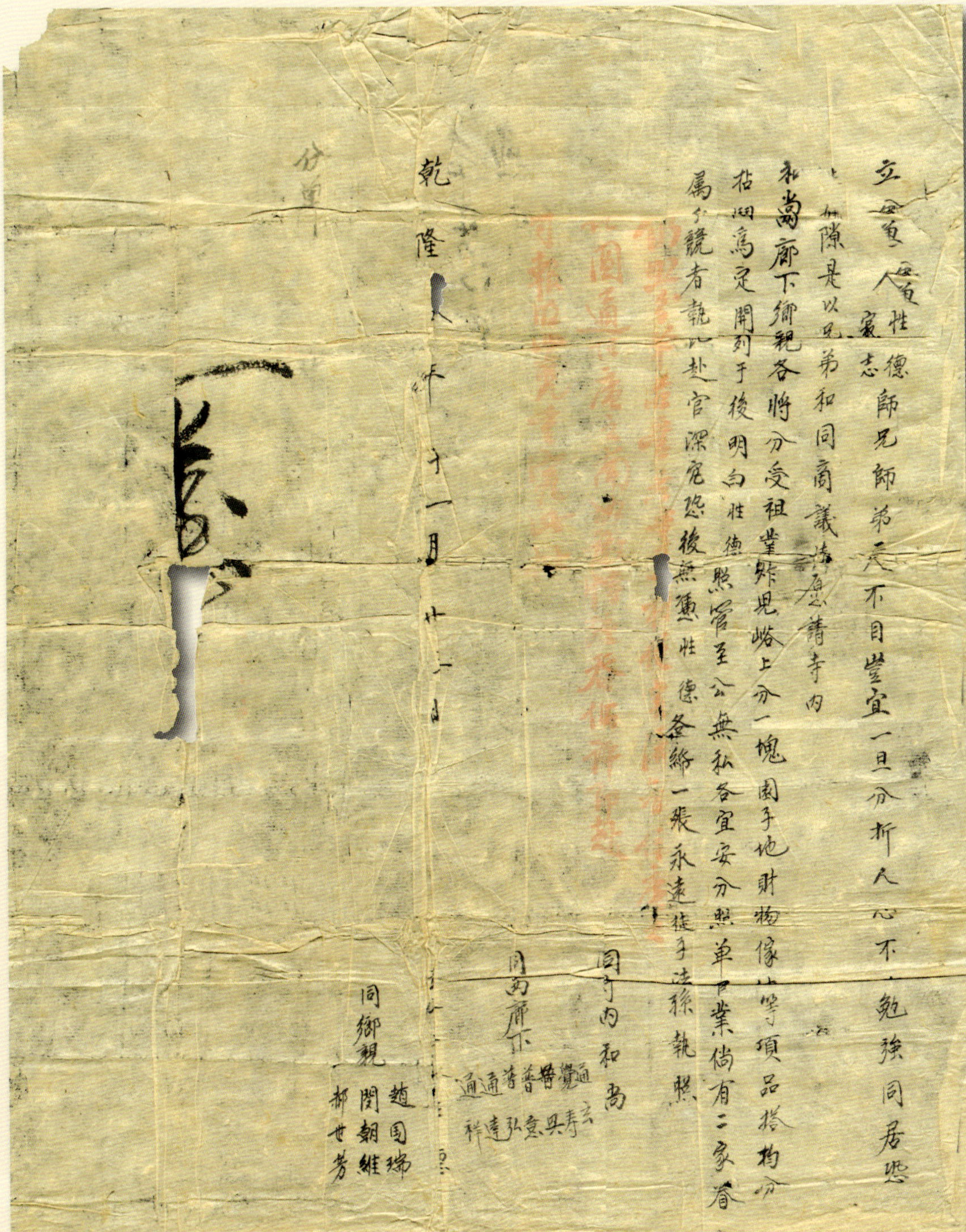
立分單人德性、寂志師兄師弟二人，不目豈宜一旦分析，人心不一，勉強同居，恐
日後有隙，是以兄弟和同商議，請恩濟寺內
和尚、廊下、鄉親，各將分受祖業外兒峪上分一塊園子地、財物、像[illegible]等項品搭均分，
拈鬮爲定，開列于後。明白，性德照管，至公無私，各宜安分照單產業。倘有二家眷
屬人等說者，執此赴官深究。恐後無憑，性德各[illegible]一張，永遠徒子法孫執照。
同寺內和尚
同廊下 通玄 通壽 普興 普意 普弘 通達 通祥
同鄉親 趙國瑞 閔朝維 郝世芳
乾隆[illegible]年十一月廿一日
分單

【乾隆八年（一七四三）僧性德、寂志分单字据】（QW—〇四九）

立分单分*单*〔一〕人性德、寂志师兄师弟二人不目岂宜，一旦分折，人心不合*，勉强同居，恐生*嫌*隙。是以兄弟和同商议，情*愿请寺内和尚、两廊下、乡亲各将分受祖业炸儿峪上分一块园子地、财物家什*等项，品搭均分，拈阄*为定，开列于后明白。性德照管，至公无私，各宜安分，照单管*业，倘有二家眷属争*竞者，执此*赴官深究。恐后无凭，性德〈寂志〉〔二〕各纸一张，永远徒子法孙执照。

【缺】

【缺】

【缺】〔三〕

同寺*内和尚　通玄　觉寿　普兴　普意

同两廊下　普弘　通达　通祥

□□□□□

同乡亲　赵国瑞　闵朝维　郝世芳

〇□

乾隆八年十一月廿三*日

分单

〔一〕此处契约原件中疑两次出现『分单』，按原件录入，意文待考。

〔二〕寂志：疑为漏掉了寂志。

〔三〕【缺】：契纸上的字迹已漫漶不清，推测应为数年后寺僧因纠纷，执此件赴京诉讼，红色字迹应为当时官员之批语。

欽命僧錄司印堂　為嚴禁侵佔以杜爭端事照得本庵人僧性德與僧人寂志前憑鄉親僧俗人等分居各官

各業一居街之南一居街之北田地產業品搭鬮分已有分單可証今性德已故其徒圓通理應恪守常業接續焚

修業經本印堂將分單二紙當堂批示並令寂志出具永不侵佔多事甘結在案但恐陽奉陰違沿龍不改合

行出示嚴禁為此示仰分單內有名中証及巡查人等知悉倘有特強凌弱騷擾侵佔越分取分爭鬭多

事者許被害之僧投鳴中証即同本公據實禀報巡查掌書查實即將違禁之僧鎖拿赴嚴

印以憑嚴懲究治決不寬貸也一體凜遵毋違須至告示者　遵

右仰通知

乾隆十一年六月二十二日

告示

實貼三教庵山勿致損壞

【乾隆十一年（一七四六）僧录司印堂告示】（QW—〇五〇）

钦命僧录司[一]印堂，为严禁侵占以杜争端事，照得本庵僧人性德与僧人寂志，前凭乡亲僧俗人等分居，各管各业。一居街之南，一居街之北，田地产业品搭阄分，已有分单可证。今性德已故，其徒圆通理应照单管业，接续焚修业。经本印堂将分单二纸当堂批示，并令寂志出具永不侵占多事，其[二]结在案。但恐阳奉阴违，沿袭*不*改，合行出示严禁。为此示仰，分单内有各中证及巡查人等知悉，倘有恃强凌弱骚扰侵占，越分取□争斗多事者，许被害之僧投鸣，中证即同秉公据实禀报巡查，掌书查实，即将违禁之僧锁拿赴印。以凭严惩究治，决不宽贷也。一体凛遵毋违须至告示者。遵

右仰*通*知

乾隆十一年六月二十二日

告　示

实贴三教庵山，勿致损坏。

[一] 僧录司：官署名。时为掌管僧人的最高机构，主官称正印、副印，下设左右善世、阐教、讲经、觉文等。在各省则府设僧纲司，州设僧正司，县设僧会司。

[二] 此字疑为『其』，见契约原件，待考。

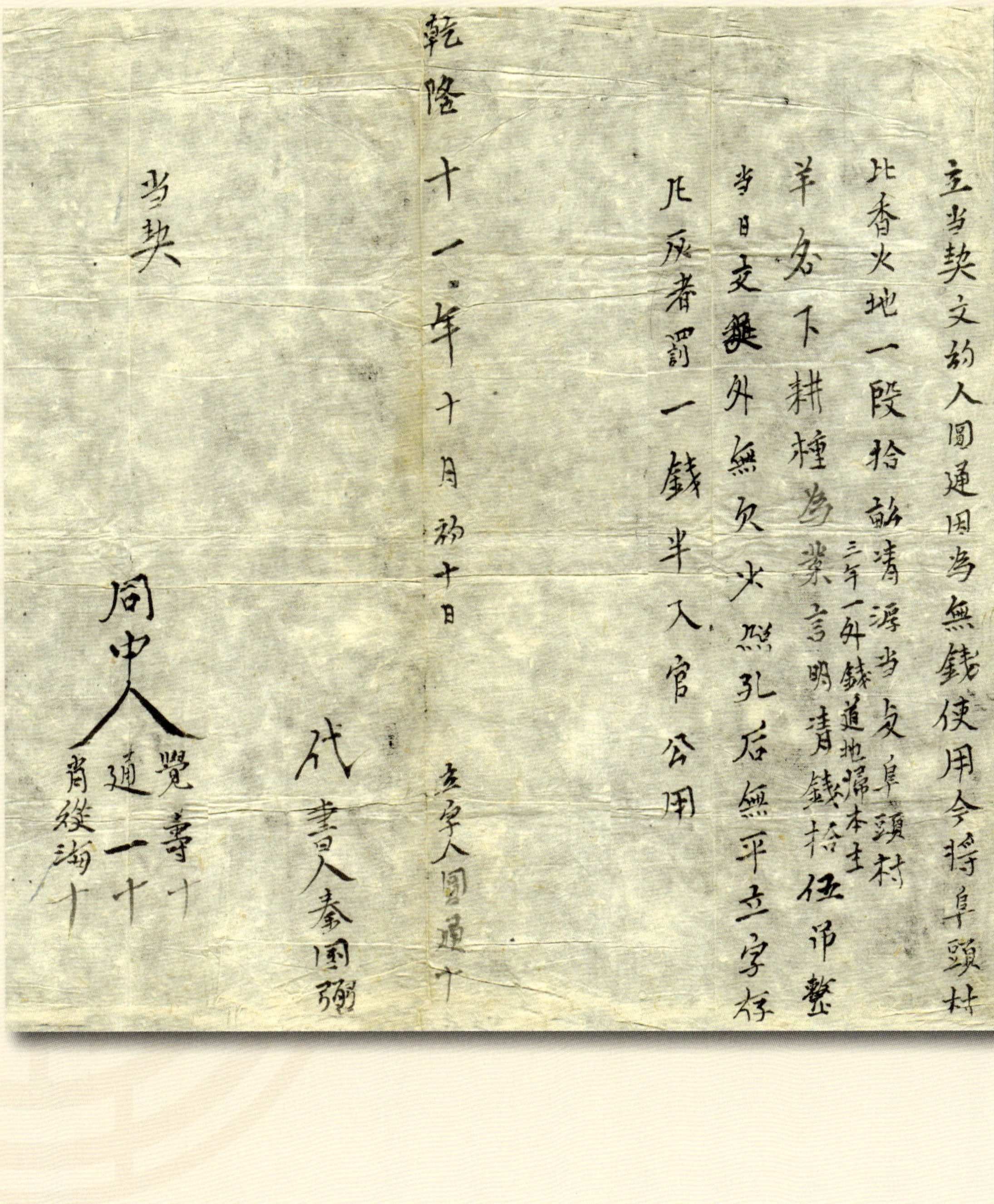
立当契文约人圖通因為無錢使用今將阜頭村
北香火地一段拾畝清源当与阜頭村
羊名下耕種為業三年一外錢道地歸本主言明清錢拾伍吊整
当日交足外無欠少恐孔后無平立字存
凡反者罰一錢半入官公用

乾隆十一年十月初十日　立字人圖通十

代書人秦國弼

同中人　覺壽十　通一十　肖從海十

当契

【乾隆十一年（一七四六）僧圆通立典当契（甲）】（QW—〇五一）

立当契文约人圆通，因为无钱使用，今将阜头村北香火地一段拾亩，**清源**当与阜头村羊（杨）名下耕种为业。三年一（以）外，钱道（到）地归本主。言明清（清）钱拾伍吊整当日交足，外无欠少。照孔（恐）后无平（凭），立字存〈照〉。

凡（反）灰（悔）〔一〕者罚一钱半，入官公用。

乾隆十一年十月初十日

立字人　圆　通（押）

代书人　秦国弼（押）

同中人　觉　寿（押）

通　一（押）

肖从海（押）

当　契

〔一〕契约原件中的『灰』应为『灰』字在当时的俗写。

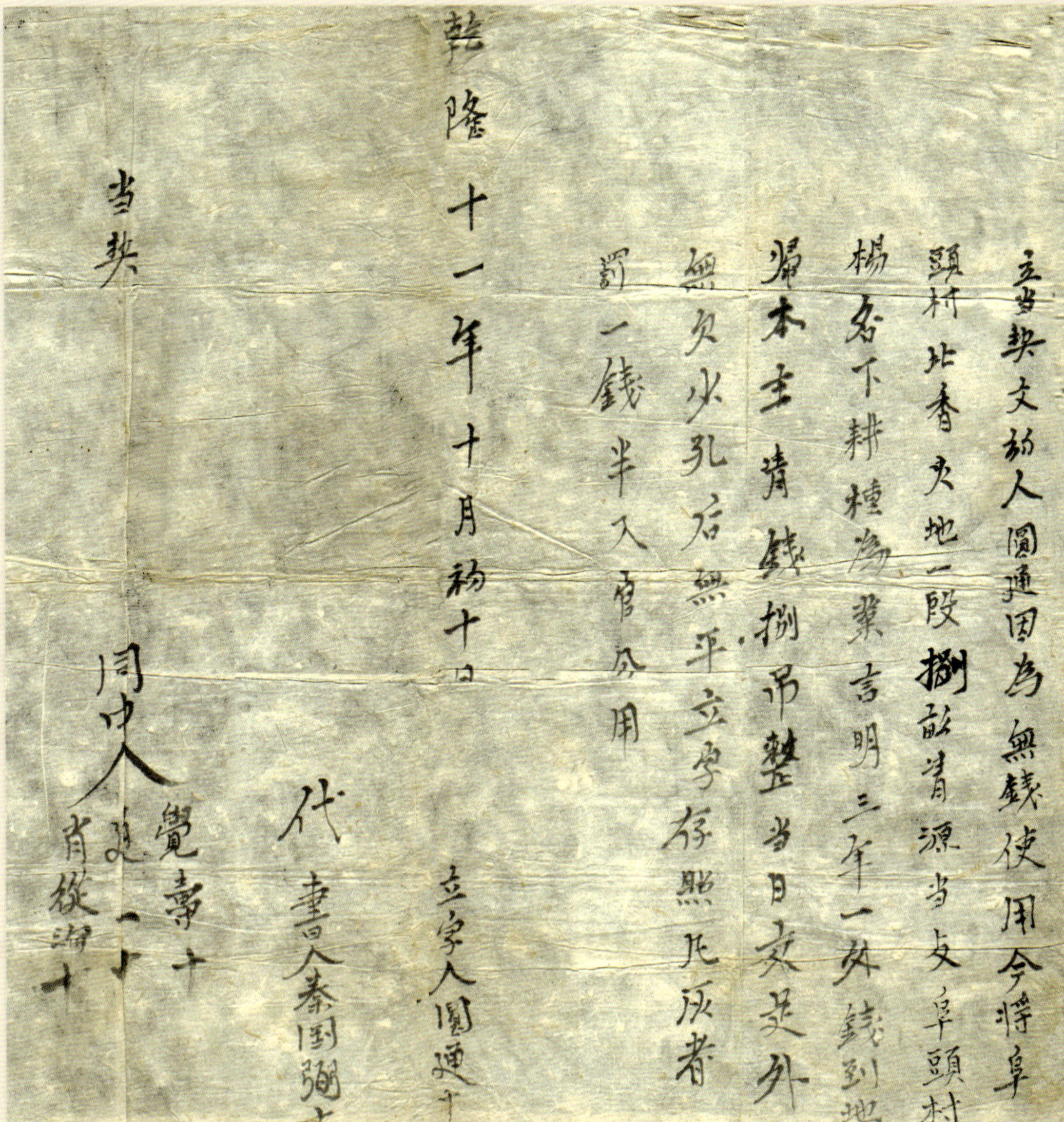
立当契文約人閻通因為無錢使用今將阜
頭村北香火地一段捌畝背源当支阜頭村
楊名下耕種為業言明三年一典錢到地
歸本主清錢捌吊整当日交足外
無欠少恐后無憑立字存照凡反者
罰一錢半入官公用
乾隆十一年十月初十日
立字人閻通十
代書人秦國弼十
同中人 覺壽十 趙一十 肖從海十
当契

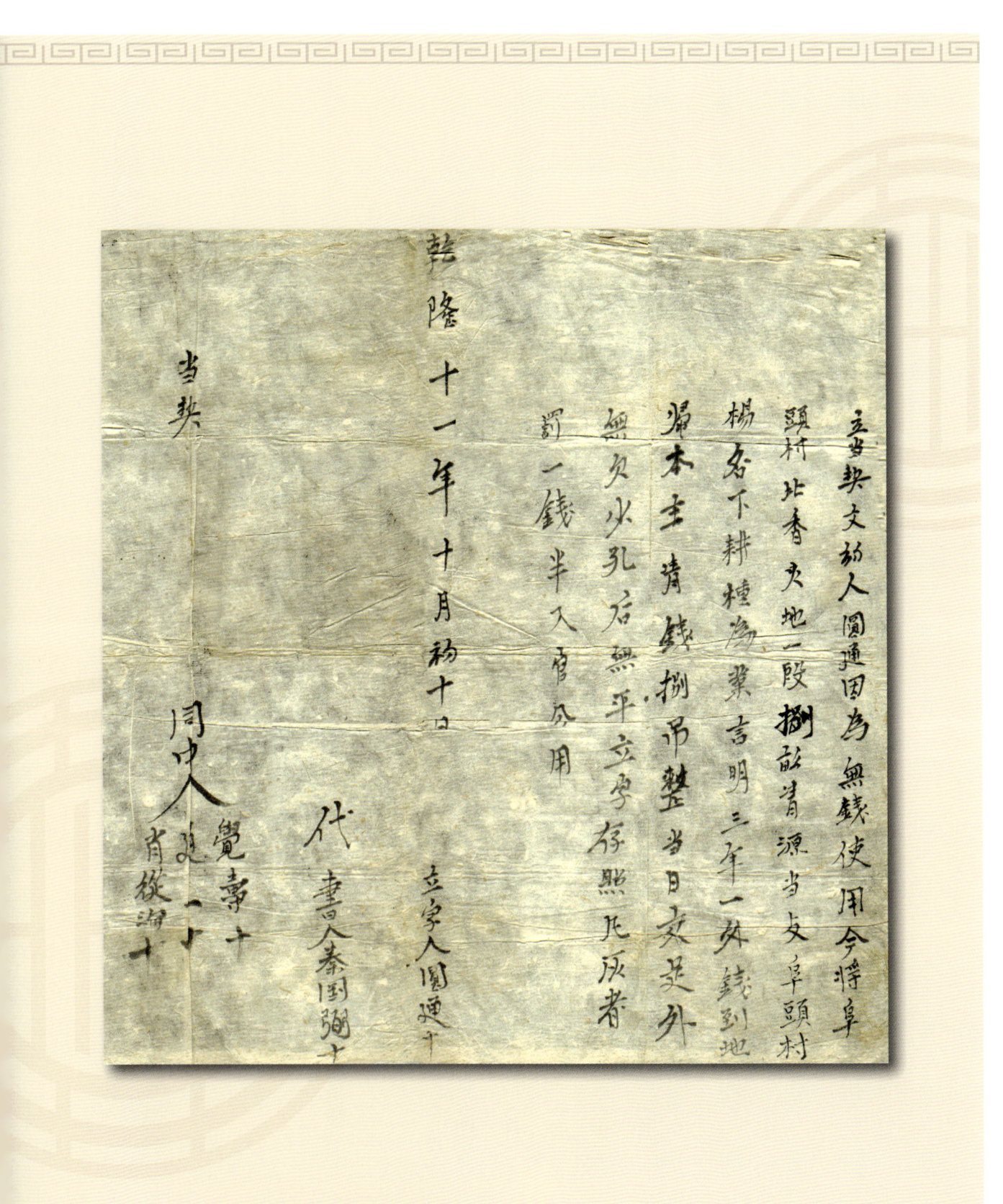

【乾隆十一年（一七四六）僧圆通立典当契（乙）】（QW—〇五二）

立当契文约人圆通，因为无钱使用，今将阜头村北香火地一段捌亩，清源当与阜头村杨名下耕种为业。言明三年一（以）外，钱到地归本主。清（清）钱捌吊整，当日交足，外无欠少。孔（恐）后无平（凭），立字存照。凡（反）灰（悔）者罚一钱半，入官公用。

乾隆十一年十月初十日

立字人 圆 通（押）

代书人 秦国弼（押）

同中人 觉 寿（押）

通 一（押）

肖从海（押）

当契

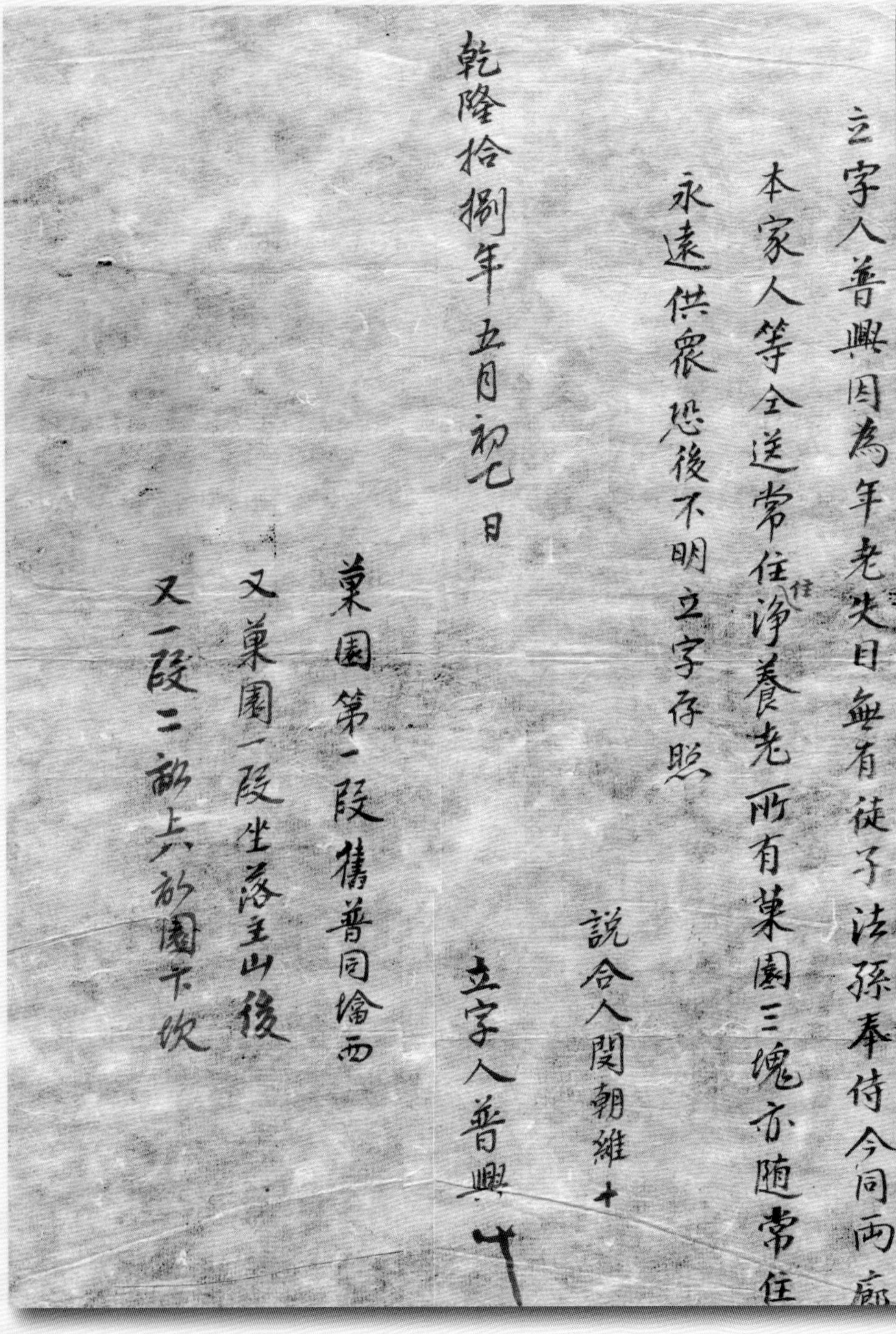

立字人普興因為年老失目無有徒子法孫奉侍今同兩廊
本家人等全送常住淨住養老所有菓園三塊亦隨常住
永遠供衆恐後不明立字存照
說合人閔朝維十
立字人普興
乾隆拾捌年五月初七日
菓園第一段攜普同塔西
又菓園一段坐落主山後
又一段二畝上六方園下坎

【乾隆十八年（一七五三）僧普兴立施舍供养契】（QW—○五三）

立字人普兴，因为年老失目，无有徒子法孙奉侍，今同两廊本家人等同送常住，住净养老，所有果园三块亦随常住。永远供众，恐后不明，立字存照。

说合人　闵朝维（押）

立字人　普　兴（押）

乾隆拾捌年五月初七日

果园第一段旧普同塔西，

又果园一段坐落主山后，

又一段二亩上八亩园下坎。

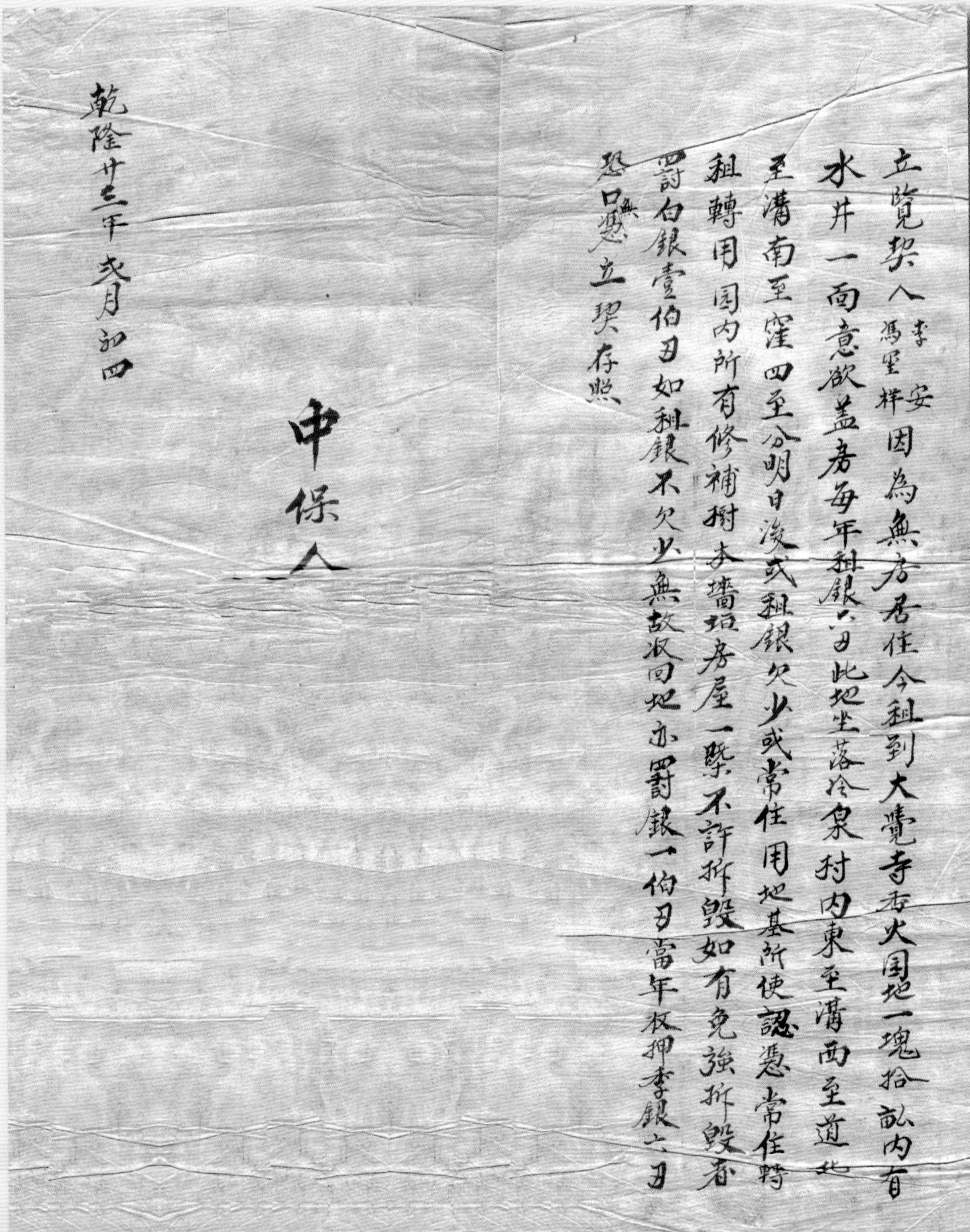

立賃契人李馮堅祥安因為無房居住今租到大覺寺香火園地一塊拾畝內有
水井一面意欲蓋房每年租銀六兩此地坐落冷泉村內東至溝西至道北
至溝南至窪四至分明日後或租銀欠少或常住用地基所使認憑常住轉
租轉用園內所有修補樹木牆垣房屋一槩不許拆毀如有兔強拆毀者
罰白銀壹伯兩如租銀不欠少無故收回地亦罰銀一伯兩當年収押李銀六兩
恐口無憑立契存照

中保人

乾隆廿三年弍月初四

【乾隆二十三年（一七五八）李安、冯玺祥立租佃契[一]】（QW—〇五四）

立览契人李安、冯玺祥，因为无房居住，今租到大觉寺香火园地一块拾亩，内有水井一面，意欲盖房。每年租银六两。此地坐落冷泉村内。东至沟，西至道，北至沟，南至洼，四至分明。日后或租银欠少，或常住用地基所使，认（任）凭常住转租转用，园内所有修补、树木、墙垣、房屋，一概不许拆毁。如有免（勉）强拆毁者，罚白银壹佰两。如租银不欠少，无故收回地，亦罚银一佰两。当年收押季银六两。恐口无凭，立契存照。

中保人[二]

乾隆廿三年贰月初四[三]

[一] 租佃契即立契人为租入方，租地契即立契人为出租方。

[二] 此处疑有缺漏。

[三] 此处疑有缺漏。

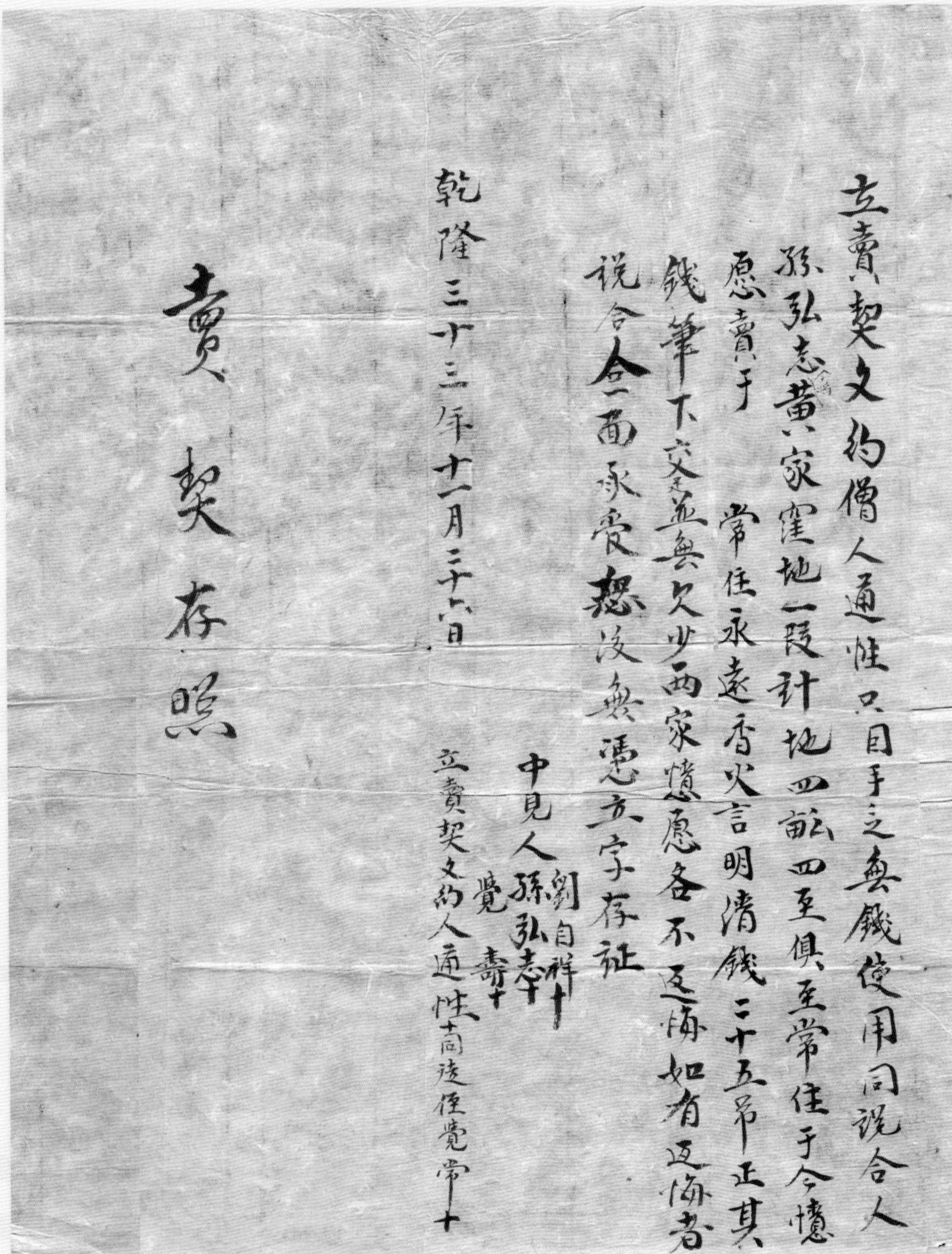
立賣契文約僧人通性只因手乏無錢使用同說合人
孫弘志黄家窪地一段計地四畝四至俱至常住于今情
愿賣于
常住永遠香火言明清錢二十五吊正其
錢筆下交足無欠少兩家情愿各不返悔如有返悔者
說合人一面承管恐後無憑立字存証
中見人 劉自祥十
孫弘志十
覺壽十
立賣契文約人通性十 同徒侄覺常十
乾隆三十三年十一月二十六日
賣契存照

【乾隆三十三年（一七六八）僧通性立卖地契】（QW—〇五五）

立卖契文约僧人通性，只因手乏无钱使用，同说合人孙弘志黄家洼地一段，计地四亩，四至俱至常住。于今情愿卖于常住，永远香火。言明清钱二十五吊正。其钱笔下交足，并无欠少。两家情愿，各不返悔。如有返悔者，说合人一面承管。恐后无凭，立字存证。

中见人 刘自祥（押）

孙弘志（押）

觉 寿（押）

乾隆三十三年十一月二十六日 立卖契文约人 通 性（押）同徒侄 觉 常（押）

卖 契 存 照

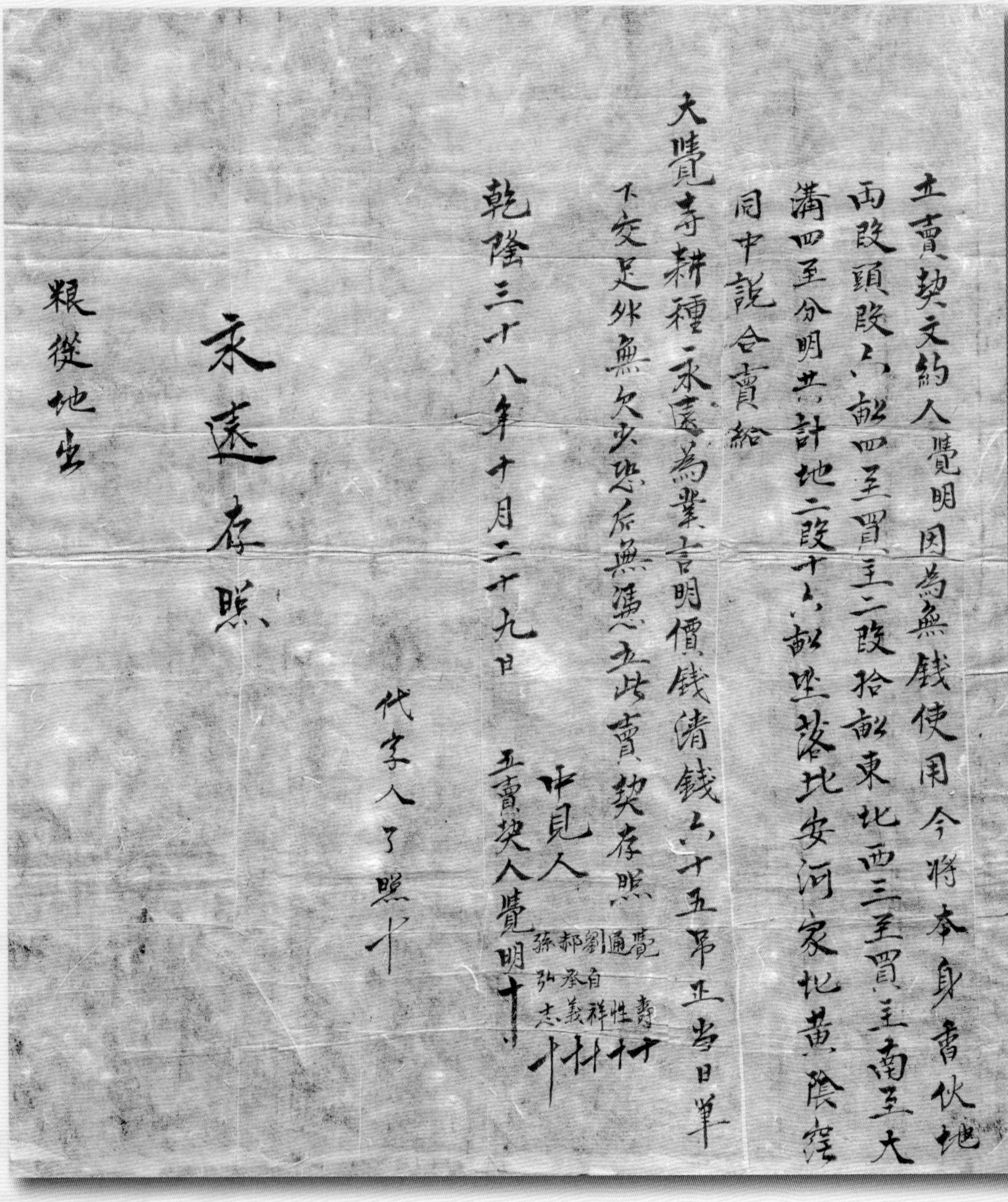
立賣契文約人覺明因為無錢使用今將本身香伙地
兩段頭段六畝四至買主二段拾畝東北西三至買主南至大
溝四至分明共計地二段十六畝坐落北安河家北黃陰窪
同中說合賣給
大覺寺耕種永遠為業言明價錢清錢六十五吊正當日單
下交足外無欠少恐后無憑立此賣契存照
乾隆三十八年十月二十九日
中見人 覺壽 十 通性 十 劉自祥 十 郝承義 十 孫弘志 十
立賣契人覺明 十
代字人了照 十
永遠存照
粮從地出

【乾隆三十八年（一七七三）僧觉明立卖地契】（QW—〇五六）

立卖契文约人觉明，因为无钱使用，今将本身香伙（火）地两段，头段六亩，四至买主；二段拾亩，东、北、西三至买主，南至大沟，四至分明，共计地二段十六亩，坐落北安河家北黄阴洼。同中说合卖给大觉寺耕种，永远为业。言明价钱清钱六十五吊正。当日笔下交足，外无欠少。恐后无凭，立此卖契存照。

中见人 觉 寿（押）
通 性（押）
刘自祥（押）
郝承义（押）
孙弘志（押）

乾隆三十八年十月二十九日

立卖契人 觉 明（押）
代字人 了 照（押）

粮从地出

永远存照

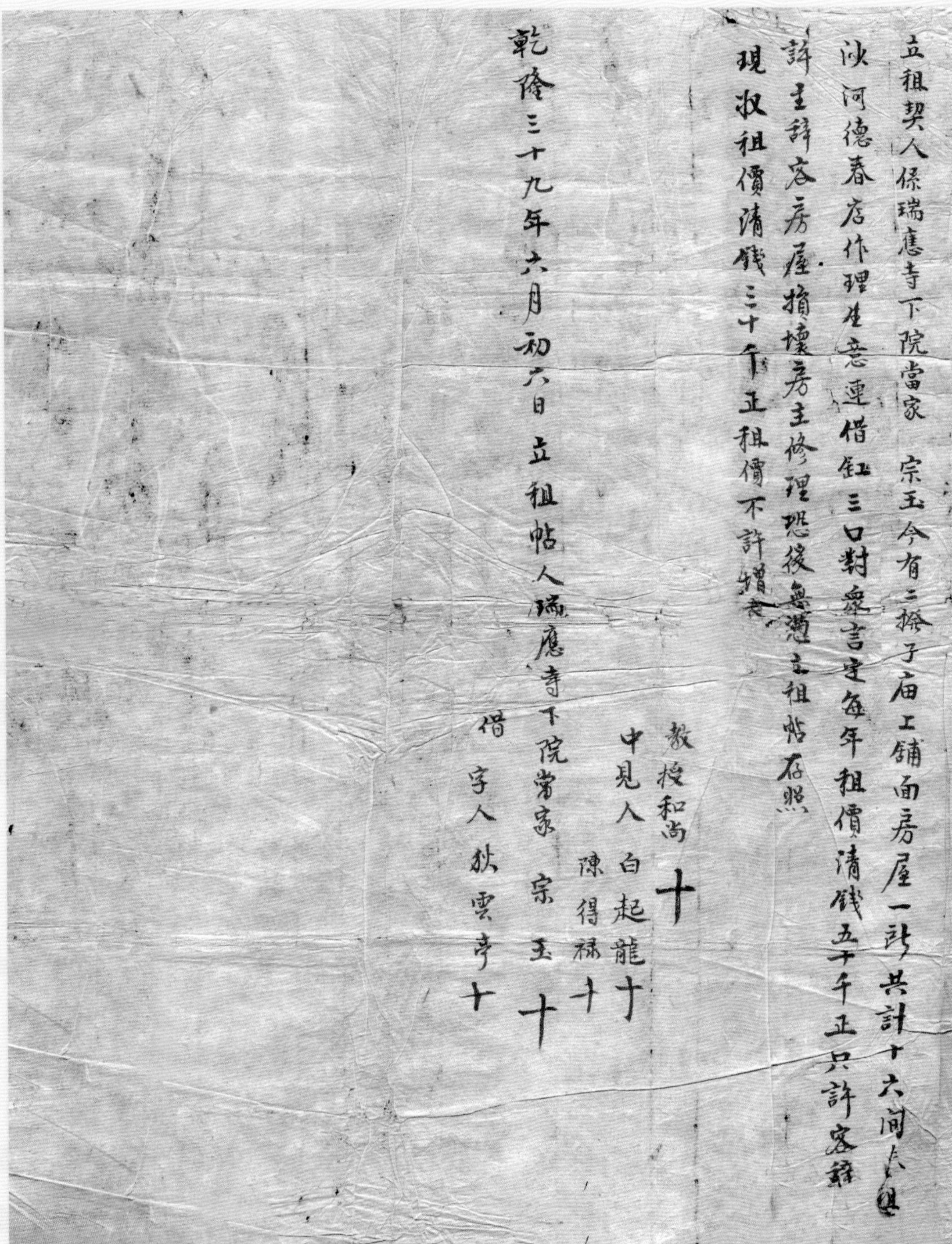

立租契人係瑞應寺下院當家　宗玉今有二擀子廟上鋪面房屋一所共計十六间租與
沙河德春店作理生意運借缸三口對衆言定每年租價清錢五十千正只許客辭
許主辭客房屋損壞房主修理恐後無憑立租帖存照
現收租價清錢三十千正租價不許增長

乾隆三十九年六月初六日　立租帖人瑞應寺下院當家　宗玉十

教授和尚十
中見人　白起龍十
陳得禄十
借字人　狄雲亭十

【乾隆三十九年（一七七四）僧宗玉立租房契】（QW—〇五七）

立租契人系瑞应寺下院当家宗玉，今有二拨子庙上铺面房屋一所，共计十六间，今*租沙河德春店作理生意，连借缸三口。对众言定每年租价清钱五十千正，只许客辞<主>，<不>许主辞客。房屋损坏，房主修理。恐后无凭，立租帖存照。

现收租价清钱三十千正。租价不许增长*。

中见人　教授和尚（押）
白起龙（押）
陈得禄（押）

乾隆三十九年六月初六日

立租帖人　瑞应寺下院当家　宗　玉（押）
借字人　狄云亭（押）

准更入册
乾隆四十二年七月 日

立賣契文約僧人[illegible]因為無錢使用[illegible]今將[illegible]東[illegible]菜園一塊情愿

賣與

常住依永遠香火　東至房後　北至增子　西至官道　南至增子　四至分明　但此園

于卅九年租于常住八年　年限未滿　于四十三年又接租八年

六次使過常住租錢十六吊　其園至五十四年秋後纔滿　于四十七年今師侄

覺心情愿賣與常住永遠　土木相連　雜菜園前有未滿年限

租錢七吊　今又找錢十五吊　二共付賣價京錢廿二吊　其錢当日今師侄

覺心並中保人三面交足　並無短欠　恐后無憑　立此賣契文約為據

中証　僧人　覺[illegible]十　永德十　覺心十

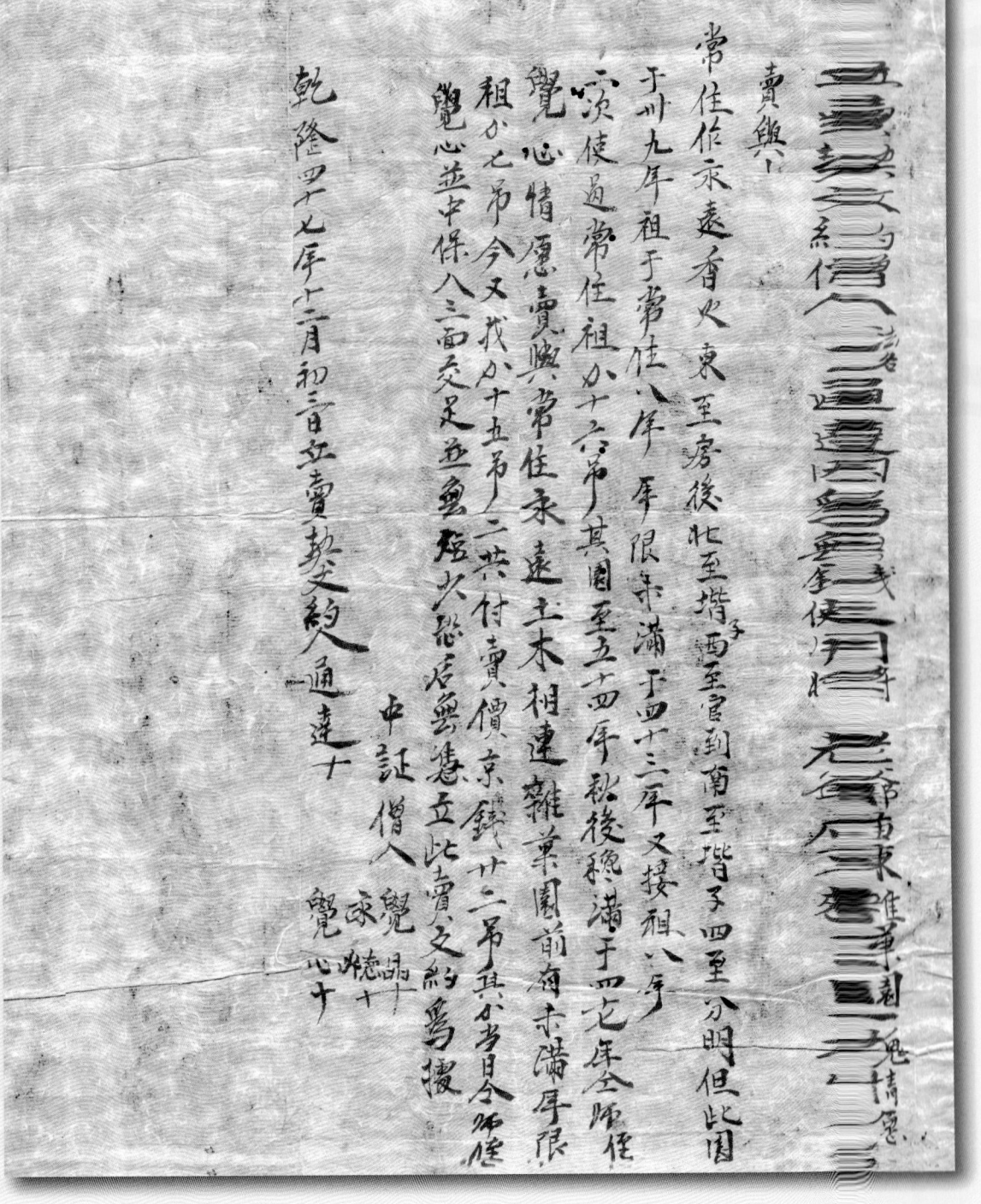

乾隆四十七年十二月初三日立賣契文約人通達十

【乾隆四十二年（一七七七）准更入册】（QW—一一五）

准更入册

乾隆四十二年七月十四日

西北城关内地方洪巡案押

【乾隆四十二年（一七七七）准更入册】（QW—一一五）

准更入册

乾隆四十二年七月十四日

西北城关内地方洪巡案押

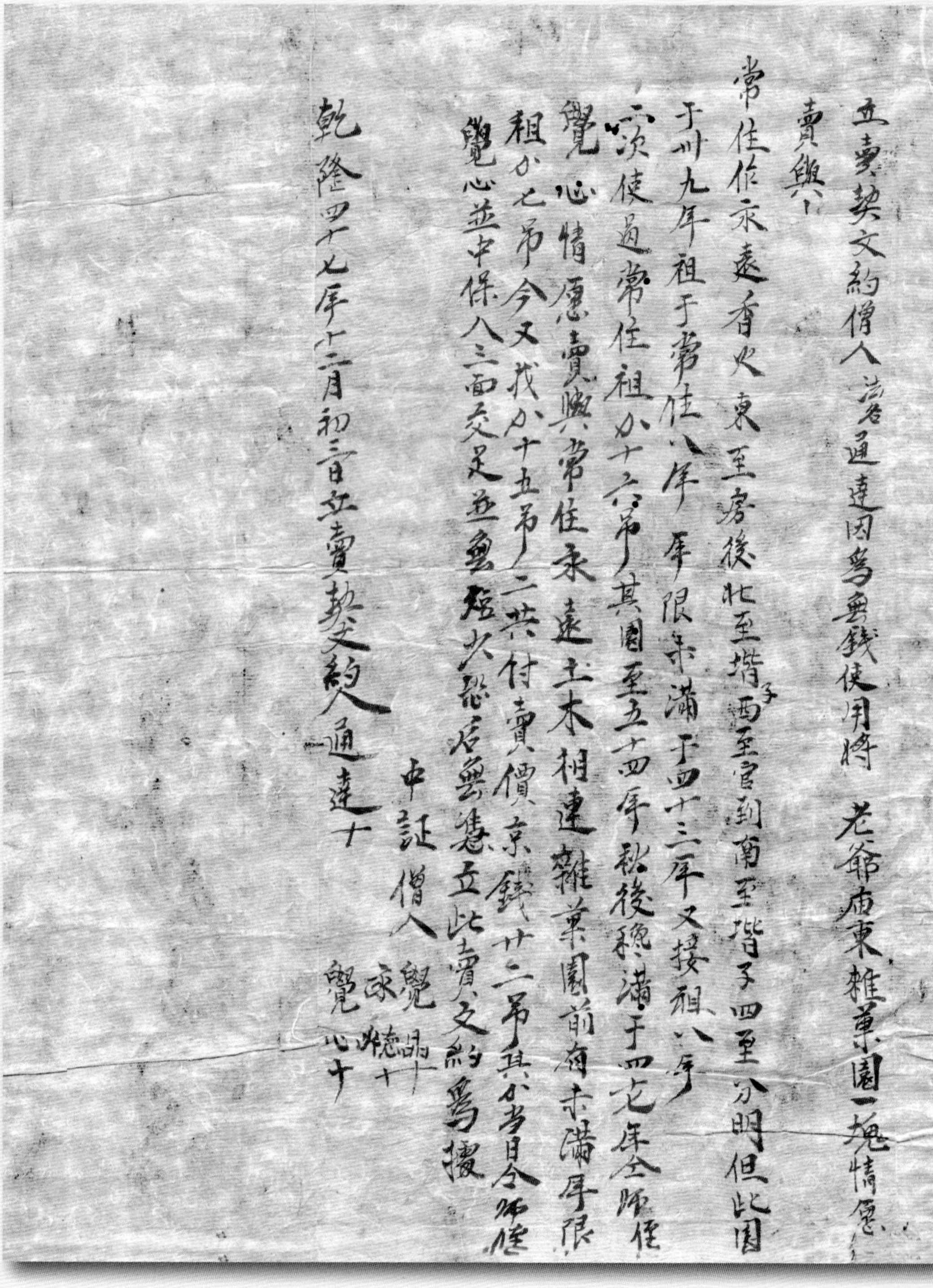

立賣契文約僧人法名通達因爲無錢使用將　老爺廟東雜菜園一塊情愿
賣與
常住依永遠香火東至房後北至塔子西至官道南至塔子四至分明但此園
于卅九年祖于常住八年　年限未滿于四十三年又接租八年
二次使過常住租价十六吊其園至五十四年秋後總滿于四十七年全師侄
覺心情愿賣與常住永遠立木相連雜菜園前有未滿年限
租价七吊今又找价十五吊二共付賣價京錢廿二吊其价當日全師侄
覺心並中保人三面交足並無短欠恐后無憑立此賣契文約爲據
中証僧人　覺品十　永德十　覺心十
乾隆四十七年十二月初二日立賣契文約人通達十

【乾隆四十七年（一七八二）僧通达立卖果园契】（QW—〇五八）

立卖契文约僧人，法名通达，因为无钱使用，将老爷庙东杂果园一块，情愿

卖与

常住，作永远香火。东至房后，北至阶子，西至官到（道），南至阶子，四至分明。但此园

于卅九年租于常住八年，年限未满，于四十三年又接租八年。

二次使过常住租钱十六吊，其园至五十四年秋后才满，于四十七年同师侄

觉心情愿卖与常住，永远土木相连，杂果园前有未满年限

租钱七吊，今又找钱十五吊，二共付卖价京钱〔一〕廿二吊。其钱当日同师侄

觉心并中保人三面交足，并无短少。恐后无凭，立此卖文约为据。

中证僧人　觉　晶（押）

永　德（押）

觉　心（押）

乾隆四十七年十二月初三日　　立卖契文约人　通　达（押）

〔一〕京钱：旧时北京通行的钱。

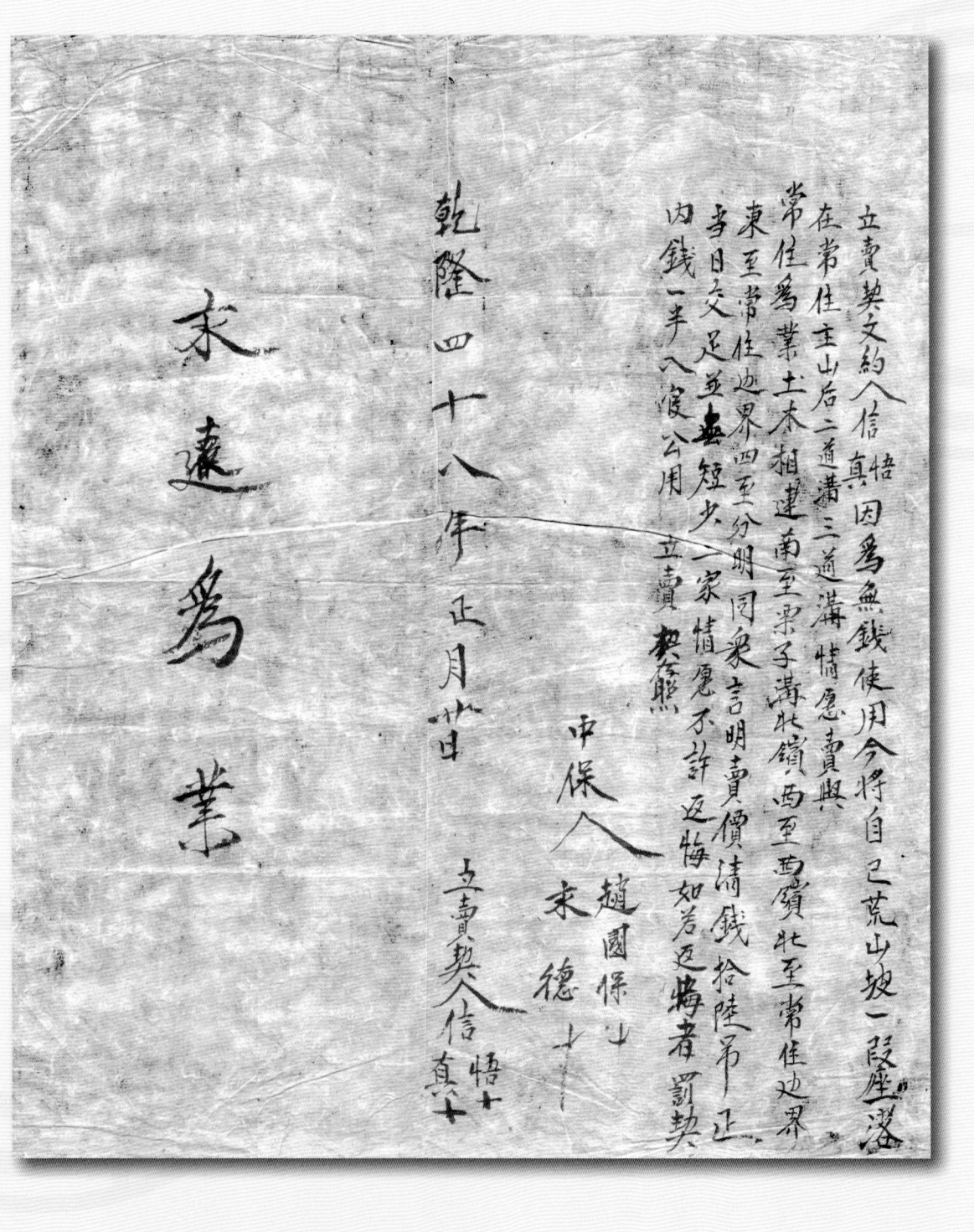

立賣契文約人信悟真因爲無錢使用今將自己荒山坡一段坐落
在常住主山后二道溝三道溝情愿賣與
常住爲業土木相連南至栗子溝北鎖西至西嶺北至常住边界
東至常住边界四至分明同衆言明賣價清錢拾陸吊正
当日交足並無短少一家情愿不許返悔如若返悔者罰契
内錢一半入復公用 立賣契存照

中保人 趙國保十 宋德十

乾隆四十八年正月廿日 立賣契人信悟真十

永遠爲業

【乾隆四十八年（一七八三）僧信悟、信真立卖地契】（QW—〇五九）

立卖契文约人信悟、信真，因为无钱使用，今将自己荒山坡一段，座落在常住主山后二道沟、三道沟，情愿卖与常住为业。土木相连，南至栗子沟北岭，西至西岭，北至常住边界，东至常住边界，四至分明。同众言明卖价清钱拾陆吊正，当日交足，并无短少。二家情愿，不许返悔。如若返悔者，罚契内钱一半，入官公用。立卖契存照。

中保人　赵国保（押）
　　　　永　德（押）
立卖契人　信　悟（押）
　　　　信　真（押）

乾隆四十八年正月廿日

永远为业

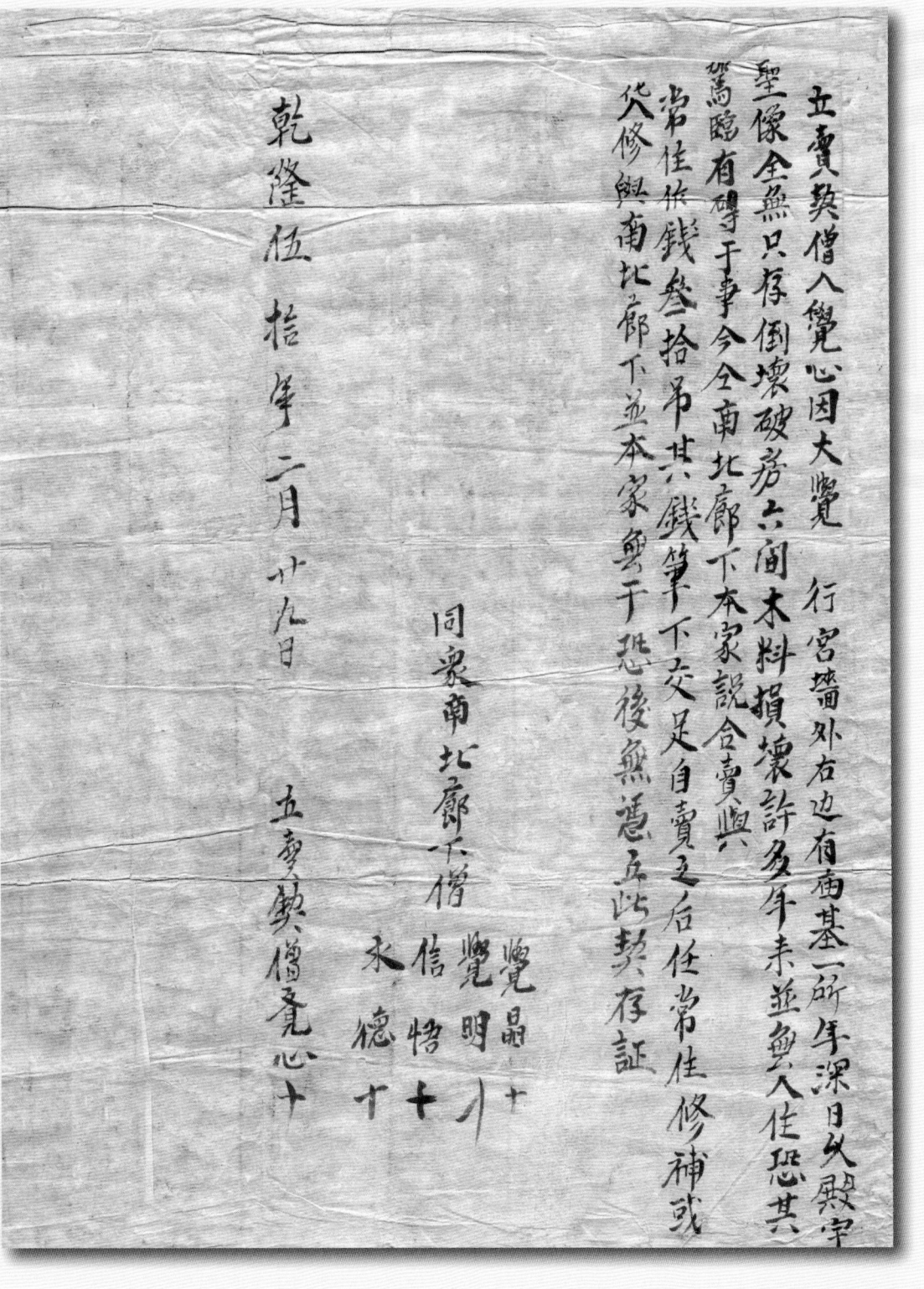

立賣契僧人覺心因大覺 行宮墻外右边有廟基一所年深日久殿宇
聖像全無只存倒壞破房六間木料損壞許多年未並無人住恐其
驚臨有碍于事今仝南北廊下本家說合賣與
常住價錢叁拾吊其錢筆下交足自賣之后任常住修補或
代修與南北廊下並本家無干恐後無憑立此契存証

同衆南北廊下僧 覺晶十
覺明
信悟十
永德十

乾隆伍拾年二月廿九日 立賣契僧覺心十

【乾隆五十年（一七八五）僧觉心卖庙基契】（QW—〇六〇）

立卖契僧人觉心，因大觉行宫墙外右边有庙基一所，年深日久，殿宇圣像全无，只存倒坏破房六间。木料损坏，许多年来并无人住。恐其驾临有碍于事，今同南北廊下、本家说合卖与常住，作钱叁拾吊，其钱笔下交足，自卖之后任常住修补或焚修，与南北廊下并本家无干。恐后无凭，立此契存证。

同众南北廊下僧　觉　晶（押）
觉　明（押）
信　悟（押）
永　德（押）

乾隆伍拾年二月廿九日　立卖契僧　觉　心（押）

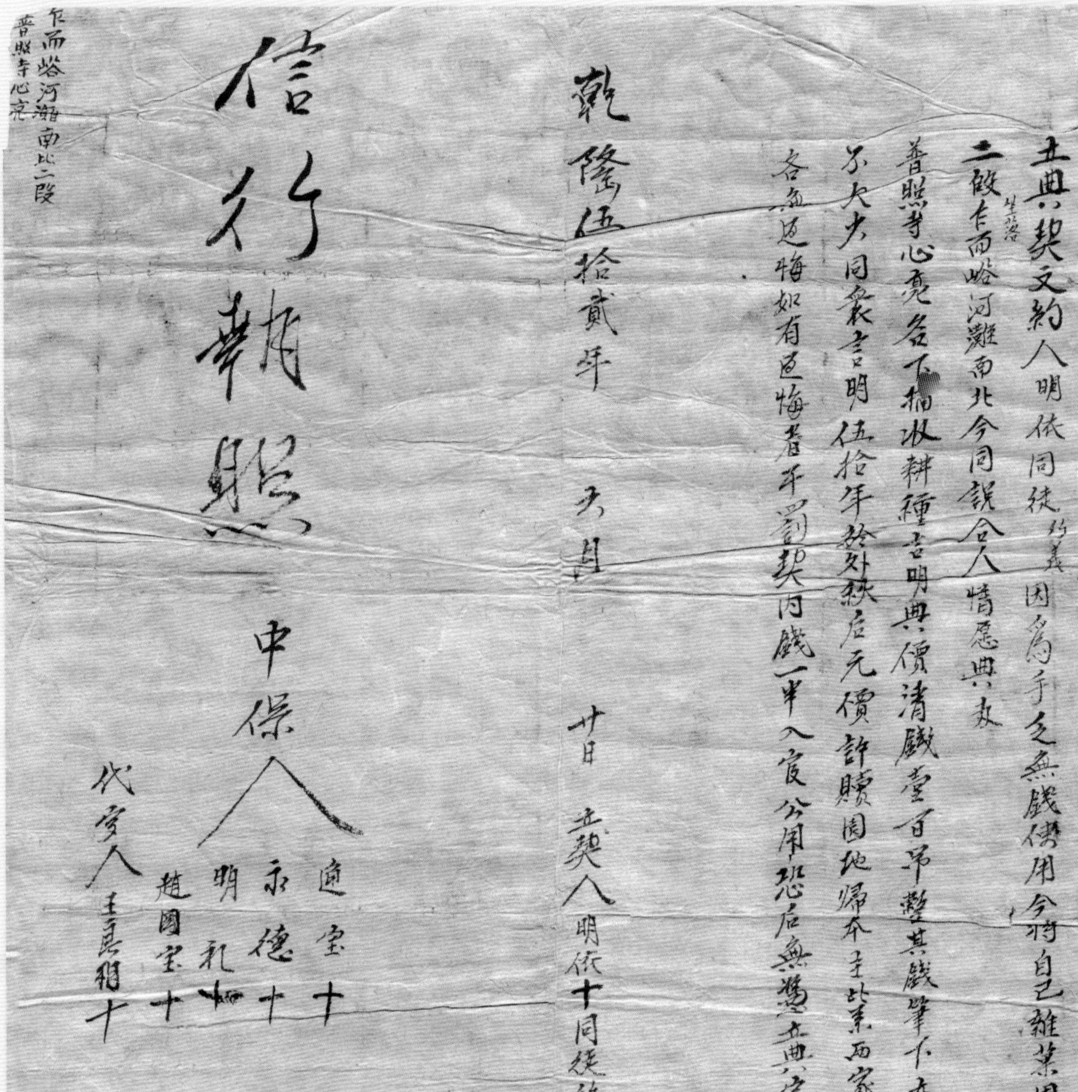

立典契文約人明依同徒行義因爲手乏無錢使用今將自己雜菜園地二塊
二畝坐落卜而峪河灘南北今同説合人情愿典與
普照寺心亮名下播收耕種言明典價清錢壹百吊整其錢筆下交完並
不欠少同衆言明伍拾年外秋后元價許贖園地歸本主此系兩家情愿
各無返悔如有返悔者平罰契内錢一半入官公用恐后無憑立典字存照

乾隆伍拾貳年　六月　廿日　立契人明依十同徒行義

信行執照

中保人　道宗十　永德十　明孔如　趙國宝十

代字人　王□相十

卜而峪河灘南北二段
普照寺心亮

【乾隆五十二年（一七八七）僧明依立典杂果园契】（QW—〇六一）

立典契文约人明依同徒行义，因为手乏无钱使用，今将自己杂果园地二块二段，坐落乍而峪河滩南北。今同说合人情愿典与普照寺心亮名下摘*收耕种，言明典价清钱壹百吊整。其钱笔下交完，并不欠少。同众言明，伍拾年於（以）外，秋后元（原）价许赎，园地归本主。此系两家情愿，各无返悔。如有返悔者，干（甘）罚契内钱一半，入官公用。恐后无凭，立典字存照。

乾隆伍拾贰年六月廿日

立契人　明　依（押）同徒　行　义（花押）

中保人　通　宝（押）

永　德（押）

明　礼（押）

赵国宝（押）

代字人　王良相（押）

信行执照

乍而峪河滩南北二段

普照寺心亮

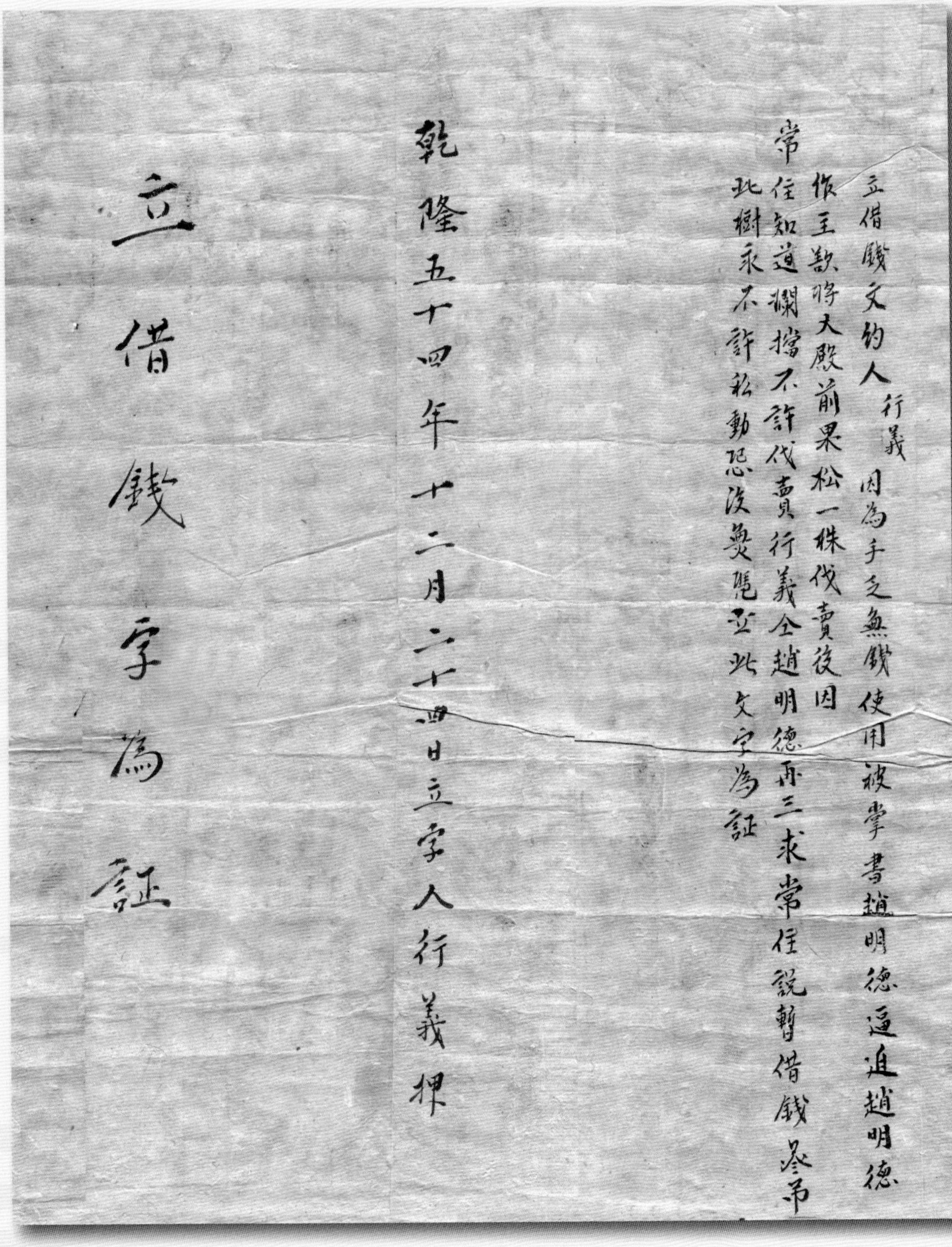
立借錢文約人行義因為手乏無錢使用被掌書趙明德逼追趙明德
作主歎將大殿前果松一株伐賣後因
常住知道攔擋不許代賣行義仝趙明德再三求常住說暫借錢叁吊
此樹永不許私動恐後無憑立此文字為証
乾隆五十四年十二月二十四日立字人行義押
立借錢字為証

【乾隆五十四年（一七八九）僧行义立借钱字据】（QW—〇六二）

立借钱文约人行义，因为手乏无钱使用，被掌书赵明德逼迫，赵明德
作主，欲将大殿前果松一株伐卖。后因
常住知道，拦挡不许伐卖。行义同赵明德再三求常住，说暂借钱叁吊，
此树永不许私动。恐后无凭，立此文字为证。
乾隆五十四年十二月二十四日

立字人　行　义（押）

立借钱字为证

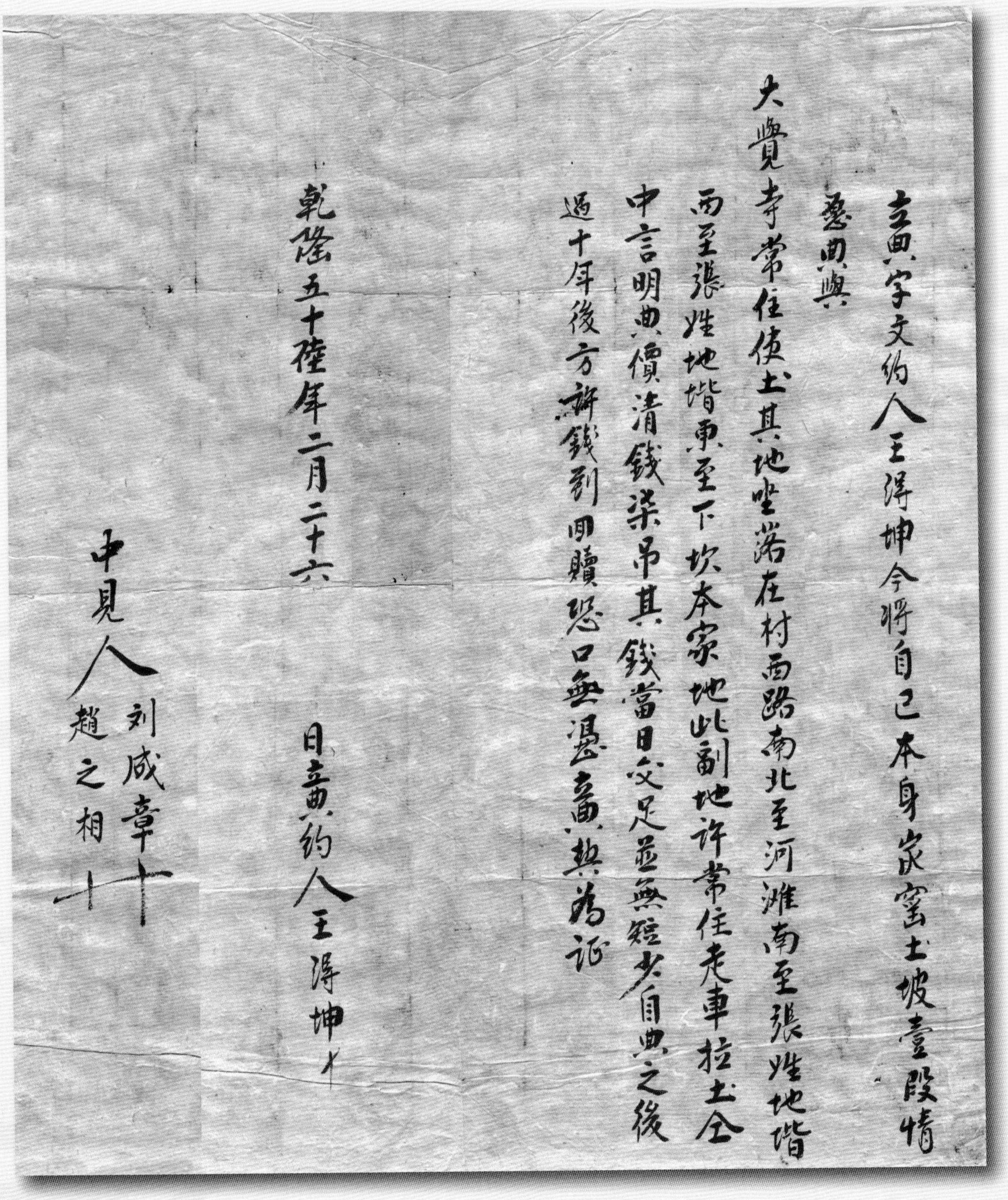

立典字文約人王得坤今將自己本身炭窯土坡壹段情
願典與
大覺寺常住使土其地坐落在村西路南北至河灘南至張姓地皆
西至張姓地皆東至下坎本家地此副地許常住老車拉土仝
中言明典價清錢柒吊其錢當日交足並無短少自典之後
過十年後方許錢到回贖恐口無憑立典契為证
乾隆五十陸年二月二十六日立典約人王得坤十
中見人 刘咸章十 趙之相十

【乾隆五十六年（一七九一）王得坤立典地契】（QW—〇六三）

立典字文约人王得坤，今将自己本身炭窑土坡壹段，情愿典与

大觉寺常住使土。其地坐落在村西路南，北至河滩，南至张姓地阶，西至张姓地阶，东至下坎本家地。此副地许常住走车、拉土。同中（众）言明，典价清钱柒吊，其钱当日交足，并无短少。自典之后，过十年后方许钱到回赎。恐口无凭，立典契为证。

乾隆五十陆年二月二十六日

立典约人　王得坤（押）

中见人　刘成章（押）

赵之相（押）

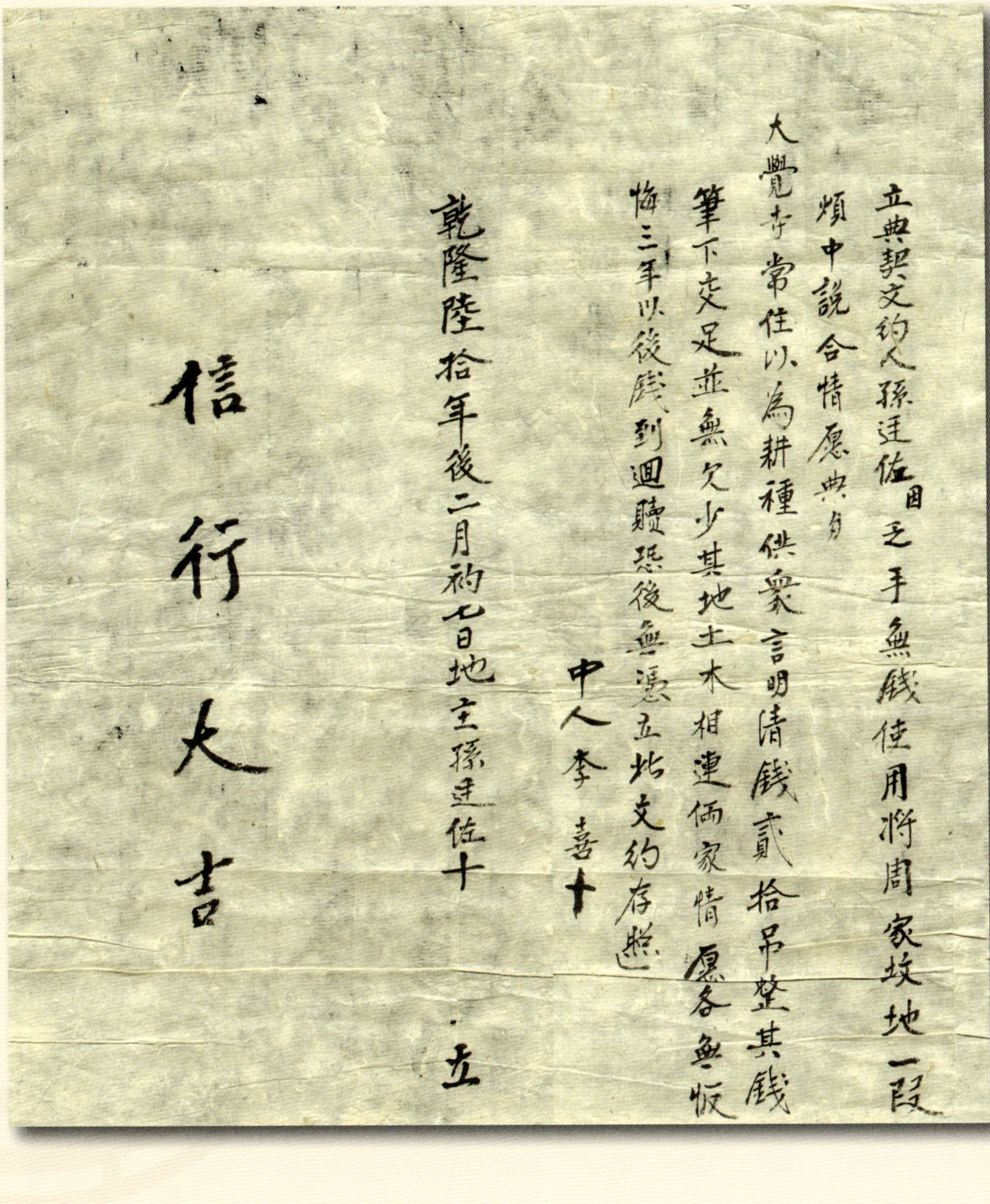
立典契文約人孫廷佐因乏手無錢使用將周家坟地一段
煩中說合情愿典與
大覺寺常住以為耕種供衆言明清錢貳拾吊整其錢
筆下交足並無欠少其地土木相連倆家情愿各無反
悔三年以後錢到迴贖恐後無憑立此文約存照
中人李喜十
乾隆陸拾年後二月初七日地主孫廷佐十 立
信行大吉

【乾隆六十年（一七九五）孙廷佐立典地契】（QW—〇六四）

立典契文约人孙廷佐，因乏手无钱使用，将周家坟地一段，烦中说合，情愿典与大觉寺常住以为耕种。供（同）众言明，清钱贰拾吊整。其钱笔下交足，并无欠少。其地土木相连，俩家情愿，各无恢悔。三年以后，钱到回赎。恐后无凭，立此文约存照。

乾隆陆拾年后二月初七日

信行大吉

中人　李　喜（押）

地主　孙廷佐（押）立

二、清嘉庆、道光、咸丰时期大觉寺契约文书

千年古刹大觉寺有着辉煌的历史，寺内存有许多明清帝王御制碑刻和匾额，曾在清雍乾时期盛极一时。历代封建统治王朝都无法避免盛极必衰的历史规律，随着中国进入多灾多难的近代，大觉寺也失去了往昔的风采，日渐衰落。

嘉庆帝颙琰（一七六〇—一八二〇），是清入关后第五代皇帝，在位二十五年，是一位勤政图治的守成君主，亲政后采取的政策措施，对于改变乾隆后期的弊政起了一定作用，但没有也不可能从根本上扭转清代中衰的局面。道光帝旻宁（一七八二—一八五〇），秉政三十年，乾纲独断，鲜有作为，也没能顺应时代的需要而使濒临衰败的王朝复兴。清嘉庆、道光、咸丰时期，随着清王朝国力由盛而衰，财源日渐枯竭，尤其是道光朝后期，内忧外患，愈演愈烈，政治局面每况愈下，清室已无力顾及这座行宫，大觉寺日渐清冷，这一点寺藏清代契约文书中就有真实的记载。清嘉庆二十三年（一八一八）札谕，内容是命将大觉寺行宫内所有存放陈设并木器全行撤回，运交黑龙潭新建的殿内安摆，其余残缺不齐之件俱交圆明园器皿库存贮。这件札谕反映了大觉寺作为皇帝行宫的使命已不复存在，从此失去了皇室的关注。契约文书中还有清道光八年（一八二八）大觉寺住持僧真觉向宛平县衙禀报大觉寺内各处建筑殿堂庭院池桥渗漏坍塌损坏情况的文札，内容非常具体，寺庙建筑后来是否得到了及时修缮，已不可知。但从一个侧面向我们透露了寺院在道光年间已进入了衰微阶段，寺内建筑破损严重。

大觉寺藏清嘉庆、道光、咸丰时期的契约文书共计二十九件，内容包括买卖契、典当契、施舍契、供养契、交换契、字据、更名入册、伙资合同及札谕文书等，内容丰富，涉及面广。

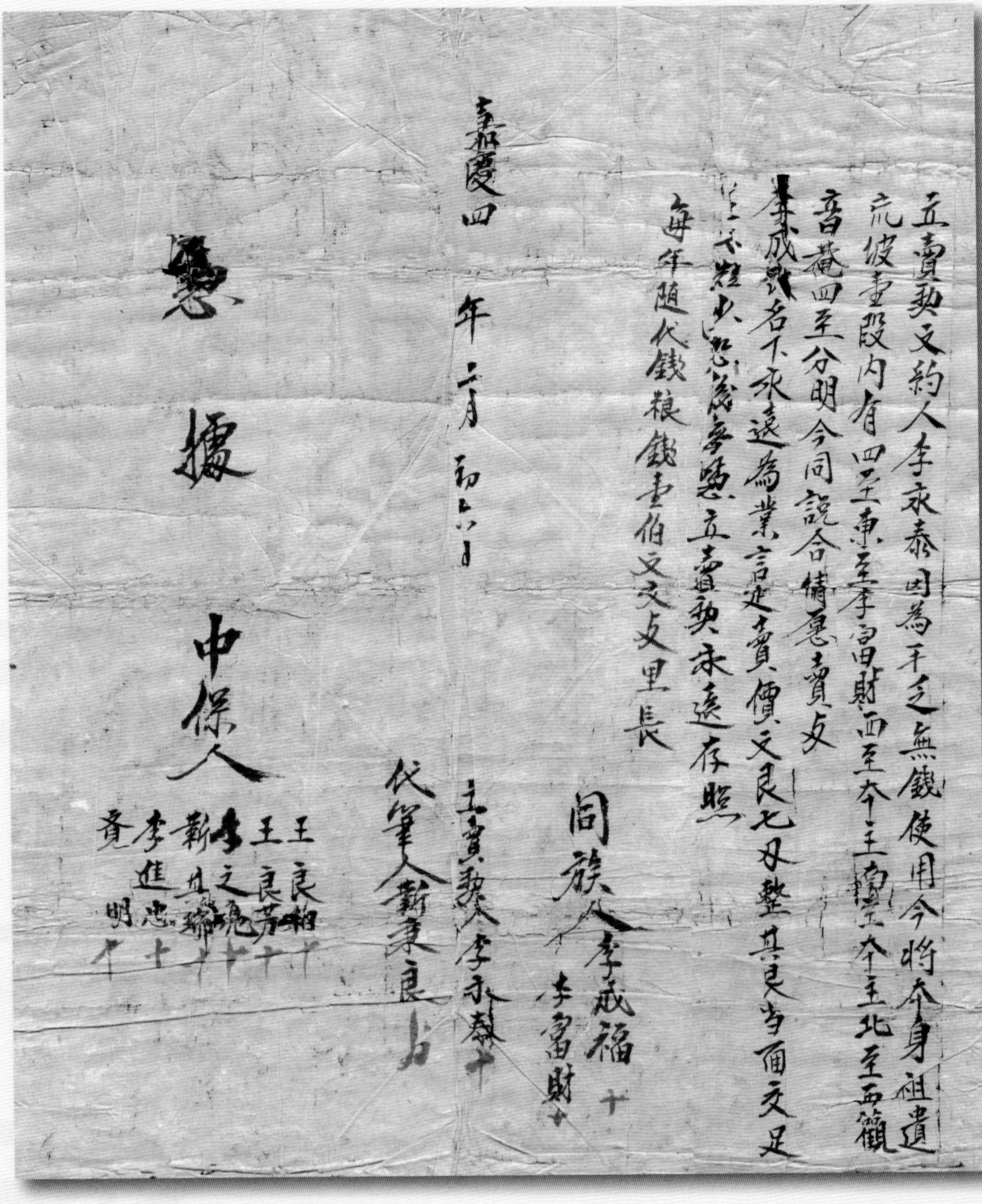

立賣契文約人李永泰因為手乏無錢使用今將本身祖遺
荒坡壹段內有四至東至李富財西至本主南至本主北至西嶺
音藏四至分明今同說合情愿賣與
李成福名下永遠為業言定賣價文良七兩整其良當面交足
並不短少恐後無憑立賣契永遠存照
每年隨代錢粮錢壹伯文交與里長

同族人李成福 十
李富財 十

嘉慶四年二月初六日

立賣契人李永泰 十

代筆人靳秉良 占

中保人
王良栢 十
王良芳 十
李之魁 十
靳丑瑞 十
李進忠 十
竟明 十

憑據

【嘉庆四年（一七九九）李永泰立卖荒坡地契】（QW—〇六五）

立卖契文约人李永泰，因为手乏无钱使用，今将本身祖遗
荒坡壹段，内有四至，东至李富财，西至本主，南至本主，北至西观
音庵[一]。四至分明，今同说合，情愿卖与
李成福*名下，永远为业。言定卖价**文良**七两整。其**良**当面交足，
并*无*短少。恐后无凭，立卖契永远存照。
每年随代（带）钱粮钱壹佰文交与里长。

嘉庆四年二月初六日

同族人　李成福（押）　李富财（押）
立卖契人　李永泰（押）
代笔人　靳秉良（押）
中保人　王良相（押）　王良芳（押）　李之亮（押）
靳其瑞（押）　李进忠（押）　觉　明（押）

凭　据

〔一〕西观音庵：今海淀区大觉寺。

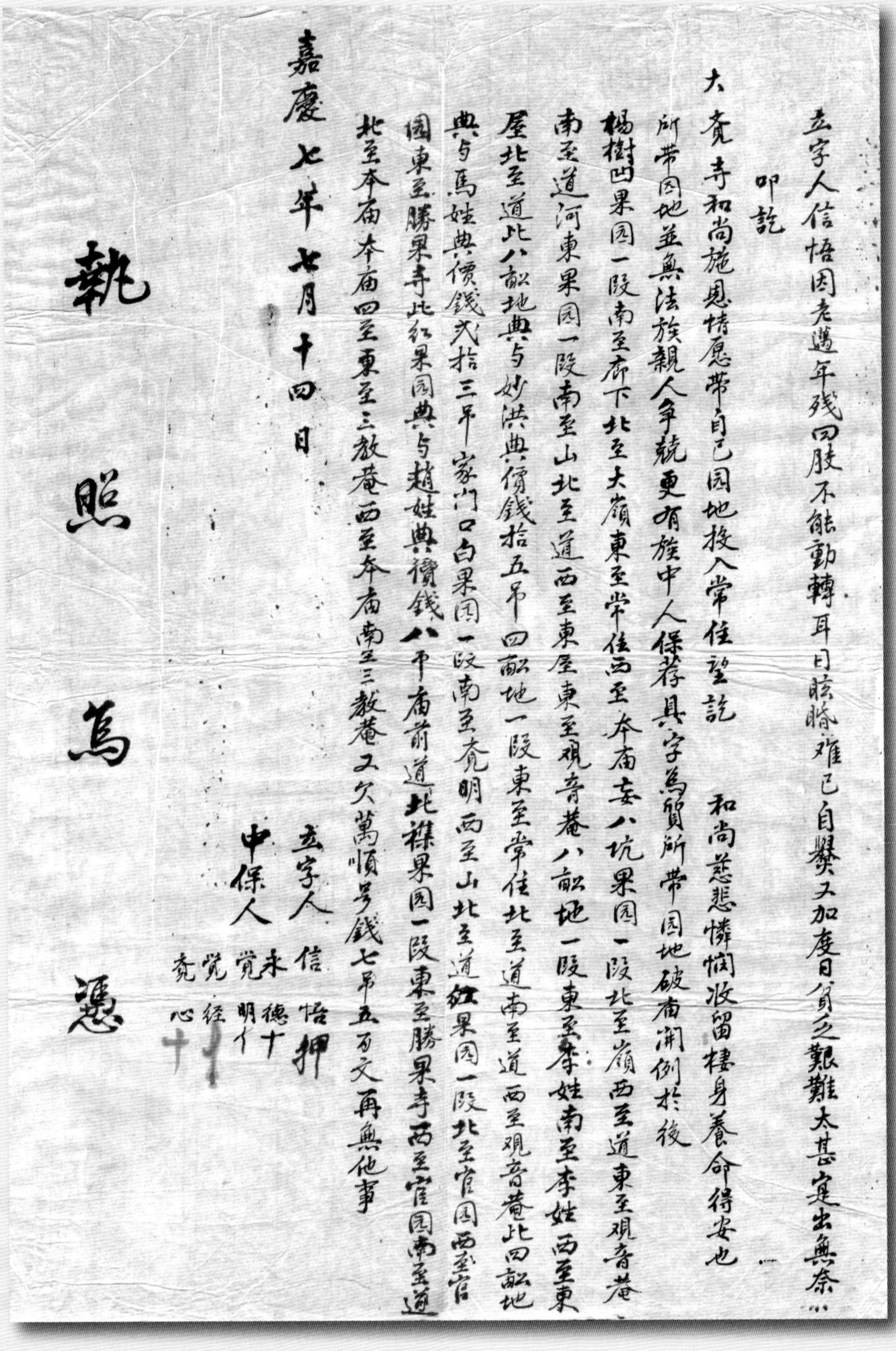

立字人信悟因老邁年残四肢不能動轉耳目眩𥈞难已自難又加度日貧乏艱難太甚寔出無奈
叩託　和尚慈悲憐憫收留棲身養命得安也
大覺寺和尚施恩情愿帶自己园地投入常住望託
所帶园地並無法族親人爭競更有旗中人保薦具字為質所帶园地破廟渊例於後
楊樹凹果园一段南至府下北至大嶺東至常住西至本廟妄八坑果园一段北至嶺西至道東至观音菴
南至道河東果园一段南至山北至道西至東屋東至观音菴八畝地一段東至李姓南至李姓西至東
屋北至道此八畝地典与妙洪典價錢拾五吊　四畝地一段東至常住北至道南至道西至观音菴此四畝地
典与馬姓典價錢弍拾三吊　家门口白果园一段南至覺明西至山北至道紅果园一段北至官园西至官
园東至勝果寺此紅果园典与趙姓典價錢八吊　廟前道北棶果园一段東至勝果寺西至官园南至道
北至本廟本廟四至東至三教菴西至本廟南至三教菴又欠萬順号錢七吊五百文再無他事

立字人　信悟押
中保人　永德十
覺明十
覺經十
覺心十

嘉慶七年七月十四日

執照為憑

【嘉庆七年（一八〇二）僧信悟立施舍供养契】（QW—〇六六）

立字人信悟，因老迈年残，四肢不能动转，耳目眩瞀[一]，难已自爨[二]。又加度日贫乏，艰难太甚，实出无奈。

叩讫

大觉寺和尚施恩，情愿带自己园地投入常住，望讫和尚慈悲，怜悯收留，栖身养命得安也。

所带园地并无法族亲人争兢，更有族中人保荐，具字为质。所带园地、破庙开例（列）于后：

杨树凹果园一段，南至廊下，北至大岭，东至常住，西至本庙。妄八坑果园一段，北至岭，西至道，东至观音庵，

南至道。河东果园一段，南至山，北至道，西至东屋，东至观音庵。八亩地一段，东至李姓，南至李姓，西至东

屋，北至道。此八亩地典与妙洪，典价钱拾五吊。四亩地一段，东至常住，北至道，南至道，西至观音庵，此四亩地

典与马姓，典价钱贰拾三吊。家门口白果园一段，南至觉明，西至山，北至道。红果园一段，北至官园，西至官

园，东至胜果寺。此红果园典与赵姓，典价钱八吊。庙前道北杂果园一段，东至胜果寺，西至官园，南至道，

北至本庙。本庙四至，东至三教庵，西至本庙，南至三教庵，又欠万顺号钱七吊五百文，再无他事。

嘉庆七年七月十四日

立字人 信 悟（押）

中保人 永 德（押） 觉 明（押）

觉 经（押） 觉 心（押）

执照为凭

〔一〕瞀：意为『目暗』。

〔二〕爨：烧火煮饭。

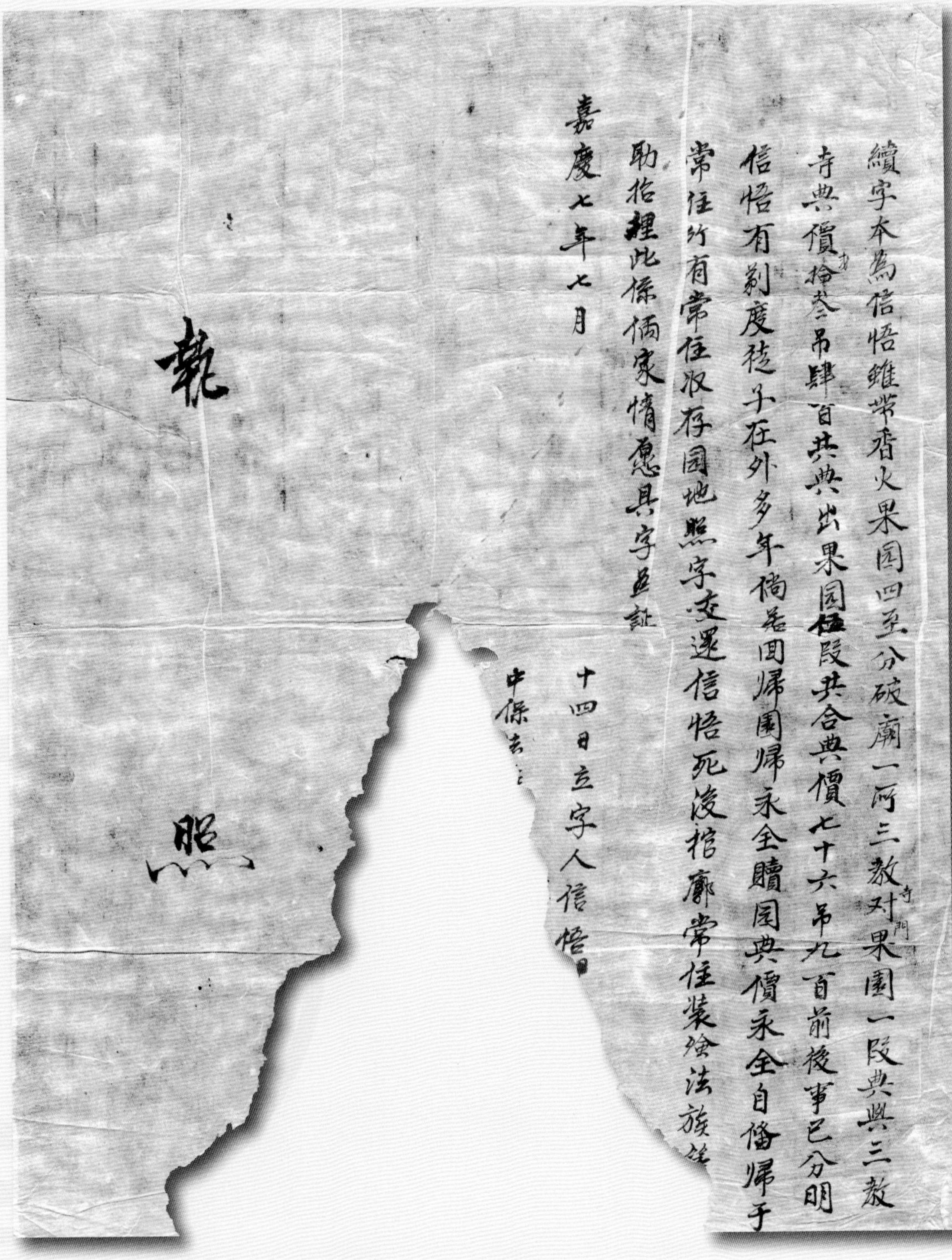

續字本為信悟雖帶香火果园四至分破廟一所三教对果園一段典與三教
寺典價拾叁吊肆百共典出果园伍段共合典價七十六吊九百前後事已分明
信悟有剃度徒子在外多年倘若回歸團歸永全贖回典價永全自備歸于
常住所有常住收存园地照字交還信悟死後棺廓常住裝殮法族[illegible]
勒指理此係倆家情愿具字為証
嘉慶七年七月十四日立字人信悟
中保[illegible]
執照

【嘉庆七年（一八〇二）僧信悟立施舍供养字据】（QW—〇六七）

续字本为信悟，虽带香火果园，四至分〈明〉，破庙一所，三教寺对门果园一段，典与三教寺，典价贰拾叁吊肆百，共典出果园伍段，共合典价七十六吊九百，前后事已分明。信悟有剃度徒子在外多年，倘若回归，园归永全，赎园典价永全自备，归于常住，所有常住收存园地，照字交还。信悟死后，棺廓（椁）常住装殓，法族等＊□□助抬埋。此系俩家情愿，具字为证。

立字人　信悟□

中保　［缺］

嘉庆七年七月十四日

执　照

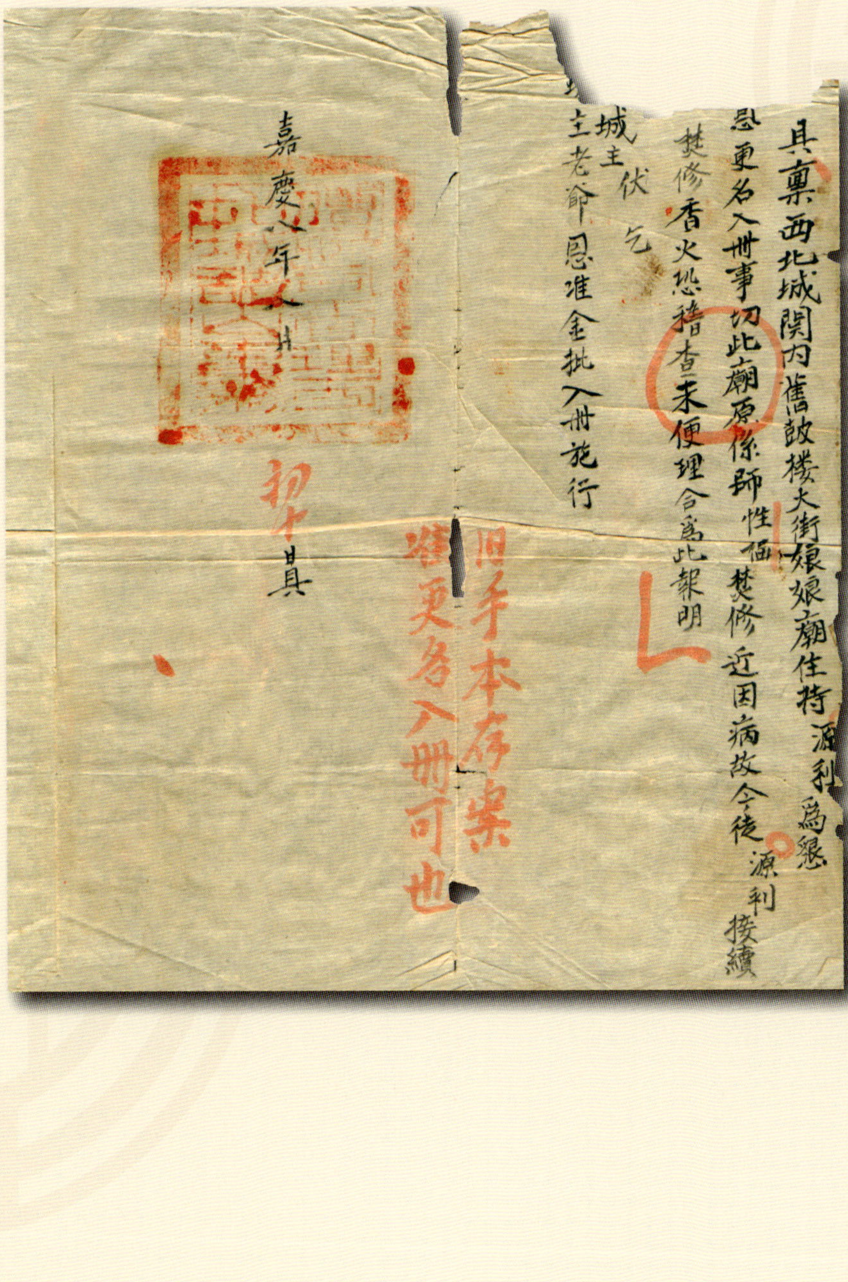
具稟西北城閲内舊鼓樓大街娘娘廟住持源利爲懇
恩更名入册事切此廟原係師性福梵修近因病故今徒源利接續
梵修香火恐稽查未便理合爲此報明
城主伏乞
主老爺恩准金批入册施行
嘉慶八年十一月 初十 具
旧手本存案
准更名入册可也

【嘉庆八年（一八〇三）娘娘庙住持源利更名入册】（QW—一一六）

具禀西北城关内旧鼓楼大街娘娘庙住持源利，为恳
恩*更名入册事，切（且）此庙原系师性福焚修，近因病故，今徒源利接续
焚修香火。恐稽查未便，理合为此报明
城主，伏乞
城*主老爷恩准金批入册施行。
旧手本存案，
准更名入册可也。
嘉庆八年八月初十日具

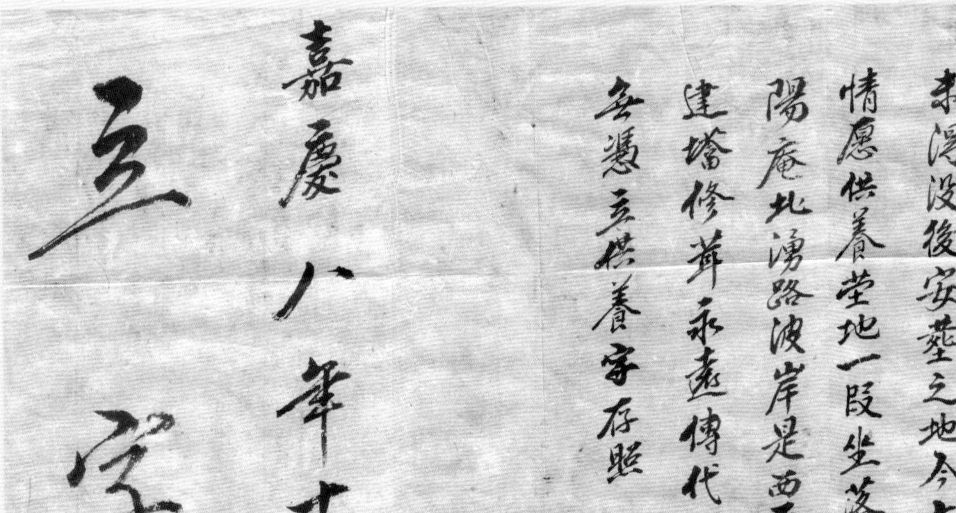
立供養塋地文約人碧天因北廊下三教院住持法長初創開山
未得沒後安塟之地今有大覺寺常住監院同衆諸山言明
情愿供養塋地一段坐落在西竺寺天王殿前湧路南边南朝
陽庵北湧路波岸是西至東至趙姓四至分明情愿供養任凭
建墖修葬永遠傳代埋塟此係俩家情愿並無反悔恐後
無憑立供養字存照

諸山 道生押 覺心〇 覺明十 覺鼎十 永德十 心亮押

嘉慶八年十一月二十九日立字人碧天十
監院寬如十

立字存照

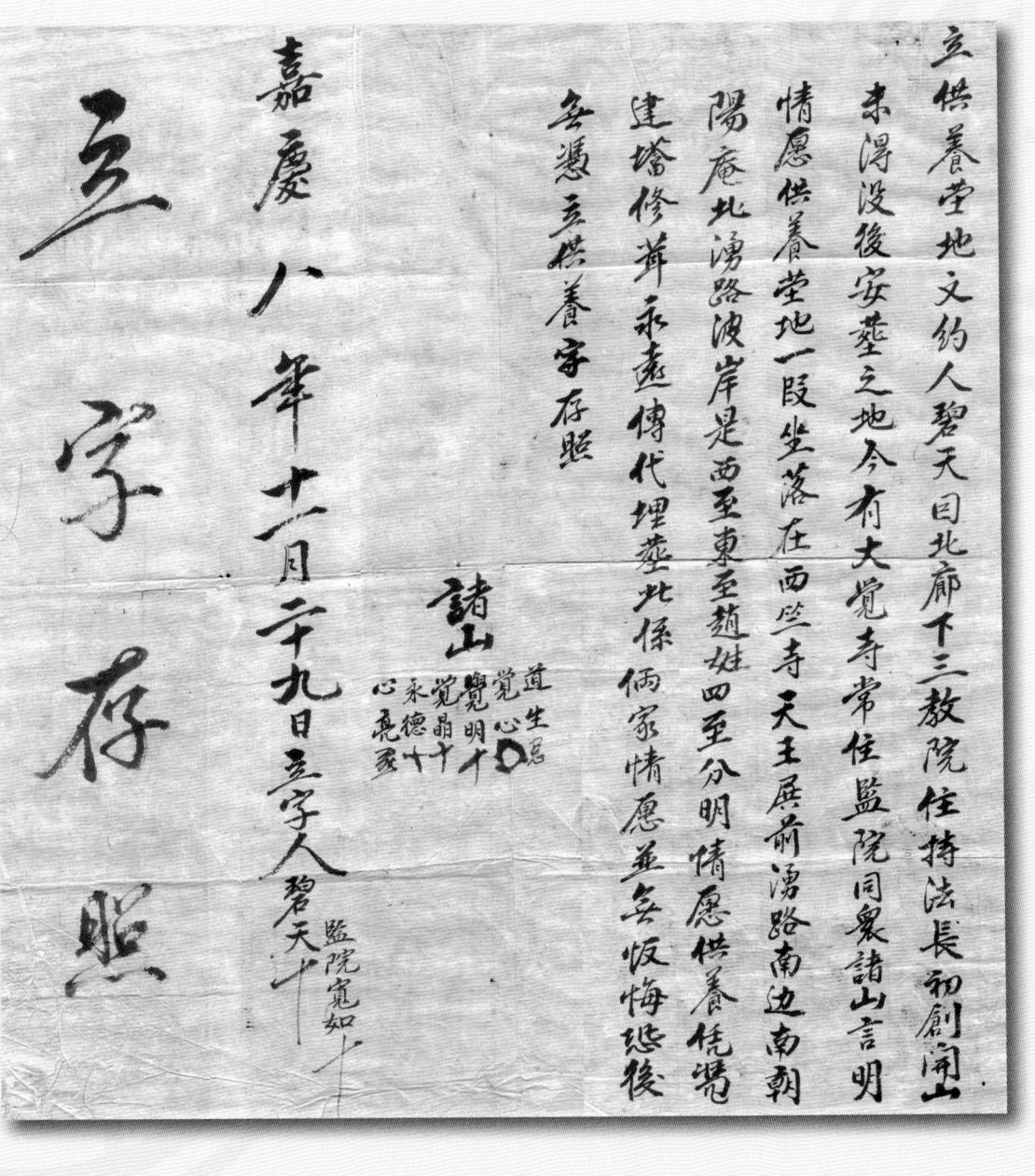

【嘉庆八年（一八〇三）僧碧天立施舍供养茔地契】（QW—〇六八）

立供养茔地文约人碧天，因北廊下三教院住持法长初创开山，未得没后安葬之地。今有大觉寺常住、监院，同众诸山言明，情愿供养茔地一段，坐落在西竺寺天王殿前涌路南边南朝阳庵，北涌路彼岸是西至，东至赵姓，四至分明。情愿供养。凭（任）凭建塔修葺，永远传代埋葬。此系俩家情愿，并无饭悔，恐后无凭，立供养字存照。

诸山 道 生（花押）

觉 心（押）

觉 明（押）

觉 晶（押）

永 德（押）

心 亮（花押）

立字人 监院 宽 如（押）

碧 天（押）

嘉庆八年十一月二十九日

立 字 存 照

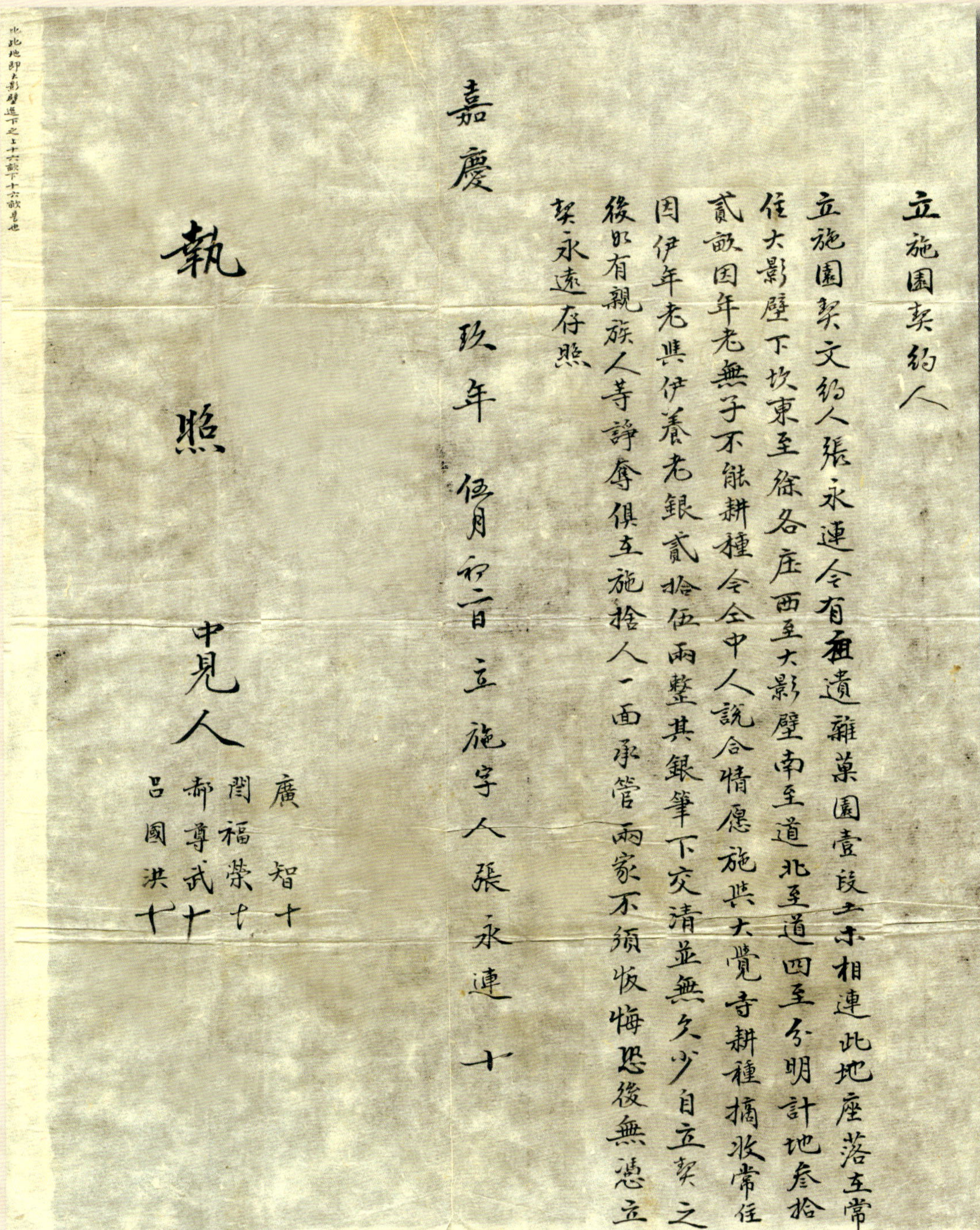

立施園契約人

立施園契文約人張永連今有祖遺雜菓園壹段土木相連此地座落在常
住大影壁下坎東至徐各庄西至大影壁南至道北至道四至分明計地叁拾
貳畝因年老無子不能耕種今仝中人說合情愿施與大覺寺耕種摘收常住
因伊年老與伊養老銀貳拾伍兩整其銀筆下交清並無欠少自立契之
後如有親族人等諍奪俱在施捨人一面承管兩家不須恢悔恐後無憑立
契永遠存照

嘉慶 玖年 伍月初二日 立施字人張永連 十

中見人 廣智 十 閆福榮 十 郝尊武 十 呂國洪 十

執照

北此地即大影壁道下之上十六畝下十六畝是也

【嘉庆九年（一八〇四）张永连立施舍果园契】（QW—〇六九）

立施园契约人

立施园契文约人张永连，今有祖遗杂果园壹段，土木相连。此地座落在常住大影壁下坎。东至徐各庄，西至大影壁，南至道，北至道，四至分明，计地叁拾贰亩。因年老无子，不能耕种。今同中人说合，情愿施与大觉寺耕种摘收。常住因伊年老，与伊养老银贰拾伍两整。其银笔下交清，并无欠少。自立契之后，如有亲族人等诤夺，俱在施舍人一面承管，两家不须恢悔。恐后无凭，立契永远存照。

嘉庆玖年伍月初二日

立施字人　张永连（押）

中见人　广　智（押）

闫福荣（押）

郝尊武（押）

吕国洪（押）

执　照

此地即大影壁迤下之上十六亩下十六亩是也

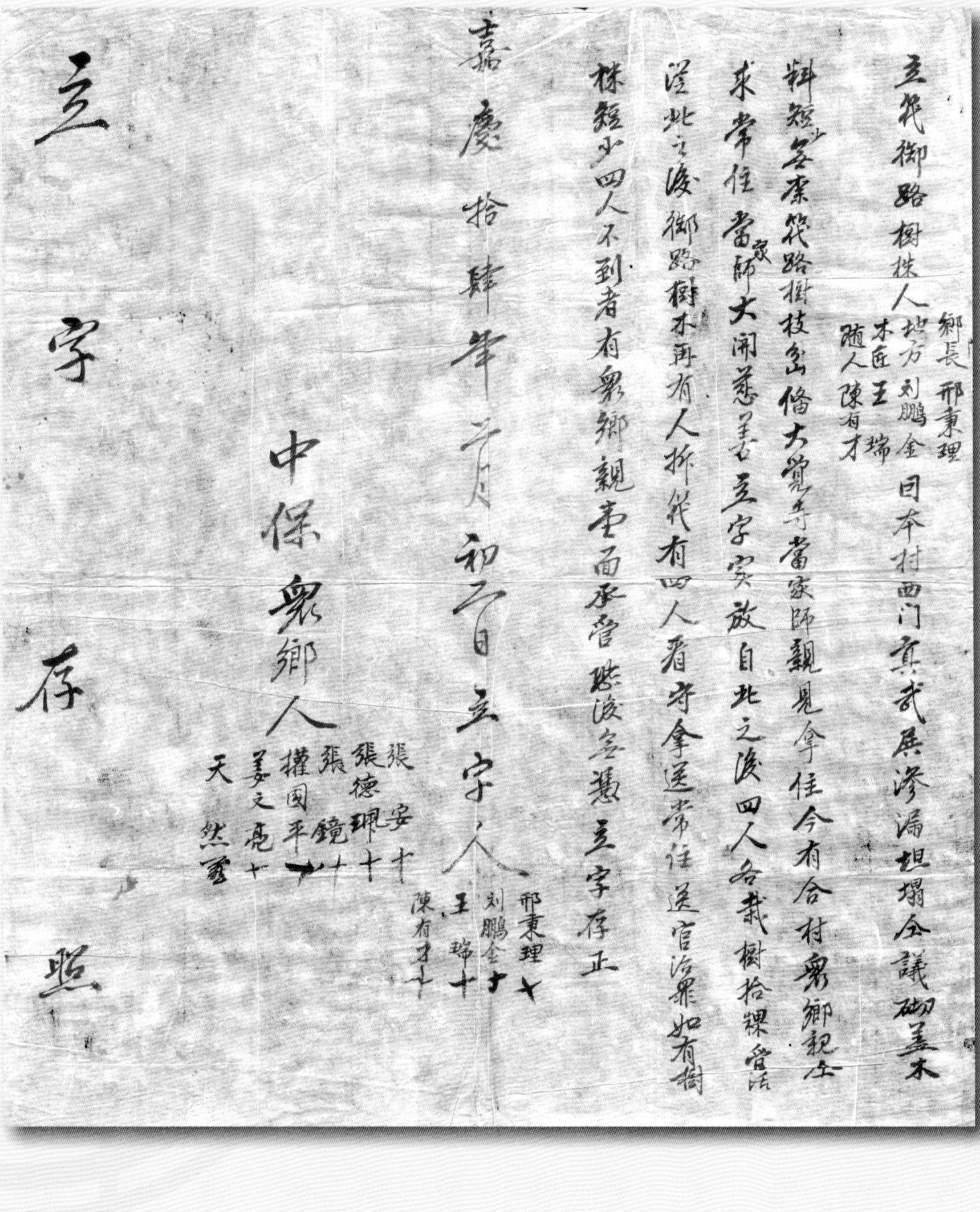

立伐御路樹株人 鄉長 邢秉理 地方 刘鹏金 木匠 王端 随人 陳有才 同本村西门真武廟滲漏坍塌合議砌盖木料短少，各众伐路樹枝，出倫大覺寺當家師親見拿住。今有合村衆鄉親在求常住當家師大開慈悲，立字实放。自此之後，四人各栽樹拾棵，當活。從此之後，御路樹木再有人折伐，有四人看守，拿送常住，送官治罪。如有樹株短少，四人不到者，有衆鄉親壹面承管。恐後無憑，立字存正。

嘉慶拾肆年三月初一日 立字人 邢秉理十 刘鹏金十 王端十 陳有才十

中保衆鄉人 張安十 張德瑞十 張鏡十 權國平十 姜文亮十 天然（押）

立字存照

【嘉庆十四年（一八〇九）乡长邢秉理等人立伐御路树字据】

（QW—〇七〇）

立筏（伐）御路树株人，乡长邢秉理、地方刘鹏金、木匠王瑞、随人陈有才，因本村西门真武殿渗漏坦（坍）塌，同议砌盖。木料短少，无奈筏（伐）〈御〉路树枝岔（杈）。备（被）大觉寺当家师亲见拿住。今有合村众乡亲同求常住，当家师大开慈善，立字实放。自此之后，四人各栽树拾棵，管活。从此之后，御路树木再有人折筏（伐），有四人看守，拿送常住，送官治罪。如有树株短少，四人不到者，有众乡亲壹面承管。恐后无凭，立字存正（证）。

嘉庆拾肆年二月初二日

立字人　邢秉理（押）
刘鹏金（押）
王　瑞（押）
陈有才（押）

中保众乡人　张　安（押）　张德珮（押）
张　镜（押）　权国平（押）
姜文亮（押）　天　然（花押）

立字存照

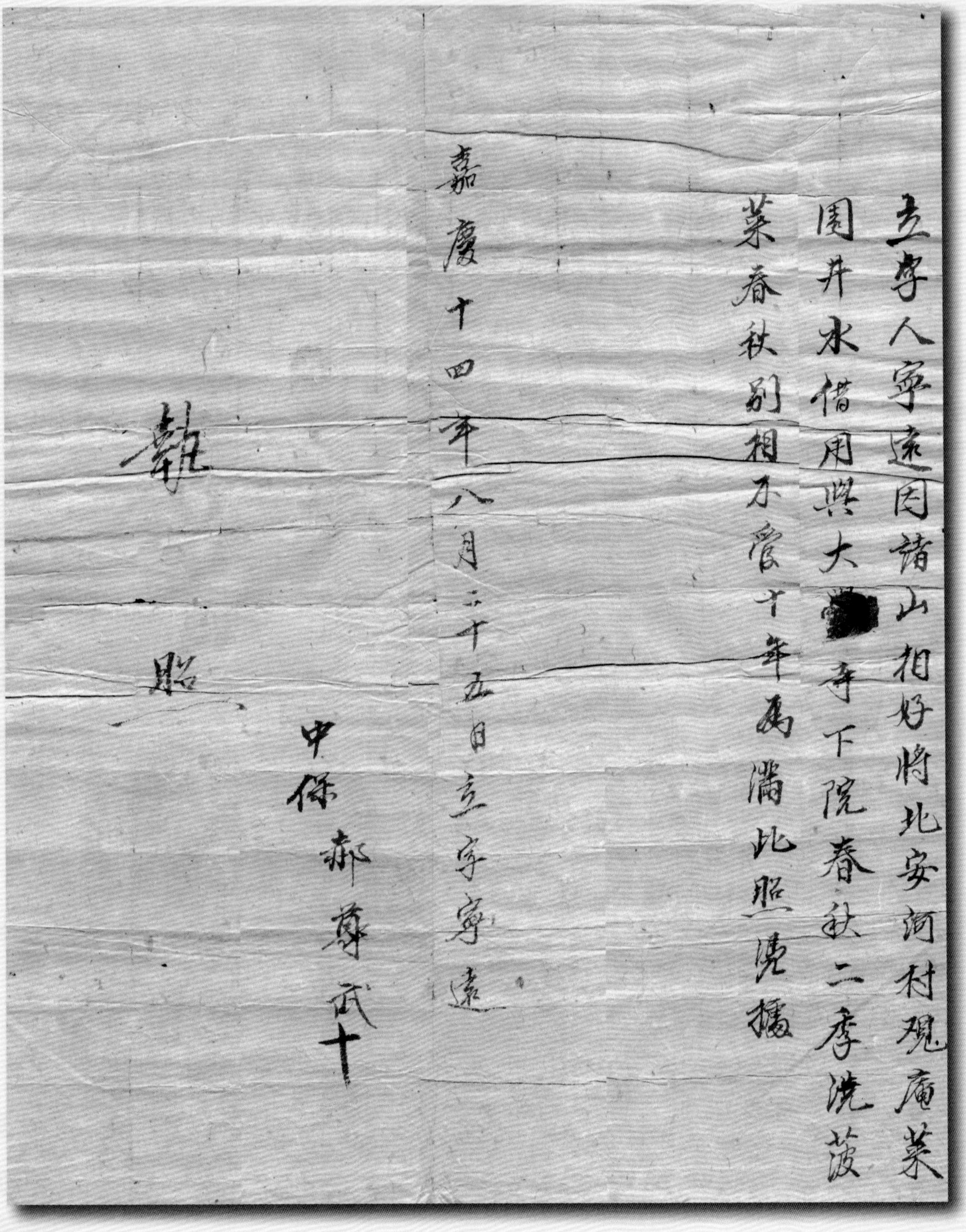
立字人寧遠因請山相好將北安河村覌庵菜
园井水借用與大覺寺下院春秋二季洗菠
菜春秋别相不管十年為滿此照憑據
嘉慶十四年八月二十五日立字寧遠
中保 郝尊武 十
執照

【嘉庆十四年（一八〇九）僧宁远立借据】（QW—〇七一）

立字人宁远，因诸山相好，将北安河村观〈音〉庵菜园井水借用与大觉*寺下院，春秋二季浇菠菜。春秋别相不管，十年为满，此照凭据。

立字　宁　远

中保　郝尊武（押）

嘉庆十四年八月二十五日

执　照

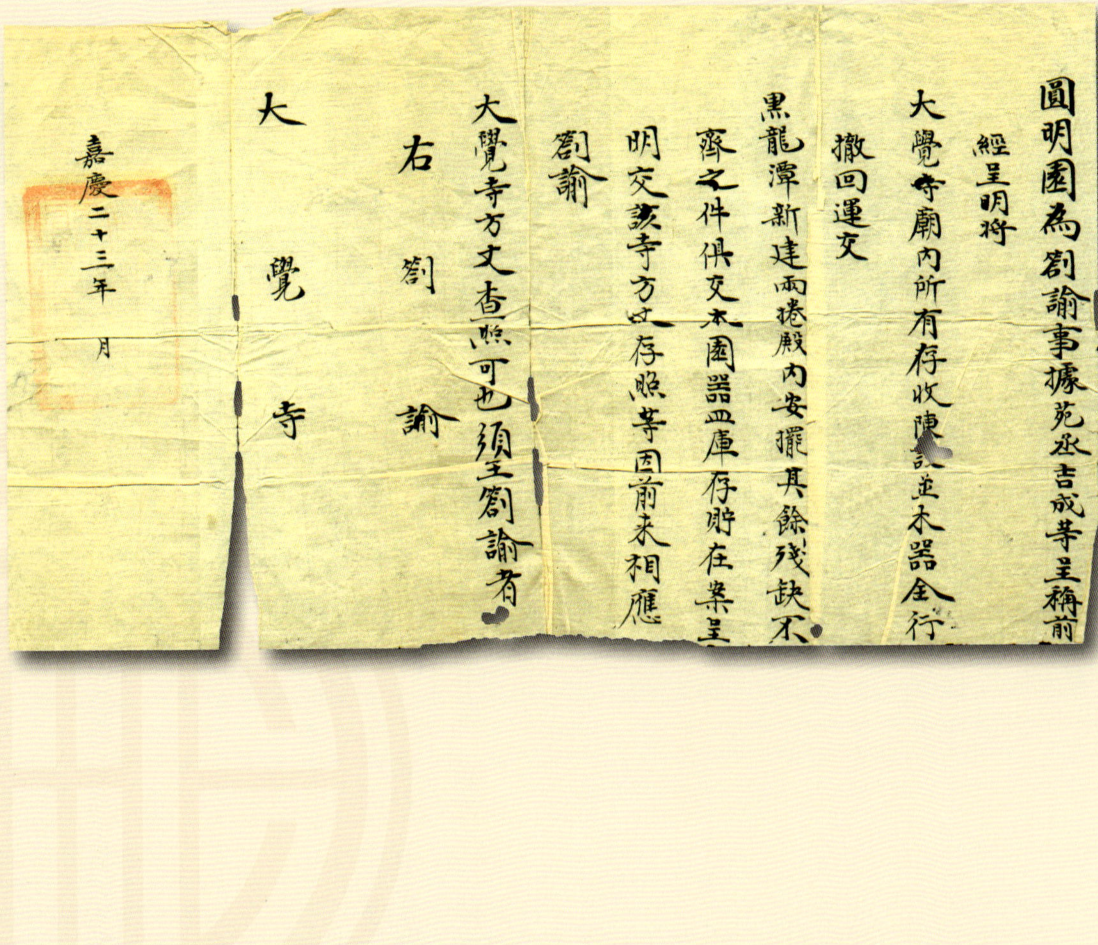
圓明園為劄諭事據苑丞吉成等呈稱前
經呈明將
大覺寺廟內所有存收陳設並木器全行
撤回運交
黑龍潭新建兩捲殿內安擺其餘殘缺不
齊之件俱交本園器皿庫存貯在案呈
明交該寺方丈存照等因前來相應
劄諭
大覺寺方丈查照可也須至劄諭者
右劄諭
大覺寺
嘉慶二十三年　月

【嘉庆二十三年（一八一八）札谕文书】（QW—〇七二）

圆明园为札[一]谕事，据苑丞吉成等呈称，前

经呈明，将

大觉寺庙内所有存收陈*设*，并木器全行

撤回，运交

黑龙潭新建两卷殿内安摆。其余残缺不

齐之件，俱交本园器皿库存贮在案。呈

明交该寺方丈存照等因前来相应。

札谕

大觉寺方丈查照可也，须至札谕者

右　札　谕

大　觉　寺

嘉庆二十三年　　月

〔一〕札：古代的一种公文，多用于上奏，后也用于下行。

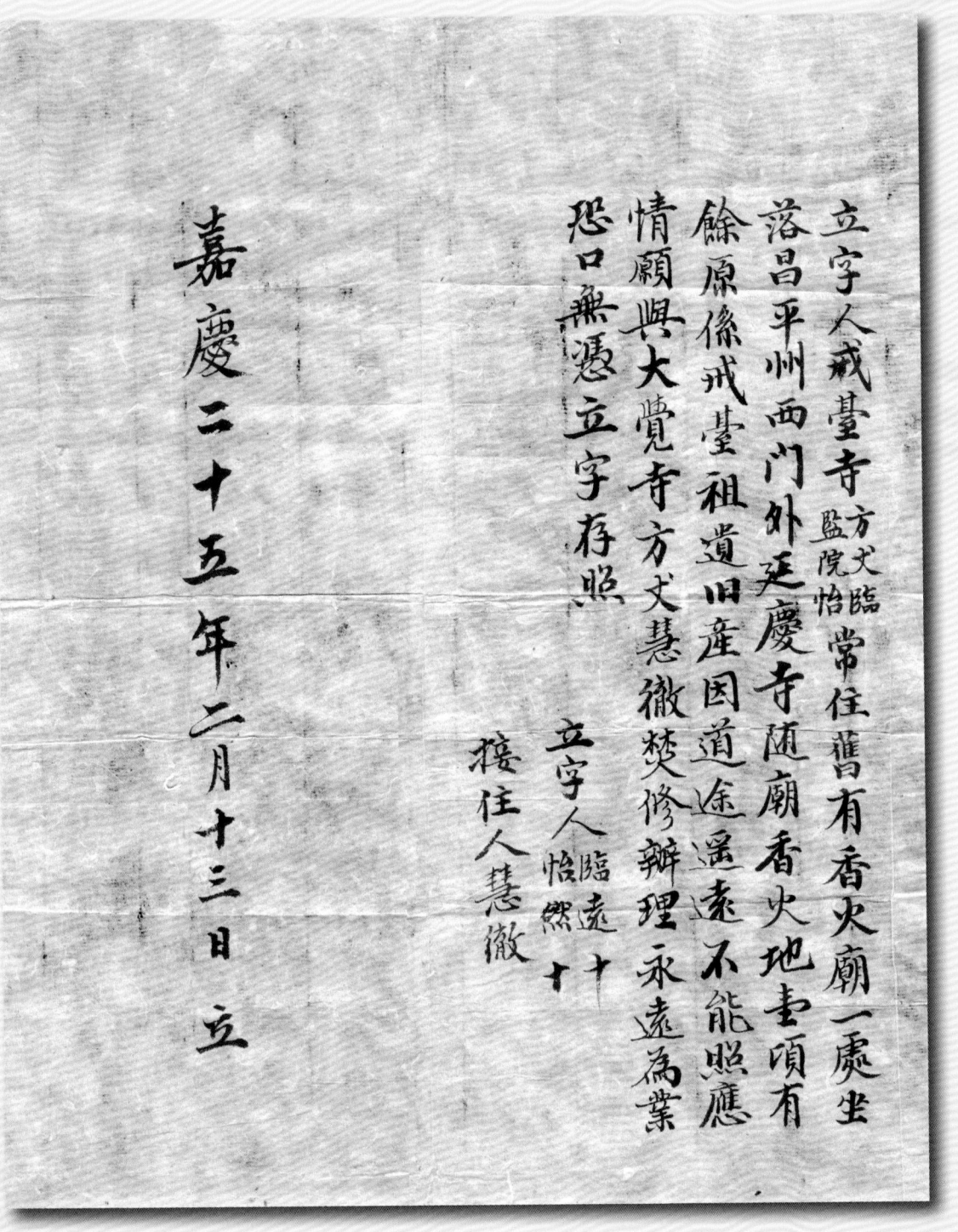

立字人戒壇寺方丈臨 監院怡常住舊有香火廟一處坐
落昌平州西门外延慶寺隨廟香火地壹頃有
餘原係戒壇祖遺旧產因道途遥遠不能照應
情願與大覺寺方丈慧徹焚修辦理永遠爲業
恐口無憑立字存照

立字人臨遠十 怡然十
接住人慧徹

嘉慶二十五年二月十三日 立

【嘉庆二十五年（一八二〇）戒台寺方丈、监院立施舍赠予字据】（QW—〇七三）

立字人戒台寺方丈临、监院怡，常住旧有香火庙一处，坐落昌平州西门外延庆寺。随庙香火地壹顷有余，原系戒台祖遗旧产。因道途遥远不能照应，情愿与大觉寺方丈慧彻焚修办理，永远为业。恐口无凭，立字存照。

嘉庆二十五年二月十三日　立

立字人　临　远（押）

怡　然（押）

接住人　慧　彻

立占契文約人孫弘寬慶亮兄弟三人因為手乏無錢使用今將自己本身山地壹段二沿座落在大覺寺下坎東至孫姓 南至大道 西至常住 北至郭姓四至分明今同鄉親人情願出占與大覺寺常住名下永遠為業占為香火言明占價清錢柒拾壹吊其錢當面交完並不短少言定立字以外如有親族人等爭競者有契主園頭一面承管二家情愿不許返悔恐后無憑立占契永遠存照

每年隨代錢糧錢壹伯文

道光三年十一月初三日

立占契人 孫弘寬慶亮 十

中見人 高連科 十 常希榮 十 楊順代筆

同園頭 趙連秋 十

立占契永遠存照

【道光三年（一八二三）孙弘庆等立占契】（QW—〇七四）

立占契文约人孙弘庆、孙弘宽、孙弘亮兄弟三人，因为手乏无钱使用，今将自己本身山地壹段二沿，座落在大觉寺下坎。东至孙姓，南至大道，西至常住，北至郭姓，四至分明。今同乡亲人，情愿出占与大觉寺常住名下，永远为业，占为香火。言明占价，清钱柒拾壹吊。其钱当面交完，并不短少。言定立字以外，如有亲族人等争兢者，有契主园头一面承管。二家情愿，不许返悔。恐后无凭，立占契永远存照。每年随代（带）钱粮钱壹佰文。

道光三年十一月初三日

立占契人　孙弘庆（押）
孙弘宽（押）
孙弘亮（押）
中见人　高连科（押）
管希荣（押）
杨　顺　代笔（花押）
同园头　赵连秋（押）

立占契永远存照

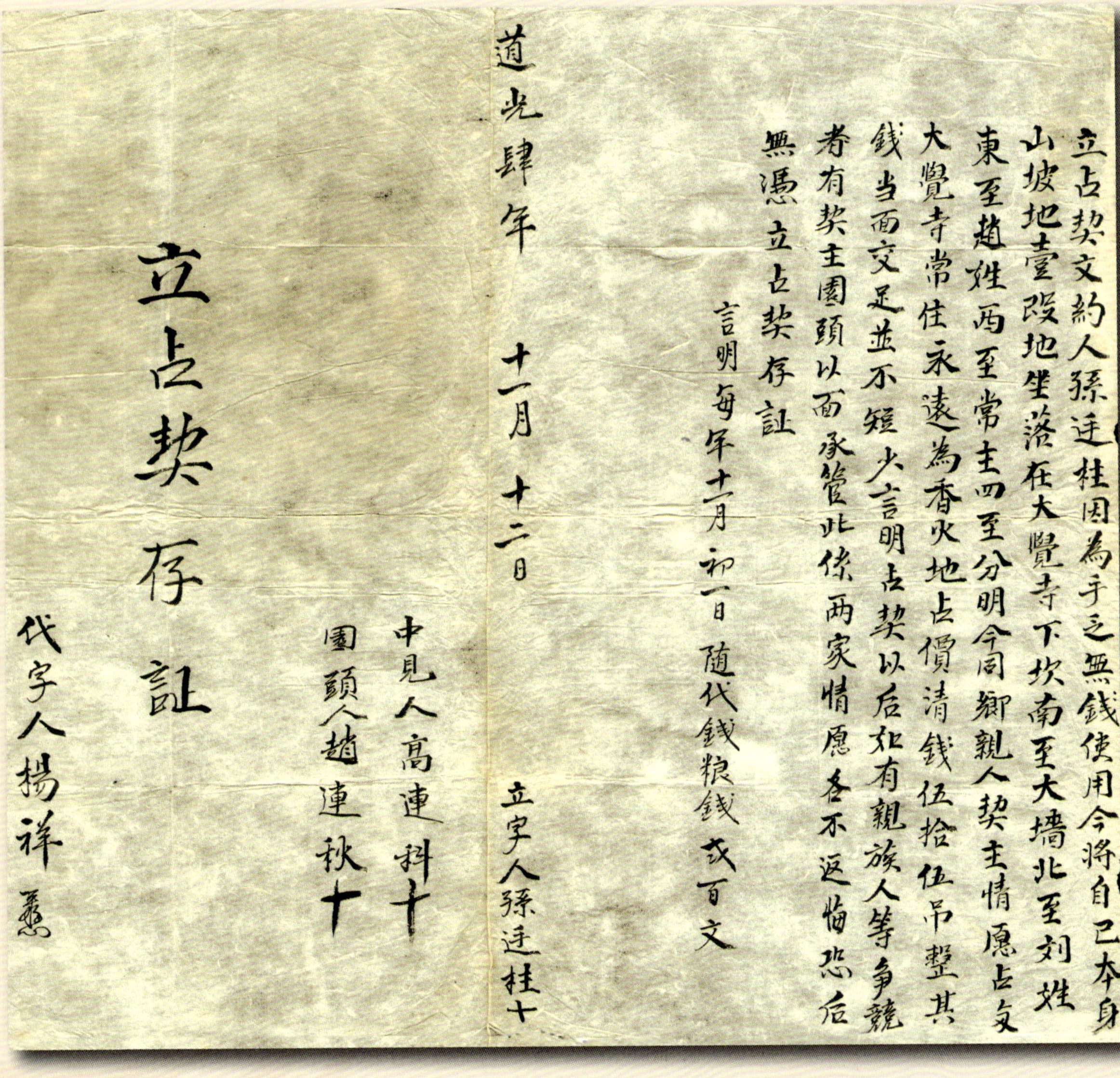

立占契文約人孫迁桂因為手乏無錢使用今將自己本身
山坡地壹段地坐落在大覺寺下坎南至大墻北至刘姓
東至趙姓西至常主四至分明今同鄉親人契主情愿占与
大覺寺常住永遠為香火地占價清錢伍拾伍吊整其
錢当面交足並不短少言明占契以后如有親族人等爭競
者有契主園頭以面承管此係兩家情愿各不返悔恐后
無憑立占契存証

言明每年十一月初一日 随代錢粮錢 弍百文

道光肆年 十一月 十二日 立字人孫迁桂十

中見人高連科十
園頭人趙連秋十
代字人楊祥 書

立占契存証

【道光四年（一八二四）孙廷柱立占契】（QW—〇七五）

立占契文约人孙廷柱，因为手乏无钱使用，今将自己本身山坡地壹段，地坐落在大觉寺下坎。南至大墙，北至刘姓，东至赵姓，西至常主（住），四至分明。今同乡亲人契主情愿占与大觉寺常住，永远为香火地。占价清钱伍拾伍吊整，其钱当面交足，并不短少。言明占契以后如有亲族人等争竞者，有契主园头以（一）面承管。此系两家情愿，各不返悔，恐后无凭，立占契存证。

言明每年十一月初一日随代（带）钱粮钱贰百文。

道光肆年十一月十二日

立字人　孙廷柱（押）

中见人　高连科（押）

园头人　赵连秋（押）

代字人　杨祥（花押）

立占契存证

立典契文約人李存有因為手乏無钱使用今
將自己本身营地壹段計白地叄畝內有柿子樹土
木鄉連情愿典與
郝得全名下耕種摘収言明典價清钱贰拾吊整其
钱当面交足並不短少言明叁年以外秋後钱到許贖
地歸本主此係西家情愿各不許反悔恐後無憑
立字存証

道光陸年　臘月　初四日　立字李存有十

代字人楊祥惠

立字執証

【道光六年（一八二六）李存有立典地契】（QW—〇七六）

立典契文约人李存有，因为手乏无钱使用，今将自己本身营地壹段，计白地叁亩，内有柿子树，土木乡（相）连，情愿典与郝得全名下耕种摘收。言明典价，清钱贰拾吊整。其钱当面交足，并不短少。言明叁年以外秋后钱到许赎，地归本主。此系两家情愿，各不许反悔，恐后无凭，立字存证。

道光陆年腊月初四日

立字人　李存有（押）

代字人　杨　祥（花押）

立字执证

西山大覺寺住持僧真覺稟報

大老爺座前所報寺內滲漏坍塌損壞等項　中所

山門左右旗杆糟朽大墻破爛大繩纜繩糟爛朝房滲漏碑亭走獸損壞荷花池四面坍塌大橋欄杆鼓閃

鍾鼓二樓瓦片脫落殿前紅白墻鼓閃天王殿油畫迸裂大殿瓦片脫落單扉欄杆走閃南北配殿瓦片脫落

南北犄角滲漏配房滲漏南北影堂坍塌法堂瓦片脫落油畫迸裂單扉墻石走錯八悲壇瓦片脫落油

畫迸裂頂棚紗窗破爛閱墻紅墻角門俱以損壞坍塌佛塔一座不齊龍碑欄杆鼓閃龍王橋瓦片脫

落油畫俱以不齊　南跨所

南北宮七堂滲漏四宜堂脫落朝房滲漏憩雲軒閱墻灰墻坍塌領要亭瓦片脫落迴圍群墻損壞

北方丈齋堂滲漏走閱山墻角門糟朽廚房滲漏脫落配房俱以滲漏馬棚院墻石走錯俱以不齊

門外墻鼓閃影壁脫落

道光八年　月　日具

【道光八年（一八二八）西山大觉寺住持僧真觉呈告文书】（QW—〇七七）

西山大觉寺住持僧真觉禀报

大老爷座前：所报寺内渗漏坍塌损坏等项，中所

山门之内旗杆糟朽，大幡破烂，大绳绂绳糟烂，朝房渗漏，碑亭走兽损坏，荷花池四面坍塌，大桥栏杆鼓闪，钟、鼓二*楼瓦片脱截，殿前红白墙鼓闪，天*王殿油画迸裂，大殿瓦片脱截，单犀栏杆走闪，南北配殿瓦片脱截，

南北转*角渗漏，配房渗漏，南北影堂坍塌，法堂瓦片脱截，油画迸裂，单犀阶石走错，大*悲坛瓦片脱截，油画迸裂，顶棚纱窗破烂，阚墙红墙角门俱**以**损坏坍塌。佛塔一座不齐，龙弹（潭）栏杆鼓闪，龙王槁（堂）瓦片脱

截，油画俱**以**不齐。南北*跨所

南行宫七堂渗漏，四宜堂脱截，朝房渗漏，憩云轩阚墙灰墙坍塌，领要亭瓦片脱截，周围群墙损坏，

北方斋堂渗漏走闪，山墙角门糟朽，厨房渗漏脱截，配房俱**以**渗漏，马棚院阶石走错，俱**以**不齐，

门外红*墙鼓闪，影壁脱截。

道光八年　月　日具

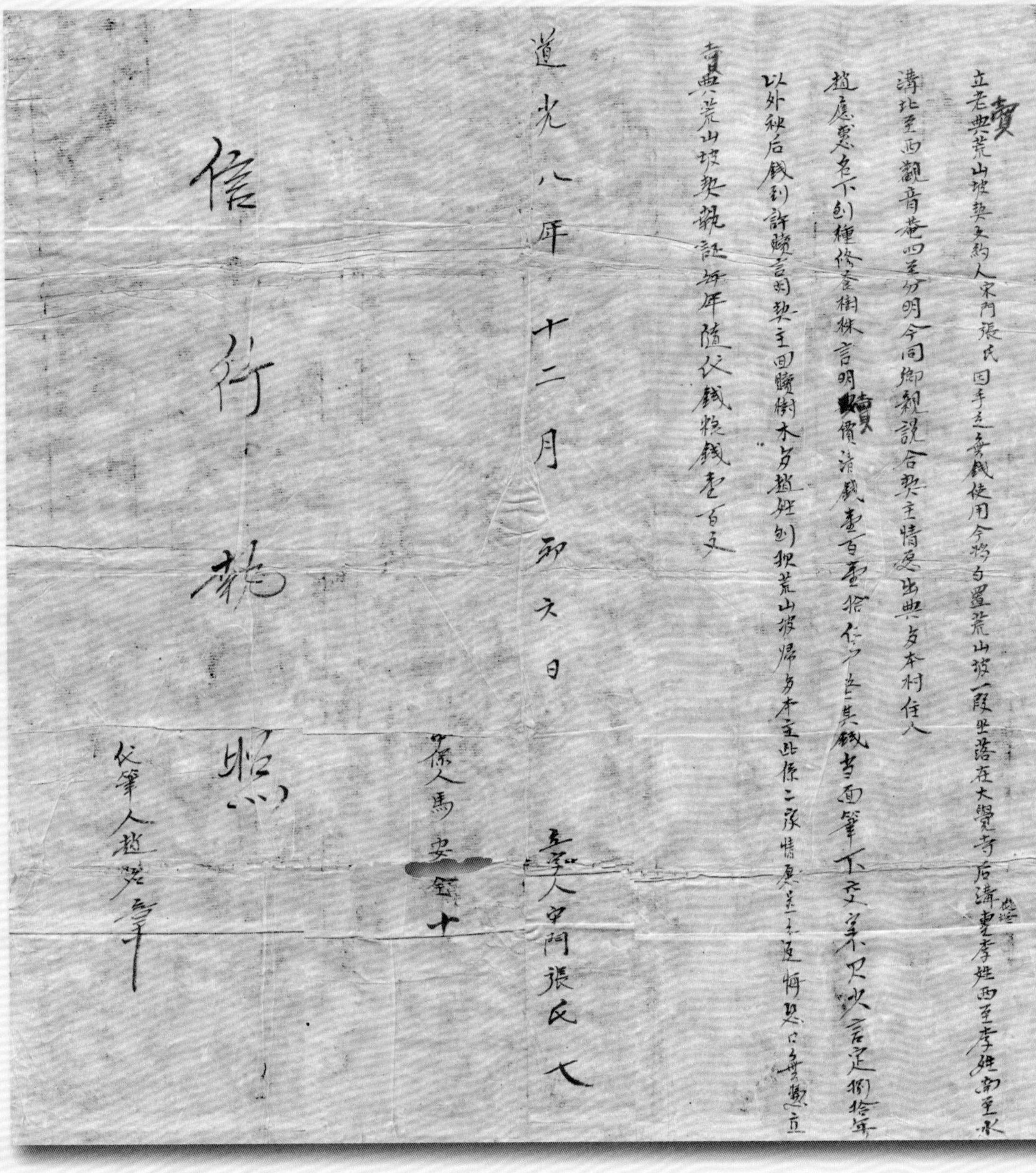
立老典(賣)荒山坡契文約人宋門張氏，因手乏無錢使用，今將自置荒山坡一段，坐落在大覺寺后溝，東至李姓，西至李姓，南至水溝，北至西觀音菴，四至分明。今同鄉親說合，契主情愿出典與本村住人趙處(?)名下，創種修蓋樹林，言明典(賣)價清錢壹百壹拾伍千文，其錢當面筆下交業，不欠。言定捌拾年以外，秋后錢到許贖。言明契主回贖樹木，与趙姓創(?)狄(?)荒山坡歸与本主。此係二家情愿，永不返悔。恐口無憑，立老典荒山坡契，執証與年隨代(?)錢粮錢壹百文。

道光八年十二月初六日　立字人宋門張氏　七

中保人馬安全　十

代筆人趙[illegible]筆

信行執照

【道光八年（一八二八）宋门张氏立卖典荒山坡契】（QW—〇七八）

立老卖典荒山坡契文约人宋门张氏，因手乏无钱使用，今将自置荒山坡一段，坐落在大觉寺后沟花

〇，东至李姓，西至李姓，南至水

沟，北至西观音庵，四至分明。今同乡亲说合，契主情愿出典与本村住人

赵应惠名下刨种，修养树株。言明卖价，清钱壹百壹拾伍*吊*整*，其钱当面笔下交足，不欠少，

言定捌拾年

以外秋后钱到许赎。言明契主，回赎树木与赵姓刨种，荒山坡归与本主。此系二家情愿，并无返悔，

恐口无凭，立

卖典荒山坡契执证。每年随代（带）钱粮钱壹百文。

道光八年十二月初六日

立字人　宋门张氏（押）

中保人　马安全（押）

代笔人　赵应章（押）

信行执照

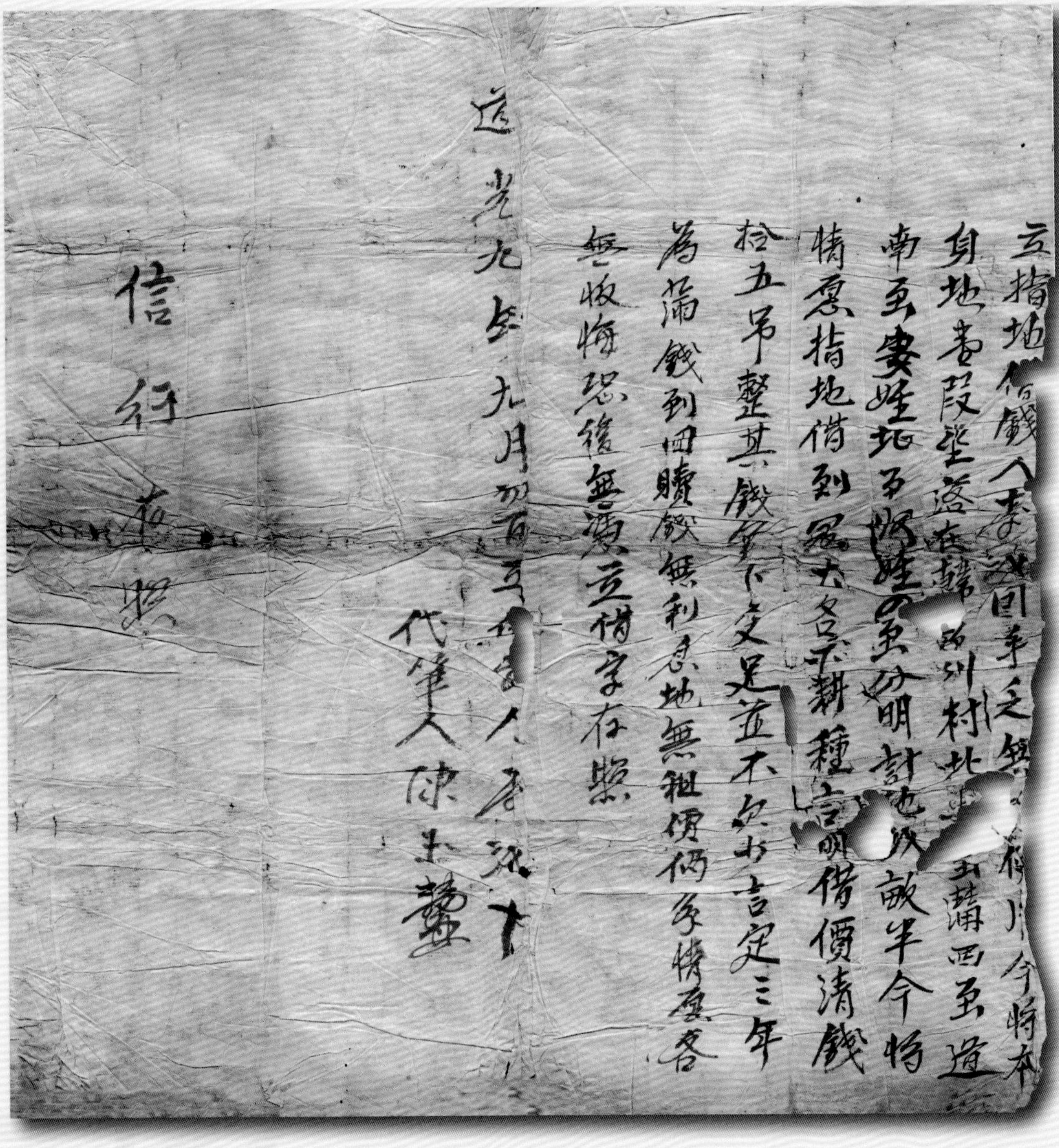
立指地借錢人李[illegible]同弟[illegible]全無[illegible]，今將本
身地壹段坐落在韓家川村北，[illegible]東至[illegible]，西至道，
南至婁姓地，北至劉姓，四至分明，計地伍畝半，今將
情愿指地借到[illegible]大名下耕種，言明借價清錢
拾五吊整，其錢當日交足並不欠少，言定三年
為滿，錢到回贖，錢無利息，地無租價，係兩家情愿，各
無反悔，恐後無憑，立借字存照。
代筆人 陳玉璽
道光九年九月初四日 立借字人 李[illegible] 十
信行存照

【道光九年（一八二九）李贰立借钱字据】（QW—〇七九）

立指地〔一〕借*钱人李贰，因手乏无钱*使*用*，今将本身地壹段，坐落在韩家*川村北，东*至沟，西至道，南至安姓，北至张姓，四至分明。计地*贰*亩半。今将情愿指地借到寇大名下耕种，言明借价，清钱拾五吊整，其钱笔下交足，并不欠少。言定三年为满，钱到回赎，钱无利息，地无租价。俩系情愿，各无恢悔，恐后无凭，立借字存照。

立借*字*人 李 贰（押）

代笔人 陈 玉（花押）

道光九年九月初一日

信 行 存 照

〔一〕指地：以地为抵押。

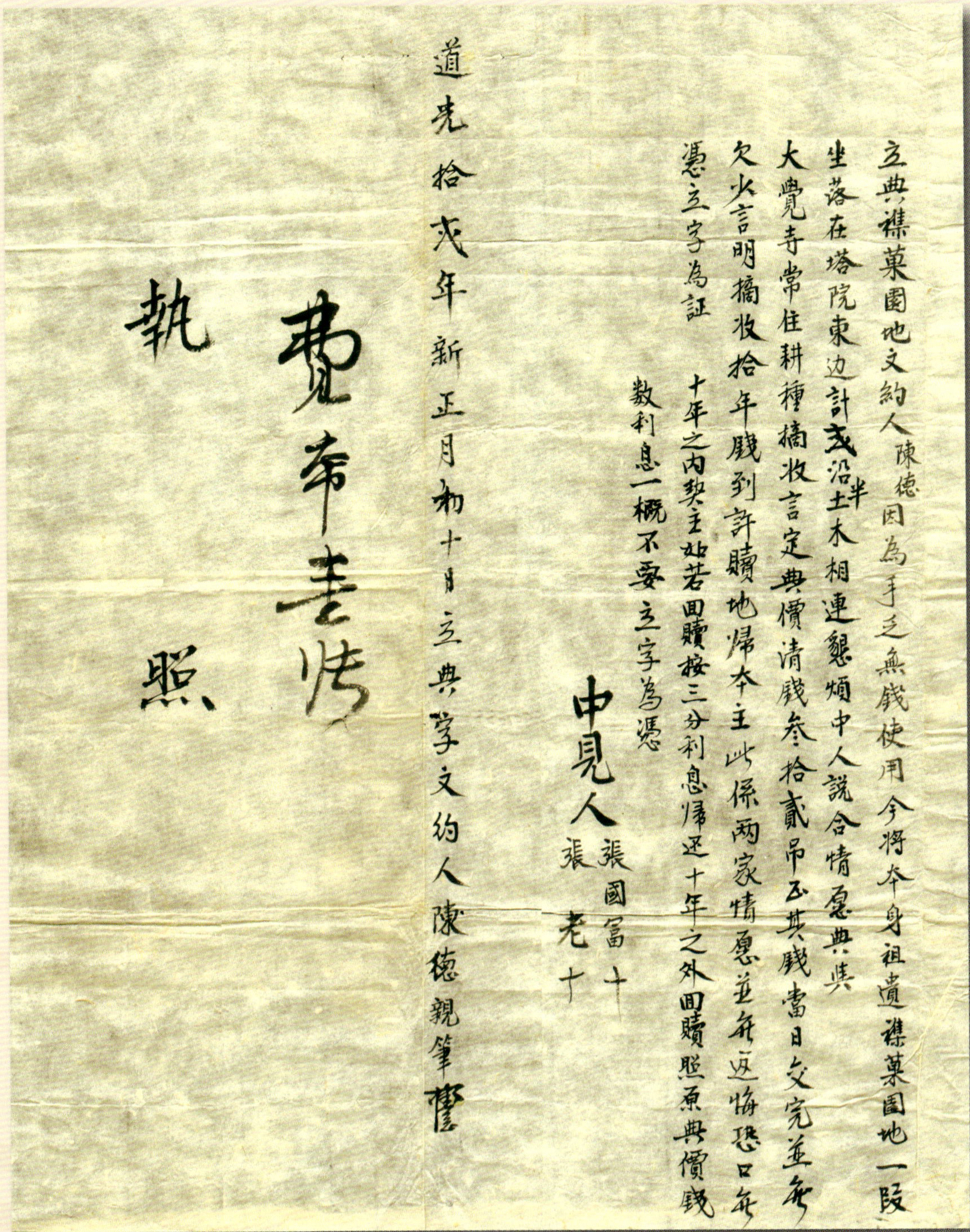

立典𥠧菓園地文約人陳德因為手乏無錢使用今將本身祖遺𥠧菓園地一段
坐落在塔院東边計弍半沿土木相連懇煩中人說合情愿典與
大覺寺常住耕種摘收言定典價清錢叁拾貳吊五其錢當日交完並無
欠少言明摘收拾年限到許贖地歸本主此係兩家情愿並無返悔恐口無
憑立字為証
十年之內契主如若回贖按三分利息歸还十年之外回贖照原典價錢
數利息一概不要立字為憑

中見人 張國富十
張老十

道光拾戊年新正月初十日立典字文約人陳德親筆書

覺寺書院

執照

【道光十二年（一八三二）陈德立典杂果园契】（QW—〇八〇）

立典杂果园地文约人陈德，因为手乏无钱使用，今将本身祖遗杂果园地一段，坐落在塔院东边，计贰沿半，土木相连。恳烦中人说合，情愿典与大觉寺常住耕种摘收。言定典价，清钱叁拾贰吊正。其钱当日交完，并无欠少。言明摘收拾年，钱到许赎，地归本主。此系两家情愿，并无返悔，恐口无凭，立字为证。十年之内，契主如若回赎，按三分利息归还，十年之外回赎，照原典价钱数，利息一概不要，立字为凭。

中见人　张国富（押）

张　老（押）

立典字文约人　陈德　亲笔（花押）

道光拾贰年新正月初十日

费帋壹张

执　照

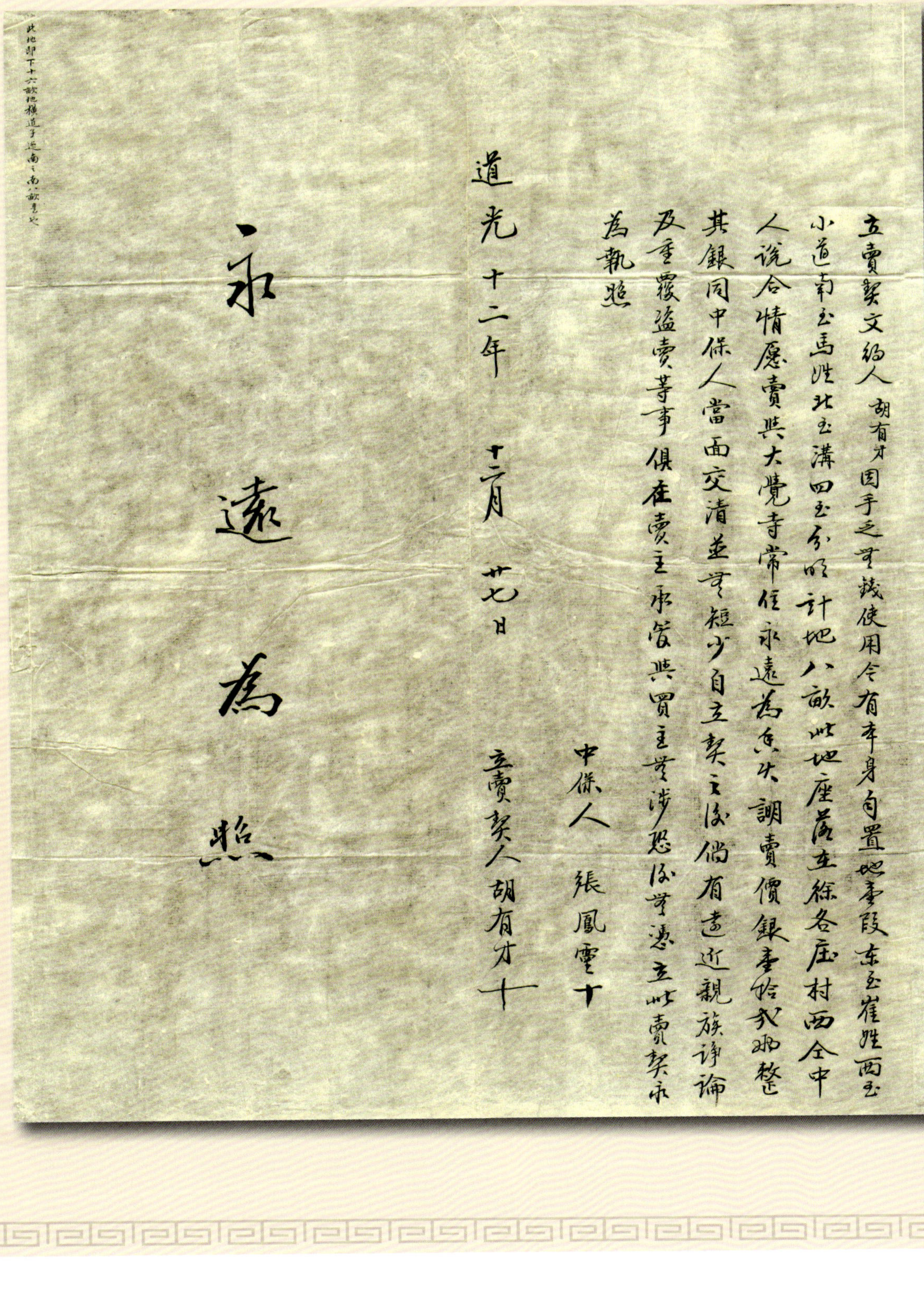
立賣契文約人胡有才因手乏無錢使用，今有本身自置地壹段，东至崔姓，西至小道，南至馬姓，北至溝，四至分明，計地八畝。此地座落在絲各庄村西。今中人說合，情愿賣與大覺寺常住永遠為業。言明賣價銀壹拾貳兩整，其銀同中保人當面交清，並無短少。自立契之後，倘有遠近親族爭論及重疊盜賣等事，俱在賣主承管，與買主無涉。恐後無憑，立此賣契永為執照。

中保人 張鳳雲十

道光十二年十二月廿七日 立賣契人胡有才十

永遠為照

此地即下十六畝地橫道子迤南之南八畝是也

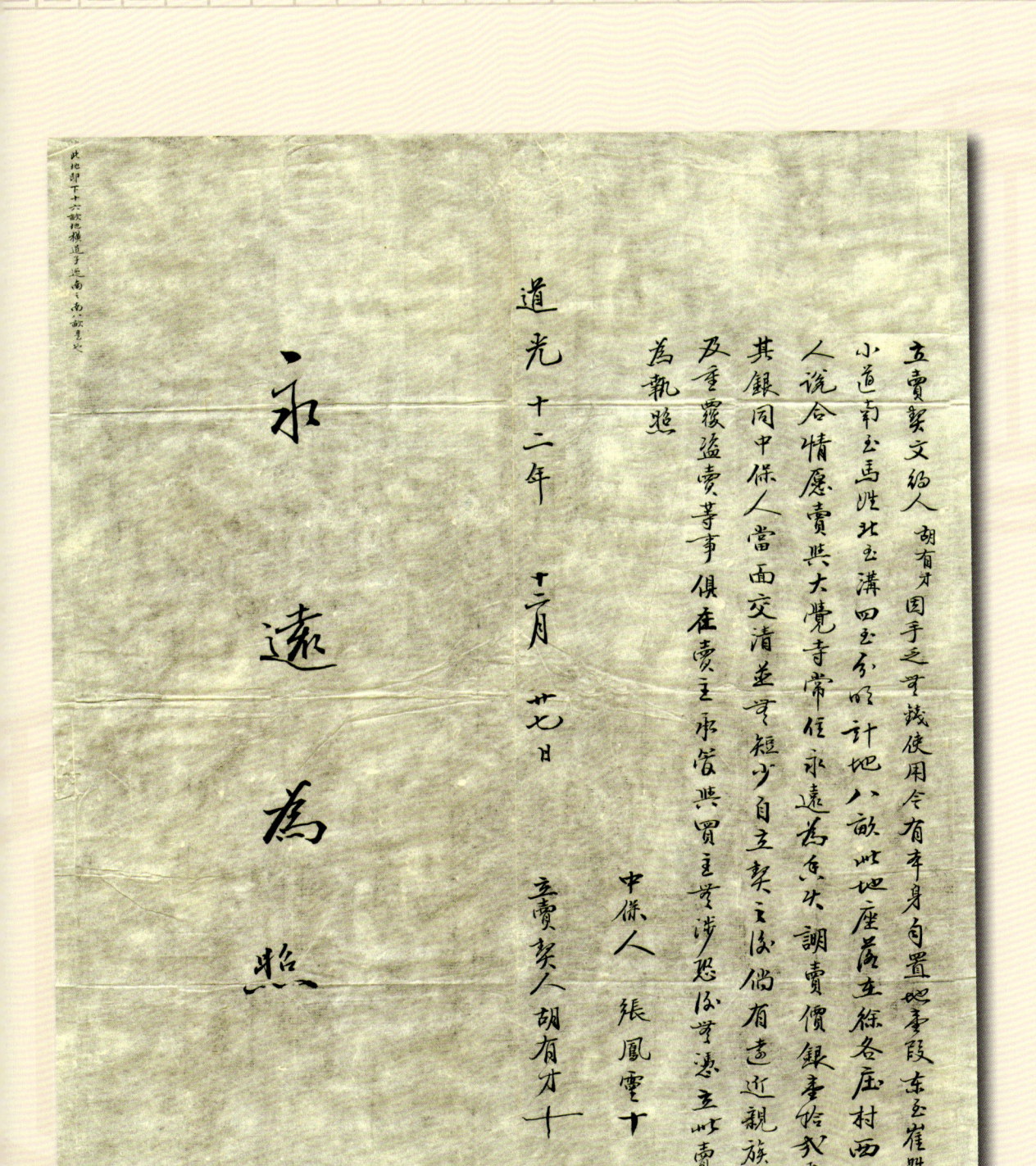

【道光十二年（一八三二）胡有才立卖地契】（QW—〇八一）

立卖契文约人胡有才，因手乏无钱使用，今有本身自置地壹段，东至崔姓，西至小道，南至马姓，北至沟。四至分明，计地八亩，此地座落在徐各庄村西。同中人说合，情愿卖与大觉寺常住永远为香火。言明卖价银壹拾贰两整。其银同中保人当面交清，并无短少。自立契之后，倘有远近亲族诤论及重覆（复）盗卖等事，俱在卖主承管，与买主无涉。恐后无凭，立此卖契，永为执照。

中保人　张凤灵（押）

道光十二年十二月廿七日　　立卖契人　胡有才（押）

永远为照

此地即下十六亩地横道子迤南之南八亩是也

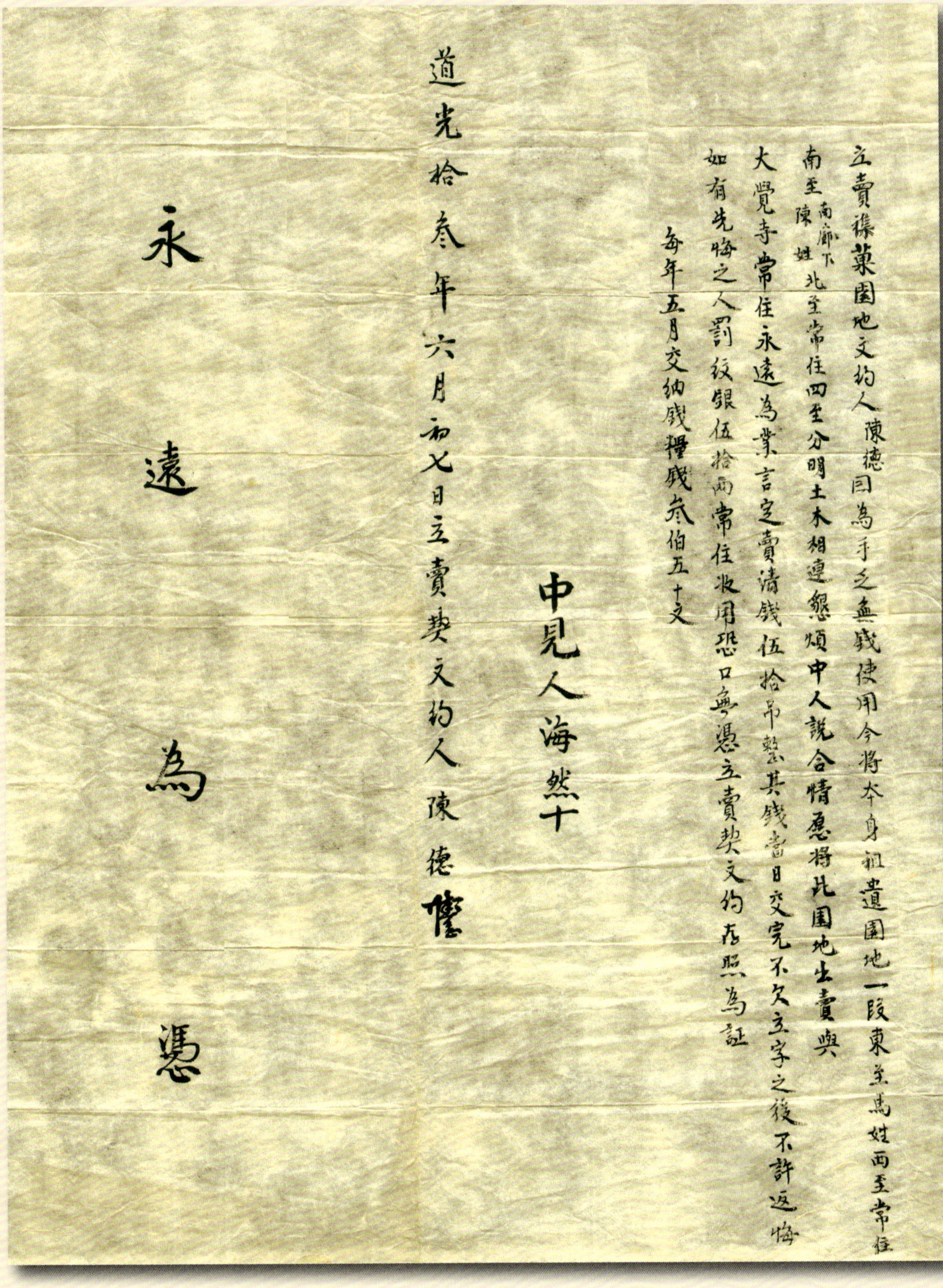
立賣樑菓園地文約人陳德因為手乏無錢使用今將本身祖遺園地一段東至馬姓西至常住
南至南廊下陳姓北至常住四至分明土木相連懇煩中人說合情愿將此園地出賣與
大覺寺常住永遠為業言定賣清錢伍拾吊整其錢當日交完不欠立字之後不許返悔
如有先悔之人罰紋銀伍拾兩常住收用恐口無憑立賣契文約存照為証
每年五月交納錢糧錢叁伯五十文
中見人海然十
道光拾叁年六月初七日立賣契文約人陳德（押）
永遠為憑

【道光十三年（一八三三）陈德立卖杂果园地契】（QW—〇八二）

立卖杂果园地文约人陈德，因为手乏无钱使用，今将本身祖遗园地一段，东至马姓，西至常住，南至南廊下、陈姓，北至常住。四至分明，土木相连，恳烦中人说合，情愿将此园地出卖与大觉寺常住永远为业。言定卖〈价〉清钱伍拾吊整。其钱当日交完，不欠。立字之后，不许返悔。如有先悔之人，罚纹银伍拾两，常住收用。恐口无凭，立卖契文约存照为证。

每年五月交纳钱粮钱叁佰五十文。

中见人　海　然（押）

立卖契文约人　陈　德（花押）

道光拾叁年六月初七日

永远为凭

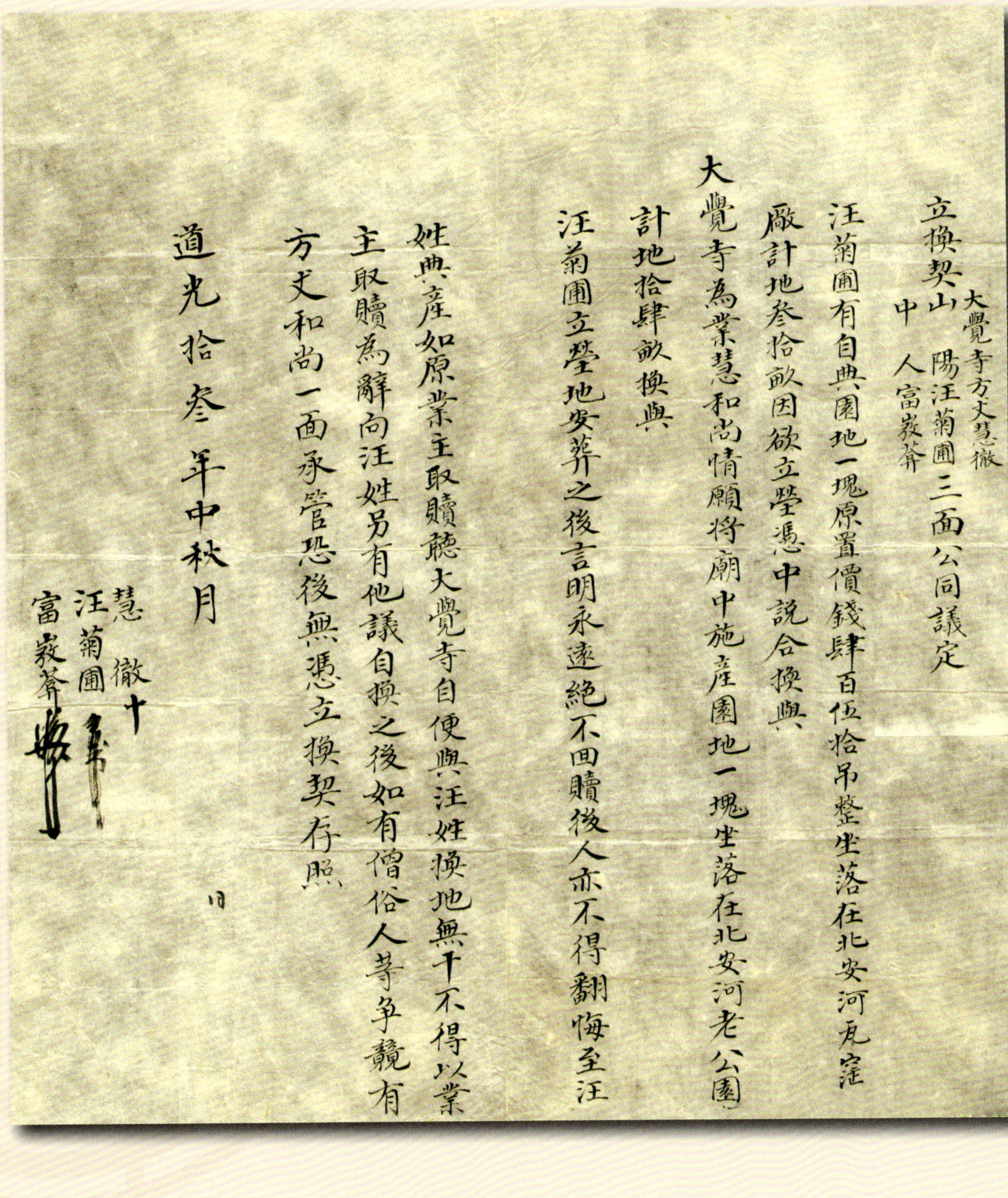

立換契 大覺寺方丈慧徹
山陽汪菊圃
中人富[illegible]蒼 三面公同議定

汪菊圃有自典園地一塊原置價錢肆百伍拾吊整坐落在北安河瓦窰
廠計地叁拾畝因欲立塋憑中說合換與
大覺寺為業慧和尚情願將廟中施產園地一塊坐落在北安河老公園
計地拾肆畝換與
汪菊圃立塋地安葬之後言明永遠絕不回贖後人亦不得翻悔至汪
姓典產如原業主取贖聽大覺寺自便與汪姓換地無干不得以業
主取贖為辭向汪姓另有他議自換之後如有僧俗人等爭競有
方丈和尚一面承管恐後無憑立換契存照

道光拾叁年中秋月

慧徹十
汪菊圃
富[illegible]蒼

【道光十三年（一八三三）僧慧彻、汪菊圃立换地契】（QW—〇八三）

立换契大觉寺方丈慧彻、山阳汪菊圃、中人富岁莽[一]，三面公（共）同议定，汪菊圃有自典园地一块，原置价钱肆百伍拾吊整，坐落在北安河瓦窑厂，计地叁拾亩。因欲立茔，凭中说合换与

大觉寺为业。慧〈彻〉和尚情愿将庙中施产园地一块，坐落在北安河老公园，计地拾肆亩，换与

汪菊圃立茔地安葬。之后言明永远绝不回赎，后人亦不得翻悔。至汪姓典产，如原业主取赎，听大觉寺自便，与汪姓换地无干。不得以业主取赎为辞，向汪姓另有他议。自换之后，如有僧俗人等争竞，有方丈和尚一面承管。恐后无凭，立换契存照。

道光拾叁年中秋月　日

慧　彻（押）

汪菊圃（花押）

富岁莽（花押）

[一] 岁莽：『岁』，疑为是『弢』的俗写。『莽』同『庵』。

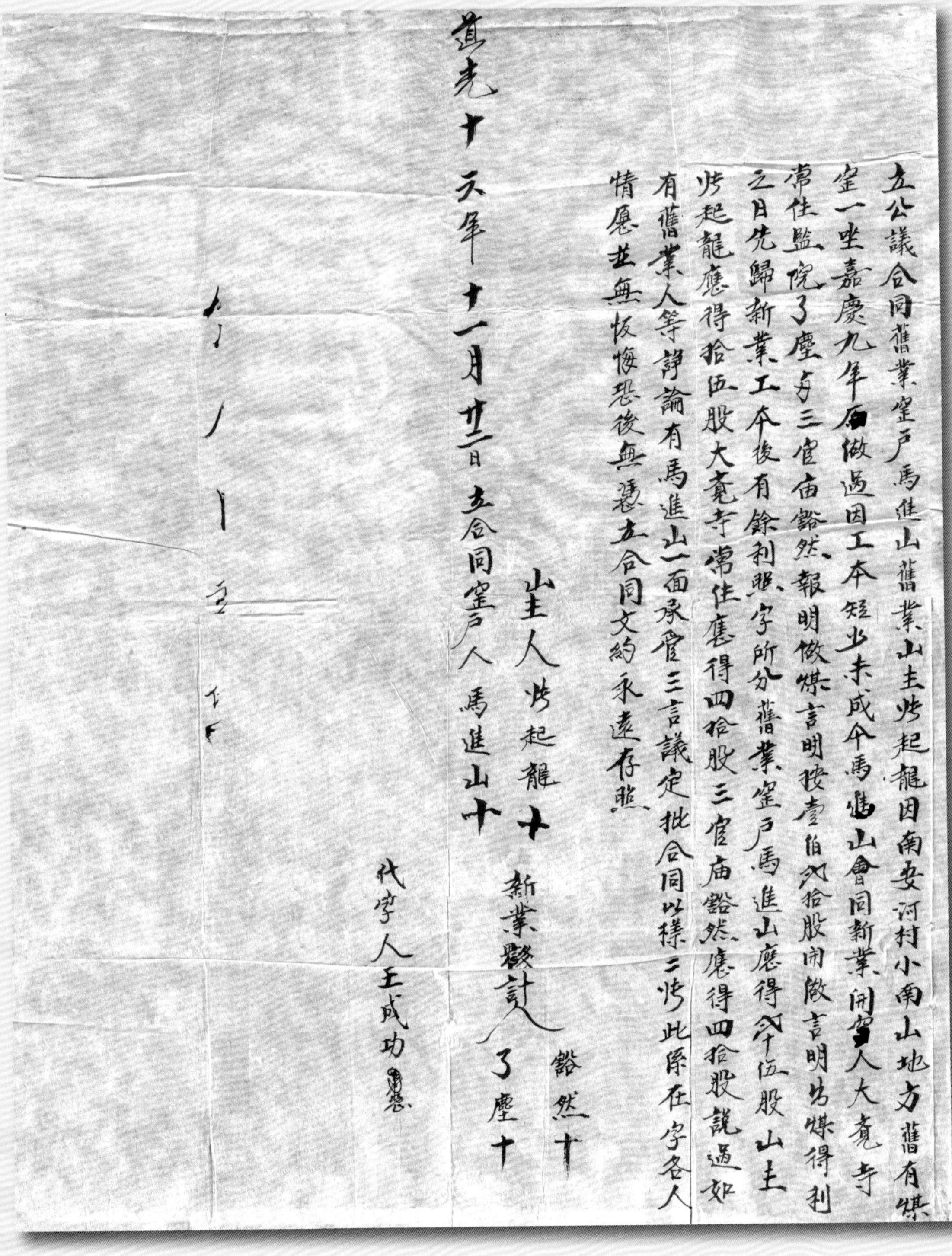

立公議合同舊業窑戶馬進山、舊業山主佟起龍，因南安河村小南山地方舊有煤窑一坐，嘉慶九年同做過，因工本短少，未成。今馬進山會同新業開窑人大覺寺常住監院了塵、三官庙谿然，報明做煤，言明按壹佰弍拾股開做，言明佟煤得利之日，先歸新業工本，後有餘利照字所分。舊業窑戶馬進山應得弍拾伍股，山主佟起龍應得拾伍股，大覺寺常住應得四拾股，三官庙谿然應得四拾股。說過，如有舊業人等諍論，有馬進山一面承管。三言議定，批合同以樣二張，此係在字各人情愿，並無反悔。恐後無憑，立合同文約永遠存照。

道光十六年十一月廿二日　立合同窑戶人　馬進山十

山主人　佟起龍十

新業夥計人　谿然十　了塵十

代字人王成功（押）

【道光十六年（一八三六）马进山等立公议合同】（QW—〇八四）

立公议合同，旧业窑户马进山、旧业山主张起龙，因南安河村小南山地方旧有煤窑一**坐**，嘉庆九年后*做过，因工本短少未成。今马进山会同新业开窑人大觉寺常住监院了尘与三官庙豁然，报明做煤，言明按壹佰贰拾股开做。言明出煤得利之日，先归新业工本，后有余利，照字所分。旧业窑户马进山应得贰十伍股，山主张起龙应得拾伍股，大觉寺常住应得四拾股，三官庙豁然应得四拾股。说过如有旧业人等诤论，**有**马进山一面承管。三言议定，批合同以（一）样二张，此系在字各人情愿，并无**恢**悔。恐后无凭，立合同文约永远存照。

山主人 张起龙（押）

新业伙计人 豁 然（押）

了 尘（押）

立合同窑户人 马进山（押）

代字人 王成功（花押）

道光十六年十一月廿二日

□□□□□

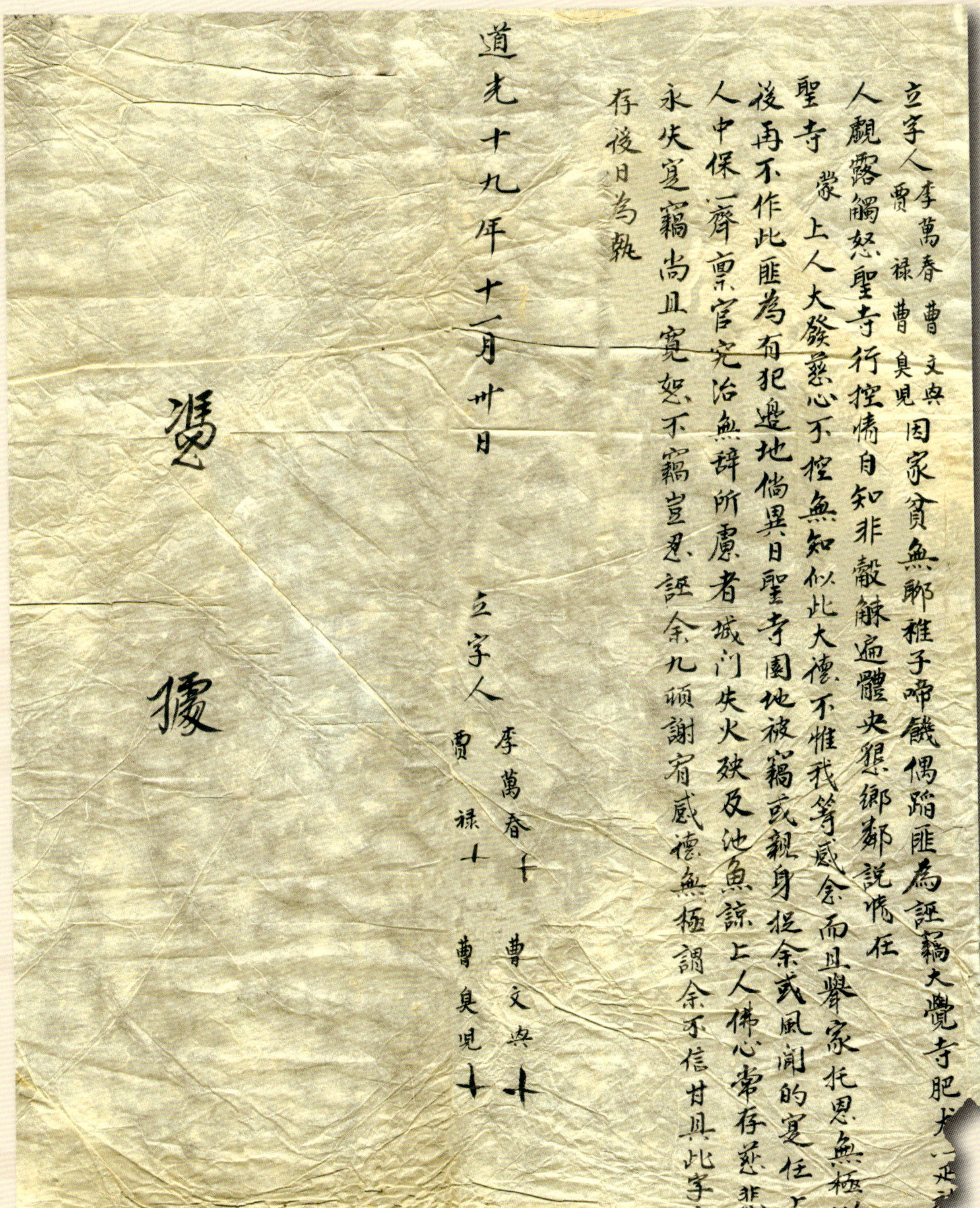

立字人李萬春、賈禄、曹文典、曹臭兒因家貧無聊，稚子啼饑，偶蹈匪為，誣竊大覺寺肥犬一□
人觀露，觸怒聖寺，行控情自知非，觳觫遍體，央懇鄉鄰說情在
聖寺 蒙上人大發慈心，不控無知，似此大德，不惟我等感念，而且舉家托恩無極，以
後再不作此匪為有犯邊地，倘異日聖寺園地被竊，或親身捉余，或風聞的寔，任上
人中保一齊禀官究治無辞。所慮者，城门失火，殃及池魚，諒上人佛心常存慈悲
永失寔竊，尚且寬恕，不竊豈忍誣余，九頓謝宥，感德無極，謂余不信，甘具此字永
存後日為執

道光十九年十一月廿日

立字人 李萬春十 賈禄十 曹文典十 曹臭兒十

憑據

【道光十九年（一八三九）李万春等立凭据】（QW—〇八五）

立字人李万春、曹文兴、贾禄、曹臭儿，因家贫无聊，稚子啼饥，偶蹈匪为，诬窃大觉寺肥犬*一匹*，被*人觑露。触怒圣寺。行控，情自知非，觳觫遍体，央恳乡邻说情在圣寺，蒙上人大发慈心，不控无知。似此大德，不惟我等感念，而且举家托恩无极。以后再不作此匪为，有犯边地。倘异日圣寺园地被窃，或亲身捉余，或风闻的实，任上人中保一齐禀官究治无辞。所虑者，城门失火殃及池鱼，谅上人佛心常存慈悲，永失实窃，尚且宽恕，不窃岂忍诬余？九顿谢宥，感德无极，谓余不信，甘具此字，永存后日为执。

立字人　李万春（押）　曹文兴（押）

贾　禄（押）　曹臭儿（押）

道光十九年十一月卅日

凭　据

立轉香火文約僧人湛一因本廟無人照管將自治西直門洞廟轉與月寬師焚修住持

永遠為業轉價清錢叁佰叁拾吊整當日交足並無欠少言明自立字之後如有僧俗

人等爭競若有立字見正人一面承管原有紅印手本二白契三張此係兩家

情願並無返回恐後無憑立字存照

道光叁拾年四月十三日 立字人湛一

中保人 兆佑十 松年

代筆人 彭華圃

【道光二十年（一八四〇）僧湛一立转香火契】（QW—〇八六）

立转香火文约僧人湛一，因本庙无人照管，将自治（置）西直门洞庙转于月宽师焚修住持，永远为业。转价清钱叁佰叁拾吊整，当日交足，并无欠少。言明自立字之后，如有僧俗人等争竞者，有立字见正（证）人一面承管。原有城印手本二册，白契三张。此系两家情愿，并无返回（悔）。恐后无凭，立字存照。

道光贰拾年四月十三日

立字人　湛*一（花押）

中保人　兆　佑（押）

松　年（花押）

代笔人　彭华圃（花押）

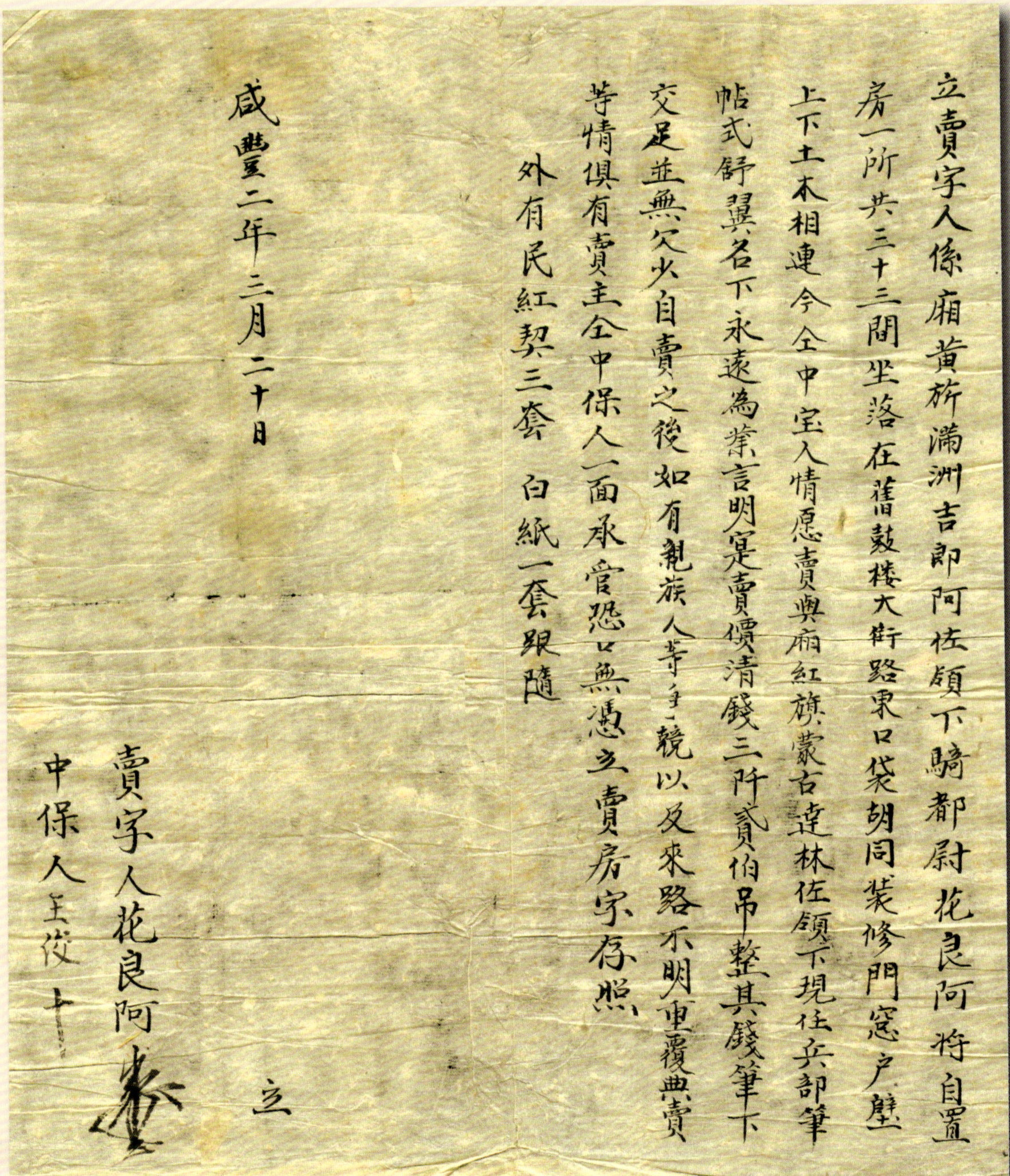
立賣字人係廂黄旂滿洲吉郎阿佐領下騎都尉花良阿將自置
房一所共三十三間坐落在舊鼓楼大街路東口袋胡同裝修門窓戶壁
上下土木相連今仝中宝入情愿賣與廂紅旗蒙古達林佐領下現任兵部筆
帖式舒翼名下永遠為業言明寔賣價清錢三阡貳伯吊整其錢筆下
交足並無欠少自賣之後如有親族人等爭競以及來路不明重覆典賣
等情俱有賣主仝中保人一面承管恐口無憑立賣房字存照
外有民紅契三套　白紙一套跟隨
咸豐二年三月二十日　立
賣字人花良阿
中保人王佼　十

【咸丰二年（一八五二）花良阿立卖房契】（QW—〇八七）

立卖字人系厢（镶）黄旗满洲吉郎阿佐领下骑都尉〔一〕花良阿，将自置房一所，共三十三间，坐落在旧鼓楼大街路东口袋胡同，装修门窗户壁，上下土木相连。今同中宝（保）人情愿卖与厢（镶）红旗蒙古达林佐领下现任兵部笔帖式〔二〕舒翼名下，永远为业。言明实卖价，清钱三阡（仟）贰佰吊整，其钱笔下交足，并无欠少。自卖之后，如有亲族人等争竞，以及来路不明、重覆（复）典卖等情，俱有卖主同中保人一面承管，恐口无凭，立卖房字存照。

外有民红契三套、白纸一套跟随。

咸丰二年三月二十日

立卖字人　花良阿（花押）

中保人　王　俊〔三〕（押）

〔一〕骑都尉：官名，清为世爵名。乾隆元年（一七三六）改拜他喇布勒哈番汉名骑都尉，在轻车都尉下，云骑尉上。

〔二〕笔帖式：官名，清朝各衙署中的低级官员。满语原称『笔特赫式』，意为文书官，由旗人担任。清前期地位较高，后期地位日低。

〔三〕『俊』疑为『俊』的俗写。

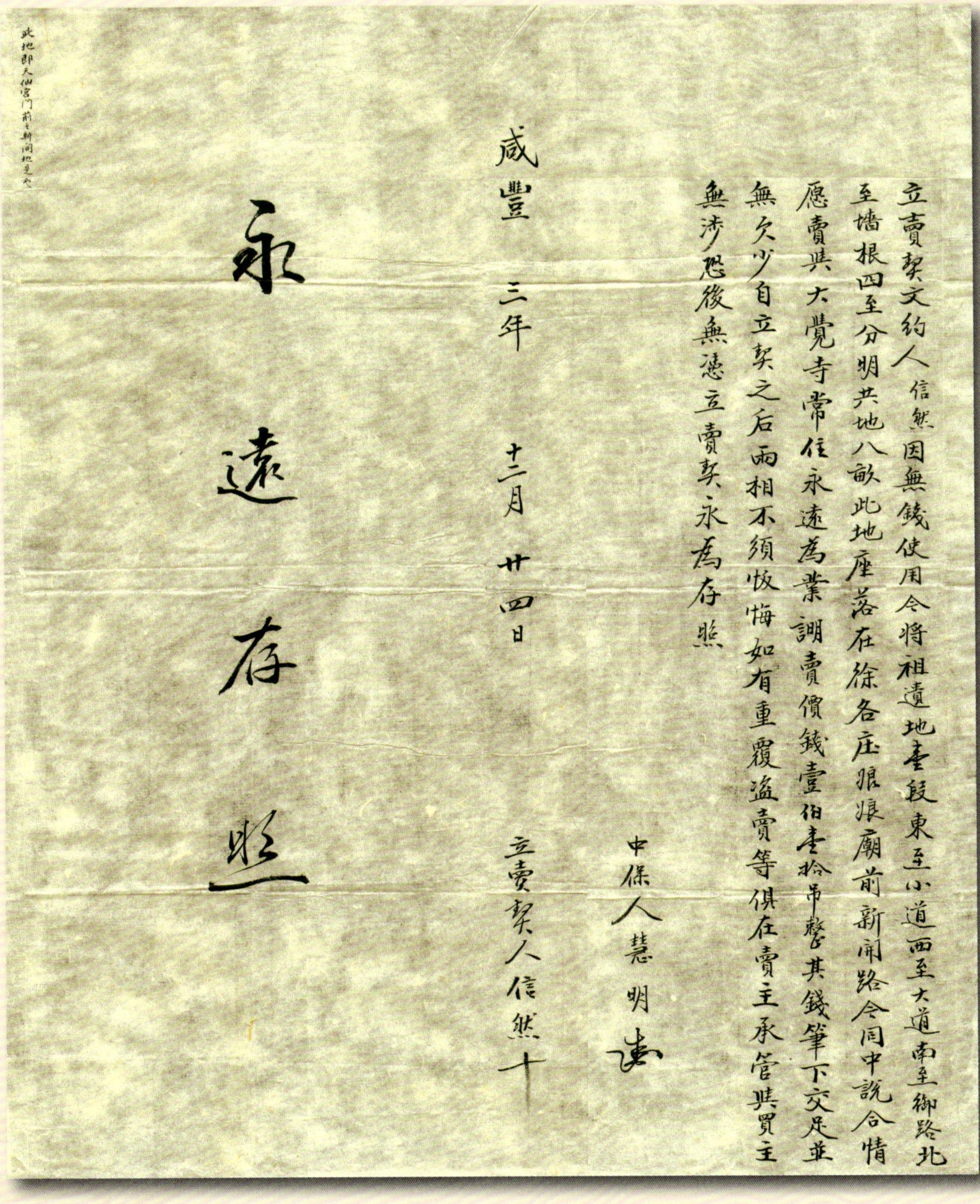

立賣契文约人信然因無錢使用今将祖遺地壹段東至小道西至大道南至御路北至墻根四至分明共地八畝此地座落在徐各庄娘娘廟前新開路今同中説合情愿賣與大覺寺常住永遠為業詶賣價錢壹佰壹拾吊整其錢筆下交足並無欠少自立契之后两相不須悔悔如有重覆盜賣等俱在賣主承管與買主無涉恐後無憑立賣契永為存照

中保人慧明（押）

咸豐三年十二月廿四日

立賣契人信然十

永遠存照

此地即天仙宫门前之新開地是也

【咸丰三年（一八五三）僧信然立卖地契】（QW—〇八八）

立卖契文约人信然，因无钱使用，今将祖遗地壹段，东至小道，西至大道，南至御路，北至墙根。四至分明，共地八亩，此地**座**落在徐各庄娘娘庙前新开路。今同中说合，情愿卖与大觉寺常住永远为业。言明卖价，钱壹佰壹拾吊整。其钱笔下交足，并无欠少。自立契之后，两相不**须悔**悔。如有重覆（复）盗卖等，俱在卖主承管，与买主无涉。恐后无凭，立卖契永为存照。

中保人　慧　明（花押）

立卖契人　信　然（押）

咸丰三年十二月廿四日

永远存照

立賣字人係廂紅旗蒙古達林佐領下士病筆帖式舒姓今有自置舊鼓楼大街口袋
胡同住房一所共房叁拾叁間半上下土木相連情愿同中保人賣與麟姓名下永
遠為業謝賣價八底清錢貳阡七佰吊整其錢筆下交足並無欠少倘有親
族人等爭競者具有舒姓一面承管恐口無憑立字人存照

外有民紅契叁套白契二張跟隨

中保人 任義和（押）
趙泰 X
孟興 十

咸豐伍年四月初九日立賣字人舒翼（押）

信行

【咸丰五年（一八五五）舒翼立卖房契】（QW—〇八九）

立卖字人系厢（镶）红旗蒙古达林佐领下告*病笔帖式舒姓，今自*置旧鼓楼大街口袋胡同住房一所，共房叁拾叁间半，上下土木相连，情愿同中保人卖与麟姓名下，永远为业。言明卖价八底清钱贰阡（仟）七佰吊*整。其钱笔下交足，并无欠少，倘有亲族人等争竞者，具（俱）有舒姓一面承管。恐口无凭，立字人存照。外有民红契叁套、白契二张跟随。

中保人　任义和（花押）

赵　泰（押）

孟　兴（押）

咸丰伍年四月初九日

立卖字人　舒　翼（花押）

信　行

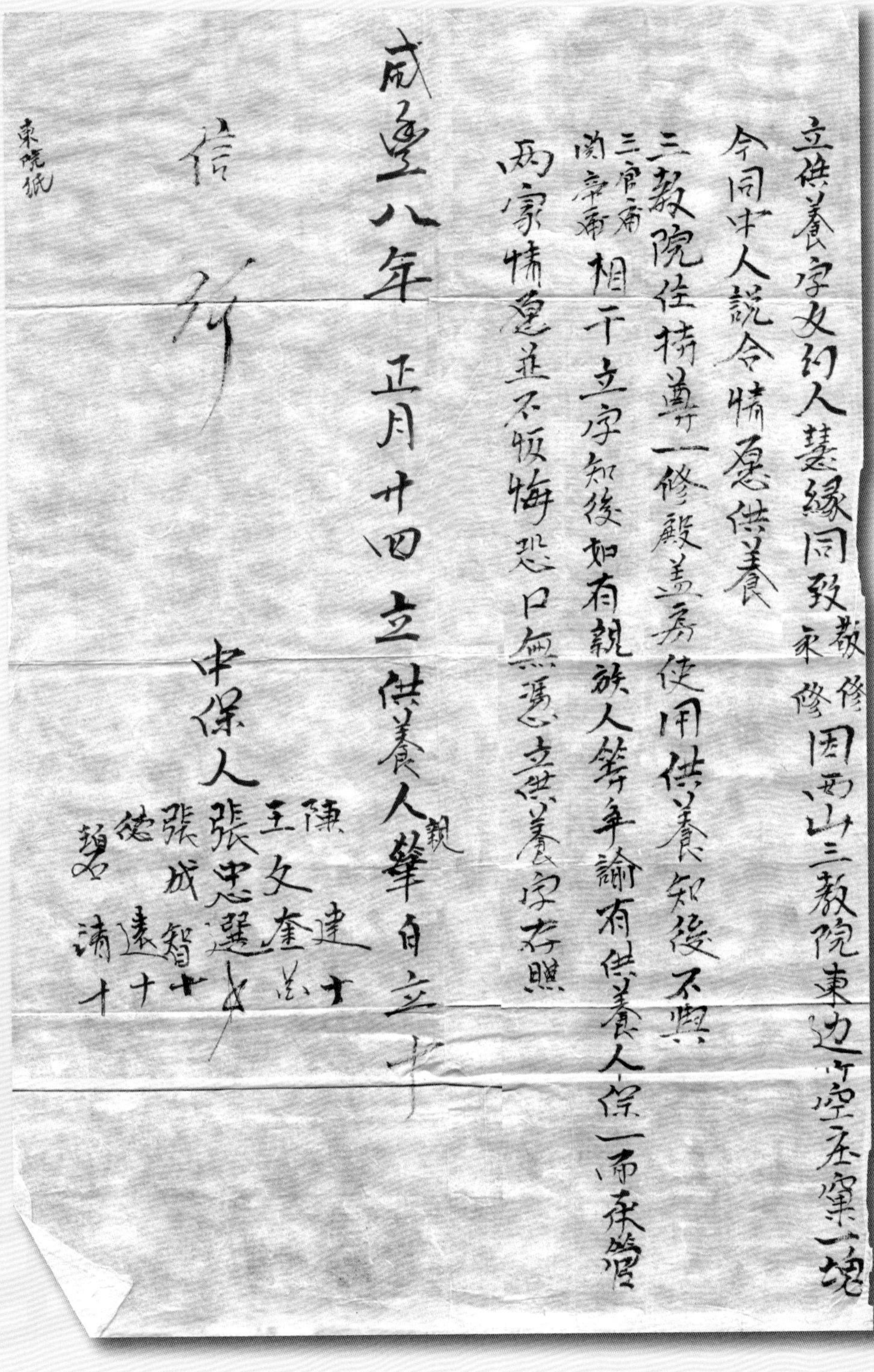

立供養字文約人慧緣同致敬修永修因西山三教院東边空座菜一塊
今同中人說合情愿供養
三教院住持尊一修殿盖房使用供養知後不與
三官廟關帝廟相干立字知後如有親族人等爭論有供養人信一而承管
兩家情愿並不返悔恐口無憑立供養字存照
咸豐八年　正月廿四　立供養人親肇自立十
中保人　陳建十　王文奎押　張忠選押　張成智十　德遠十　趙清十
信行
東院紙

【咸丰八年（一八五八）僧慧缘立供养契】（QW—〇九〇）

立供养字文约人慧缘同致敬修、永修，因西山三教院东边有*空庄窠一块，今同中人说合，情愿供养

三教院住持尊一修殿盖房使用。供养知（之）后不与

三官庙、关帝庙相干。立字知（之）后，如有亲族人等争谕（论），有供养人、保〈人〉一面承管。两家情愿，并不恢悔。恐口无凭，立供养字存照。

咸丰八年正月廿四日

立供养人亲笔自立（押）

中保人　陈　建（押）

王文奎（花押）

张忠选（押）

张成智（押）

德　远（押）

碧　清（押）

信　行

东院纸

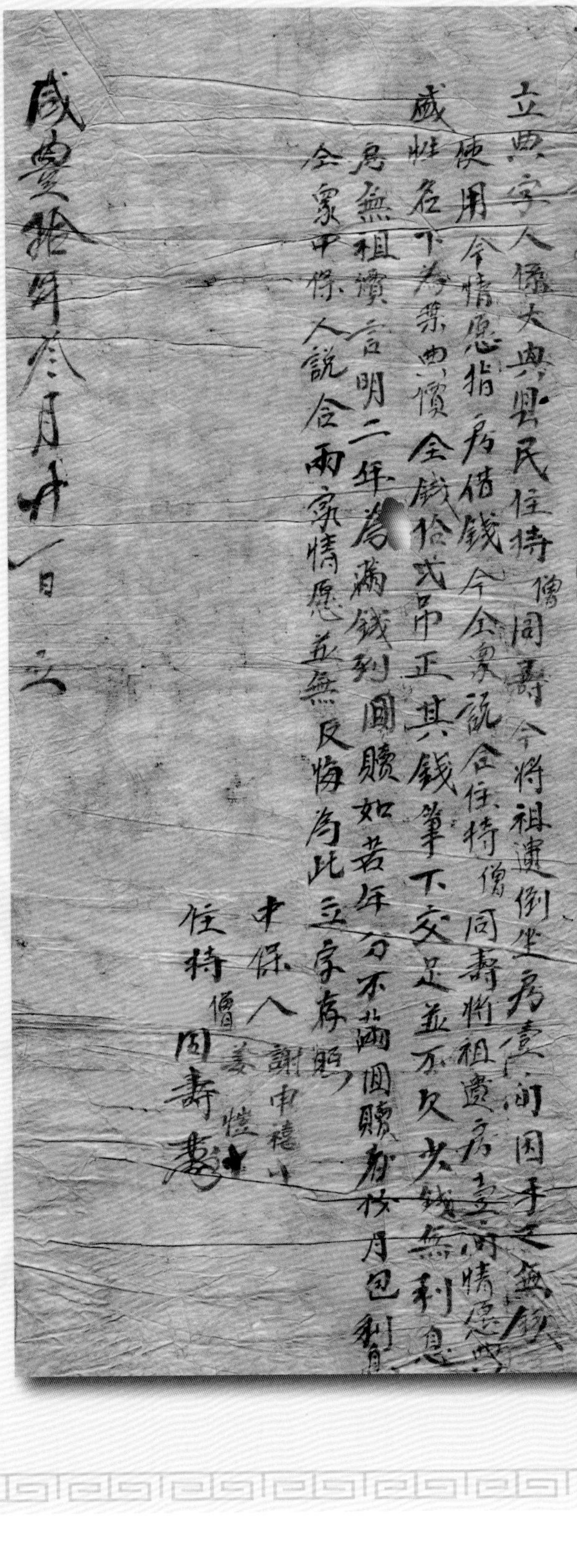
立典字人係大興縣民住持僧同壽今將祖遺倒坐房壹間因手乏無錢
使用今情愿指房借錢今仝衆説合住持僧同壽將祖遺房壹間情愿典與
盛姓名下為業典價全錢拾弍吊正其錢筆下交足並不欠少錢無利息
房無租價言明二年為滿錢到回贖如若年分不滿回贖有按月包利息
仝衆中保人説合兩家情愿並無反悔為此立字存照
中保人僧姜愷十 謝申穗十
住持僧同壽
咸豐拾年叁月廿一日 立

【咸丰十年（一八六〇）住持僧同寿立典房契】（QW—〇九二）

立典字人系大兴县民住持僧同寿，今将祖遗倒坐房壹间，因手乏无钱使用，今情愿指房借钱。今同众说合，住持僧同寿将祖遗房壹间情愿典盛性（姓）名下为业。典价全钱拾贰吊正，其钱笔下交足，并不欠少，钱无利息，房无租价，言明二年为满，钱到回赎，如若年分（份）不满，回赎者按*月包利息，同众中保人说合，两家情愿，并无反悔。为此立字存照。

中保人　谢申禧（押）

姜　恺（押）

住持僧　同　寿（花押）

咸丰拾年叁月廿一日立

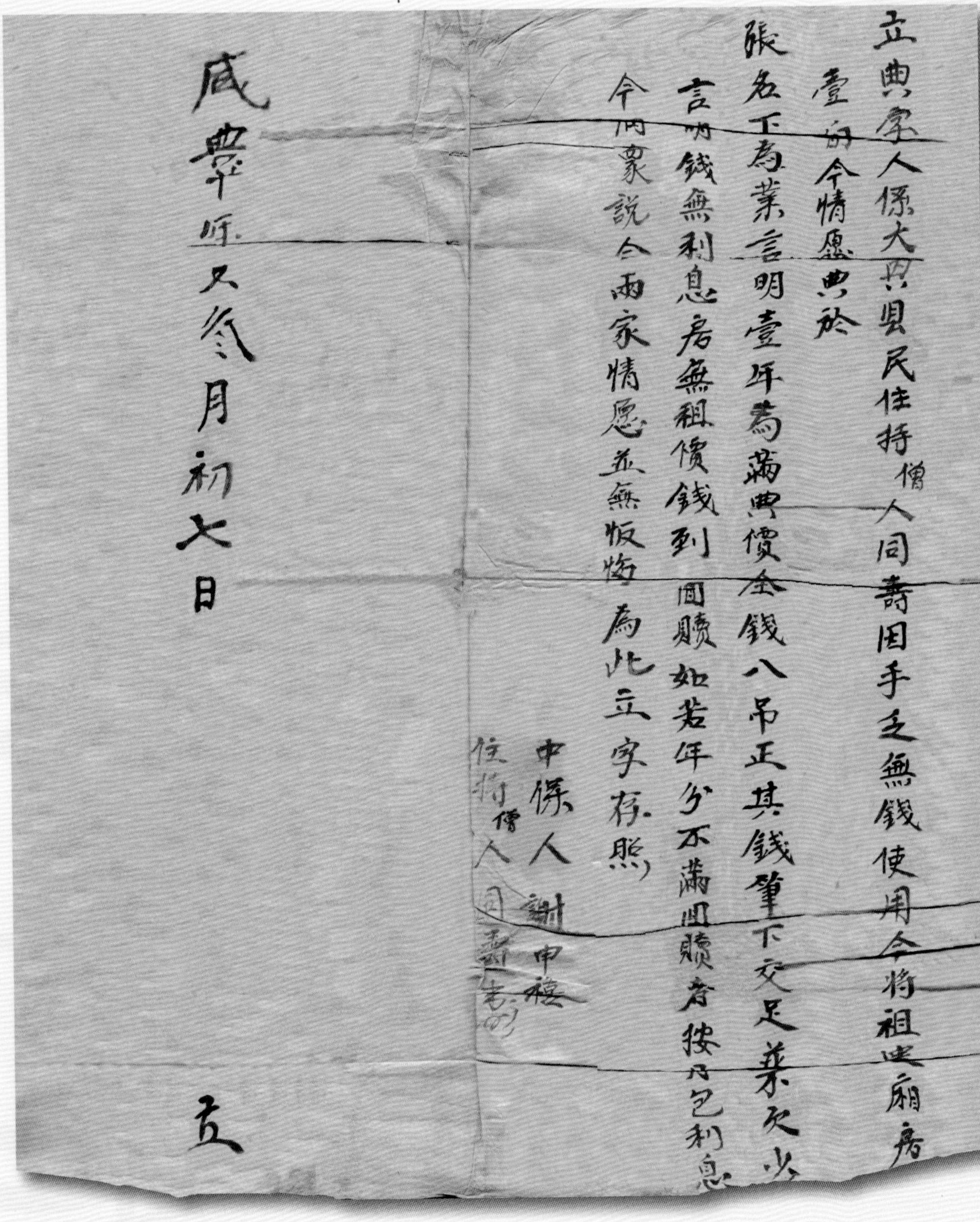

立典字人係大興县民住持僧人同壽因手乏無錢使用今將祖遺廟房
壹所今情愿典於
張名下為業言明壹年為滿典價全錢八吊正其錢筆下交足並不少
言明錢無利息房無租價錢到回贖如若年分不滿回贖者按月包利息
今兩家說合兩家情愿並無返悔為此立字存照
中保人　謝申禧
住持僧人　同壽
咸豐年又叁月初七日
立

【咸丰〈缺〉年僧同寿立典房契】（QW—〇九一）

立典字人系大兴县民住持僧人同寿，因手乏无钱使用，今将祖遗*厢房

壹间，今情愿典于

张名下为业，言明壹年为满，典价全钱八吊正。其钱笔下交足，并不欠少，

言明*钱无利息，房无租价，钱到回赎。如若年分（份）不满，回赎者按月*包利息，

今同众说合，两家情愿，并无反悔，为此立字存照。

中保人　谢申禧

住持僧人　同　寿（花押）

咸丰〔一〕年又叁月初七日立

〔一〕此处疑缺字。

三、清同治、光绪时期大觉寺契约文书

大觉寺作为京师一座皇家敕修过的禅寺和清朝雍乾两代皇帝的行宫，得到过皇家的重视和修缮，建筑面积逐渐扩大。清代历史上有记载的寺庙修建情况除康熙五十九年（一七二〇）雍亲王重修大觉寺和乾隆十二年（一七四七）弘历出资重修大觉寺外，有实物证明皇家修缮寺庙的记载还包括光绪五年（一八七九）敕修大觉寺南塔院的工程。大觉寺西南约一公里的山坳处，是清代大觉寺安葬本寺示寂僧人的塔院。院内曾有清代著名高僧迦陵和尚塔和其他高僧塔若干座，四周有院墙维护和僧人看守。据当地百姓介绍，直到二十世纪七十年代初，塔院内还是松柏蓊郁，石塔林立，塔院院门由石雕件构成，宏伟华丽，如今只剩下一片废墟。

清光绪帝（一八七一—一九〇八），名爱新觉罗·载湉。四岁时被慈禧太后选为同治帝的继位人，成为清朝入关后的第九位皇帝。光绪帝在位三十四年，他继位后的三十四年中，一八七五—一八八八年是其读书阶段，一八八九—一八九八年是他亲政阶段，一八九九—一九〇八年是其被囚禁时期。光绪五年（一八七九）正是慈禧太后垂帘听政时期，这位崇信佛教、权倾朝野的慈禧太后，垂帘听政的闲暇时间经常参禅拜佛求得宁静，屡至大觉寺，不仅出内帑重修寺庙殿堂，而且还敕修了寺院西南清代大觉寺圆寂诸僧的塔院。如今寺内殿堂还悬挂有慈禧撰书的『妙悟三乘』『法镜常圆』『妙莲世界』等匾额，均钤有慈禧皇太后之宝印，塔院遗址出土的门楣上刻有清光绪五年闰三月敕修塔院文字。

寺藏清同治、光绪年间的契约文书共计二十一件，包括租批、典地契、换地契、施舍契、买卖契、字据、更名入册和修塔院合同等文书。其中有一件光绪十八年（一八九二）大觉寺佃户李和、李晏将土地倒与陈文祥认佃交租、永远为业的倒佃契，这件倒佃契反映出永佃权已成为普遍现象，同时也提供了一个北京地区不多见的一田二主的例证，反映了封建生产关系发生的变化。

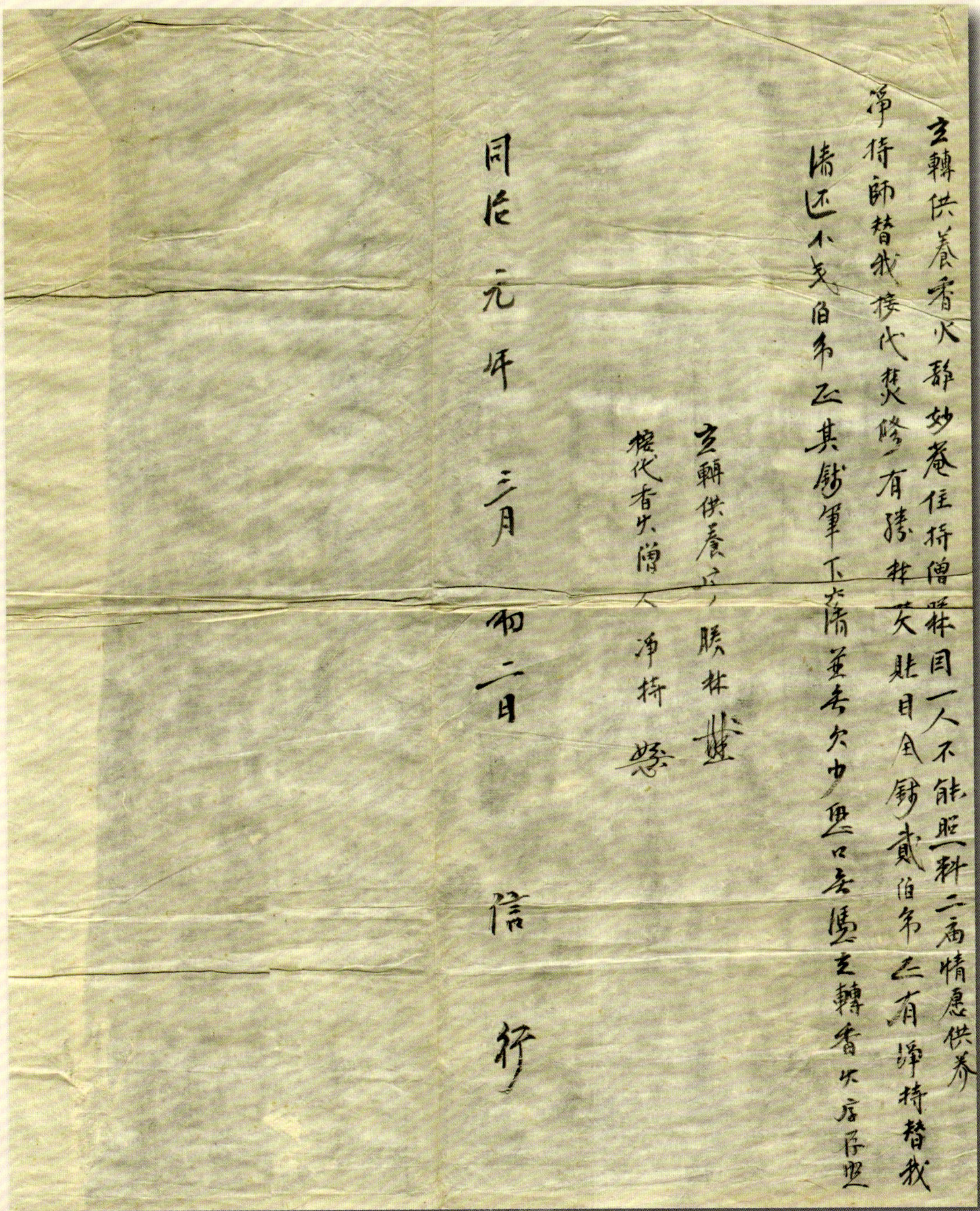

立轉供養香火靜妙菴住持僧羅林同一人不能照料二面情愿供养
淨持師替我接代焚修，有勝林欠賬目京錢貳伯吊正，有淨持替我
清还小錢伯吊正。其錢筆下清楚，並無欠少。恐口無憑，立轉香火存照

立轉供養人 勝林
接代香火僧人 淨持

同治元年 三月 初二日 信行

【同治元年（一八六二）僧胜林立转供养香火契】（QW—〇九三）

立转供养香火静妙庵住持僧胜＊林，因一人不能照料二庙，情愿供养净持师替我接代焚修。有胜林陈＊欠账目，全钱贰佰吊正，有净持替我清还钱贰佰吊正。其钱笔下交清，并无欠少。恐口无凭，立转香火字存照。

立转供养字＊人＊胜　林（花押）

接代香火僧人　净　持（花押）

同治元年三月初二日

信　行

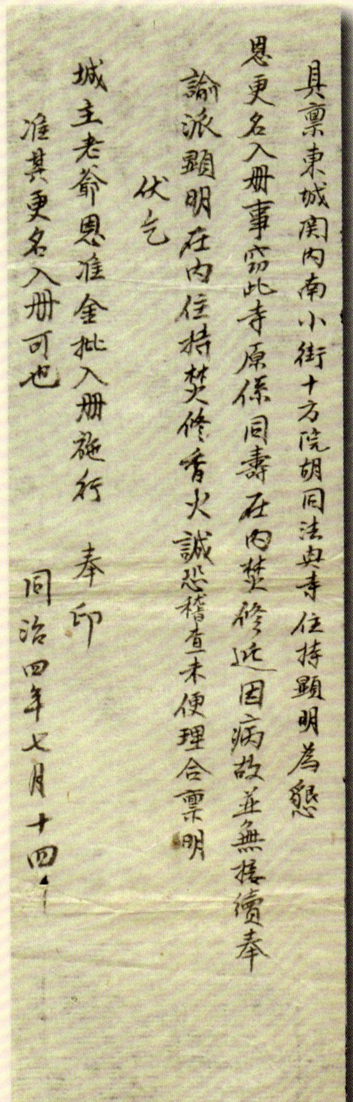
具稟東城関内南小街十方院胡同法興寺住持顕明為懇
恩更名入冊事竊此寺原係同壽在内焚修近因病故並無接續奉
諭派顕明在内住持焚修香火誠恐稽查未便理合稟明
伏乞
城主老爺恩准全批入冊施行　奉印
准其更名入冊可也
同治四年七月十四日

【同治四年（一八六五）城主老爷恩准法兴寺显明更名入册】（QW—一二四）

具禀东城关内南小街十方院胡同法兴寺住持显明为恳

恩更名入册事，窃（且）此寺原系同寿在内焚修，近因病故，并无接续，奉

谕派显明在内住持焚修香火。诚恐稽查未便，理合禀明。

伏乞

城主老爷恩准金批入册施行。

奉印

准其更名入册可也。

同治四年七月十四

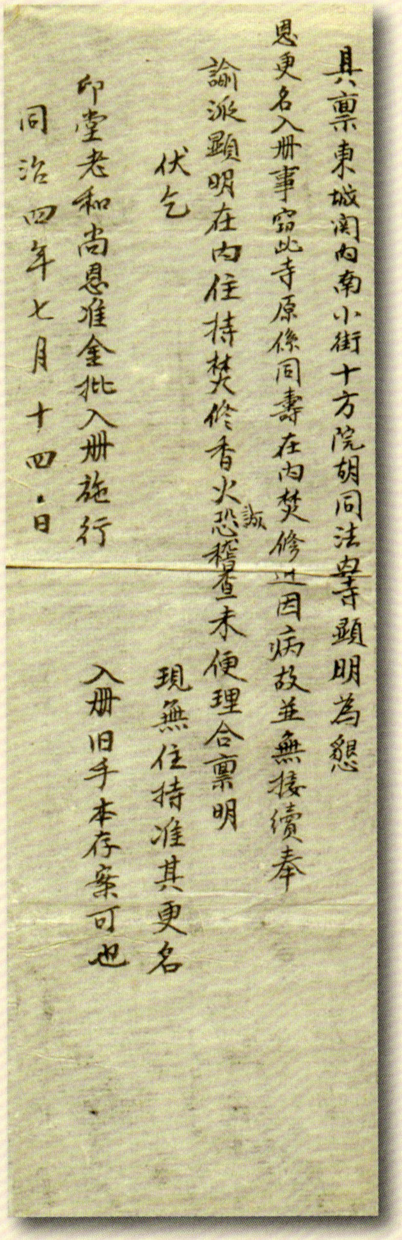

具稟東城閣內南小街十方院胡同法華寺顯明為懇
恩更名入冊事竊此寺原係同壽在內焚修近因病故並無接續奉
諭派顯明在內住持焚修香火誠恐稽查未便理合稟明
伏乞
印堂老和尚恩准金批入冊施行
同治四年七月十四日

現無住持准其更名
入冊旧手本存案可也

【同治四年（一八六五）印堂老和尚恩准法兴寺显明更名入册】（QW—一二五）

具禀东城关内南小街十方院胡同法兴寺显明为恳

恩更名入册事，窃（且）此寺原系同寿在内焚修，近因病故，并无接续，奉

谕派显明在内住持焚修香火。诚恐稽查未便，理合禀明。

伏乞

印堂老和尚恩准金批入册施行。

现无住持准其更名

入册，旧手本存案可也。

同治四年七月十四日

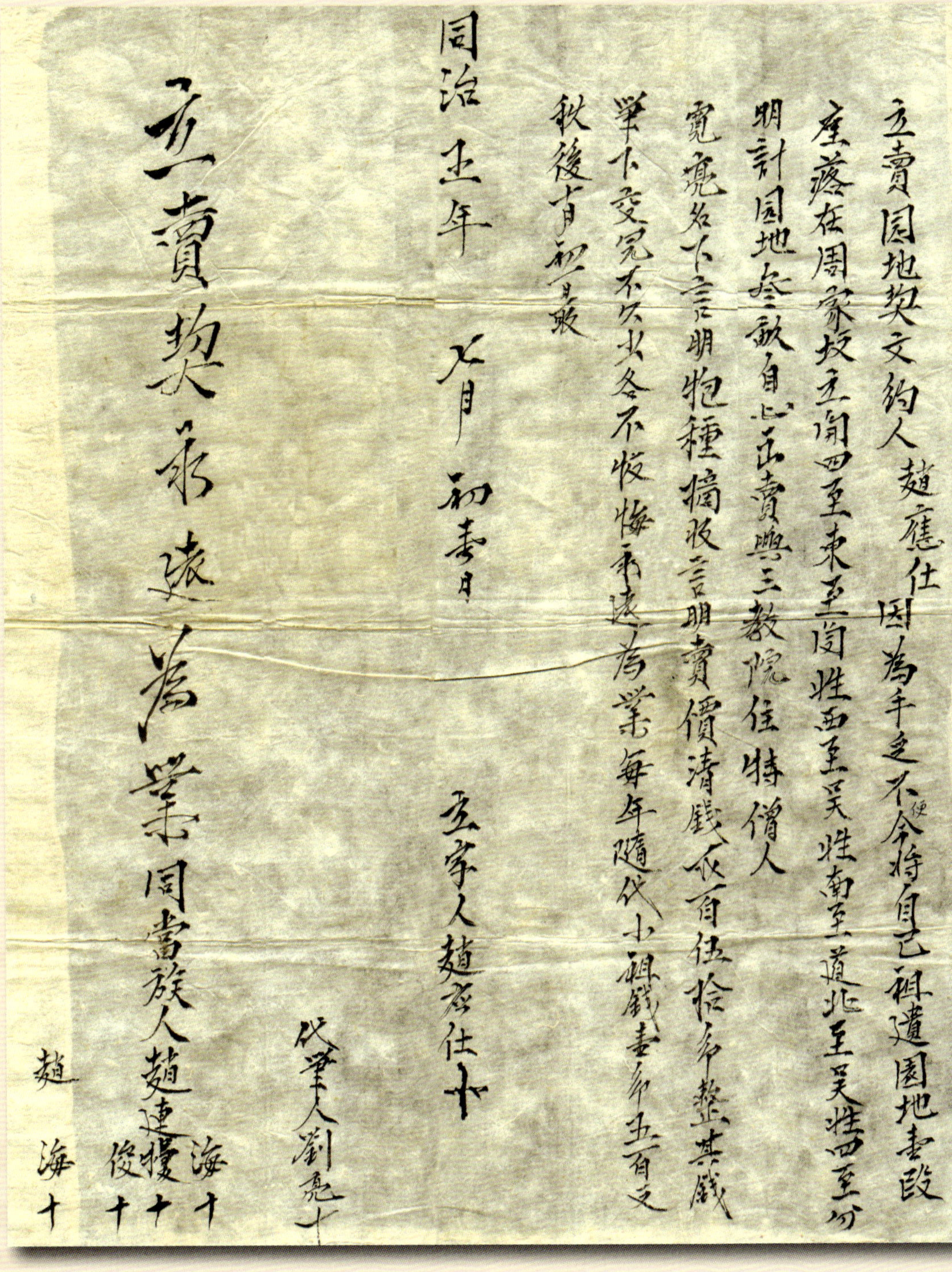
立賣園地契文約人趙德仕 因為手乏不便令將自己祖遺園地壹段
坐落在周家坡立開四至東至閆姓西至吴姓南至道北至吴姓四至分
明計園地叁畝自己出賣與三教院住持僧人
寬亮名下言明抱種摘收言明賣價清錢伍百伍拾弔整其錢
筆下交完不欠各不反悔永遠為業每年隨代小租錢壹弔五百文
秋後十月初一日交
同治五年 七月 初壹日 立字人趙德仕十
代筆人劉亮十
立賣契永遠為業 同當族人趙 海十
趙建樸十
趙 俊十
趙 海十

【同治五年（一八六六）赵应仕立卖园地契】（QW—〇九四）

立卖园地契文约人赵应仕，因为手乏不便，今将自己祖遗园地壹段，座（坐）落在周家坟，立开四至：东至闵姓，西至吴姓，南至道，北至吴姓。四至分明，计园地叁亩，自心出卖与三教院住持僧人宽亮名下。言明刨种摘收，言明卖价清钱贰百伍拾吊整。其钱笔下交完，不欠少。各不恢悔，永远为业。每年随代（带）小租〔一〕钱壹吊五百文，秋后十月初一日取。

同治五年七月初壹日

立字人　赵应仕（押）
代笔人　刘　亮（押）
同当族人　赵连海（押）
赵连捷（押）
赵连俊（押）
赵　海（押）

立卖契永远为业

〔一〕小租：正租以外的额外剥削。种类很多，各地不同。『大租』的对称。有永佃权的土地转租时，佃户向田底业主交的地租称大租，向田面业主交的地租称小租。

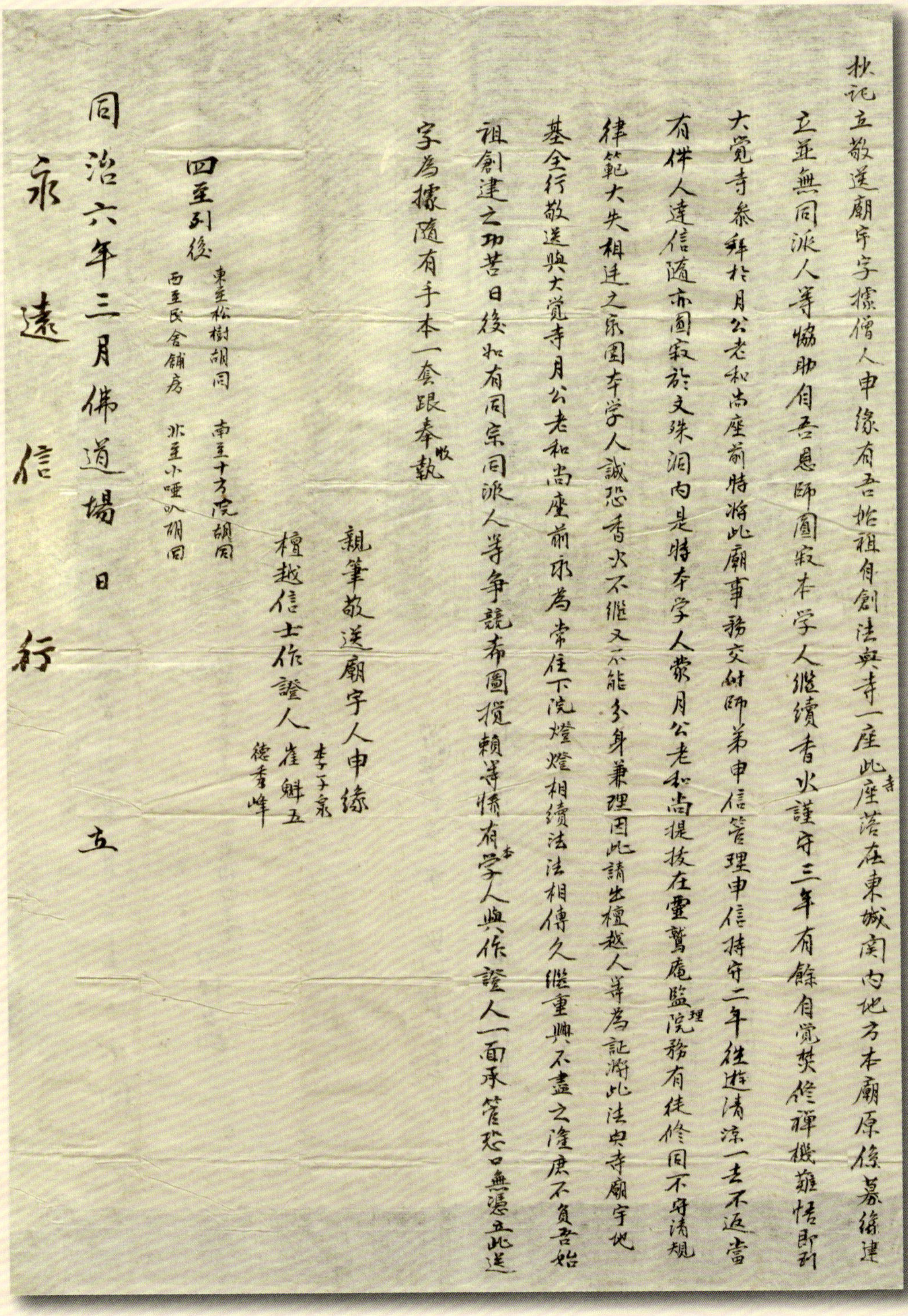

批託

立敬送廟宇字據僧人申緣有吾始祖自創法興寺一座此寺座落在東城內地方本廟原係募緣建

立並無同派人等協助自吾息師圓寂本学人繼續香火謹守三年有餘自覺焚修禪機難悟即到

大覺寺叅拜於月公老和尚座前特將此廟事務交付師弟申信管理申信持守二年往遊清凉一去不返當

有伴人達信隨亦圓寂於文殊洞內是特本学人蒙月公老和尚提拔在靈鷲庵監院理務有徒修因不守清規

律範大失祖廷之系固本学人誠恐香火不繼又不能分身兼理因此請出檀越人等為証將此法興寺廟宇地

基全行敬送與大覺寺月公老和尚座前永為常住下院燈燈相續法法相傳久繼重興不盡之隆庶不負吾始

祖創建之功昔日後如有同宗同派人等爭競希圖攬賴等情有本学人與作證人一面承管恐口無憑立此送

字為據隨有手本一套跟奉收執

四至列後
東至松樹胡同　南至十方院胡同
西至民舍舖房　北至小啞叭胡同

親筆敬送廟宇人申緣

檀越信士作證人　李子泉　崔解五　德秀峰

同治六年三月佛道場　日　立

永遠信行

【抄记　同治六年（一八六七）僧申缘立施舍庙宇据】[一]（QW—一二一）

抄记立敬送庙宇字据僧人申缘，有吾始祖自创法兴寺一座，此寺座落在东城关内地方，本庙原系募缘建立，并无同派人等协助。自吾恩师圆寂，本学人继续香火，谨守三年有余，自觉焚修，禅机难悟。即到大觉寺参拜于月公老和尚座前，时将此庙事务交付师弟申信管理。申信持守二年，往游清凉，一去不返，当有伴人达信随亦圆寂于文殊洞内。是时本学人蒙月公老和尚提拔，在灵鹫庵监理院务，有徒修同，不守清规律范，大失祖廷（庭）之家围。本学人诚恐香火不继，又不能分身兼理，因此请出檀越[二]人等为证，将此法兴寺庙宇地基，全行敬送与大觉寺月公老和尚座前，永为常住下院[三]。灯灯相续，法法相传。久继重兴，不尽之隆，庶不负吾始祖创建之功苦。日后如有同宗同派人等争竞，希图搅赖等情，有本学人与作证人一面承管，恐口无凭，立此送字为据，随有手本一套跟奉收执。

亲笔敬送庙宇人　申　缘

檀越信士作证人　李子泉　崔魁五　德秀峰

四至列后：东至松树胡同，南至十方院胡同，西至民舍铺房，北至小哑叭胡同。

同治六年三月佛道场日立

永　远　信　行

〔一〕　同治六年（一八六七），法兴寺住持申缘监理灵鹫庵院务后，因不能分身监理，故将法兴寺庙宇地基全行敬送与大觉寺月公老和尚座下，永为常住下院。

〔二〕　檀越：佛教用语，指『施主』。即施与僧众衣食，或出资举行法会等之信众。

〔三〕　下院：指的是大寺院的下属庙宇。作为寺庙的下院，在功能上也有差异，并不只是人们常说的落脚和住宿的场所。各个下院的功能往往不是单一的，经常是几种功能的结合。

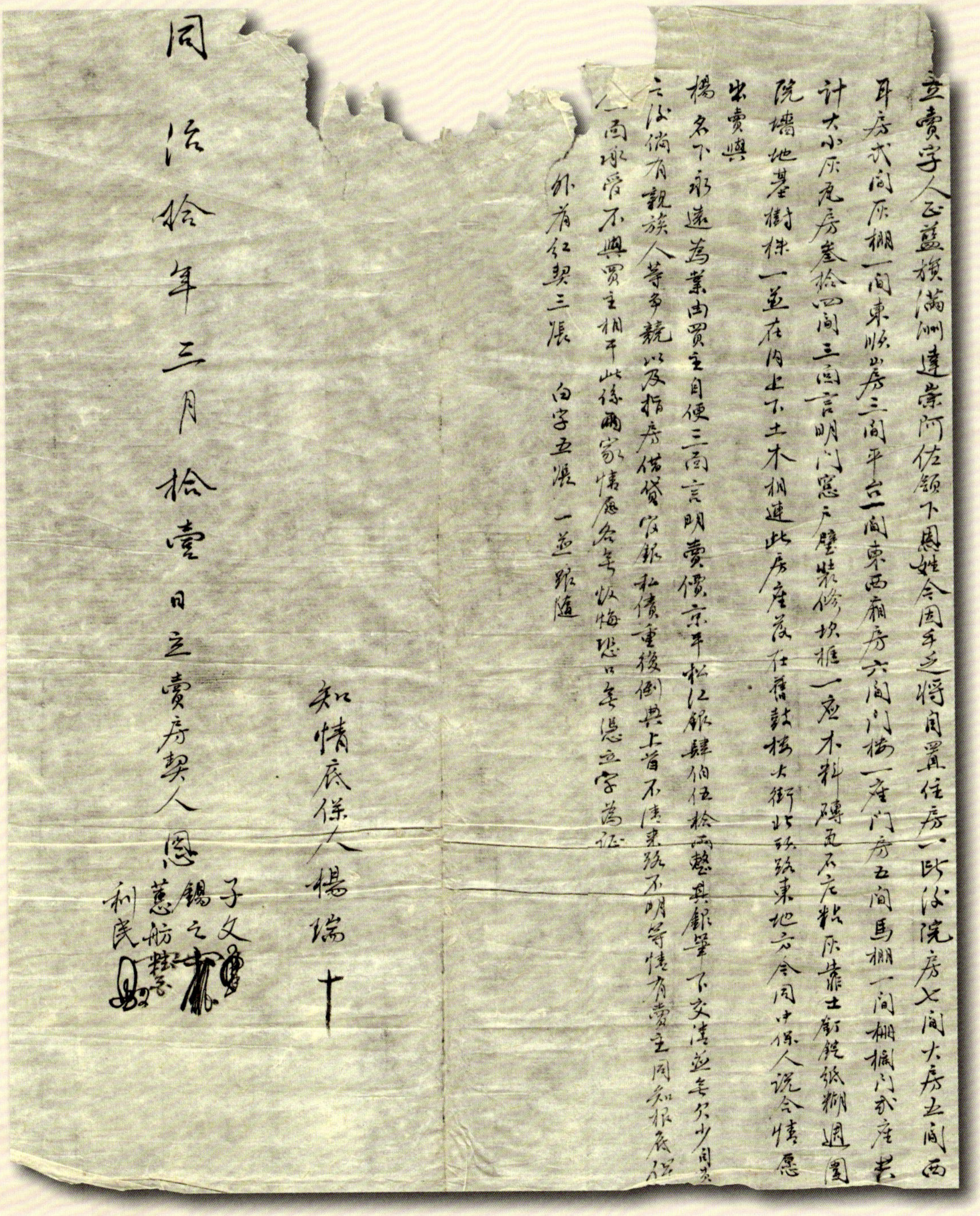
立賣字人正藍旗滿洲達崇阿佐領下恩姓今因手乏將自置住房一所係院房七間大房五間西
耳房貳間灰棚一間東跨房三間平台一間東西廂房六間門樓一座門房五間馬棚一間棚欄門貳座共
計大小灰瓦房叁拾四間三面言明門窗戶壁裝修坎框一應木料磚瓦不存粘灰靠土新糊紙糊週圍
院墻地基樹株一並在內上下土木相連此房座落在舊鼓樓大街北頭路東地方今同中保人說合情愿
出賣與
楊名下永遠為業由買主自便三面言明賣價京平松江銀肆佰伍拾兩整其銀筆下交清並無欠少自賣
之後倘有親族人等爭競以及指房借貸官銀私債重複典當上首不清來路不明等情有賣主同知根底保
人面承管不與買主相干此係兩家情愿各無反悔恐口無憑立字為證
外有紅契三張　白字五張　一並跟隨

知情底保人楊瑞　十

同治拾年三月拾壹日立賣房契人恩　子文　錫之　蕙舫　利民

【同治十年（一八七一）正蓝旗恩姓立卖房契】（QW—〇九五）

立卖字人正蓝旗满洲达崇阿佐领下恩姓，今因手乏，将自置住房一所，后院房七间，大房五间，西耳房贰间，灰棚一间，东顺山房三间，平台一间，东西厢房六间，门楼一座，门房五间，马棚一间，栅栏门贰座，共计大小灰瓦房叁拾四间。三面言明，门窗户壁，装修坎框，一应木料砖瓦，石庀粘灰靠土，钉锭纸糊，周围院墙，地基树株一并在内，上下土木相连，此房座落在旧鼓楼大街北头*路东地方，今同中保人说合，情愿出卖与杨名下永远为业，由买主自便。三面言明，卖价京平松江银肆佰伍拾两整。其银笔下交清，并无欠少。自卖之后倘有亲族人等争竞，以及指房借贷、官银私债、重复倒典、上首不清、来路不明等情，有卖主同知根底保人*一面承管，不与买主相干。此系两家情愿，各无恢悔，恐口无凭，立字为证。外有红契三张、白字五张、一并跟随。

知情底保人　杨　瑞（押）
立卖房契人　恩子文（花押）
恩锡之（花押）
恩蕙舫（花押）
恩利民（花押）

同治拾年三月拾壹日

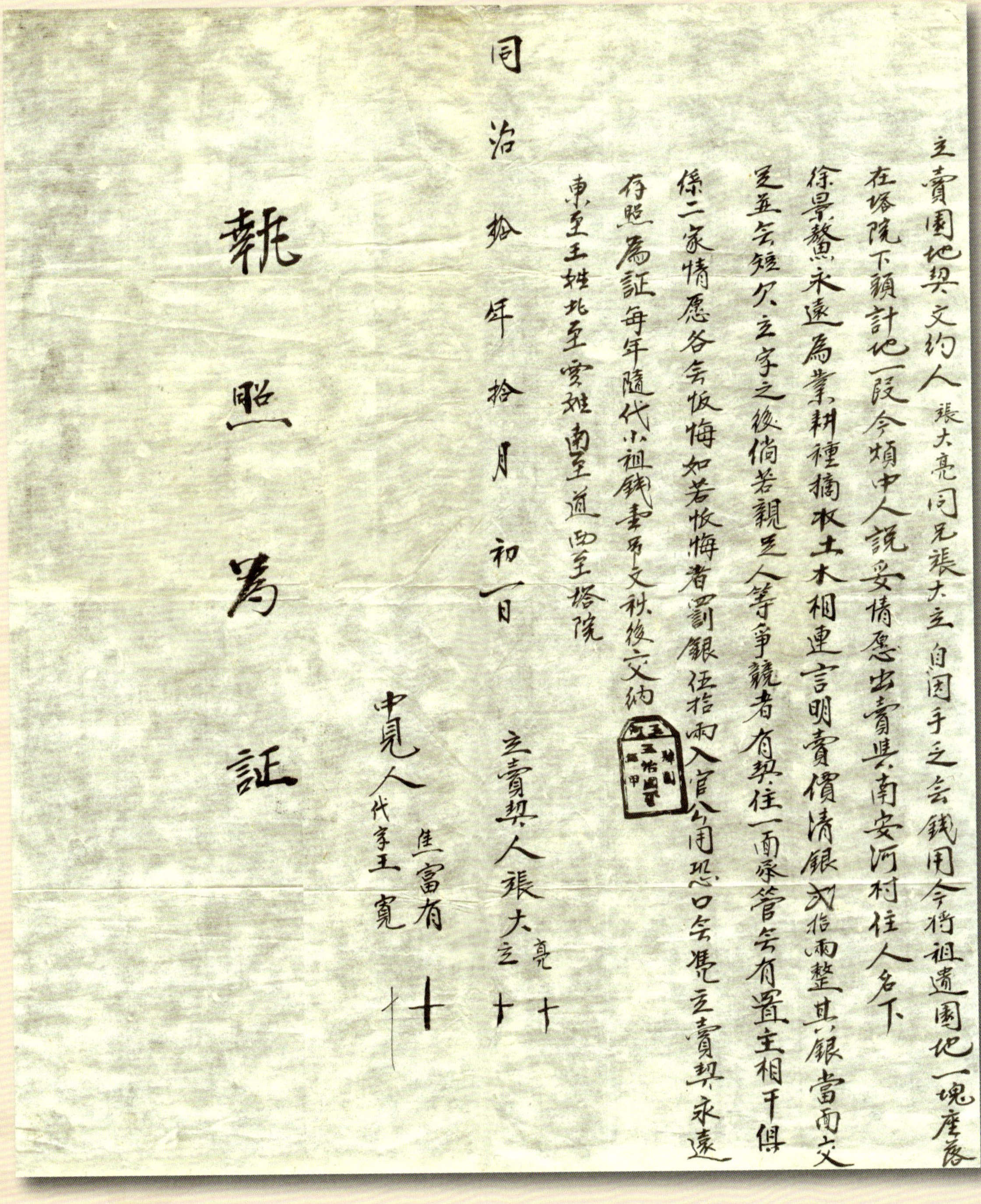
立賣園地契文约人張大亮同兄張大立自因手乏無錢用今將祖遺園地一塊座落
在塔院下頭計地一段今煩中人說妥情愿出賣與南安河村住人名下
徐景鰲永遠為業耕種摘收土木相連言明賣價清銀式拾兩整其銀當面交
足並無短欠立字之後倘若親足人等爭競者有契住一面承管無有買主相干俱
係二家情愿各無反悔如若反悔者罰銀伍拾兩入官公用恐口無憑立賣契永遠
存照為証 每年隨代小祖錢壹吊文秋後交纳
東至王姓 北至雲姓 南至道 西至塔院
同治拾年拾月初一日
立賣契人 張大亮 十 張大立 十
中見人 焦富有 十
代字王寬 十
執照為証

【同治十年（一八七一）张大亮、张大立立卖园地契】（QW—〇九六）

立卖园地契文约人张大亮同兄张大立，自因手乏无钱用，今将祖遗园地一块，座（坐）落在塔院下头，计地一段。今烦中人说妥，情愿出卖与南安河村住人名下徐景鳌永远为业。耕种摘收，土木相连。言明卖价，清银贰拾两整。其银当面交足，并无短欠。立字之后，倘若亲足（族）人等争竞者，有契住（主）一面承管，无有置主相干。俱系三家情愿，各无恢悔，如若恢悔者，罚银伍拾两，入官公用。恐口无凭，立卖契永远存照为证。每年随代（带）小租钱壹吊文，秋后交纳。

东至王姓，北至贾姓，南至道，西至塔院。

同治拾年拾月初一日

立卖契人　张大亮（押）

张大立（押）

中见人　焦富有（押）

代字　王　宽（押）

执照为证

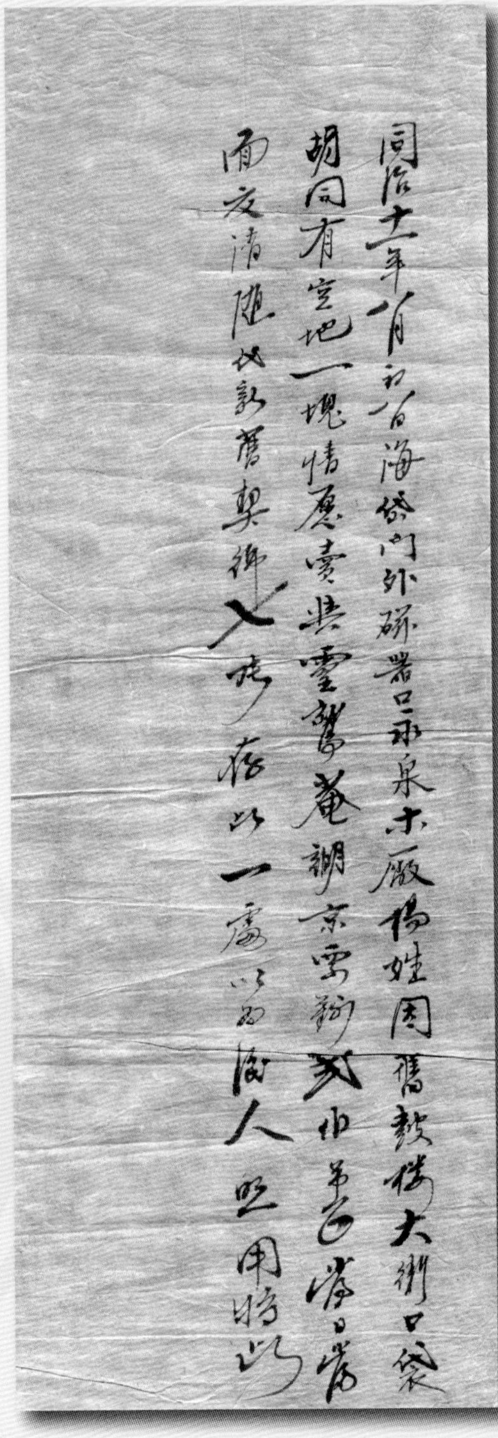
同治十一年八月初八日海岱門外磁器口永泉木廠楊姓園舊鼓樓大街口袋
胡同有空地一塊情願賣與靈鷲庵謝京雲為業弟當日當
面交清隨此故舊契紙一張存此一紙以為後人照用將此

【同治十一年（一八七二）永泉木厂杨姓立卖地契】（QW—一〇七）

同治十一年八月初八日，海岱门[一]外磁器口永泉木厂杨姓，因旧鼓楼大街口袋胡同有空地一块，情愿卖与灵鹫庵，言明京票钱贰佰吊正。当日当面交清。随代（带）新旧契纸七张，存此一处。以为后人照用，特此。

[一] 海岱门：即今崇文门，原名文明门，俗称哈德门、海岱门，是中国北京东南方的一座城门。

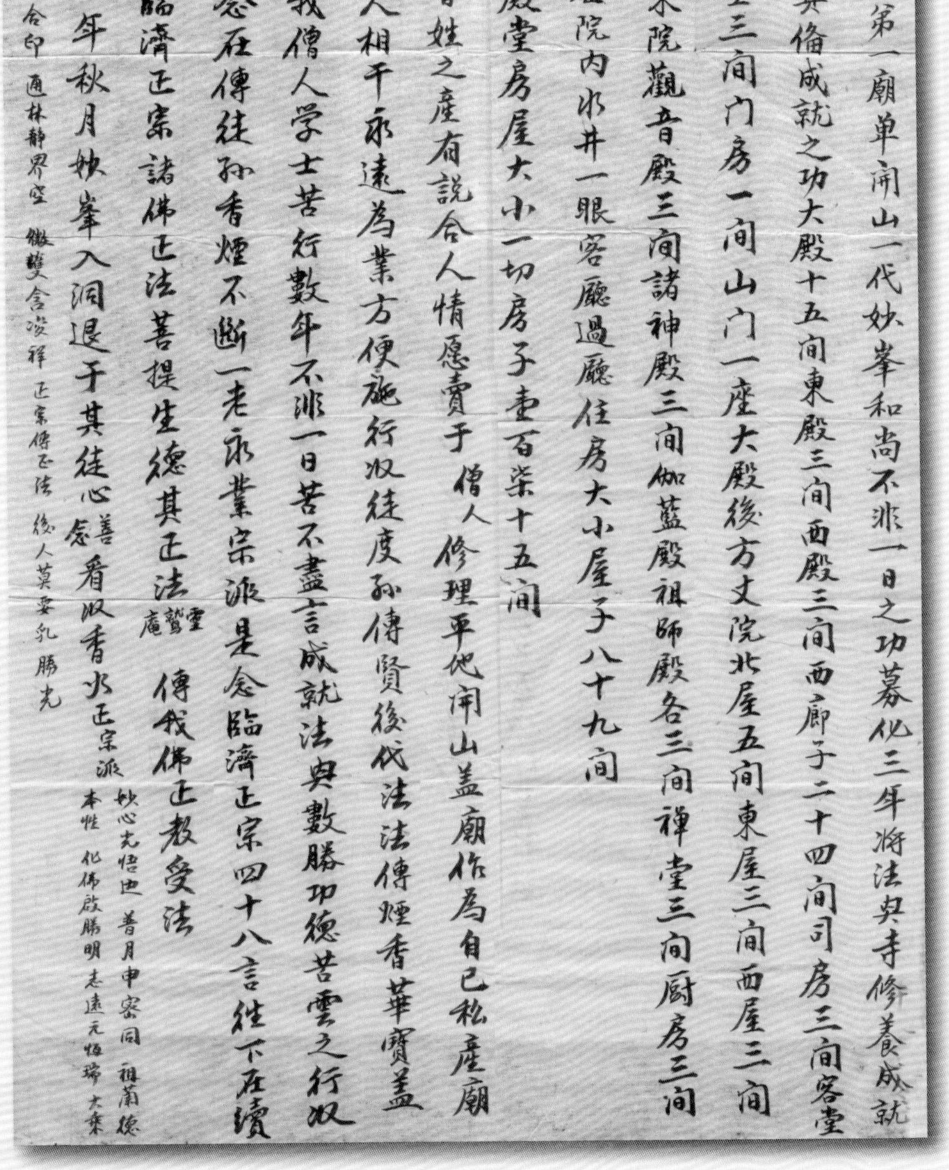
抄記法典寺開山創第一廟單開山一代妙峯和尚不非一日之功募化三年將法典寺修養成就
殿堂房屋其餘成就之功大殿十五間東殿三間西殿三間西廊子二十四間司房三間客堂
三間十方堂三間门房一間山门一座大殿後方丈院北屋五間東屋三間西屋三間
门樓一座東院觀音殿三間諸神殿三間伽藍殿祖師殿各三間禪堂三間厨房三間
護法殿一座院内水井一眼客廳過廳住房大小屋子八十九間
共計寺内殿堂房屋大小一切房子壹百柒十五間
此地愿係曹姓之產有說合人情愿賣于 僧人修理平他開山盖廟作為自己私產廟
宇不於他人相干永遠為業方便施行收徒度孫傳賢後代法法傳煙香華寶盖
永一香火我僧人学士苦行數年不非一日苦不盡言成就法典數勝功德苦雲之行收
徒心善心念在傳徒孫香煙不斷一老永業宗派是念臨濟正宗四十八言往下存續
中门一派臨濟正宗諸佛正法菩提生德其正法雲誓庵 傳我佛正教受法
順治丙辰年秋月妙峯入洞退于其徒心善念看收香火正宗派 妙心先悟也 普月申容同 祖蘭德
慧照燈 斷振方合印 通林靜界空 徽雙含浚祥 正宗傳正法 後人莫要亂勝光 本性 化佛啟勝明 志遠元恆瑞 大乘

【抄记　法兴寺开山创第一庙】〔一〕（QW—一一八）

抄记法兴寺开山创第一庙，单开山一代妙峰和尚不非一日之功，募化三年，将法兴寺修养成就，殿堂房屋其备成就之功。大殿十五间，东殿三间，西殿三间，西廊子二十四间，司房三间，客堂三间，十方堂三间，门房一间，山门一座。大殿后方丈院北屋五间，东屋三间，西屋三间，门楼一座。东院观音殿三间，诸神殿三间，伽蓝殿、祖师殿各三间，禅堂三间，厨房三间，护法殿一座，院内水井一眼，客厅、过厅、住房大小屋子八十九间，

共计寺内殿堂、房屋、大小一切房子壹百柒十五间。

此地愿（原）系曹姓之产，有说合人情愿卖于僧人，修理平地，开山盖庙，作为自己私产。庙宇不于他人相干，永远为业。方便施行，收徒度孙，传贤后代，法法传烟，香华宝盖，永一香火。我僧人学士，苦行数年，不非一日，苦不尽言，成就法兴，数胜功德，苦云之行，收徒心善、心念，在传徒孙，香烟不断，一老永业。宗派是念，临济正宗，四十八言，往下在续，中门一派，临济正宗，诸佛正法，菩提生德。其正法灵鹫庵，传我佛正教，受法顺治丙辰（申）年秋月，妙峰入洞退于其徒心善、心念看收香火。正宗派妙心光悟边，普月申密同，祖兰德本性，化佛启胜明，志远元恒瑞，大乘慧照灯，断振方合印，通林静界空，微护含浚祥，正宗传正法，后人莫要乳胜光。

〔一〕此件契文据作者掌握的资料，疑应为清同治年间抄件。

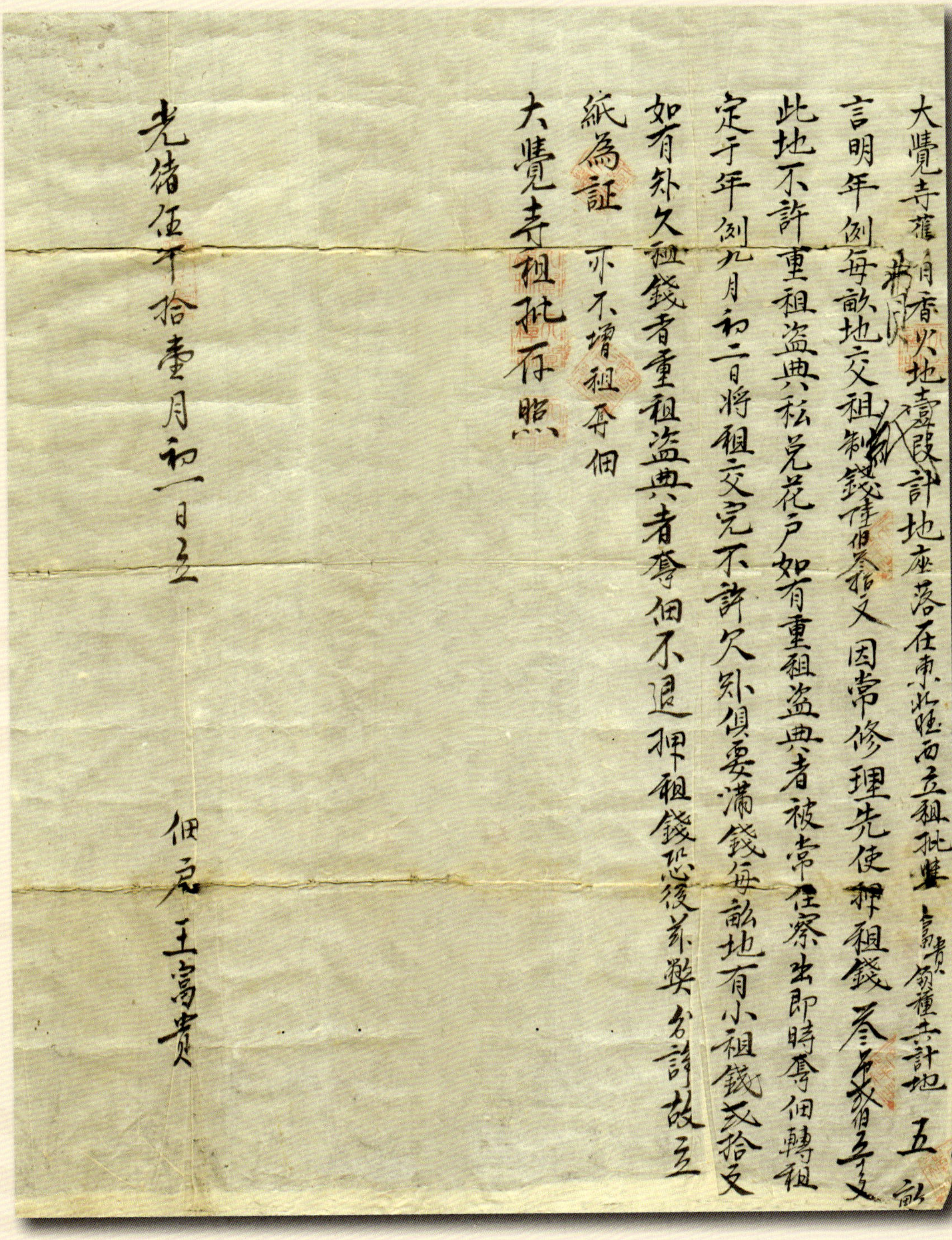
大覺寺舊有香火地壹段，計地座落在東小北塢西，立租批人王富貴領種，共計地五畝，
言明年例每畝地交租制錢叁佰叁拾文，因常修理先使押租錢叁吊叁佰文，
此地不許重租盜典私兑花户，如有重租盜典者，被常住察出，即時奪佃轉租。
定于年例九月初二日將租交完，不許欠外，俱要滿錢，每畝地有小租錢貳拾文。
如有外欠租錢者、重租盜典者，奪佃不退押租錢，恐後無憑，立
紙為証。亦不增租奪佃
大覺寺租批存照
光緒伍年拾壹月初一日立
佃户 王富貴

【光绪五年（一八七九）大觉寺与佃户王富贵立租批】（QW—〇九七）

大觉寺旧有香火地壹段计，地座落在东北旺西，立租批与王*富贵领种，共计地五亩。

费纸

言明年例，每亩地交租制钱[一]陆佰叁拾文。因常〈住〉修理先使押租钱叁吊贰佰五十文，此地不许重租盗典，私兑花户[二]。如有重租盗典者，被常住察出，即时夺佃转租。定于年例九月初二日将租交完，不许欠短，俱要满钱。每亩地有小租钱贰拾文，如有短欠租钱者，重租盗典者，夺佃，不退押租钱。恐后兹（滋）弊分（纷）诤，故立纸为证，亦不增租夺佃。

大觉寺租批存照

光绪伍年拾壹月初一日立

佃户　王富贵

[一] 制钱：明清两代称由本朝铸造通行的铜钱。

[二] 花户：因某种需要而编制的户口册统称花名册。其户则称花户。

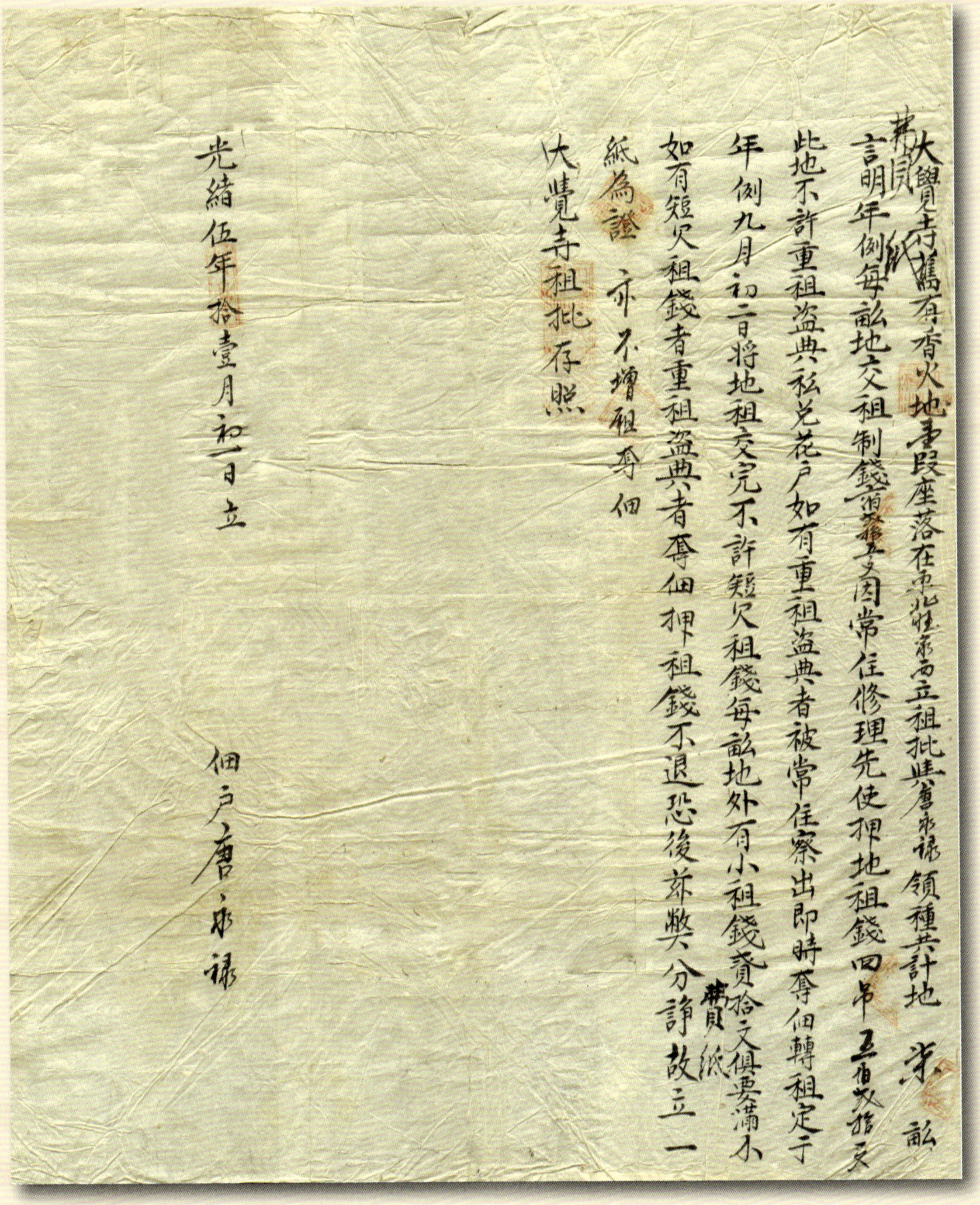

大覺寺舊有香火地壹段座落在東北莊東南立租批與唐永禄領種共計地 半 畝
言明年例每畝地交租制錢壹佰叁拾五文因常住修理先使押地租錢四吊五佰玖拾文
此地不許重租盗典私兑花户如有重租盗典者被常住察出即時奪佃轉租定于
年例九月初二日將地租交完不許短欠租錢每畝地外有小租錢貳拾文俱要滿不
如有短欠租錢者重租盗典者奪佃押租錢不退恐後苏弊分諍故立一
紙為證　亦不增租奪佃
大覺寺租批存照

光緒伍年拾壹月初一日立

佃户唐永禄

【光绪五年（一八七九）大觉寺与佃户唐永禄立租批】（QW—〇九八）

大觉寺旧有香火地壹段，座落在东北旺家西，立租批与唐永禄领种，共计地柒亩。

费纸

言明年例，每亩地交租制钱六佰贰拾五文，因常住修理先使押地租钱四吊五佰贰拾文。此地不许重租盗典，私兑花户。如有重租盗典者，被常住察出，即时夺佃转租，定于年例九月初二日将地租交完，不许短欠租钱，每亩地外有小租钱贰拾文，俱要满钱。如有短欠租钱者，重租盗典者，夺佃，押租钱不退。恐后兹（滋）弊分（纷）诤（争），故立一纸为证。亦不增租夺佃。

佃户　唐永禄

大觉寺租批存照

光绪伍年拾壹月初一日立

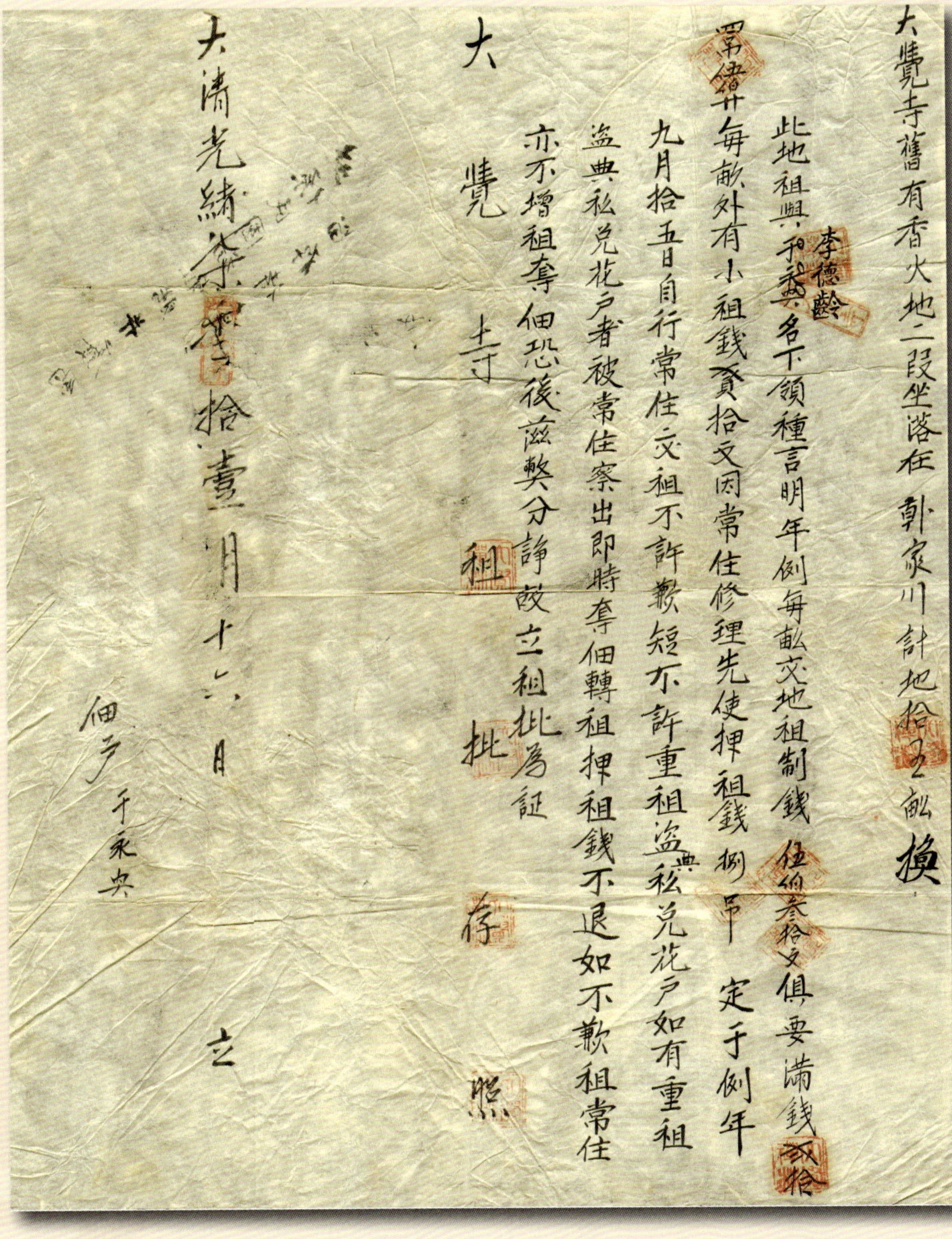
大覺寺舊有香火地二段坐落在　郭家川計地拾五畝　換

此地租與李德齡名下領種言明年例每畝交地租制錢　伍佰叁拾文俱要滿錢貳拾

吊整并每畝外有小租錢貳拾文因常住修理先使押租錢捌吊　定于例年

九月拾五日自行常住交租不許欠短不許重租盜典私兑花户如有重租

盜典私兑花户者被常住察出即時奪佃轉租押租錢不退如不欠租常住

亦不增租奪佃恐後滋弊分諍故立租批爲証

大覺寺　租　批　存　照

大清光緒□□年拾壹月十六日　立

佃户　于永安

【光绪七年（一八八一）大觉寺与佃户李德龄、于永兴立租批】

（QW—一〇〇）

大觉寺旧有香火地二段，坐落在韩家川，计地拾五亩。换此地租与李德龄、于永兴名下领种。言明年例，每亩交地租制钱伍佰叁拾文，俱要满钱贰拾四吊伍佰廿，每亩外有小租钱贰拾文，因常住修理先使押租钱捌吊，定于例年九月拾五日自行常住交租。不许歉短，不许重租盗典，私兑花户。如有重租盗典、私兑花户者，被常住察出，即时夺佃转租，押租钱不退。如不歉租，常住亦不增租夺佃。恐后滋弊分（纷）诤，故立租批为证。

大觉寺租批存照

大清光绪柒年拾壹月十六日立

佃户　于永兴

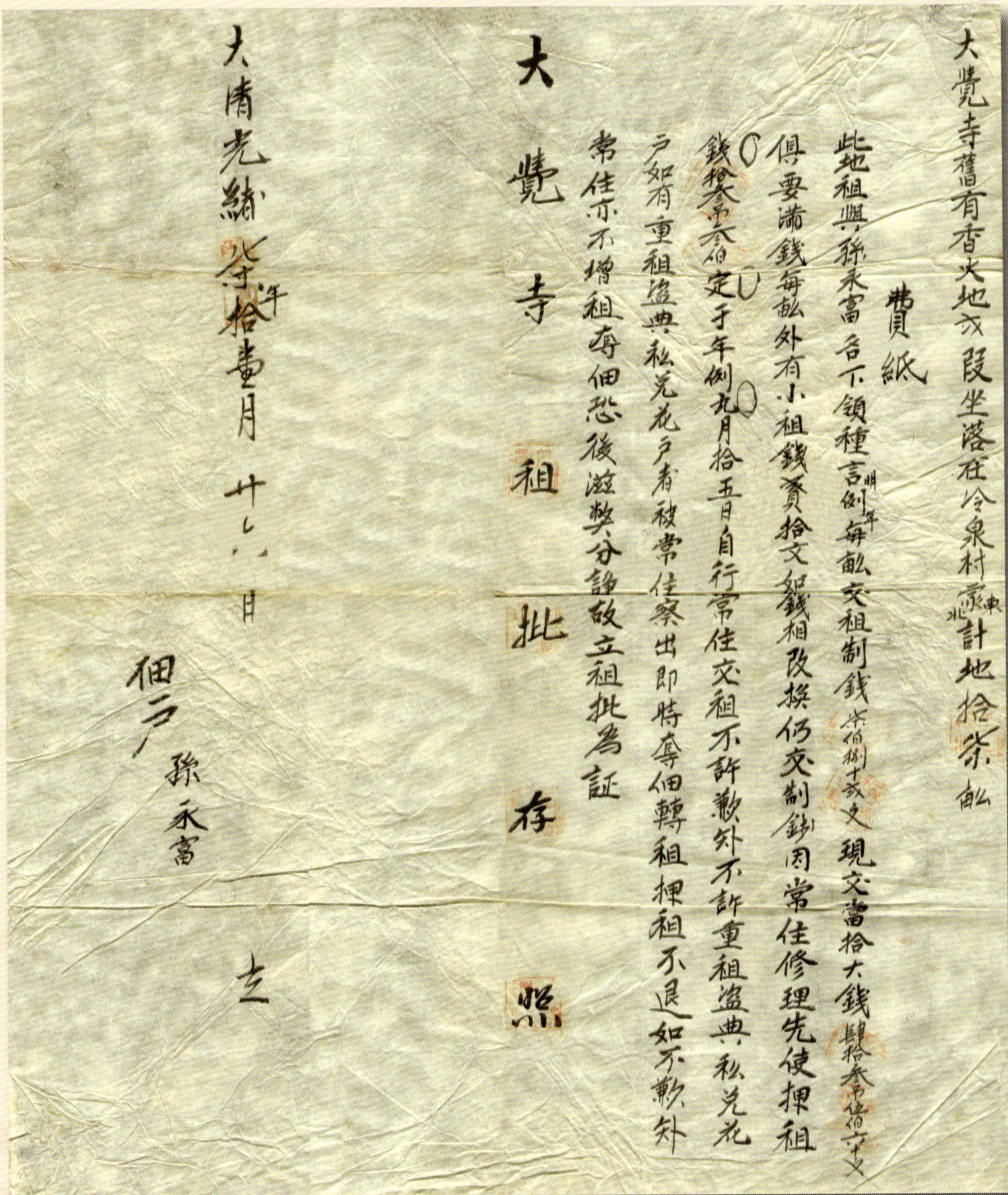
大覺寺舊有香火地弍段坐落在冷泉村東北計地拾柒畝

費紙

此地租與孫永富名下領種言明每年每畝交租制錢柒佰捌拾文　現交當拾大錢肆拾叁吊伍佰陸拾文

但要滿錢每畝外有小租錢貳拾文　如錢相改換仍交制錢　因常住修理先使押租

錢拾叁吊叁佰　定于年例九月拾五日自行常住交租不許欠外不許重租盜典私兑花

戶如有重租盜典私兑花戶者被常住察出即將奪佃轉租押租不退如不欠外

常住亦不增租奪佃恐後滋弊分爭故立租批為証

大覺寺　租批存照

大清光緒貳拾年拾壹月廿八日　立

佃戶　孫永富

【光绪七年（一八八一）大觉寺与佃户孙永富立租批】（QW—〇九九）

大觉寺旧有香火地贰段，坐落在冷泉村家东、北。计地拾柒亩，

费纸

此地租与孙永富名下领种，言明例年每亩交租制钱柒佰捌十贰文，现交当拾大钱肆拾叁吊伍佰

六十文，

俱要满钱，每亩外有小租钱贰拾文。如钱相改换，仍交制钱。因常住修理先使押租

钱拾叁吊叁佰。定于年例九月拾五日自行常住交租。不许歉短，不许重租盗典，私兑花

户。如有重租盗典、私兑花户者，被常住察出，即时夺佃转租，押租不退。如不歉短，

常住亦不增租夺佃。恐后滋弊分（纷）诤，故立租批为证。

佃户　孙永富

大觉寺租批存照

大清光绪柒年拾壹月廿六日立

立換地字文約人鄧文亮今有自置民地壹段計地拾捌畝此地坐落在
後厰村東南至溝北至道東至鄧姓西至王姓四至分明今托中人說合情愿換與
大覺寺永遠為業仝中原換大覺寺香火地壹段計地拾伍畝半此地坐
落在後厰村北南至道北至溝東至大道西至香火地四至分明自換已後蓋房
打井安營由其鄧姓自便不與常住相干鄧姓長地貳畝半當年與常
住照數認租此係兩家情愿並無反悔恐後無憑故立對換字永遠
為証

中保說合人范廷志十

大清光緒捌年三月初壹日立換字人鄧文亮親筆

【光绪八年（一八八二）邓文亮立换地契】（QW—一〇一）

立换地字文约人邓文亮，今有自置民地壹段，计地拾捌亩。此地坐落在后厂村东，南至沟，北至道，东至邓姓，西至王姓，四至分明。今托中人说合，情愿换与大觉寺永远为业。同中原（愿）换大觉寺香火地壹段，计地拾伍亩半，此地坐落在后厂村北，南至道，北至沟，东至大道，西至香火地，四至分明。自换已后盖房、打井、安营，由其邓姓自便，不与常住相干。邓姓长地贰亩半，当年与常住照数认租。此系两家情愿，并无反悔。恐后无凭，故立对换字永远为证。

中保说合人　范廷志（押）

大清光绪捌年三月初壹日

立换字人　邓文亮亲笔

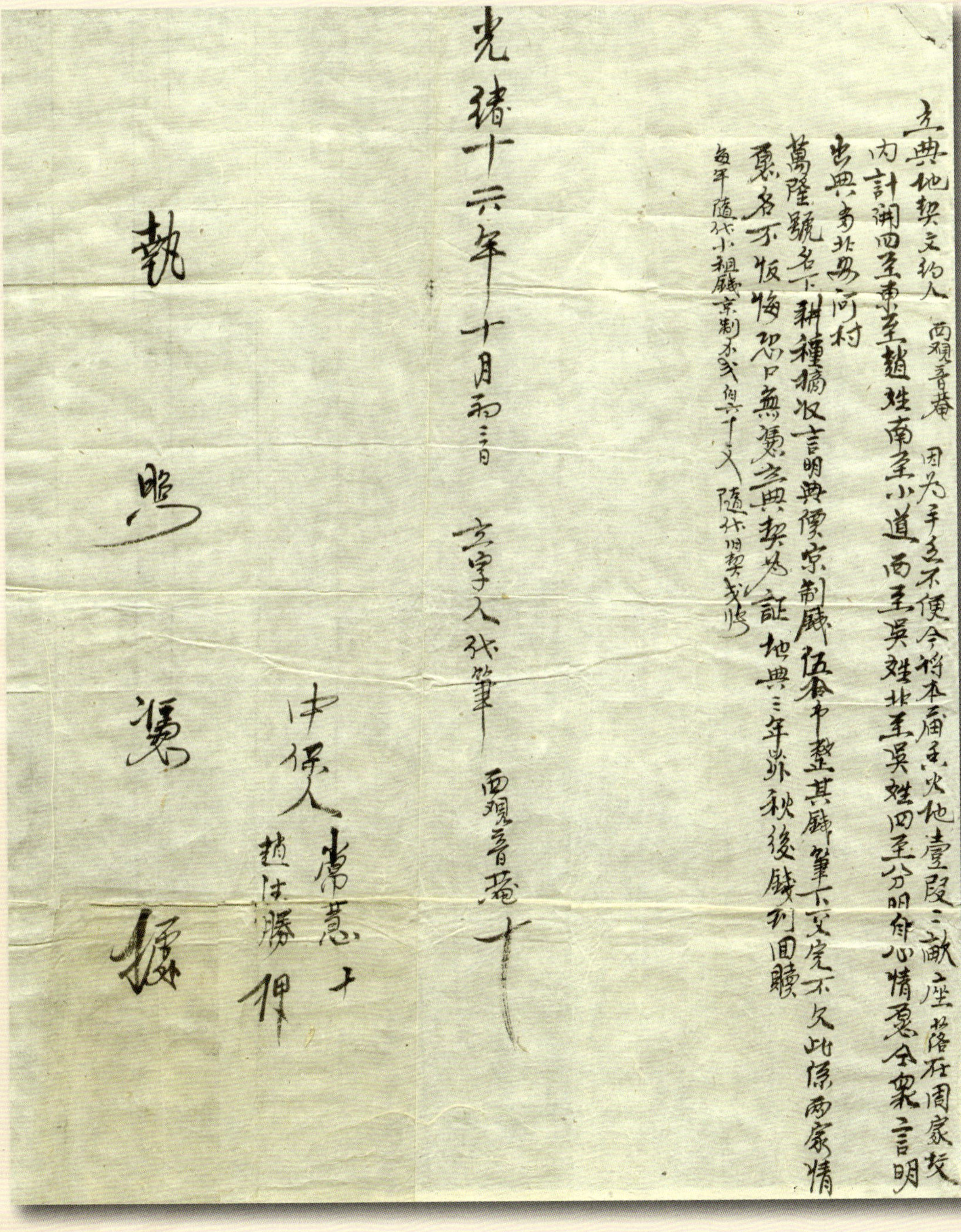
立典地契文約人西觀音庵，因為手乏不便，今將本廟香火地壹段三畝，坐落在周家坟內，計開四至：東至趙姓，南至小道，西至吳姓，北至吳姓，四至分明。併心情愿，全眾言明出典與南北安河村萬隆號名下耕種播收，言明典價京制錢伍拾吊整，其錢筆下交完不欠。此係兩家情愿，各不反悔，恐口無憑，立典契為証。地典三年以外，秋後錢到回贖。

每年隨代小租錢京制錢式佰六十文，隨代舊契式張。

光緒十六年十月初三日　　立字人代筆　西觀音庵

中保人　常惠
　　　　趙法勝

執照憑據

【光绪十六年（一八九〇）西观音庵立典香火地契】（QW—一〇四）

立典地契文约人西观音庵，因为手乏不便，今将本庙香火地壹段二亩，座落在周家坟内，计开四至，东至赵姓，南至小道，西至吴姓，北至吴姓，四至分明。自心情愿，同众言明，出典与北安河村

万隆号名下耕种摘收。言明典价，京制钱伍拾吊整。其钱笔下交完，不欠。此系两家情愿，各不恢悔。恐口无凭，立典契为证。地典三年以外，秋后钱到回赎，

每年随代（带）小租钱，京制钱贰佰六十文，随代（带）旧契贰张。

光绪十六年十月初三日

立字人代笔　西观音庵（押）

中保人　常　慧（押）

赵德胜（押）

执照凭据

立倒佃户文约人李和晏，今因手乏，本身大觉寺佃户地一段，计地
捌亩两幅，座落在郭家川村北，东至刘姓，西至香火，南沟，北至
香火，四至分明。今仝中人说合，情愿倒与
陈文祥名下认佃交租，永远为业。言明倒价京平松银壹佰
壹拾伍两整，其银笔下交足，并不欠少。言明每年九月初一日
交大觉寺租价当十钱玖吊。自倒以后，如有亲族人等争论者，
有李和中保人一面承管。此系两家情愿，各无悔恨，恐口无凭，
立倒字为証。

中保人李海 X

立字人李和 十 晏 十

代字人王永凤[illegible]

大清光绪拾捌年十月十七日

实倒

【光绪十八年（一八九二）李和、李晏立倒佃户地契】（QW—一〇二）

立倒佃户文约人李和、李晏，今因手乏，本身大觉寺佃户地一段，计地捌亩两辐，座落在韩家川村北。东至刘姓，西〈至〉本香火，南〈至〉沟，北至香火，四至分明。今同中人说合，情愿倒与陈文祥名下，认佃交租，永远为业。言明倒价，京平松银壹佰壹拾伍两整。其银笔下交足，并不欠少。言明每年九月初一日交大觉寺租价当十钱玖吊。自倒以后，如有亲族人等争论者，有李和、中保人一面承管。此系两家情愿，各无悔恢。恐口无凭，立倒字为证。

大清光绪拾捌年十月十六日

实 倒

中保人 李 海（押）
立字人 李 和（押）
李 晏（押）
代字人 王永风（花押）

禪堂規條開列於左

一破四條根本大戒者重罰出堂

一上殿過堂出入高聲語笑不隨衆者重罰出堂

一吵鬧是非擾群亂衆犯者重罰出堂

一交手相打口出是非相罵不成儀犯者重罰出堂

一出入不白職事放意舒散無事出門犯者重罰出堂

一私竄寮房談論別人口舌是非犯者重罰

一行香坐香交頭接耳犯者重罰

一跑香坐香靜香板抗香板犯者重罰

一輪流監香以公報私下香板者違重罰

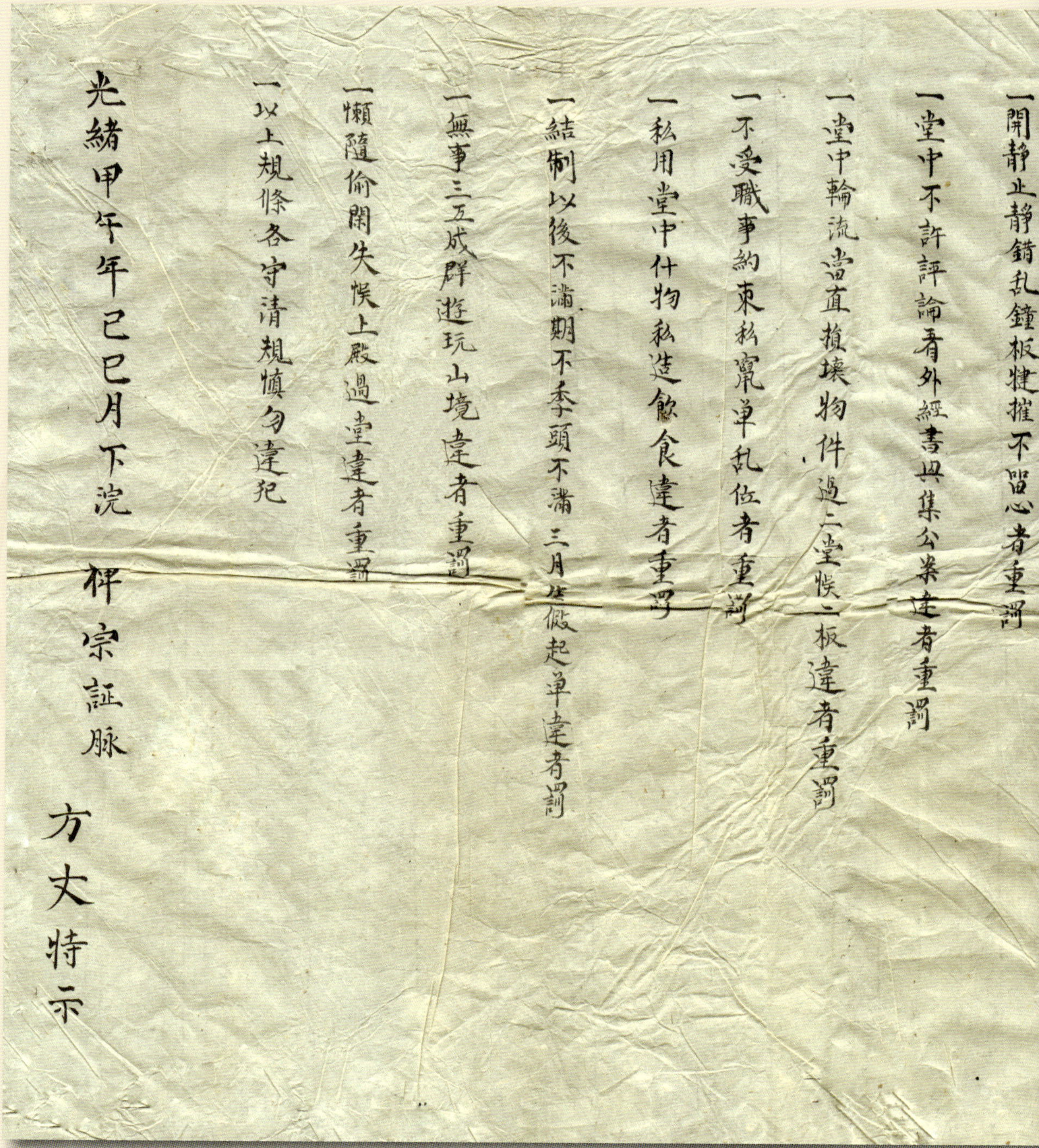
一開靜止靜錯乱鐘板犍搥不留心者重罰
一堂中不許評論看外經書與集公衆違者重罰
一堂中輪流當直損壞物件過二堂悮二板違者重罰
一不受職事約束私竄单乱位者重罰
一私用堂中什物私造飲食違者重罰
一結制以後不滿期不季頭不滿三月告假起单違者罰
一無事三五成群遊玩山境違者重罰
一懶隨偷閑失悮上殿過堂違者重罰
一以上規條各守清規慎勿違犯
光緒甲午年己巳月下浣　禅宗証脉
方丈特示

【光绪甲午年（一八九四）己巳月禅堂规条】（QW—一二七）

禅堂规条开列于左。

一破四条根本大戒者，重罚出堂。

一上殿过堂出入高声语，笑不随众，违者重罚出堂。

一咷咬是非搅群乱众，犯者重罚出堂。

一交手相打，口舌是非相骂不威仪，犯者重罚出堂。

一出入不白职事，放意舒散，无事出门，犯者重罚出堂。

一私窜寮房谈论别人口舌是非，犯者重罚。

一行香坐香交头接耳，犯者重罚。

一跑香坐香睁香板抗香板，犯者重罚。

一轮流监香以公报私下香板者，违者重罚。

一凡坐香不抱说头，三香板不下单，违者重者重罚。

一送香报换不清楚者，重罚。

一开静止静错乱，钟板犍摧（椎）不留心者，重罚。

一堂中不许评论看外经书典集公案，违者重罚。

一堂中轮流当直（值）损坏物件过二堂误二板，违者重罚。

一不受职事约束，私窜单乱位者，重罚。

一私用堂中什物私造饮食，违者重罚。

一结制以后不满期不季头，不满三月告*假起单，违者罚。

一无事三五成群游玩山境，违者重罚。

一懒随（惰）偷闲失误上殿过堂，违者重罚。

一以上规条各守清规慎勿违犯。

光绪甲午年己巳月下浣〔一〕　禅宗证脉

方丈特示

〔一〕下浣：唐代定制，官吏十天一次休息、沐浴，每月分为上浣、中浣、下浣，后来借做上旬、中旬、下旬的别称。

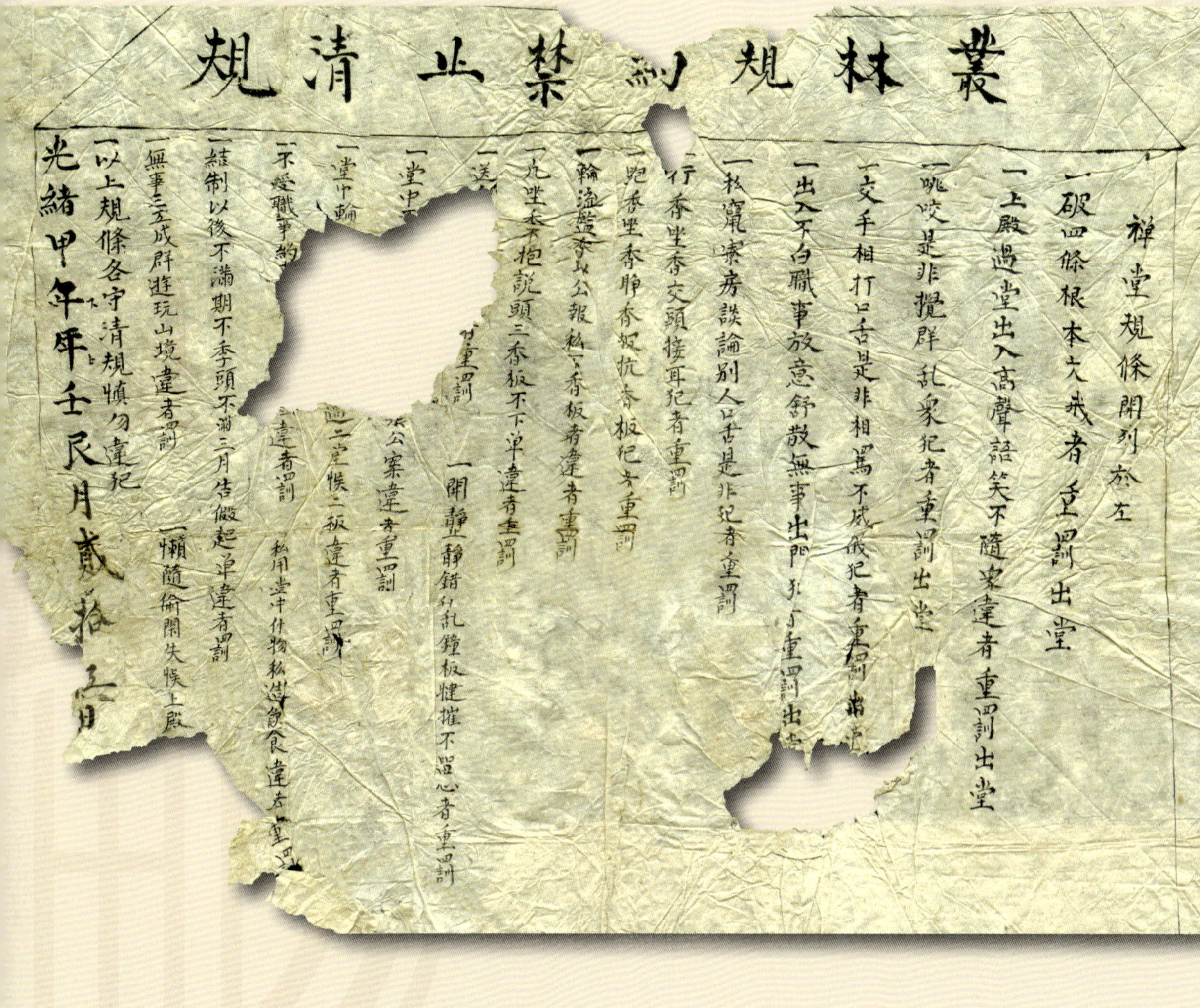

叢林規約禁止清規

禪堂規條開列於左

一破四條根本大戒者重罰出堂

一上殿過堂出入高聲語笑不隨眾違者重罰出堂

一嘵咬是非攪群亂眾犯者重罰出堂

一文手相打口舌是非相罵不威儀犯者重罰出堂

一出入不白職事放意舒散無事出門犯者重罰出堂

一私竄寮房談論別人口舌是非犯者重罰

一行香坐香交頭接耳犯者重罰

一跑香坐香睁香奴抗香板犯者重罰

一輪流監香以公報私下香板者違者重罰

一九坐香不抱說頭三香板不下單違者重罰

一送……者重罰

一堂中……公案違者重罰

一堂中輪……過二堂帳二板違者重罰

一不受職事約……違者罰

私用堂中什物私造飲食違者重罰

一開靜止靜錯亂鐘板犍搥不留心者重罰

一結制以後不滿期不季頭不滿三月告假起單違者罰

一無事三五成群遊玩山境違者罰

一懶隨偷閑失帳上殿

一以上規條各宜清規慎勿違犯

光緒甲午年平壬辰月貳拾三日

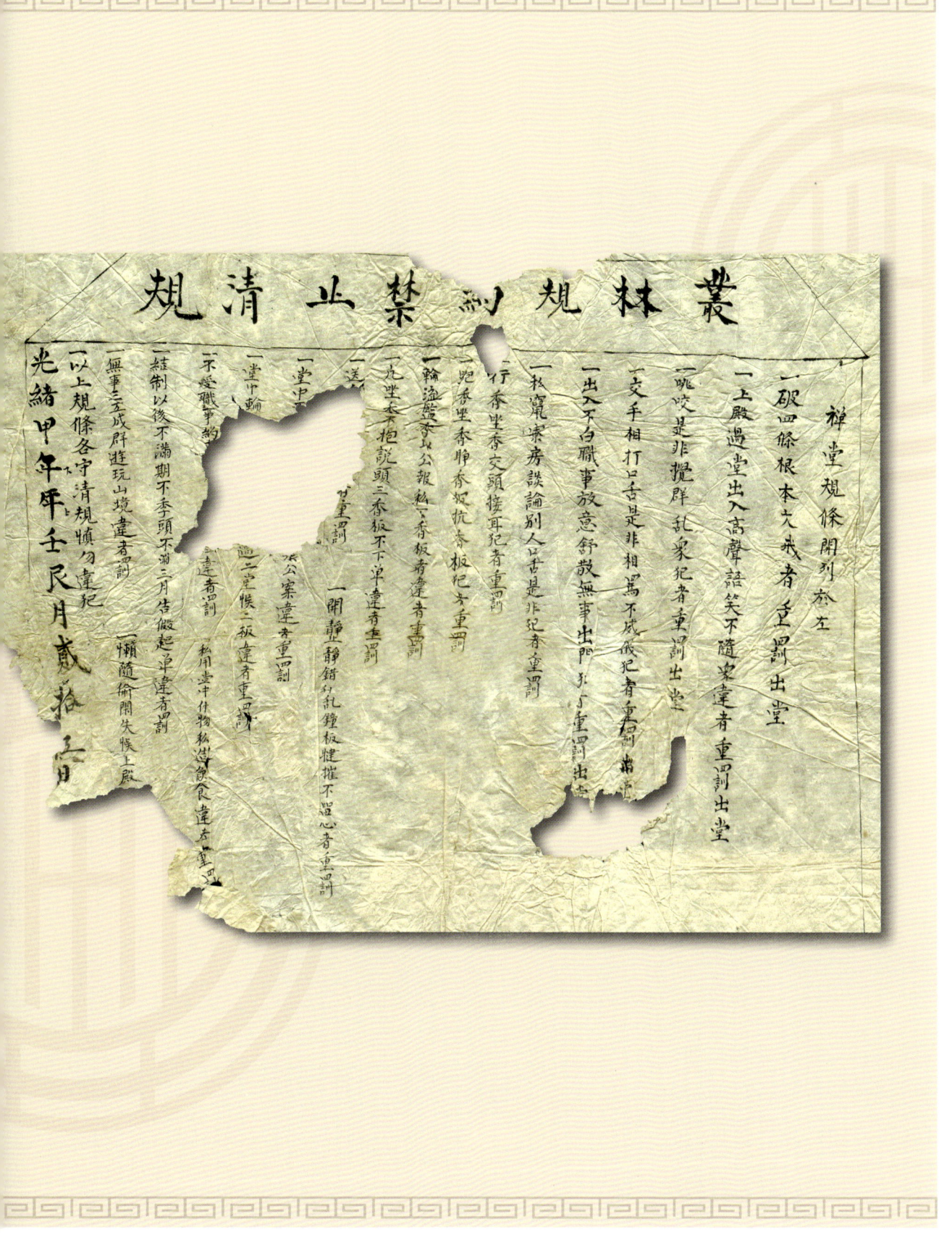

【光绪甲午年（一八九四）壬申月从林规约禁止清规】（QW—一二六）

从林规约禁止清规

禅堂规条开列于左。
一破四条根本大戒者，重罚出堂。
一上殿过堂出入高声语，笑不随众，违者重罚出堂。
一咷咬是非，搅群乱众，犯者重罚出堂。
一交手相打，口舌是非相骂不威仪，犯者重罚出堂*。
一出入不白职事，放意舒散，无事出门，犯*者*重罚出堂*。
一私窜寮房〔一〕谈论别人口舌是非，犯者重罚。
一行香坐香交头接耳，犯者重罚。
一跑香坐香睁香板抗香板，犯者重罚。
一轮流监香以公报私下香板者，违者重罚。
一凡坐香不抱说头，三香板不下单，违者重罚。
一送［缺］重罚。一开静止静错乱，钟板犍摧（椎）不留心者，重罚。
一堂中［缺］公案，违者重罚。
一堂中轮［缺］过*二堂误二板，违者重罚。
一不受职事约［缺］违者罚。一私用堂中什物私造饮食，违者*重罚。
一结制〔二〕以后，不满期不季头，不满三月告假起单，违者罚。
一无事三五成群游玩山境，违者罚。一懒随（惰）偷闲失误上殿［缺］
一以上规条各守清规，慎勿违犯。
光绪甲午年壬辰（申）〔三〕月贰拾五日

〔一〕寮房：寺院里僧人的住房。
〔二〕结制：佛教僧尼自农历四月十五日起静居寺院九十日，不出门行动，谓之『结夏』，又称结制。
〔三〕光绪甲午年没有壬辰月，疑为壬申月。

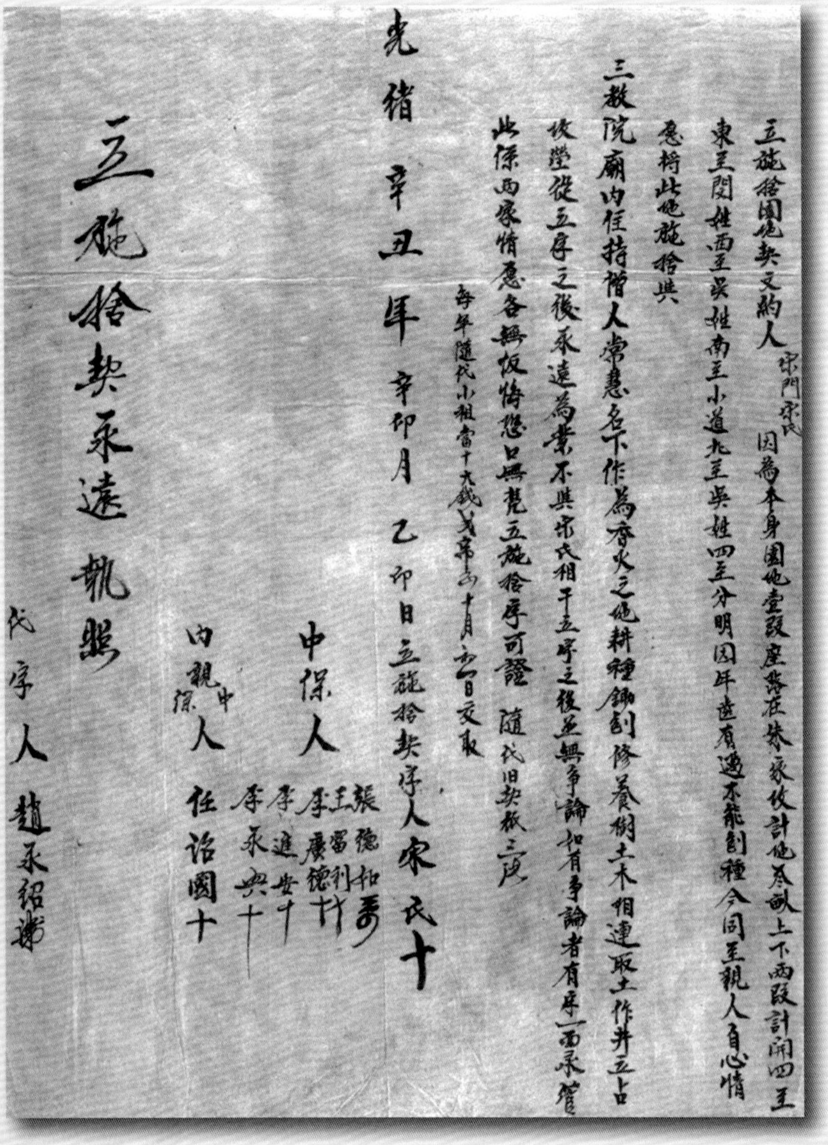
立施捨園地契文約人宋門宋氏，因為本身園地壹段，座落在蔡家坟，計地叁畝，上下兩段，計開四至：
東至閔姓，西至吳姓，南至小道，北至吳姓，四至分明。因年遠有邊不能創種，今同至親人自心情
愿將此地施捨與
三教院廟內住持僧人常惠名下，作為香火之地，耕種鋤刨，修養樹土木，相連取土作井，立占
坟塋。從立字之後，永遠為業，不與宋氏相干。立字之後，並無爭論，如有爭論者，有字一面承管。
此係兩家情愿，各無反悔，恐口無憑，立施捨字可證。隨代旧契紙三張。
每年隨代小租當十大錢式吊正，十月初一日交取。
光緒辛丑年 辛卯月 乙卯日 立施捨契字人宋氏 十
中保人 張德和 押 王留利 十十 李廣德 十十 李進安 十 李永興 十
內親中保人 任治國 十
代字人 趙永紹 押
立施捨契永遠執照

【光绪辛丑年（一九〇一）宋门宋氏立施舍园地契】（QW—一〇三）

立施舍园地契文约人宋门宋氏，因为本身园地壹段，座落在朱家坟，计地叁亩，上下两段，计开四至：东至闵姓，西至吴姓，南至小道，北至吴姓，四至分明。因年齿有迈，不能刨种。今同至亲人，自心情愿，将此地施舍与

三教院庙内住持僧人常慧名下，作为香火之地，耕种锄刨，修养树〈株〉，土木相连，取土作井，立占坟茔。从立字之后，永远为业，不与宋氏相干。立字之后，并无争论。如有争论者，有宋一面承管。

此系两家情愿，各无㤄悔。恐口无凭，立施舍字可证。随代（带）旧契纸三张，

每年随代（带）小租，当十大钱贰吊正，十月初一日交取。

光绪辛丑年辛卯月乙卯日

立施舍契字人　宋　氏（押）

中保人　张德如（花押）

王富利（押）

李广德（押）

李进安（押）

李永兴（押）

内亲中保人　任治*国（押）

代字人　赵永绍（花押）

立施舍契永远执照

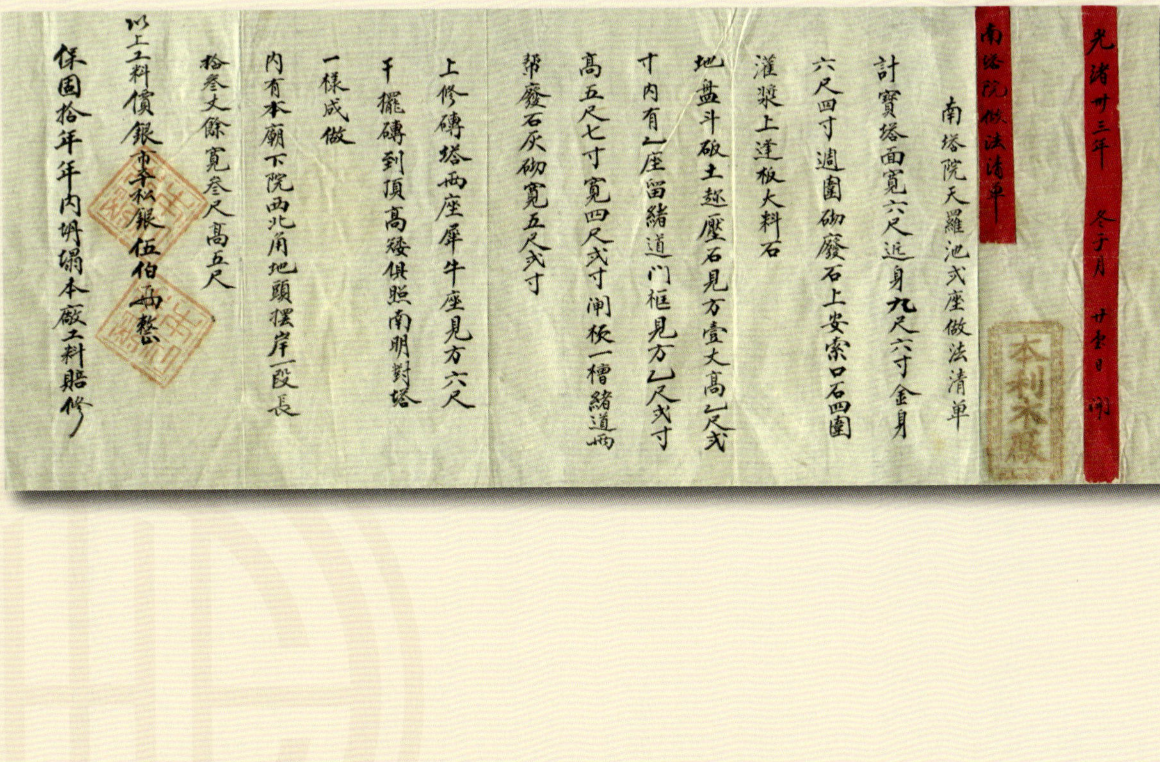
光緒廿三年　冬十月　廿壹日　謝
南塔院做法清單
南塔院天羅池式座做法清單
計寶塔面寬六尺近身九尺六寸金身
六尺四寸週圍砌鑿石上安索口石四圍
灌漿上蓬板大料石
地盘斗破土趾壓石見方壹丈高乙尺式
寸内有乙座留緒道门框見方乙尺式寸
高五尺七寸寬四尺式寸閘板一槽緒道兩
帮鑿石灰砌寬五尺式寸
上修磚塔兩座犀牛座見方六尺
干擺磚到頂高矮俱照南朋對塔
一樣成做
内有本廟下院西北角地頭擺岸一段長
拾叁丈餘寬叁尺高五尺
以上工料價銀市平私銀伍伯兩整
保固拾年年内倘塌本廠工料賠修
本利木廠

【光绪三十三年（一九〇七）本利木厂开南塔院做法清单】

（QW—一〇五）

光绪卅三年　冬子月　廿壹日　开

南塔院做法清单

南塔院天罗池贰座做法清单

计宝塔面宽六尺，近（进）身（深）九尺六寸。金身六尺四寸，周围砌废石，上安索口石，四围灌浆上逢（缝），板大料石。

地盘斗砜土趁*压石见方壹丈，高一尺贰寸，内有一座留绪道门框，见方一尺贰寸，高五尺七寸，宽四尺贰寸。闸板一槽，绪道两帮，废石灰砌，宽五尺贰寸。

上修砖塔两座，犀牛座见方六尺，干摆砖到顶，高矮俱照南明对塔一样成做。

内有本庙下院西北角地头摆岸一段，长拾三丈余，宽三尺，高五尺。

以上工料价银市平松银伍佰两整。

保固拾年，年内坍塌，本厂工料赔修。

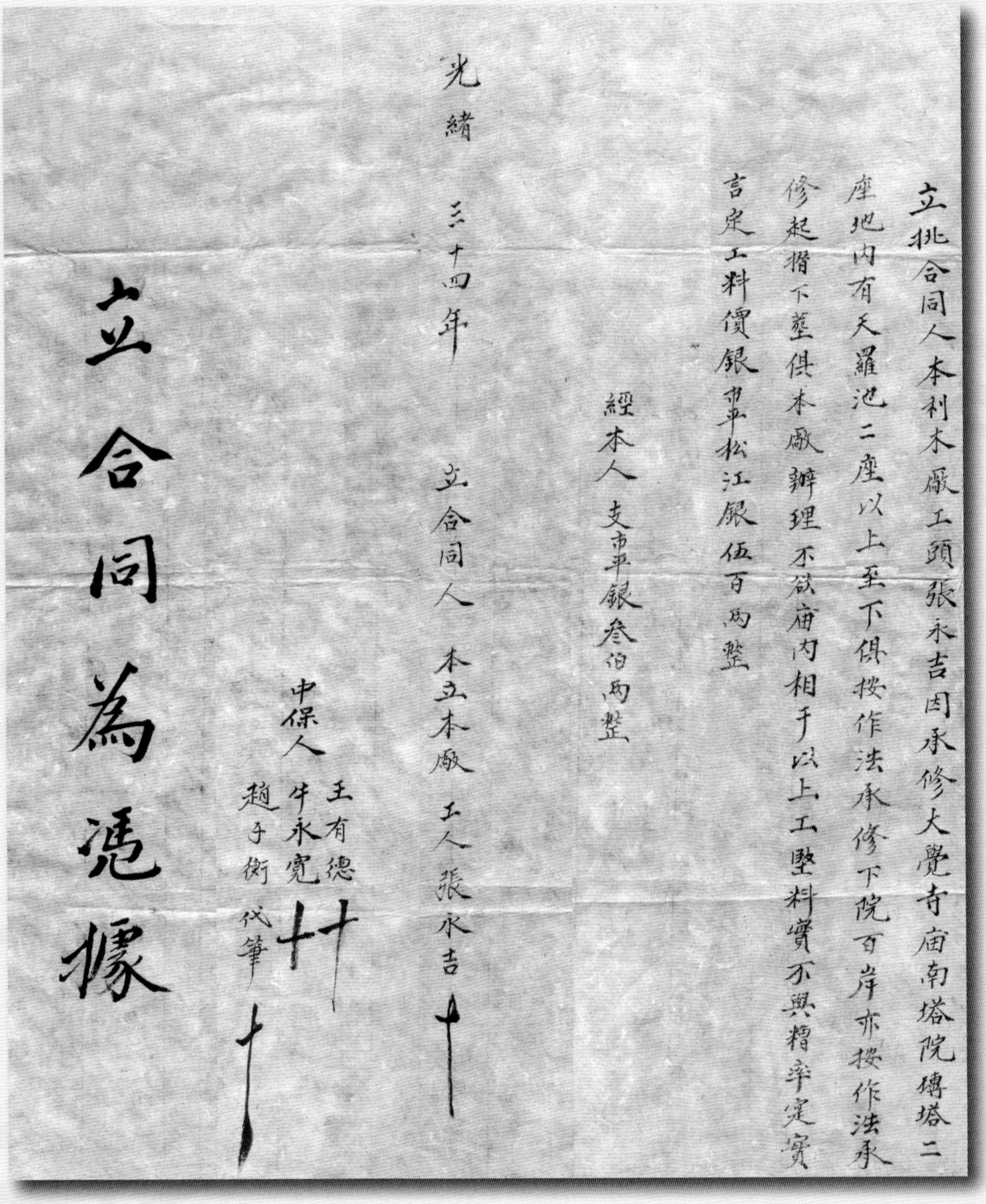

立挑合同人本利木厰工頭張永吉因承修大覺寺廟南塔院磚塔二
座地内有天羅池二座以上至下俱按作法承修下院百岸亦按作法承
修起揩下墊俱本厰辦理不欲廟内相干以上工堅料實不興精辛定實
言定工料價銀市平松江銀伍百兩整

經本人 支市平銀叁伯兩整

光緒 三十四年 立合同人 本立本厰 工人張永吉 十

中保人 王有德 十 牛永寬 十 趙子衡 代筆 十

立合同為憑據

【光绪三十四年（一九〇八）本利木厂工头张永吉立承修大觉寺南塔院合同】（QW—一〇六）

立批合同人本利木厂工头张永吉，因承修大觉寺庙南塔院砖塔二座，地内有天罗池二座，以上至下俱按作法承修，下院百（摆）岸亦按作法承修。起撍下葬，俱本厂办理，不欲（与）庙内相干。以上工坚料实不与糟率实实。言定工料价银市平松江银伍百两整。经本人支市平银叁佰两整。

光绪三十四年

立合同人　本立（利）木厂工人　张永吉（押）

中保人　王有德（押）

牛永宽（押）

赵于衡代笔（押）

立合同为凭据

四、民国时期大觉寺契约文书

民国时期，军阀混战，经济凋敝，社会动荡不安。大觉寺在这一历史背景下，经济、文化等多方面都受到了一定的冲击。由清末民初大觉寺收地租账簿统计，大觉寺香火地共有七百多亩，而寺藏民国时期十四份租批中，仅涉及大觉寺香火地九十五亩。在动荡的社会历史背景下，大觉寺土地数量遭到大规模削减。与清代相比，大觉寺土地的削减、田赋的增加、民事诉讼等情况的出现，都直接或间接地反映出了民国时期大觉寺的衰落以及社会的综合状况。尽管如此，大觉寺在民国时期依然进行过寺院局部修缮工程，以及修补寺内所藏《宗鉴法林》书板并刊印流传等大规模的弘法活动。大觉寺虽然香火冷清，但作为京西名刹，不仅年年游人不断，而且还吸引达官贵人、仁人志士及文人学者游览或栖止。

大觉寺寺藏契约文书中民国时期契约文书共二十五份，分别为租批、串票、升科执照、庙产执照、判决书等。

大觉寺寺藏民国十三年（一九二四）十一月二十四日京师地方审判厅民事第一庭判决正本一件。因收房涉讼一案，上诉人方宗不服地方审判厅简易庭民国十三年五月三日第一审判决，提起上诉。寺藏民国年间判决文书内容从侧面反映了当时大觉寺下院的归属与地权问题。

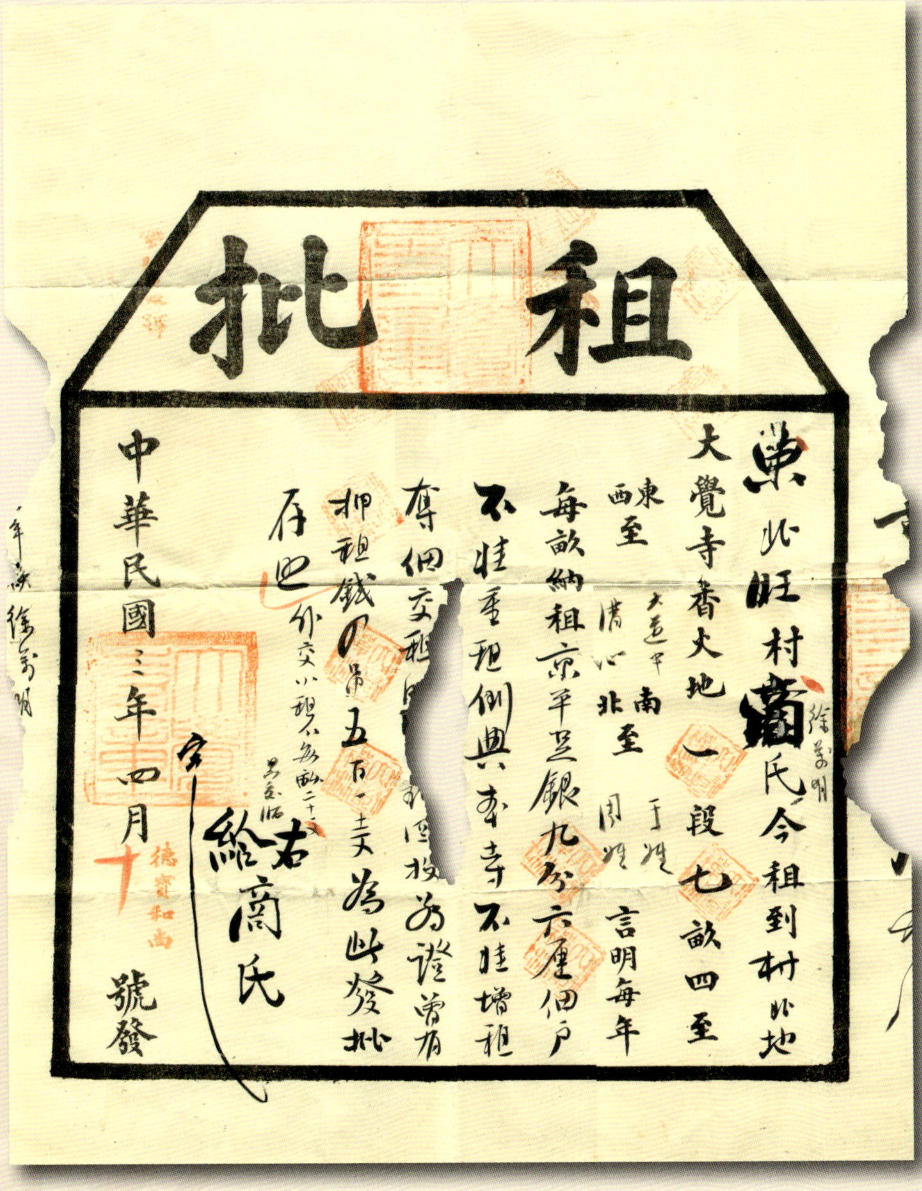
租批
東北旺村商氏今租到村北地
大覺寺香火地一段七畝四至
東至 南至 西至 北至 言明每年
每畝納租京平足銀九分六厘佃戶
不[illegible]欠租倘典本寺不准增租
奪佃交租[illegible]為證有
押租錢[illegible]五百[illegible]為此發批
存也
右給商氏
中華民國三年四月十 號發

【中华民国三年（一九一四）东北旺村商氏、徐万明租大觉寺香火地租批】（QW—〇一三）

租

东北旺村商氏、徐万明，今租到村北地
大觉寺香火地一段七亩，四至：
东至大道中，西至沟心，南至于姓，北至周姓。言明每年
每亩纳租京平足银九分六厘。佃户
不准重租倒典，本寺不准增租
夺佃，交租［缺］投为证。曾有
押租钱四吊五百一十文，为此发批
存照。外交小租钱每亩二十文。
〇〇〇
完*

批

右给 商氏

德宝和尚（押）

中华民国三年四月 号发

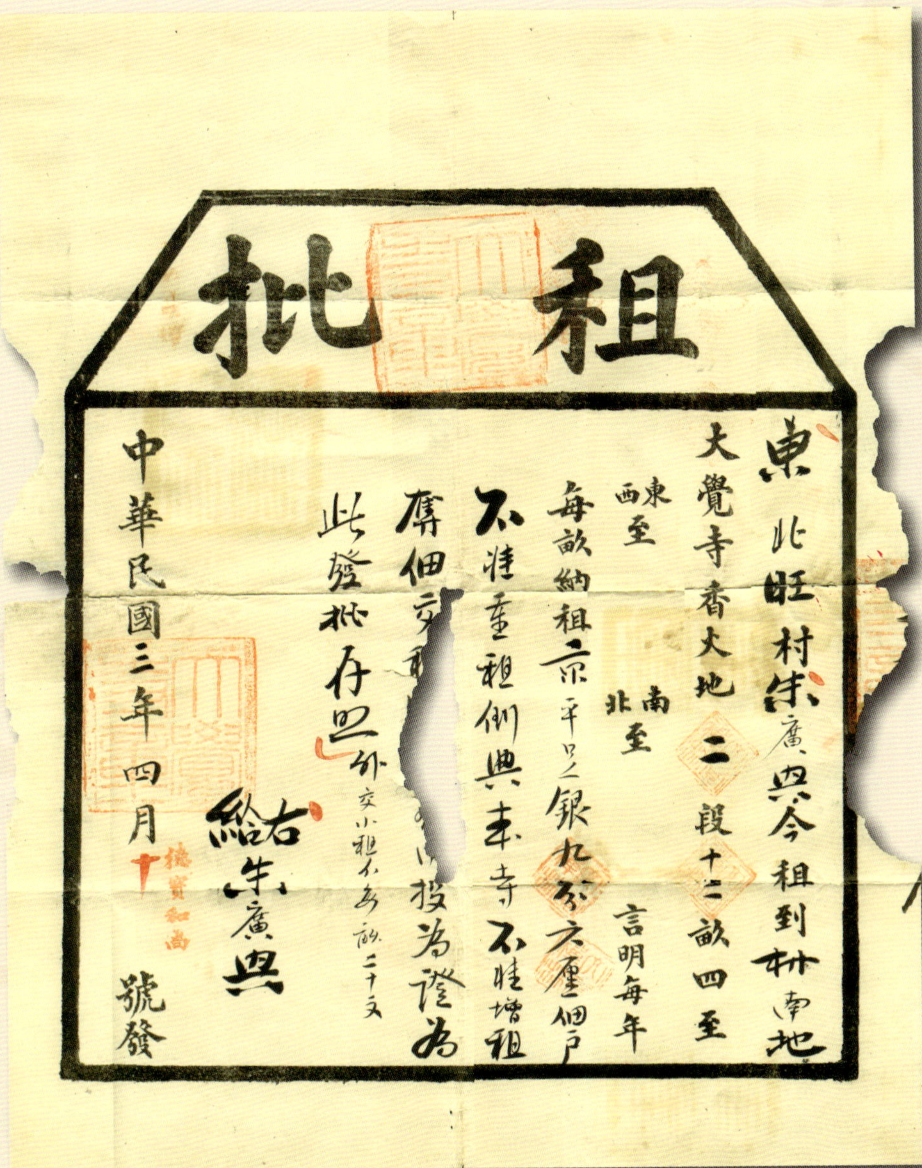
租批

東北旺村朱廣興今租到廿南地
大覺寺香火地二段十二畝四至
東至 西至 南至 北至 言明每年
每畝納租京平足銀九分六厘佃戶
不准重租例典本寺不准增租
[illegible]佃[illegible]投為證為
此發批存照 外交小租不在畝二十文
右給朱廣興
中華民國三年四月十 日
號發

【中华民国三年（一九一四）东北旺村朱广兴租大觉寺香火地租批】（QW—〇一四）

租
批

东北旺村朱广兴，今租到村南地
大觉寺香火地二段十二亩，四至：
东、西至　南、北至　言明每年
每亩纳租京平足银九分六厘。佃户
不准重租倒典，本寺不准增租
夺佃，交租＊［缺］投为证。为
此发批存照。外交小租钱每亩二十文。

右给　朱广兴

德宝和尚（押）

中华民国三年四月　号发

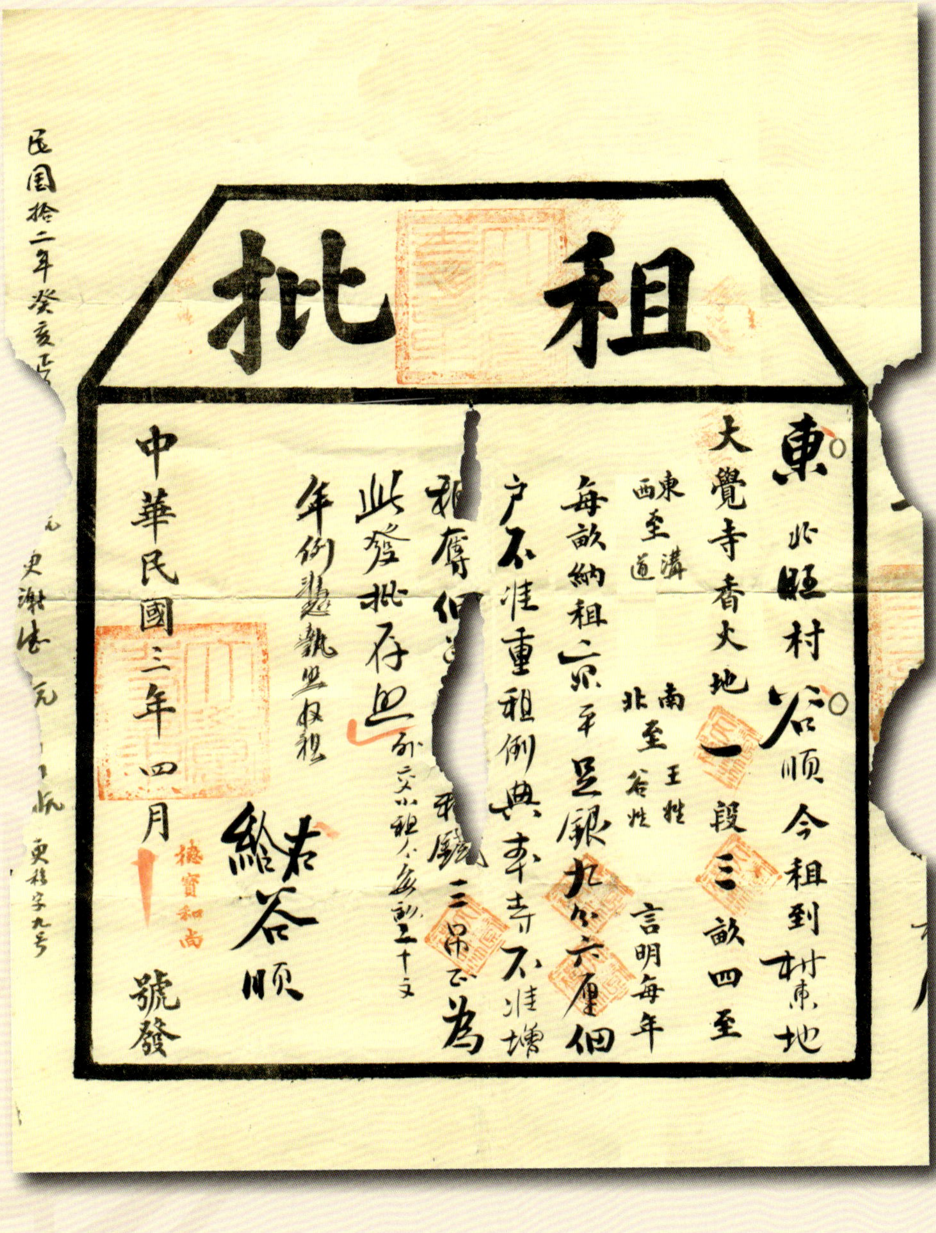
租批

東北旺村谷順今租到村東地
大覺寺香火地一段三畝，四至
東至溝，西至道，南王姓，北至谷姓，言明每年
每畝納租京平足銀九錢六厘，佃
户不准重租例典，本寺不准增
租奪佃……為
此發批存照。外交小租……
年例照執照收租
給谷順
中華民國三年四月　號發

【中华民国三年（一九一四）东北旺村谷顺租大觉寺香火地租批】（QW—〇一五）

批　租

东北旺村谷顺，今租到村东地
大觉寺香火地一段三亩，四至：
东至沟，西至道，南至王姓，北至谷姓。言明每年
每亩纳租京平足银九分六厘。佃
户不准重租倒典，本寺不准增
租*夺佃*，[缺]租*钱*三吊正。为
此发批存照。外交小租钱每亩二十文。
年例凭执照收租。

右给　谷顺

德宝和尚（押）

中华民国三年四月　号发

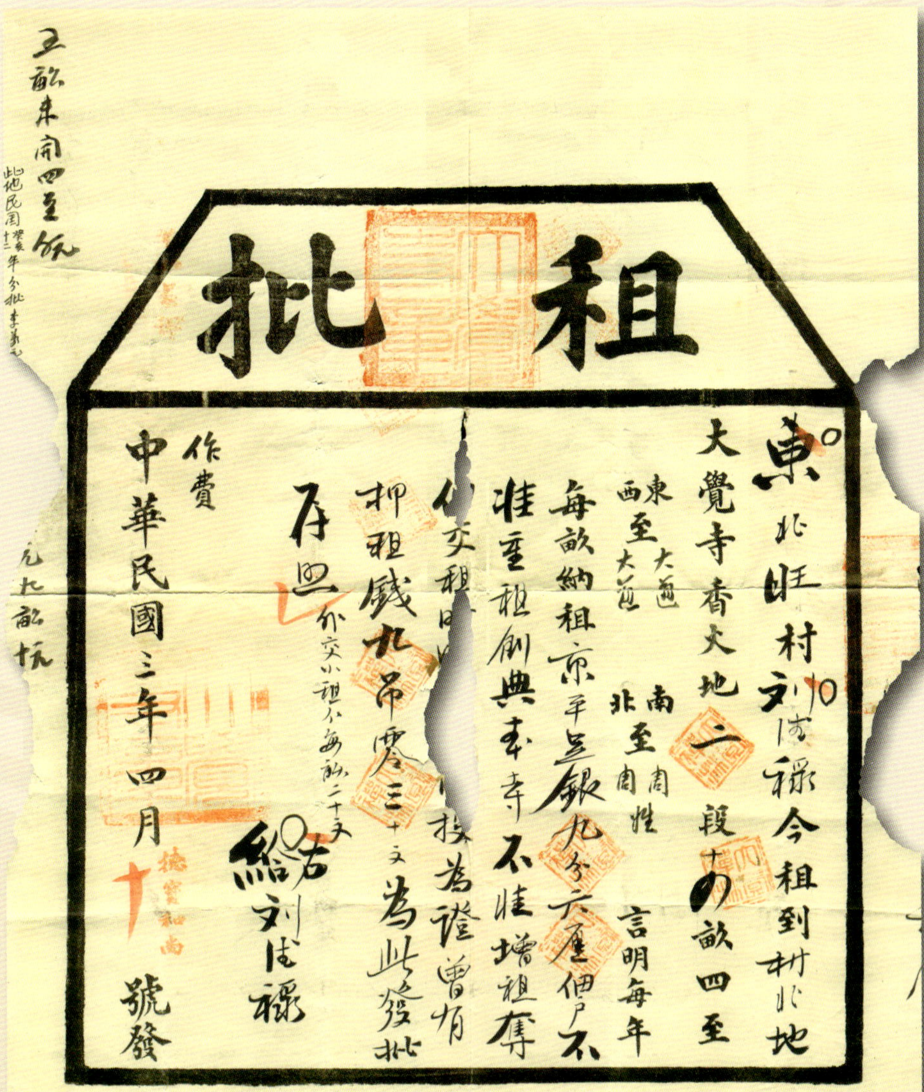
租批
中華民國三年四月
號發

【中华民国三年（一九一四）东北旺村刘德禄租大觉寺香火地租批】（QW—〇一六）

租

批

东北旺村刘德禄，今租到村北地
大觉寺香火地二段十四亩，四至：
东至大道，西至大道，南至周姓，北至周姓。言明每年
每亩纳租京平足银九分六厘。佃户不
准重租倒典，本寺不准增租夺
佃*，交租［缺］投*为证，曾有
押租钱九吊零三十文，为此发批
存照。外交小租钱每亩二十文。

右给　刘德禄

作费

德宝和尚（押）

中华民国三年四月　号发

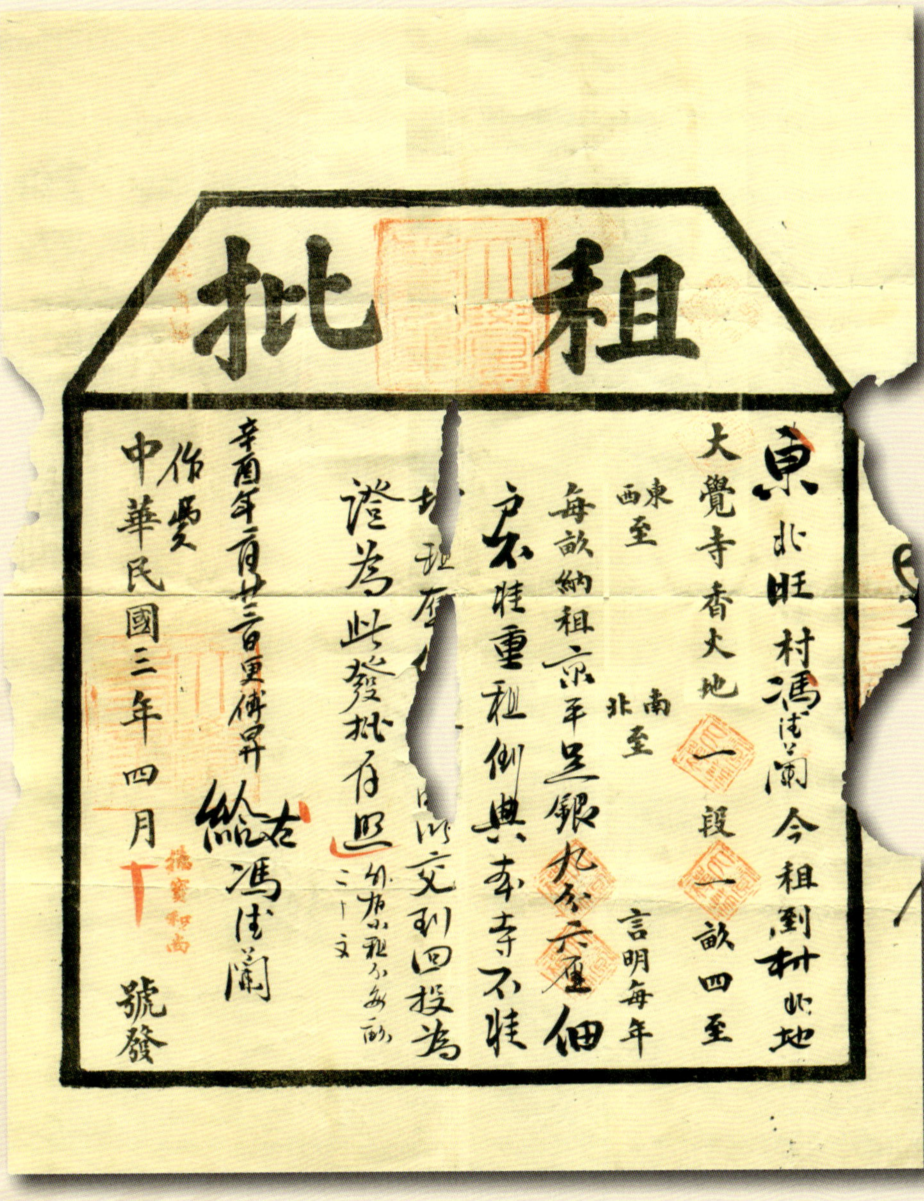
租批

東北旺村馮德蘭今租到村北地
大覺寺香火地 一段 一畝 四至 東至 西至 南至 北至 言明每年
每畝納租京平足銀九分六厘 佃
戶不準重租倒典 本寺不準
增租奪[illegible]如[illegible]交到回投為
證 為此發批存照 外加小租今每畝二十文

辛酉年十一月廿三日更換昇
右給馮德蘭
佑受
中華民國三年四月 日
號發

【中华民国三年（一九一四）东北旺村冯德兰租大觉寺香火地租批】（QW—〇一七）

租　批

东北旺村冯德兰，今租到村北地
大觉寺香火地一段一亩，四至：
东、西至　南、北至　言明每年
每亩纳租京平足银九分六厘。佃
户不准重租倒典，本寺不准
□租【缺】以交到回投为
证，为此发批存照。外交小租钱每亩
二十文。

辛酉年二月廿三日更傅昇　　右给　冯德兰
作费

中华民国三年四月　号发　　德宝和尚（押）

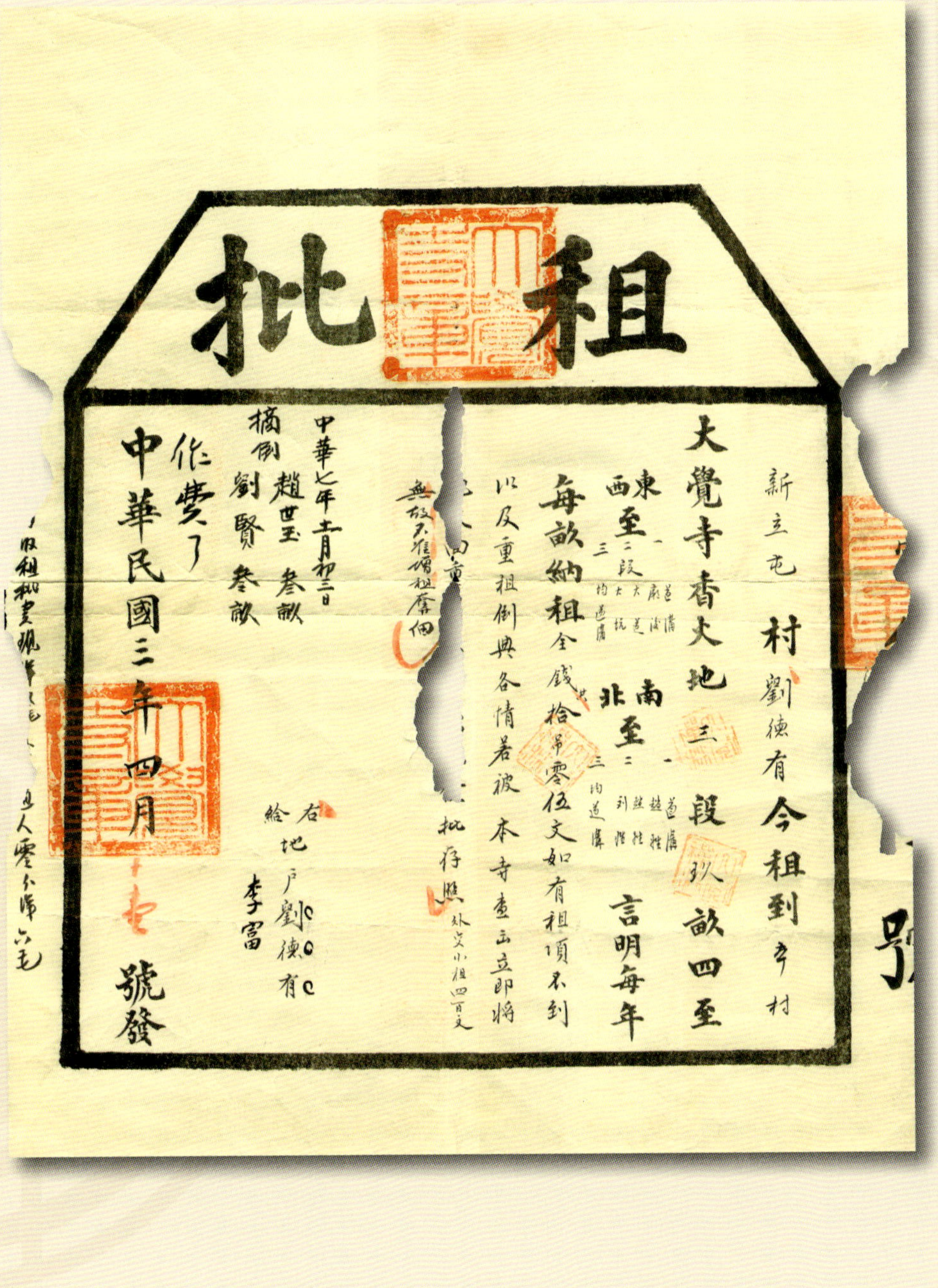
租批
新立屯村劉德有今租到本村
大覺寺香火地三段玖畝四至
東至　南至
西至　北至
每畝納租全錢拾吊零伍文如有租項不到
以及重租倒典各情若被本寺查出立即將
批存照
中華七年十二月初三日
趙世玉　叁畝
劉賢　叁畝
右給地戶劉德有
李富
作废了
中華民國三年四月
號發

【中华民国三年（一九一四）新立屯村刘德有租大觉寺香火地租批】（QW—〇二二）

新立屯村刘德有今租到本村

大觉寺香火地三段玖亩，四至：

一段东至道沟，西至庙后；二段东至大道，西至大坑；三段东、西均至道沟；

一〈段〉南至道沟，北至赵姓；二〈段〉南至赵姓，北至刘姓；三〈段〉南、北均至道沟。[一]

言明每年

每亩纳租全钱拾吊零伍文。如有租项不到

以及重租倒典各情，若被本寺查出，立即将

［缺］批存照。外交小租四百文。

无故不准增租夺佃。

中华七年二月初三日

右给　地户　刘德有　李富

　　　摘倒　赵世玉　叁亩

　　　　　　刘　贤　叁亩

租　　批

作费〇

中华民国三年四月十壹号发

[一] 契约原件中，租批为有固定书写格式的文书，立租批人将土地四至填入相应的空白处即可。由于此件租批涉及三段土地，故录文中对三段土地的四至采取了特殊处理，意思与契约原件一致，格式做了一定的调整。

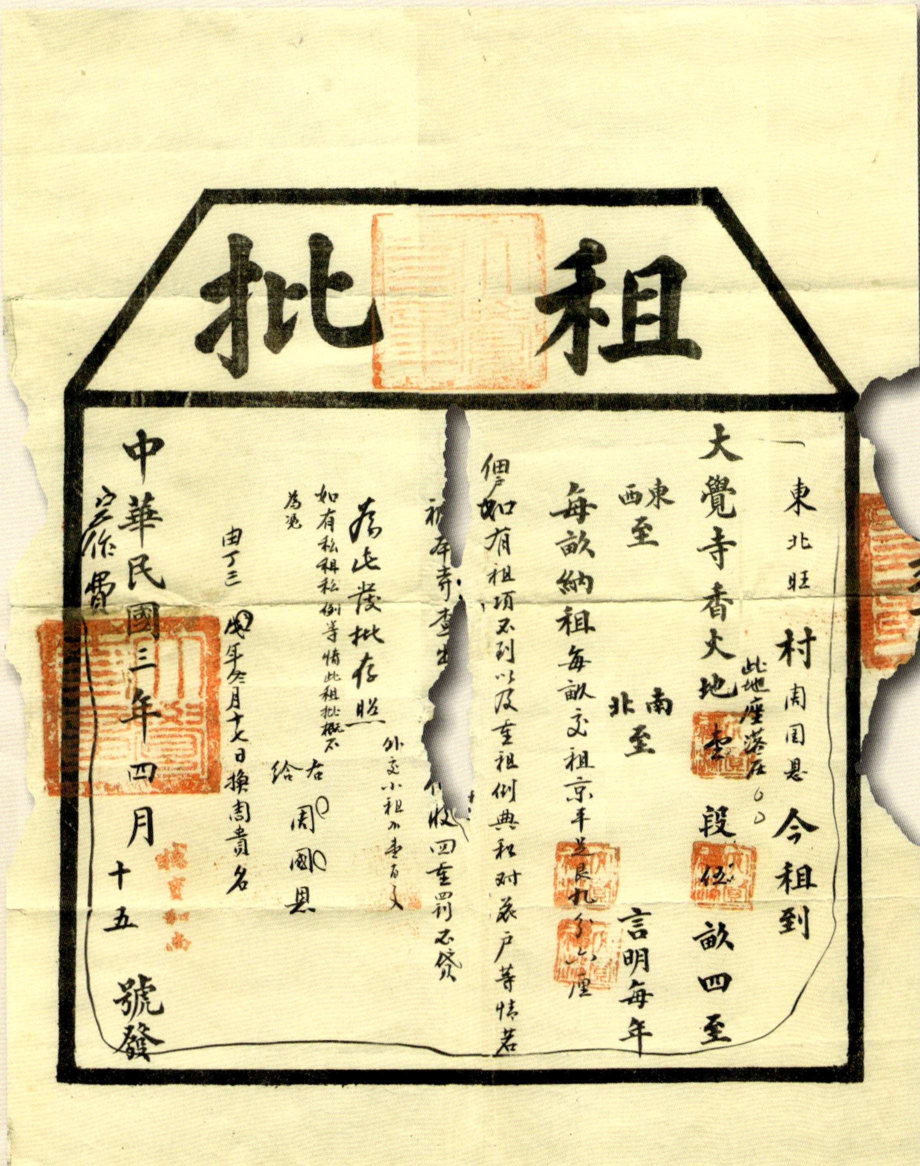
租批
東北旺 村 周國恩 今租到
大覺寺香火地壹段 伍畝 四至
東至 南至
西至 北至
每畝納租
言明每年
佃戶如有租項不到以及重租例典私对废户等情若
右給 周國恩
存照
如有私租私典等情此租批概不為憑
中華民國三年四月十五號發

【中华民国三年（一九一四）东北旺村周国恩租大觉寺香火地租批】（QW—〇一八）

东北旺村周国恩今租到
大觉寺香火地壹段伍亩，此地座落在△△〔一〕。四至：
东、西至 南、北至 言明每年
每亩纳租每亩交租京平足艮九分六厘。
佃户如有租项不到以及重租倒典、私对花户等情，若
被＊本寺查出＊［缺］收回，重罚不贷。
为此发批存照。外交小租钱壹百文。
如有私租私倒等情，此租批概不
为凭。

租 批

右给 周国恩

由丁巳年冬月十七日换周贵名

德宝和尚

中华民国三年 四月十五号发

完＊作费

〔一〕此地座落在：此为侧边加的字，此处△是按契约录入，不是本书凡例中列举的标注符号之一种，下同。

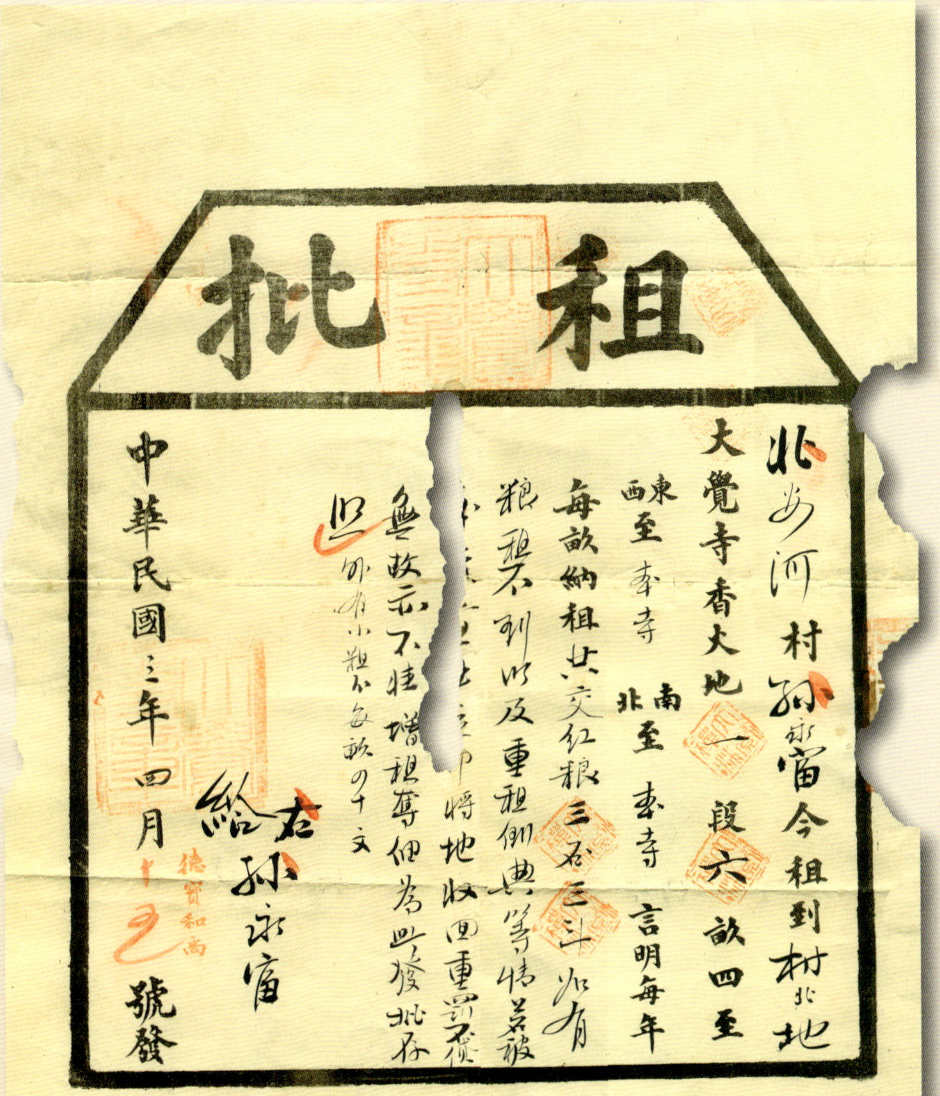

租批

北安河村孫永富今租到村北地
大覺寺香火地一段六畝四至
東至本寺 南至本寺 西至本寺 北至本寺 言明每年
每畝納租共交紅糧三石三斗如有
糧租不到以及重租倒典等情弊被
本寺查出立即將地收回重罰不貸
無故不准增租奪佃為此發批存
照 外有小租分每畝四十文
右給孫永富
德寶和尚
中華民國三年四月十一日 號發

【中华民国三年（一九一四）北安河村孙永富租大觉寺香火地租批】（QW—〇二〇）

批　　租

北安河村孙永富今租到村北地
大觉寺香火地一段六亩，四至：
东至本寺，西至本寺，南至本寺，北至本寺。言明每年
每亩纳租共交红粮三石三斗。如有
粮租不到以及重租倒典等情，若被
□□□□□□将地收回，重罚不贷。
无故亦不准增租夺佃，为此发批存
照。外有小租钱每亩四十文。

右给　孙永富

德宝和尚

中华民国三年四月十五号发

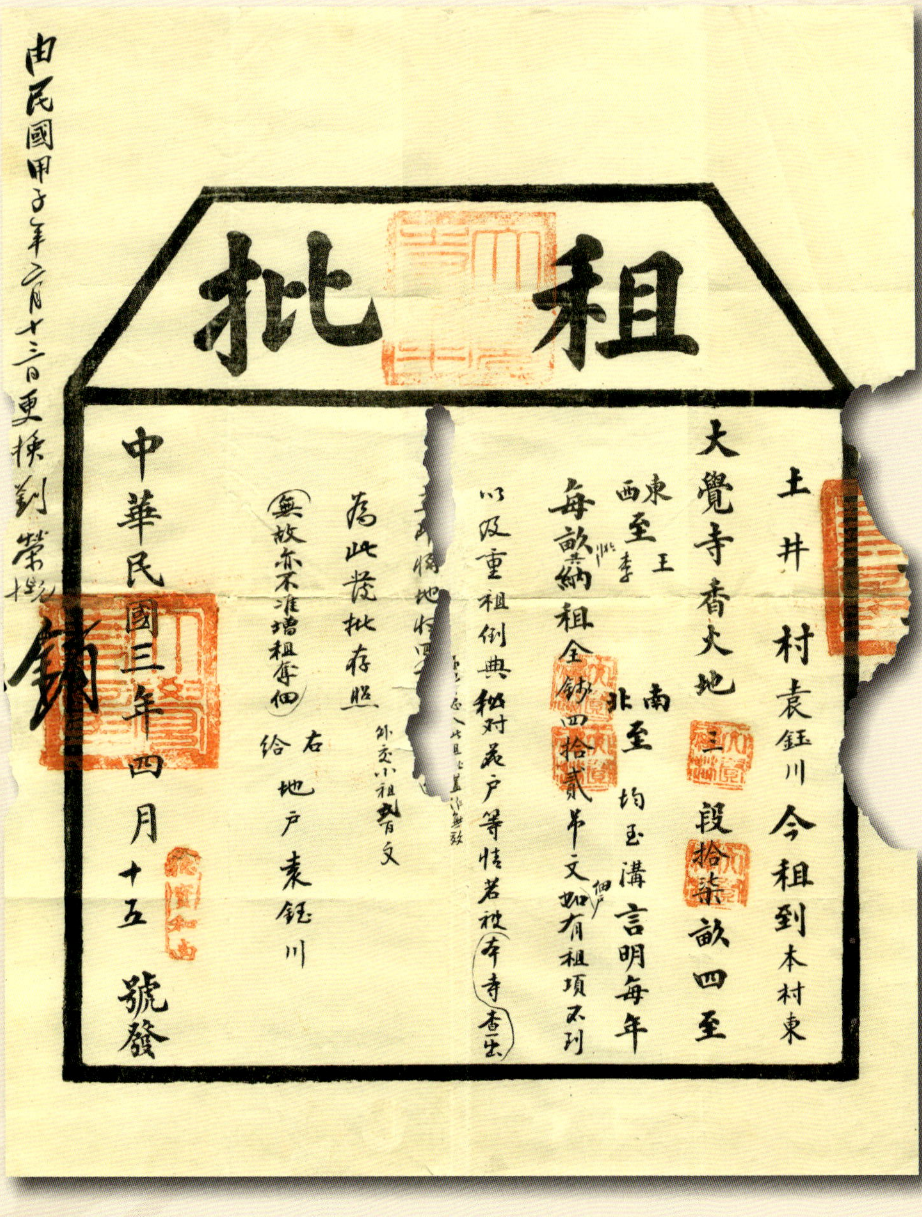
租批

土井村袁鈺川今租到本村東
大覺寺香火地三段拾柒畝，四至
東至王　南至
西至李　北至均玉溝　言明每年
每畝納租金錢四拾貳吊文，如有租項不到
以及重租倒典私对[illegible]戶等情，若被本寺查出
[illegible]將地收回[illegible]
外交小租錢貳百文
為此發批存照
無故亦不准增租佃
右給地戶袁鈺川
中華民國三年四月十五號發
由民國甲子年六月十三日更换劉榮[illegible]

【中华民国三年（一九一四）土井村袁钰川租大觉寺香火地租批】（QW—〇二一）

批　　租

土井村袁钰川今租到本村东
大觉寺香火地三段拾柒亩，四至：
东至王，西至李，南北均至沟。言明每年
每亩共纳租全钱四拾贰吊文。佃户如有租项不到
以及重租倒典、私对花户等情，若被查出，本寺
□□将地收回＊［缺］
为此发批存照。外交小租贰百文。
无故亦不准增租夺佃。

右给　地户　袁钰川

德宝和尚

中华民国三年四月十五号发

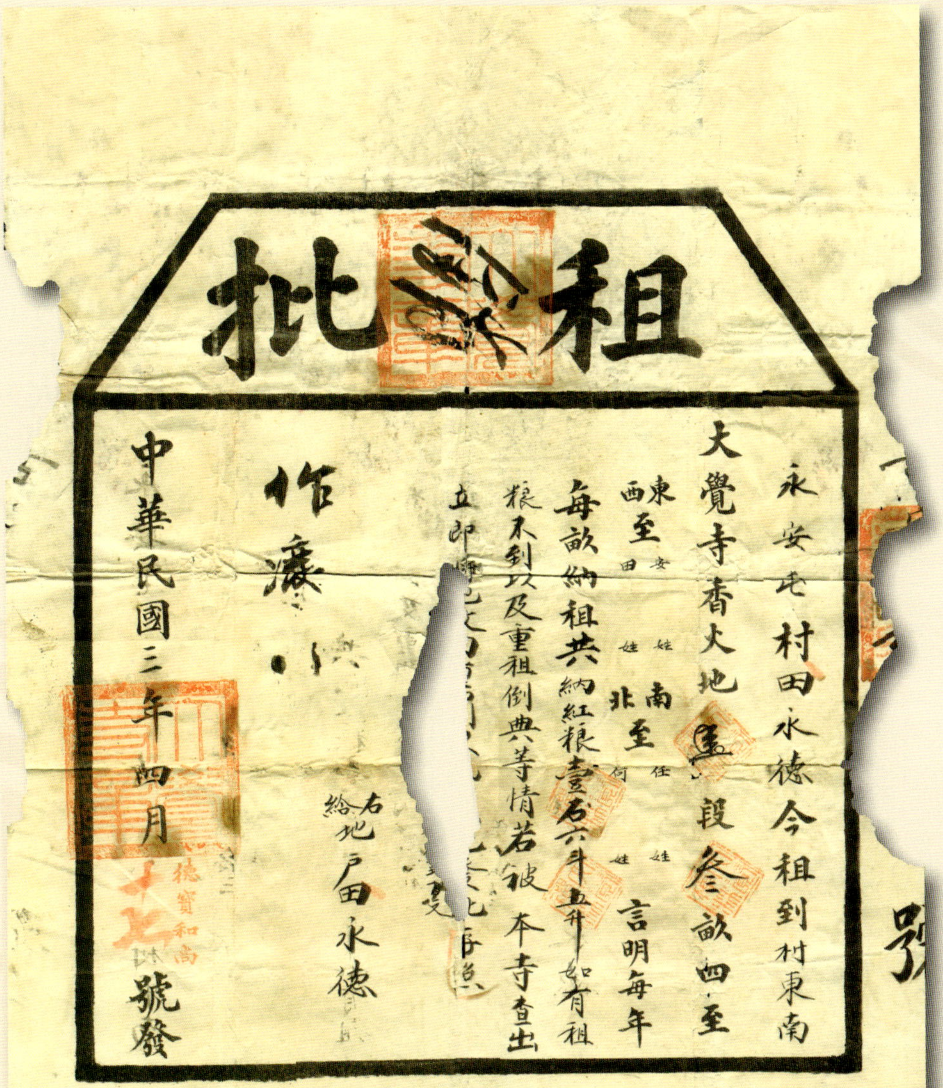
租批

永安屯村田永德今租到村東南

大覺寺香火地壹段叁畝，四至

東至安姓 南至任姓

西至田姓 北至何姓 言明每年

每畝納租共納紅粮壹石六斗五升，如有租

粮不到以及重租倒典等情，若被本寺查出，

立即[illegible]

作廢[illegible]

右給地戶田永德

中華民國三年四月 日 號發

德寶和尚

【中华民国三年（一九一四）永安屯村田永德租大觉寺香火地租批】（QW—〇二五）

租　批

永安屯村田永德今租到村东南
大觉寺香火地壹段叁亩，四至：
东至安姓，西至田姓，南至任姓，北至何姓。言明每年
每亩纳租，共纳红粮壹石六斗五升。如有租
粮不到以及重租倒典等情，若被本寺查出，
立即［缺］存*照*。

右给　地户　田永德

作废　　　　　　德宝和尚

中华民国三年四月十七号发

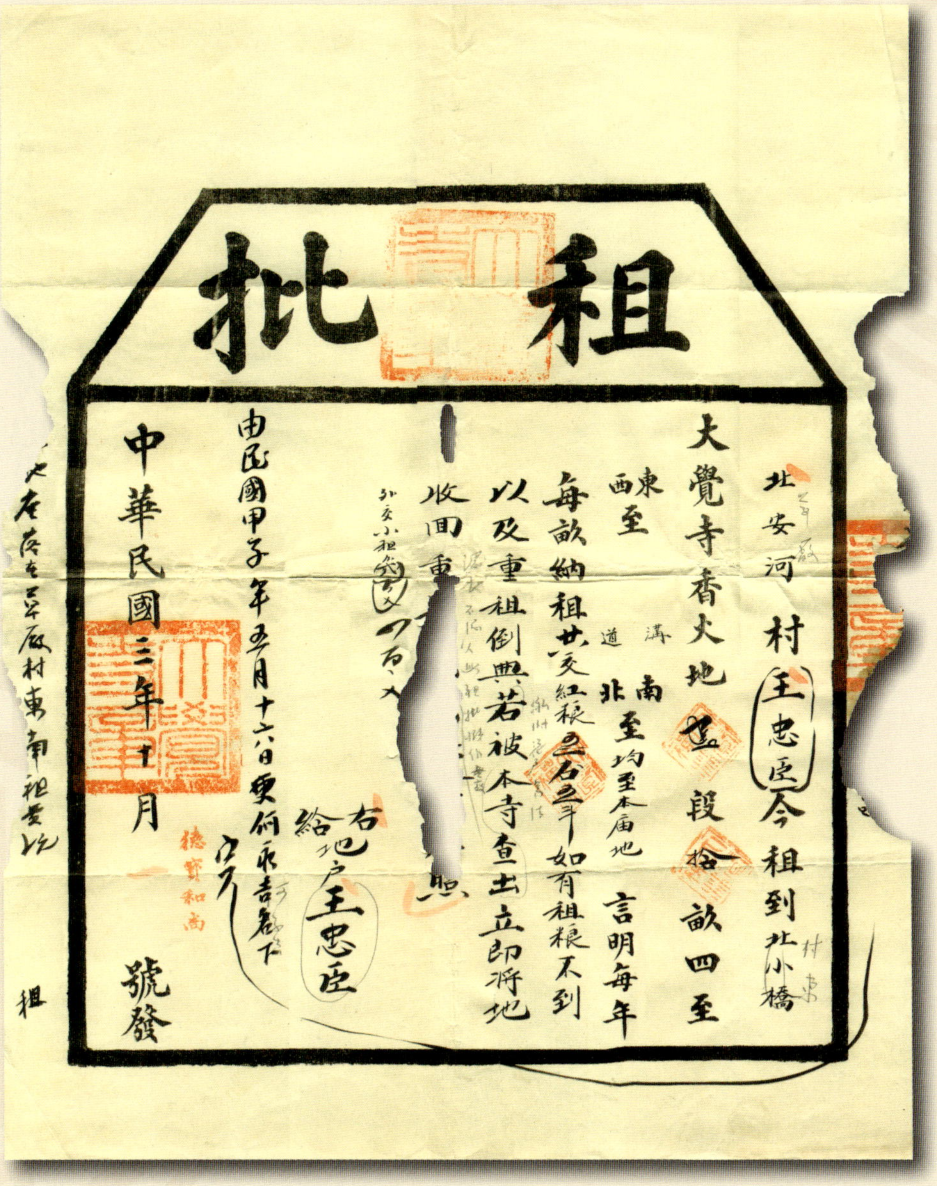

【中华民国三年（一九一四）北安河村王忠臣租大觉寺香火地租批】（QW—〇二四）

租

批

北安河村王忠臣今租到村东
大觉寺香火地壹段拾亩，四至：
东至沟，西至道，南北均至本庙地。言明每年
每亩纳租，共交红粮五石五斗。如有租粮不到
以及重租倒典，若被本寺查出，立即将地
收回，重*［缺］照*。
外交小租钱贰百文四百文[一]。

由民国甲子年五月十六日更何永吉名下

右给　地户　王忠臣

完*

德宝和尚

中华民国三年十月　号发

[一] 契约原件中『贰百文』被圈出，疑似改为『四百文』。

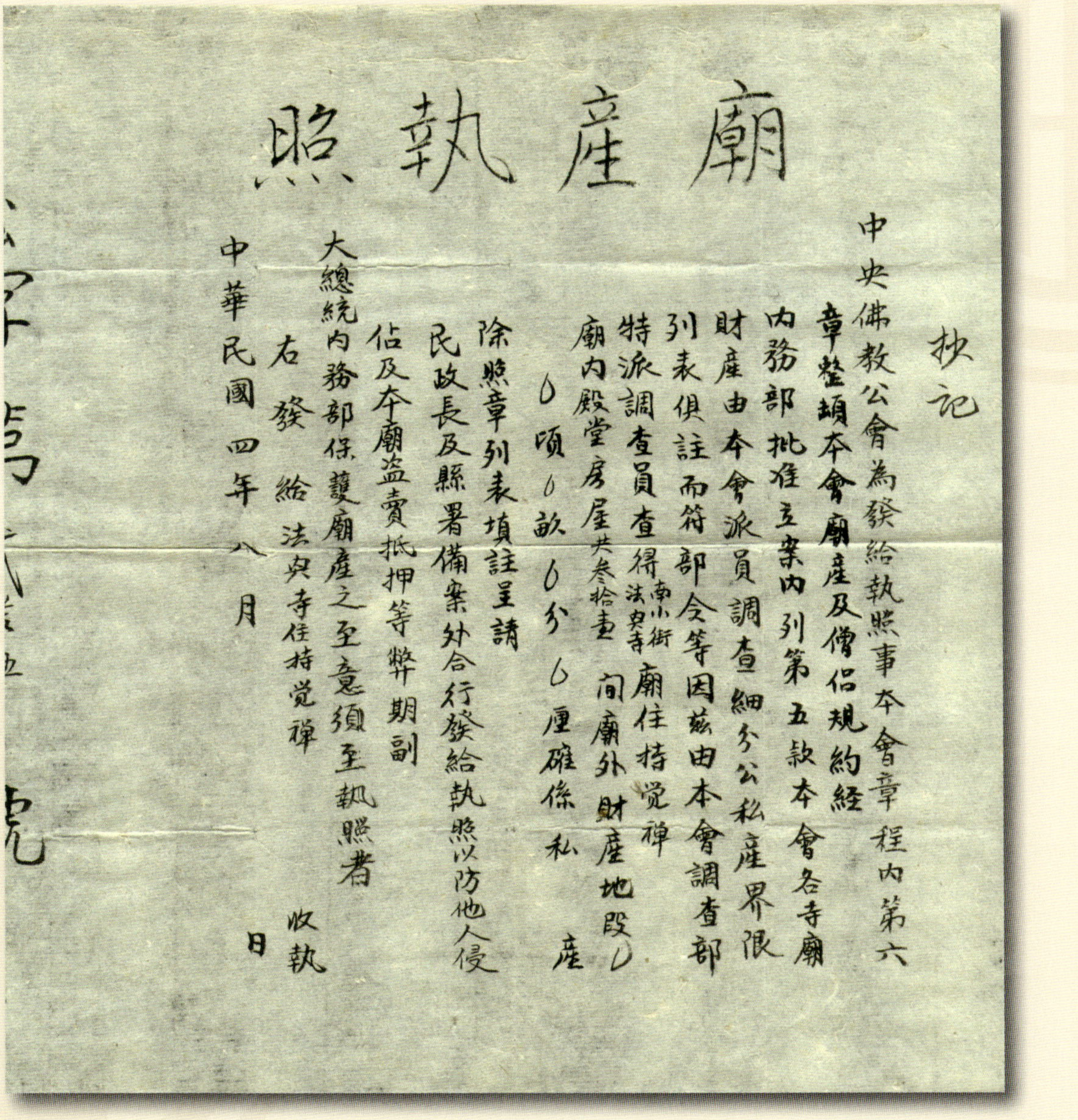
廟產執照

抄記

中央佛教公會為發給執照事本會章程内第六
章整頓本會廟產及僧侶規約經
内務部批准立案内列第五款本會各寺廟
財產由本會派員調查細分公私產界限
列表俱註而符部令等因茲由本會調查部
特派調查員查得南小街法典寺廟住持覚禪
廟内殿堂房屋共叁拾壹間廟外財產地段〇
〇頃〇畝〇分〇厘確係私產
除照章列表填註呈請
民政長及縣署備案外合行發給執照以防他人侵
佔及本廟盜賣抵押等弊期副
大總統内務部保護廟產之至意須至執照者
右發給法典寺住持覚禪收執
中華民國四年八月日

【抄记　中华民国四年（一九一五）庙产执照】（QW—一一二二）

抄记

中央佛教公会为发给执照事，本会章程内第六章整顿本会庙产及僧侣规约，经内务部批准立案内列第五款，本会各寺庙财产由本会派员调查细分公私产界限，列表俱注而符部令等因。兹由本会调查部特派调查员查得，南小街法兴寺庙住持觉禅庙内殿堂房屋共叁拾壹间，庙外财产地段△△顷△亩△分△厘，确系私产。除照章列表填注呈请民政长及县署备案外，合行发给执照，以防他人侵占及本庙盗卖抵押等弊，期副大总统内务部保护庙产之至意。须至执照者。

庙　产　执　照

右发　给法兴寺住持觉禅　收执

中华民国四年八月　日

公字第贰拾伍号[一]

[一] 此行为款缝。

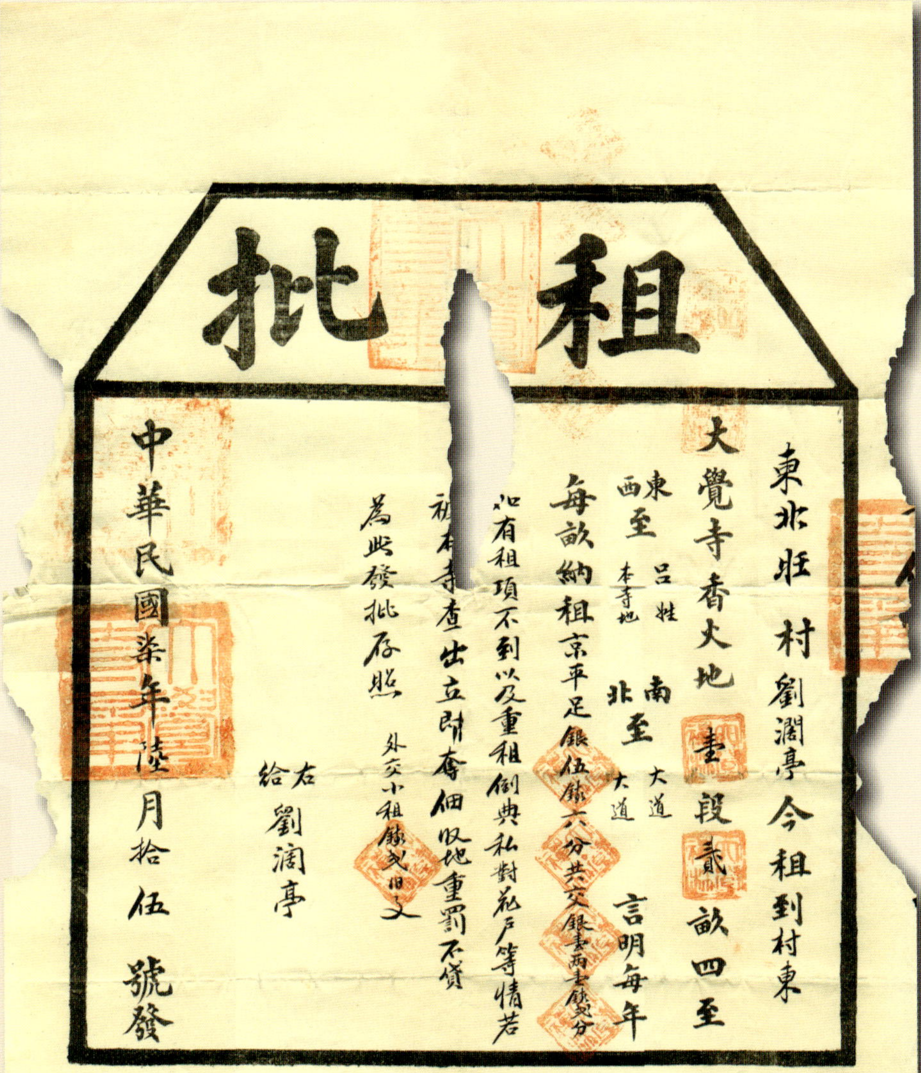
租批

東北莊 村劉澗亭今租到村東

大覺寺香火地壹段貳畝四至

東至 呂姓 南至 大道

西至 本寺地 北至 大道

每畝納租京平足銀伍錢六分共交銀壹兩壹錢貳分言明每年

如有租項不到以及重租倒典私對花户等情若

被本寺查出立時奪佃收地重罰不貸

為此發批存照 外交小租錢弍佰文

右給劉澗亭

中華民國柒年陸月拾伍號發

【中华民国七年（一九一八）东北旺村刘阔亭租大觉寺香火地租批】（QW—〇二三）

批　租

东北旺村刘阔亭今租到村东
大觉寺香火地壹段贰亩，四至：
东至吕姓，西至本寺地，南至大道，北至大道。言明每年
每亩纳租京平足银伍钱六分，共交银壹两壹钱贰分。
如有租项不到以及重租倒典、私对花户等情，若
被*本*寺查出，立即夺佃收地，重罚不贷，
为此发批存照。外交小租钱贰百文。
右给　刘阔亭
中华民国柒年陆月拾伍号发

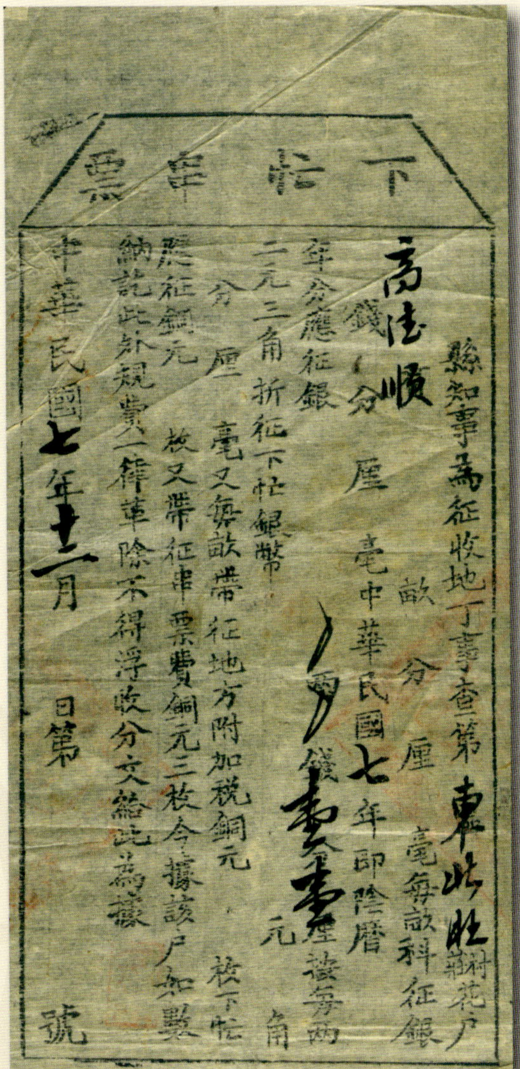

下忙串票

縣知事為征收地丁事查第東北旺村花户
高佳順　畝　分　厘　毫每畝科征銀
錢一分　厘　毫中華民國七年即陰曆　年該銀兩
年分應征銀一錢　壹元壹角
二元三角折征下忙銀幣
分　厘　毫又每畝帶征地方附加稅銅元　枚下忙
應征銅元　枚又帶征串票費銅元三枚今據該户如數
納訖此外規費一律革除不得浮收分文給此為據
中華民國七年十二月　日第　號

【中华民国七年（一九一八）东北旺高德顺下忙〔一〕串票〔二〕】（QW—〇二八）

县知事为征收地丁事查第　区东北旺村/庄花户
高德顺　有　亩　分　厘　毫，每亩科征银
钱　分　厘　毫。中华民国七年，即阴历
年分应征银△两△钱壹分壹厘，按每两
二元三角折征下忙银币　元　角
分　厘　毫，又每亩带征地方附加税铜元　枚，下忙
应征铜元　枚，又带征串票费铜元三枚。今据该户如数
纳讫，此外规费一律革除，不得浮收分文，给此为据。
中华民国七年十二月　日第　号

〔一〕上忙、下忙：清代征收地丁钱粮期限。每年分两期，前期称上忙，后期称下忙。雍正十三年（一七三五）议准：每年二月开征，至五月底停征；八月接征，至十一月底全部征完。嘉庆二十年（一八一五）准各州县应征上、下忙钱粮，以二月至七月底为上忙，八月至十二月底为下忙，全部征完。

〔二〕串票：又称截票、联票、粮串、印票。清代纳税收据，即田赋的缴款凭证。始行于顺治十三年（一六五六）。票面开列各纳户实征地丁钱粮数目，票面分为两联，一留官府，一给纳税户，此为二联串票，或二联印票。后为堵塞奸胥贪官串通作弊、勒索钱粮之漏洞，康熙二十八年（一六八九），废二联串票，行三联串票。

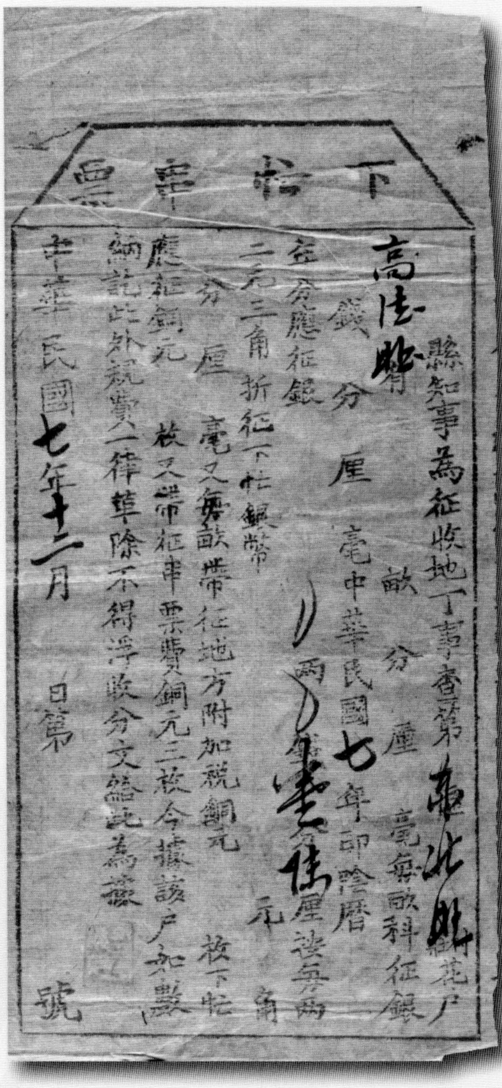
下忙串票

縣知事為征收地丁事，查第　南北則村花户
高佳暘　畝　分　厘　毫每畝科征銀
錢　分　厘　毫中華民國七年卯陰曆
兩　厘　每兩
合應征銀
二元三角　折征一下忙銀幣　元　角
分　厘　毫又每畝帶征地方附加税銅元　枚下忙
應征銅元　枚又帶征串票費銅元二枚合據該户如數
納訖此外税費一律革除不得浮收分文給此為據
中華民國七年十二月　日第　號

【中华民国七年（一九一八）东北旺高德旺下忙串票】（QW—〇二九）

县知事为征收地丁事查第　区东北旺村/庄花户
高德旺有　亩　分　厘　毫，每亩科征银
钱　分　厘　毫。中华民国七年，即阴历
年分应征银△两△钱壹分陆厘，按每两
二元三角折征下忙银币　元　角
分　厘　毫，又每亩带征地方附加税铜元　枚，下忙
应征铜元　枚，又带征串票费铜元三枚。今据该户如数
纳讫，此外规费一律革除，不得浮收分文，给此为据。
中华民国七年十二月　日第　号

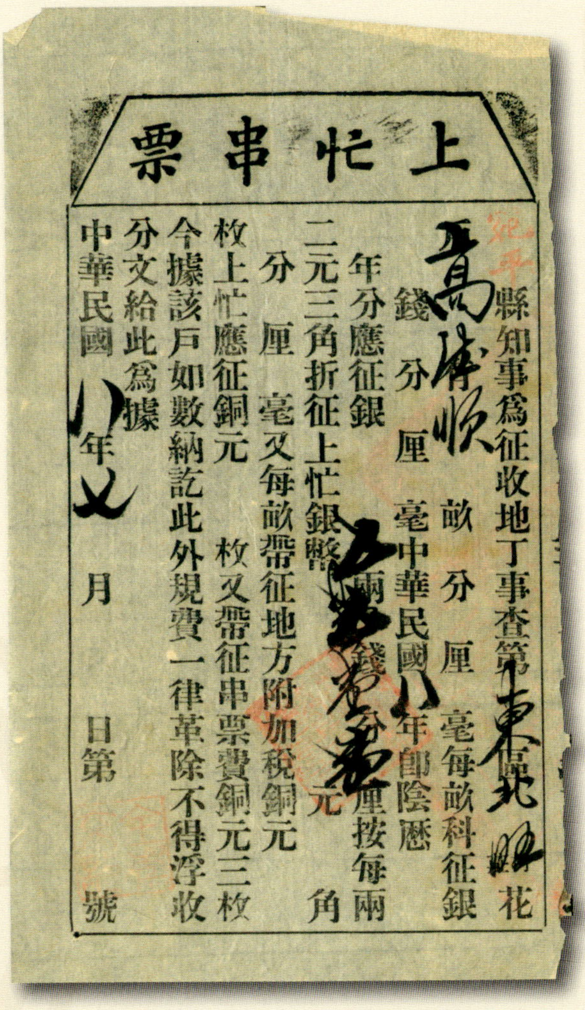
上忙串票

縣知事爲征收地丁事查第　　花
　　畝　分　釐　毫每畝科征銀
錢　分　釐　毫中華民國八年節陰曆
年分應征銀　　兩　錢　分　釐按每兩
二元三角折征上忙銀幣　　元　　角
分　釐　毫又每畝帶征地方附加稅銅元
枚上忙應征銅元　　枚又帶征串票費銅元三枚
今據該戶如數納訖此外規費一律革除不得浮收
分文給此爲據
中華民國八年　月　日第　號

【中华民国八年（一九一九）东北旺高德顺上忙串票】（QW—〇二六）

宛平县知事为征收地丁事查第　区东北旺村/庄花户高德顺有　亩〔一〕分　厘　毫，每亩科征银　钱　分　厘　毫。中华民国八年，即阴历年分应征银△两△钱壹分壹厘，按每两二元三角折征上忙银币　元　角　分　厘　毫，又每亩带征地方附加税铜元　枚，上忙应征铜元　枚，又带征串票费铜元三枚。今据该户如数纳讫，此外规费一律革除，不得浮收分文，给此为据。

中华民国八年七月　日第　号

〔一〕契约原件中未填写之处，录文中用空一字表示，下同。

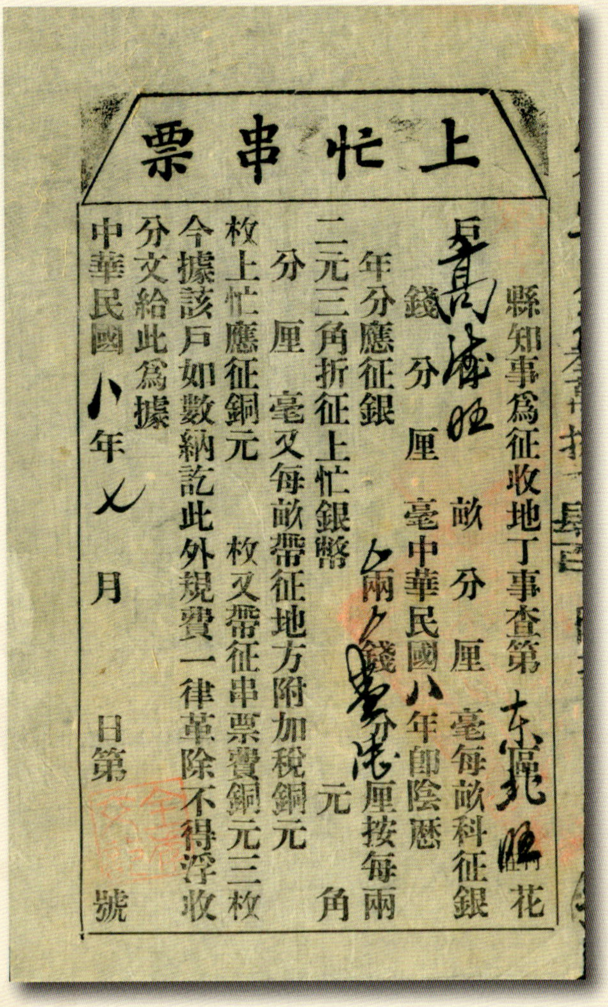

上忙串票

縣知事為征收地丁事查第　　花
戶　　畝　分　厘　毫每畝科征銀
錢　分　厘　毫中華民國八年即陰曆
年分應征銀　兩　錢　分　厘按每兩
二元三角折征上忙銀幣　元　角
分　厘　毫又每畝帶征地方附加稅銅元
枚上忙應征銅元　枚又帶征串票費銅元三枚
今據該戶如數納訖此外規費一律革除不得浮收
分文給此為據
中華民國八年七月　日第　號

【中华民国八年（一九一九）东北旺高德旺上忙串票】（QW—〇二七）

宛平县知事为征收地丁事查第　区东北旺村/庄花
户高德旺　有　亩　分　厘　毫，每亩科征银
　钱　分　厘　毫。中华民国八年，即阴历
年分应征银△两△钱壹分陆厘，按每两
二元三角折征上忙银币　元　角
　分　厘　毫，又每亩带征地方附加税铜元
枚，上忙应征铜元　枚，又带征串票费铜元三枚。
今据该户如数纳讫，此外规费一律革除，不得浮收
分文，给此为据。
中华民国八年七月　日第　号

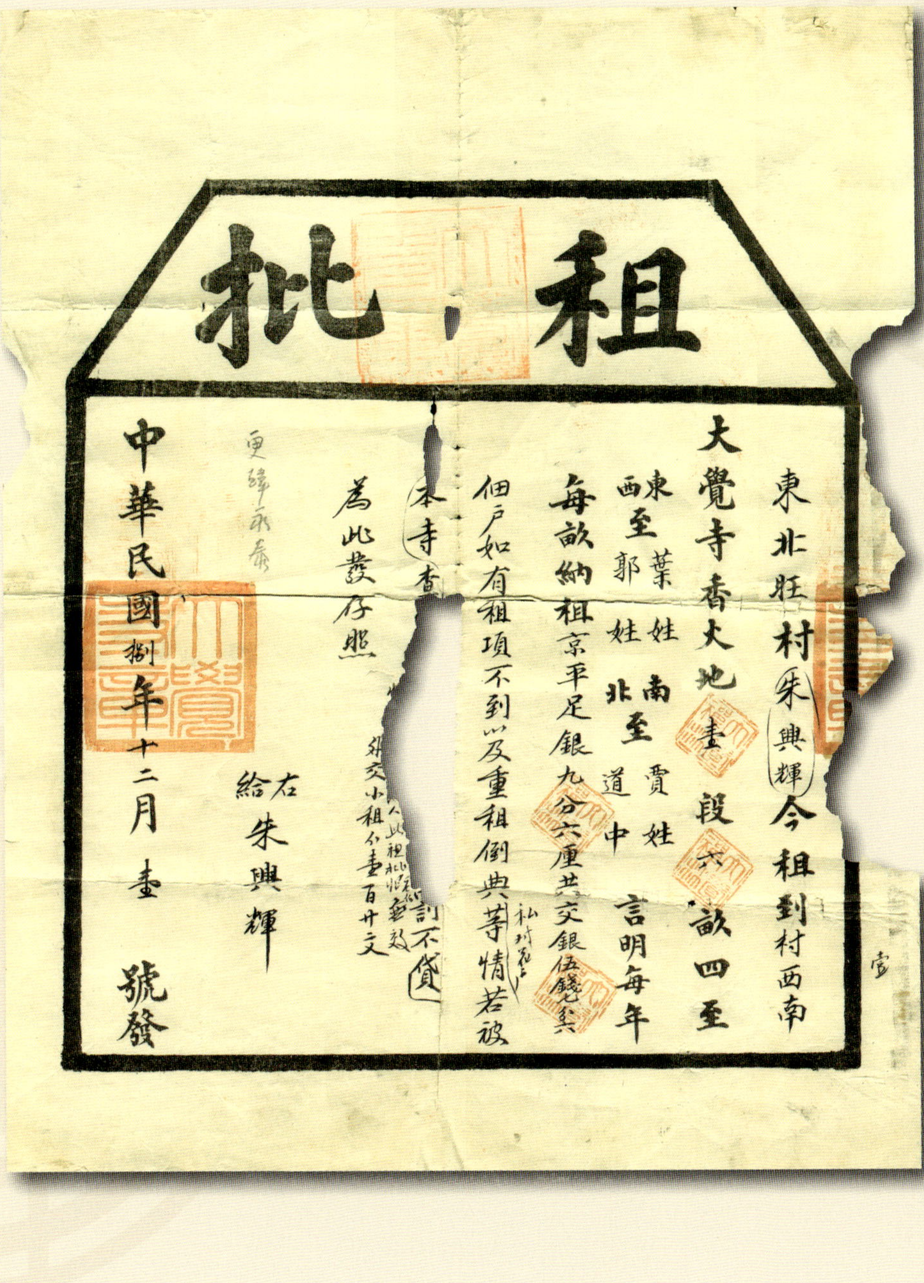
租批
東北旺村朱興輝今租到村西南
大覺寺香火地壹段六畝四至
東至葉姓 南至賈姓
西至郭姓 北至道中
每畝納租京平足銀九分六厘共交銀伍錢 言明每年
佃户如有租項不到以及重租倒典等情若被
本寺查 訂不貸
為此發存照
右給朱興輝
中華民國 年十二月 壹 號發

【中华民国八年（一九一九）东北旺村朱兴辉租大觉寺香火地租批】（QW—〇一九）

租

批

东北旺村朱兴辉，今租到村西南
大觉寺香火地壹段六亩，四至：
东至叶姓，西至郭姓，南至贾姓，北至道中。言明每年
每亩纳租京平足银九分六厘，共交银伍钱七分六。
佃户如有租项不到以及重租倒典、私对花户等情，若被
本寺查［缺］罚不贷。
［缺］此租批概无效。
为此发存照。外交小租钱壹百廿文。
更韩永泰
　　　　　　右给　朱兴辉
中华民国捌年十二月壹号发

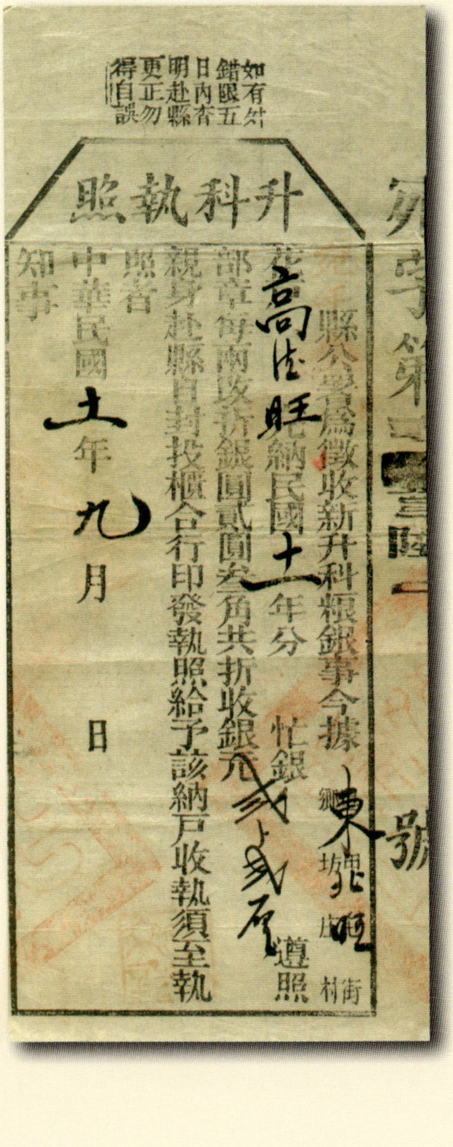

如有舛錯限五日內赍明赴縣更正勿得自誤

升科執照

縣公署為徵收新升科糧銀事今據東鄉張坊村街庄

花戶高俊旺納民國十一年分忙銀[illegible]遵照

部章每兩改折銀圓貳圓叁角共折收銀元[illegible]

親身赴縣自封投櫃合行印發執照給予該納戶收執須至執

照者

中華民國十一年九月　日

知事

字第　號

【中华民国十一年（一九二二）东北旺高德旺升科执照[一]】（QW—〇三〇）

宛平县公署为征收新升科粮银事。今据东北旺里/乡　甲/坊　屯/庄　街/村

花户高德旺完纳民国十一年分　忙银贰分贰厘，遵照

部章，每两改折银圆贰圆叁角，共折收银元

亲身赴县，自封投柜，合行印发执照给予该纳户收执，须至执

照者。

中华民国十一年九月　　日

知事

如有外

错限五

日内查

明赴县

更正勿

得自误[二]

[一] 升科执照：升科，明清时期赋役征收术语。谓新垦荒地，满规定年限后，照一般田地则例征收钱粮。清代规制为，各省报垦田地水田六年起征，旱田十年起征。升科执照是对满规定年限的新垦荒地照一般田地则例征收钱粮的凭证。

[二] 契约框上文字属升科执照内容的一部分，故一并录入。QW—〇三一亦同。

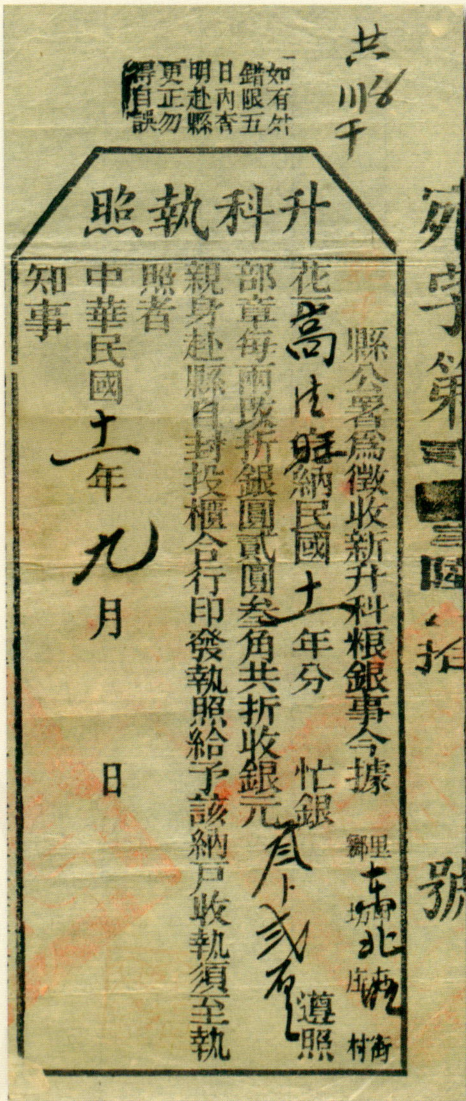

如有舛錯限五日內查明赴縣更正勿得自誤

升科執照

縣公署為徵收新升科粮銀事今據 里鄉 坊庄 村街

花户 納民國十 年分 忙銀

部章每兩既折銀圓貳圓叁角共折收銀元

親身赴縣自封投櫃合行印發執照給予該納户收執須至執

照者 遵照

中華民國十年 九月 日

知事

【中华民国十一年（一九二二）东北旺高德旺升科执照】（QW—〇三一）

宛平县公署为征收新升科粮银事，今据东北旺里/乡　甲/坊　屯/庄　街/村

花户高德旺完纳民国十一年分　忙银叁分贰厘，遵照

部章，每两改折银圆贰圆叁角，共折收银元

亲身赴县，自封投柜，合行印发执照给予该纳户收执，须至执

照者。

中华民国十一年九月　日

知事

如有外错限五日内查明赴县更正勿得自误

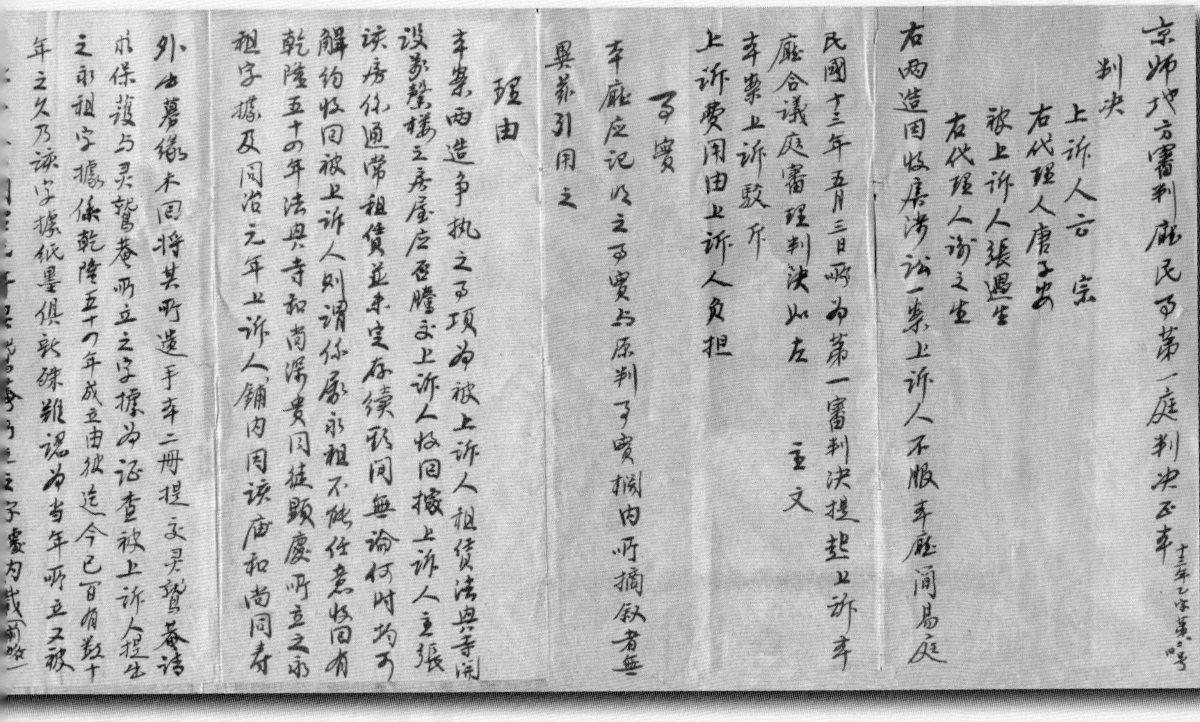
京师地方审判厅民事第一庭判决正本 十三年乙字第[illegible]号

判决

上訴人云 宗

右代理人唐子安

被上訴人張遇生

右代理人謝文生

右兩造因收房涉訟一案上訴人不服本廳簡易庭民國十三年五月三日所為第一審判决提起上訴本廳合議庭審理判决如左

主文

本案上訴駁斥

上訴費用由上訴人負担

事實

本廳應記明之事實與原判事實欄内所摘叙者無異茲引用之

理由

本案兩造爭执之要項為被上訴人租賃法興寺開設義盛樓之房屋應否騰交上訴人收回據上訴人主張該房係通常租賃並未定存續期間無論何時均可解約收回被上訴人則謂係屬永租不能任意收回有乾隆五十四年法興寺和尚深貴同徒顯慶所立之永租字據及同治元年上訴人鋪内因該廟和尚同寿外出募緣未回將其所遺手本二冊提交靈鷲菴請求保護與靈鷲菴所立之字據為証查被上訴人提出之永租字據係乾隆五十四年成立由彼迄今已百有數十年之久乃該字據紙墨俱新殊難認為當年所立又被

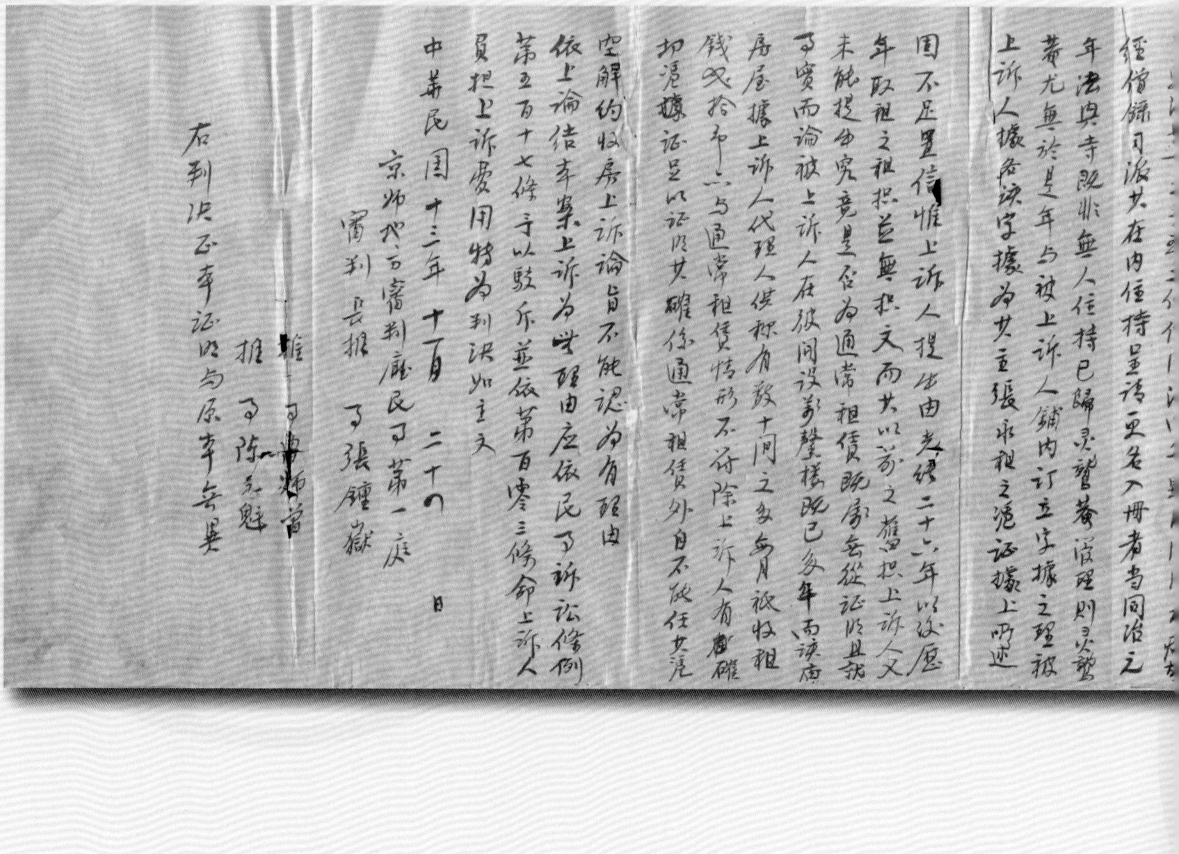
經僧録司派其在內住持呈請更名入冊者當同治之
年法興寺既非無人住持已歸靈覺管理則靈覺
等尤無於是年與被上訴人鋪內訂立字據之理被
上訴人據該字據為其主張承租之憑證據上所述
固不足置信惟上訴人提出由光緒二十六年以後歷
年取租之租摺並無租文而其以前之舊摺上訴人又
未能提出究竟是否為通常租賃既屬無從證明且就
事實而論被上訴人在彼間設剃髮棧既已多年而該廟
房屋據上訴人代理人供稱有數十間之多每月祇收租
錢八拾弔亦與通常租賃情形不符除上訴人有確
切憑據證足以證明其確係通常租賃外自不能任其憑
空解釋收房上訴論旨不能認為有理由
依上論結本案上訴為無理由應依民事訴訟條例
第五百十七條予以駁斥並依第百零三條命上訴人
負擔上訴費用特為判決如主文
中華民國十三年十月二十四日
京師地方審判廳民事第一庭
審判長推事張鍾嶽
推事陳元魁
推事[illegible]
右判決正本證明與原本無異

【中华民国十三年（一九二四）京师地方审判厅判决文书】（QW—一二三）

十三年乙字第一二四号

京师地方审判厅民事第一庭判决正本　判决

上诉人方宗　右代理人唐子安　被上诉人张遇生　右代理人诸之生

右两造因收房涉讼一案，上诉人不服本厅简易庭民国十三年五月三日所为第一审判决，提起上诉，本厅合议庭审理判决如左　主文

本案上诉驳斥

上诉费用由上诉人负担。

事实

本厅应记明主事实，与原判事实，栏内所摘叙者无异，兹引用之。

理由

本案两造争执之事项，为被上诉人租赁法兴寺开设万馨楼之房屋，应否腾交上诉人收回。据上诉人主张，该房系通常租赁，并未定存续期间，无论何时均可解约收回。被上诉人则谓系属永租，不能任意收回，有乾隆五十四年法兴寺和尚深贵同徒显庆所立之永租字据及同治元年上诉人铺内因该庙和尚同寿外出募缘未回，将其所遗手本二册提交灵鹫庵请求保护，与灵鹫庵所立之字据为证。查被上诉人提出之永租字据，系乾隆五十四年成立，由彼迄今，已百有数十年之久，乃该字据纸墨俱新，殊难认为当年所立；又被

上诉人提出同治元年灵鹫庵所立之字据，内载（前略）同寿于咸丰十年出外募缘，将手本二册交本庵收存，每月房租自应本庵取云云，是法兴寺之手本，本系同寿交由灵鹫庵收存，至属显著。被上诉人谓该手本由被上诉人铺内提交该庵，已属与字据不符，且据上诉人呈验法兴寺之手本二件系同治四年，显明因同寿病故，经僧录司派其在内住持呈请更名入册者当同治元年。法兴寺既非无人住持已归灵鹫庵管理，则灵鹫庵尤无于是年与被上诉人铺内订立字据之理，被上诉人据各该字据为其主张永租之凭证。据上所述固，不足置信。惟上诉人提出由光绪二十六年以后历年取租之租折并无折文，而其以前之旧折，上诉人又未能提出究竟是否为通常租赁。既属无从证明，且就事实而论，被上诉人在彼开设万馨楼既已多年，而该庙房屋据上诉人代理人供称有数十间之多，每月只收租钱贰拾吊，亦与通常租赁情形不符。除上诉人有确切凭证足以证明其确系通常租赁外，自不能任其凭空解约收房，上诉论旨不能认为有理由。

依上论结，本案上诉为无理由，应依民事诉讼条例第五百十七条予以驳斥，并依第百零三条命上诉人负担上诉费用。特为判决如主文。

中华民国十三年十一月二十四日　　京师地方审判厅民事第一庭

审判长推事张钟岳　　推事曹师曾　　推事陈元魁

右判决正本证明与原本无异

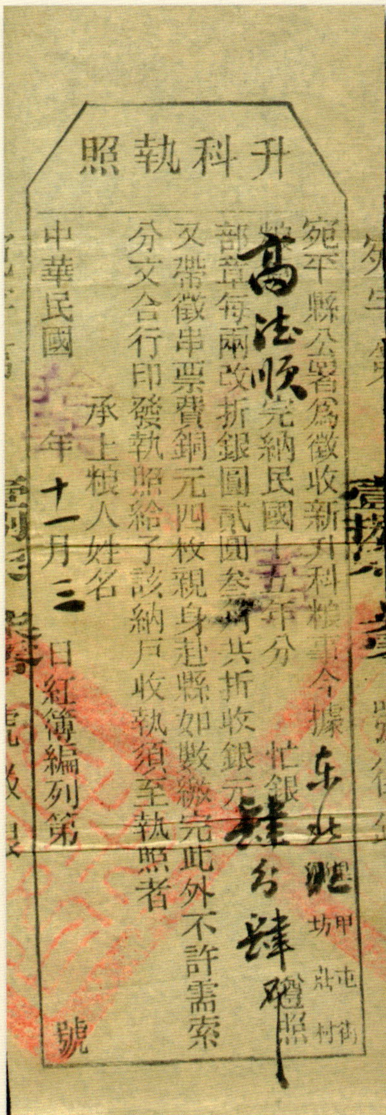
升科執照

宛平縣公署為徵收新升科粮事今據东北地甲坊屯村街

粮戶高法順完納民國十五年分忙銀肆分肆釐照

部章每兩改折銀圓貳圓叁角共折收銀元

又帶徵串票費銅元四枚親身赴縣如數繳完此外不許需索

分文合行印發執照給予該納戶收執須至執照者

承上粮人姓名

中華民國十五年十一月三日紅簿編列第　號

【中华民国十七年（一九二八）东北旺高德顺升科执照】（QW—〇三二）

宛平县公署为征收新升科粮事，今据东北旺里/乡 甲/坊 屯/庄 街/村
粮户高德顺完纳民国十五年分 忙银肆分肆厘，遵照
部章，每两改折银圆贰圆叁角，共折收银元
又带征串票费铜元四枚。亲身赴县，如数缴完，此外不许需索
分文，合行印发执照给予该纳户收执，须至执照者。
承上粮人姓名
中华民国拾柒年十一月三日红簿编列第 号

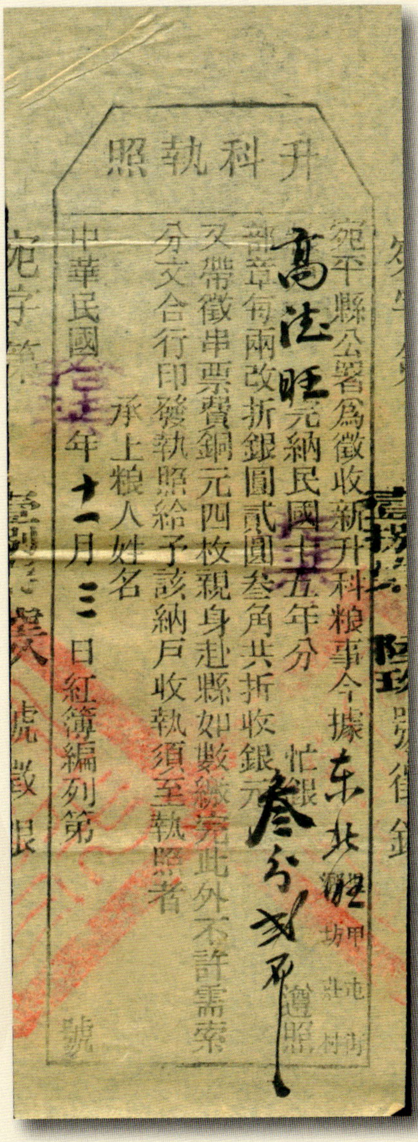

升科執照

宛平縣公署為徵收新升科粮事今據东北旺甲屯坊莊村

高法旺完納民國十五年分忙銀叁分遵照

部章每兩改折銀圓貳圓叁角共折收銀元

又帶徵串票費銅元四枚親身赴縣如數繳完此外不許需索

分文合行印發執照給予該納戶收執須至執照者

承上粮人姓名

中華民國十五年十一月三日紅簿編列第　號

【中华民国十七年（一九二八）东北旺高德旺升科执照】（QW—〇三三）

宛平县公署为征收新升科粮事，今据东北旺里/乡　甲/坊　屯/庄　街/村

粮户高德旺完纳民国十五年分　忙银叁分贰厘，遵照

部章，每两改折银圆贰圆叁角，共折收银元

又带征串票费铜元四枚。亲身赴县，如数缴完，此外不许需索

分文，合行印发执照给予该纳户收执，须至执照者。

承上粮人姓名

中华民国拾柒年十一月三日红簿编列第　号

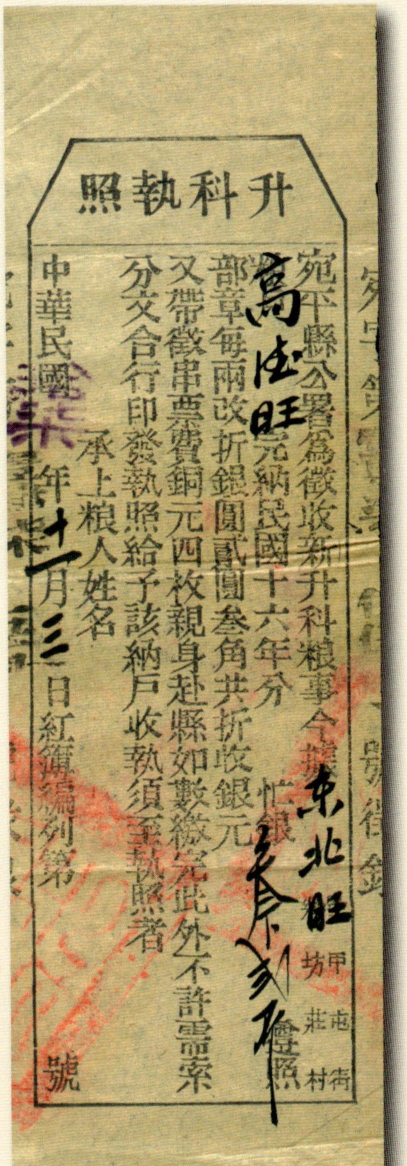

升科執照

宛平縣公署爲徵收新升科糧事今據東北旺甲屯街坊莊村

高□旺完納民國十六年分忙銀[illegible]釐照

部章每兩改折銀圓貳圓叁角共折收銀元

又帶徵串票費銅元四枚親身赴縣如數繳完此外不許需索

分文合行印發執照給予該納戶收執須至執照者

承上粮人姓名

中華民國十六年十一月三日紅簿編列第　號

【中华民国十七年（一九二八）东北旺高德旺升科执照】（QW—〇三四）

宛平县公署为征收新升科粮事，今据东北旺里/乡 甲/坊 屯/庄 街/村

粮户高德旺完纳民国十六年分 忙银叁分贰厘，遵照

部章，每两改折银圆贰圆叁角，共折收银元

又带征串票费铜元四枚。亲身赴县，如数缴完，此外不许需索

分文，合行印发执照给予该纳户收执，须至执照者。

承上粮人姓名

中华民国拾柒年十一月三日红簿编列第 号

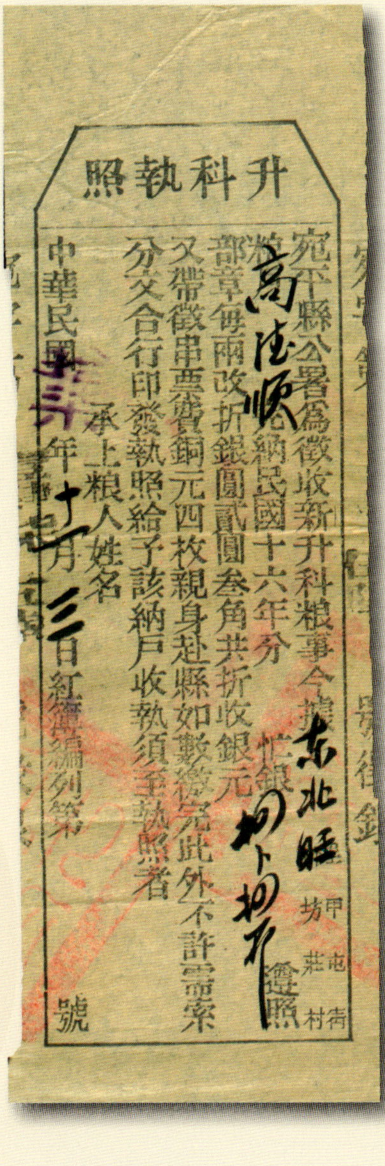

升科執照

宛平縣公署為徵收新升科粮事今據 東北旺 甲屯 坊莊 村街
粮 高德順 名納民國十六年分 忙銀 [illegible] 照
部章每兩改折銀圓貳圓叁角共折收銀元
又帶徵串票費銅元四枚親身赴縣如數繳完此外不許需索
分文合行印發執照給予該納戶收執須至執照者
承上粮人姓名
中華民國十六年十二月三日紅簿編列第 號

【中华民国十七年（一九二八）东北旺高德顺升科执照】（QW—〇三五）

宛平县公署为征收新升科粮事，今据东北旺里/乡　甲/坊　屯/庄　街/村

粮户高德顺完纳民国十六年分　忙银肆分肆厘，遵照

部章，每两改折银圆贰圆叁角，共折收银元

又带征串票费铜元四枚。亲身赴县，如数缴完，此外不许需索

分文，合行印发执照给予该纳户收执，须至执照者。

承上粮人姓名

中华民国拾柒年十一月三日红簿编列第　号

五、暂不能确定具体年代的契约文书

此部分暂未能确定年代的契约大致分为三种情况，一种是契约原件中署明了日期，这部分契约包括QW—一一七、QW—一一九和QW—一二〇；在发现这些文件时，其与判决书QW—一二三捆绑在一起，是QW—一二三的证据材料，但是判决书中已经判定所提供的证据有伪，所以不能保证上述作为证据材料的三份契约所署的时间属实，因此归入暂无法确定具体年代的契约。第二种情况是原件中年代部分残缺，无从查找原件所属年份或编者暂无法根据已有信息确定契约具体年份。还有一种情况是，原件中没有署明日期，编者暂无法确定或考证契约具体年份。现将以上三种情况的契约统一归入第五部分——暂无法确定年代的契约，其中判决书QW—一二三的证据材料放在一起，其他契约不另行设定排列秩序。

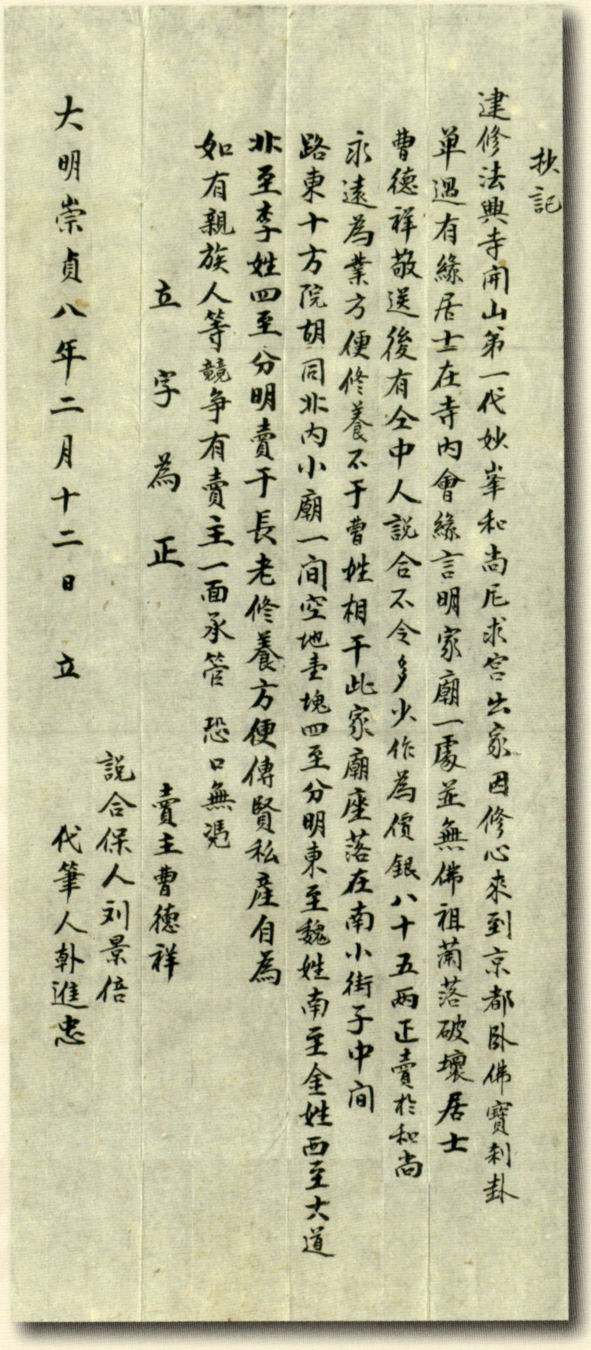

批記
建修法興寺開山第一代妙峯和尚尼求官出家因修心來到京都卧佛寶刹掛
單遇有緣居士在寺內會緣言明家廟一處並無佛祖蘭落破壞居士
曹德祥敬送後有仝中人說合不令多少作為價銀八十五兩正賣於和尚
永遠為業方便修養不干曹姓相干此家廟座落在南小街子中間
路東十方院胡同北內小廟一間空地壹塊四至分明東至魏姓南至金姓西至大道
北至李姓四至分明賣于長老修養方便傳賢私產自為
如有親族人等競爭有賣主一面承管　恐口無憑
立字為正
賣主曹德祥
說合保人刘景倍
代筆人郭進忠
大明崇貞八年二月十二日　立

【抄记　明崇祯八年（一六三五）曹德祥立卖家庙契】[一]（QW—一一七）

抄记

建修法兴寺开山[二]第一代妙峰和尚尼求宫出家，因修心来到京都卧佛宝刹卦（挂）单。遇有缘居士在寺内会缘，言明家庙一处，并无佛祖，兰落破坏。居士曹德祥敬送。后有同中人说合，不令多少作为价银八十五两正卖于和尚，永远为业。方便修养，不于曹姓相干。此家庙座落在南小街子中间路东十方院胡同北，内小庙一间，空地壹块，四至分明，东至魏姓，南至金姓，西至大道，北至李姓，四至分明。卖于长老修养，方便传贤，私产自为。如有亲族人等竞争，有卖主一面承管。恐口无凭，立字为正（证）。

卖主　曹德祥

说合保人　刘景倍

代笔人　韩进忠

大明崇贞（祯）八年二月十二日立

〔一〕此件契文为QW—一二三号的附件，内容、时间待考。

〔二〕开山：在名山创立寺院，本为佛教用语，后喻指开创一种行业或流派。

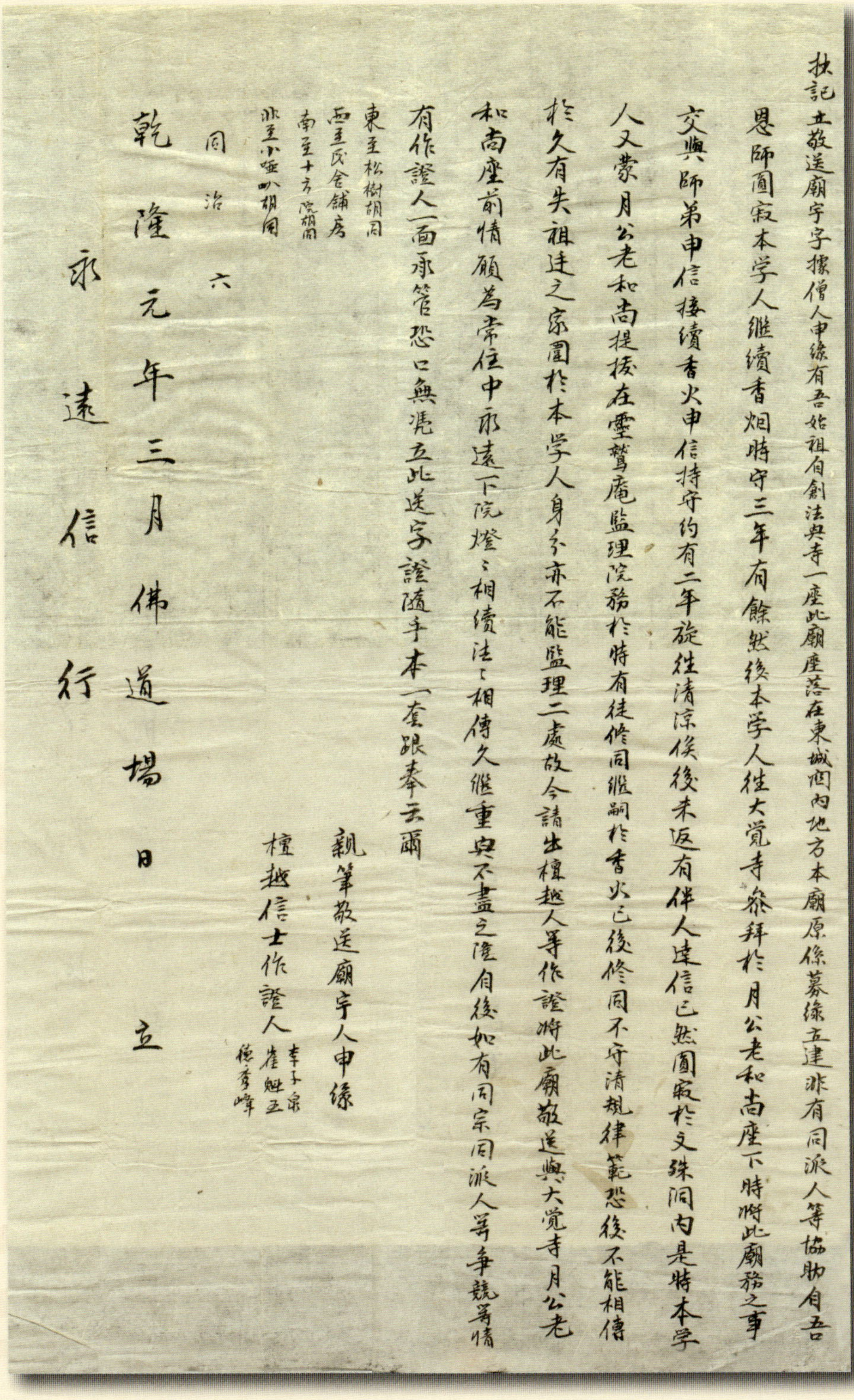
扶記 立敬送廟宇字據僧人申緣有吾始祖自創法典寺一座此廟座落在東城胡內地名本廟原係募緣立建非有同派人等協助自吾
恩師圓寂本学人繼續香烟時守三年有餘然後本学人往大覺寺叅拜於月公老和尚座下時將此廟務之事
交與師弟申信接續香火申信持守約有二年旋往清涼俟後未返有伴人達信已然圓寂於文殊洞內是時本学
人又蒙月公老和尚提拔在靈鷲庵監理院務於時有徒倫同繼嗣於香火已後倫同不守清規律範恐後不能相傳
於久有失祖迷之家園於本学人身分亦不能監理二處故今請出檀越人等作證將此廟敬送與大覺寺月公老
和尚座前情願為常住中永遠下院燈燈相續法法相傳久繼重興不盡之隆自後如有同宗同派人等爭競等情
有作證人一面承管恐口無凴立此送字證隨手本一套跟奉云爾
親筆敬送廟宇人申緣
檀越信士作證人 李子泉 崔魁五 德秀峰
東至松樹胡同 西至民舍鋪房 南至十方院胡同 北至小啞叭胡同
同治六
乾隆元年三月佛道場日 立
永遠信行

【抄记　乾隆元年（一七三六）僧人申缘立施舍庙宇字据】[一]（QW—一一九）

抄记立敬送庙宇字据僧人申缘，有吾始祖自创法兴寺一座。此庙座落在东城关内地方，本庙原系募缘立建，非有同派人等协助。自吾
恩师圆寂，本学人继续香烟，时守三年有余。然后本学人往大觉寺参拜于月公老和尚座下，时将此庙务之事交与师弟申信，接续香火。申信持守约有二年，旋往清凉，俟后未返，有伴人达信，已然圆寂于文殊洞内。是时本学
人又蒙月公老和尚提拔，在灵鹫庵监理院务。于时有徒修同继嗣于香火，已后修同不守清规律范，恐后不能相传
于久，有失祖廷（庭）之家围。于本学人身分（份）亦不能监理二处，故今请出檀越人等作证，将此庙敬送与大觉寺月公老
和尚座前，情愿为常住中永远下院。灯灯相续，法法相传，久继重兴，不尽之隆。自后如有同宗同派人等争竞等情，
有作证人一面承管。恐口无凭，立此送字证。随手本一套跟奉云尔。
东至松树胡同，西至民舍铺房，南至十方院胡同，北至小哑叭胡同。
同治六
乾隆元年三月佛道场日立
亲笔敬送庙宇人　申　缘
檀越信士作证人　李子泉
　　　　　　　　崔魁五
　　　　　　　　德秀峰
永　远　信　行

[一] 此件字据为 QW—一二三号的附件，内容、时间待考。

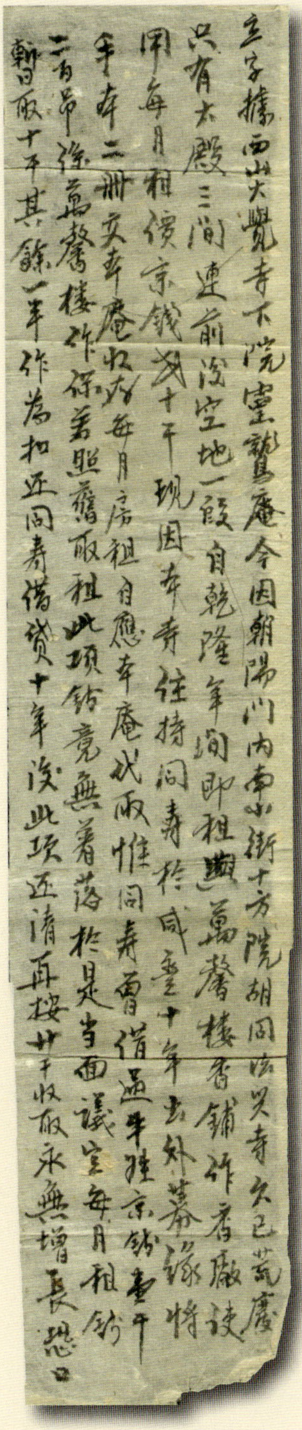
立字據西山大覺寺下院靈鷲庵今因朝陽門內南小街十方院胡同法覺寺久已荒廢
只有大殿三間連前後空地一段自乾隆年間即租與萬馨樓香鋪作香廠使
用每月租價京錢八十千現因本寺住持悶壽於咸豐十年出外募緣將
本寺一併交本庵收放每月房租自應本庵代取惟悶壽曾借過本號京錢壹千
二百吊係萬馨樓作保若照舊取租此項錢竟無着落於是當面議定每月租錢
暫留取十千其餘一半作為扣还悶壽借貸十年後此項还清再按廿千收取永無增長恐口

【同治元年（一八六二）灵鹫庵立字据】〔一〕（QW—一二〇）

立字据西山大觉寺下院灵鹫庵，今因朝阳门内南小街十方院胡同法兴寺久已荒废，只有大殿三间连前后空地一段，自乾隆年间即租与万馨楼香铺作香厂使用，每月租价京钱贰十千。现因本寺住持同寿于咸丰十年出外募缘，将手本二册交本庵收存。每月房租自应本庵代取。惟同寿曾借过牛姓京钱壹千二百吊，系万馨楼作保。若照旧取租，此项钱竟无着落。于是当面议定，每月租钱暂取十千，其余一半作为扣还同寿借贷，十年后，此项还清，再按廿千收取，永无增长，恐口

〔缺〕

〔一〕　该字据的年代据QW—一二三号内容推测为同治元年，但由于当时法庭判本字据疑有伪，故同治元年疑似有误，待查。

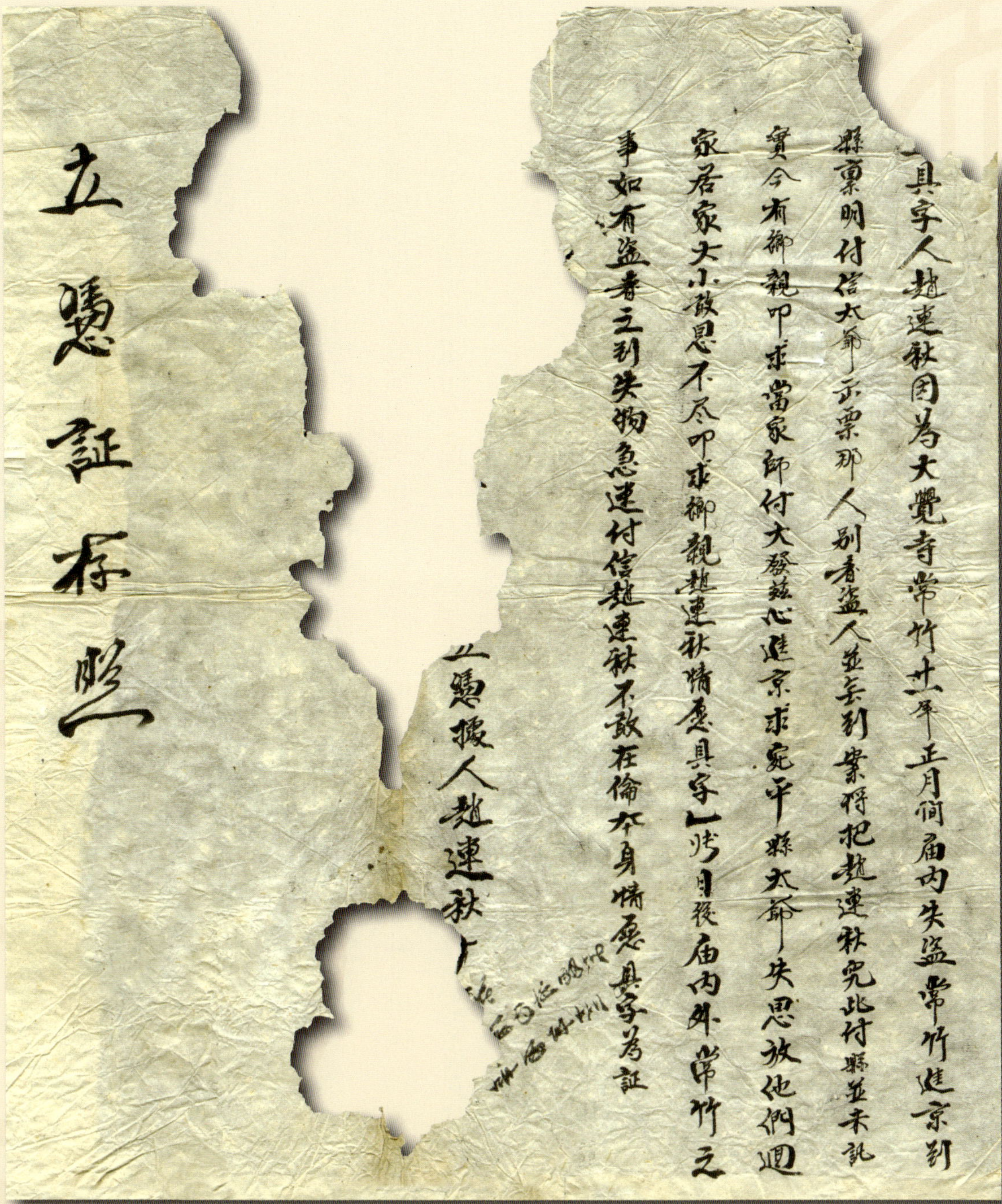
具字人趙連秋因為大覺寺常竹廿一年正月間廟內失盜常竹進京到
縣稟明付信太爺示票拿人別者盜人並妄到案將把趙連秋究此付縣並未訊
實今有御親叩求當家師付太發慈心進京求宛平縣太爺失恩放他們回
家居家大小啟恩不盡叩求御親趙連秋情愿具字[illegible]此日後廟內外常竹之
事如有盜者三到失物急速付信趙連秋不敢在倫本身情愿具字為証
立憑據人趙連秋[illegible]

立憑証存照

【[缺] 赵连秋立凭证】（QW—一〇八）

立*具字人赵连秋，因为大觉寺常**竹**廿一年正月间庙内失盗，常**竹**进京到县禀明付信太爷，出票那（拿）人，别者盗人并无到案，将把赵连秋究此付县，并未讯实。今有乡亲叩求当家师**付**大发慈心，进京求宛平县太爷失（施）恩放他们回家，居家大小**敢**恩不尽。叩求乡亲。赵连秋情愿具字一张，日后庙内外常**竹**之事，如有盗者之到失物，急速付信。赵连秋不敢在（再）**伦**，本身情愿具字为证。

立凭证人　赵连秋（押）

[缺]

立凭证存照

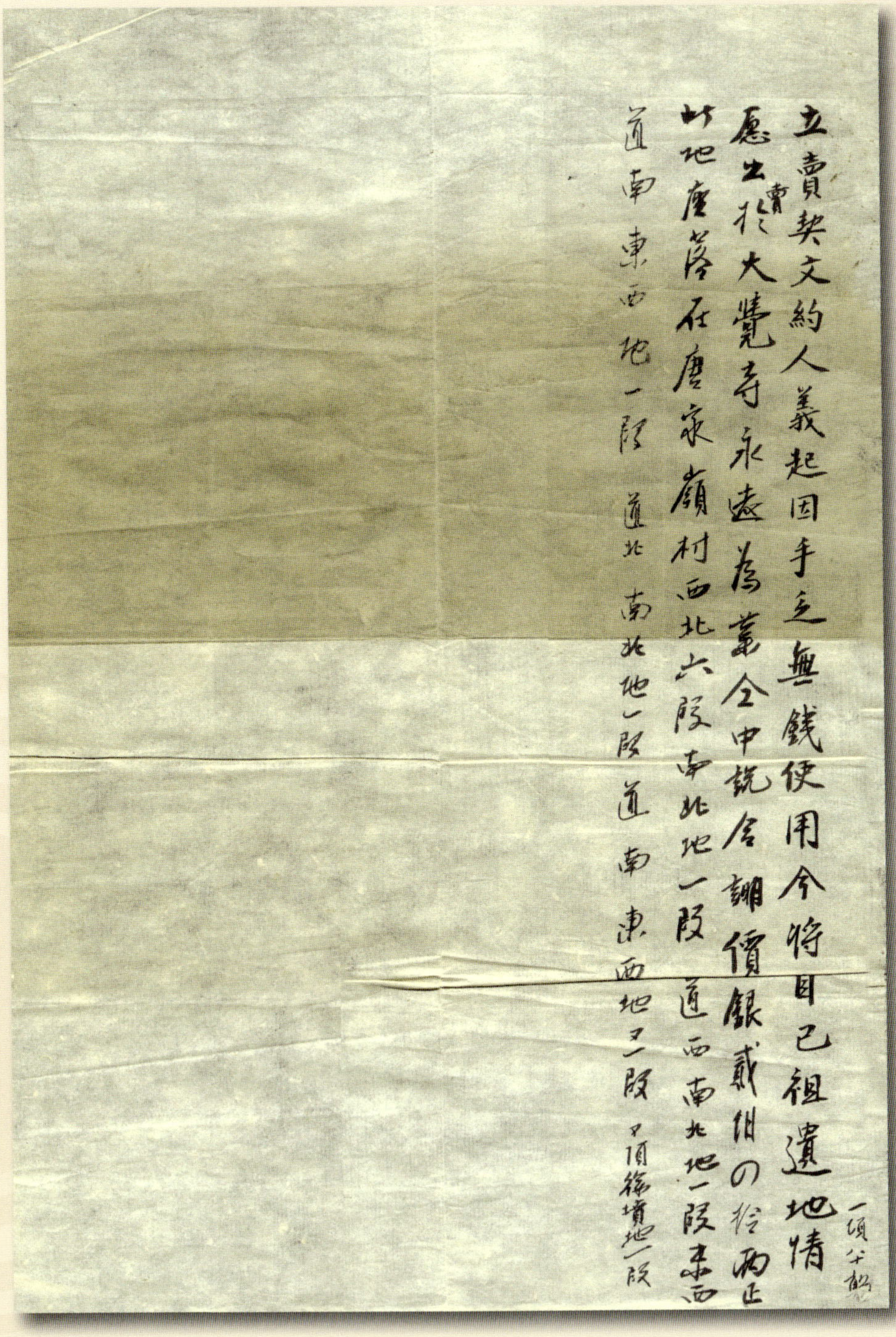
一頃六畝
立賣契文約人義起因手乏無錢使用今將自己祖遺地情
愿出賣於大覺寺永遠為業今中說合議價銀貳佰四拾兩正
此地座落在唐家嶺村西北六段南北地一段道西南北地一段東西
道南東西地一段道北南北地一段道南東西地又一段又頂墳地一段

【〈缺〉义起立卖地契】（QW—一〇九）

立卖契文约人义起，因手乏无钱使用，今将自己祖遗地一顷八十亩，情愿出卖于大觉寺，永远为业。同中说合，言明价银贰佰四拾两正。

此地座落在唐家岭村，西北六段，南北地一段，道西南北地一段，东西道南东西地一段，道北南北地一段，道南东西地又一段，又顶徐坟地一段。

立覓地人李文科 陳義名，因為無地耕種，今租到大覺寺地四拾九畝正。

此地坐落冷泉村西鉄匠墳貳段、倉北灣一段，家南官道壹段五畝。每年租銀拾㐅兩㐅

錢五分，當年收過押季租廿吊錢五。言明拾月初壹完租。恐口無憑，立契存照。

中保人 于晏 郝世名 郭不合

立契存照

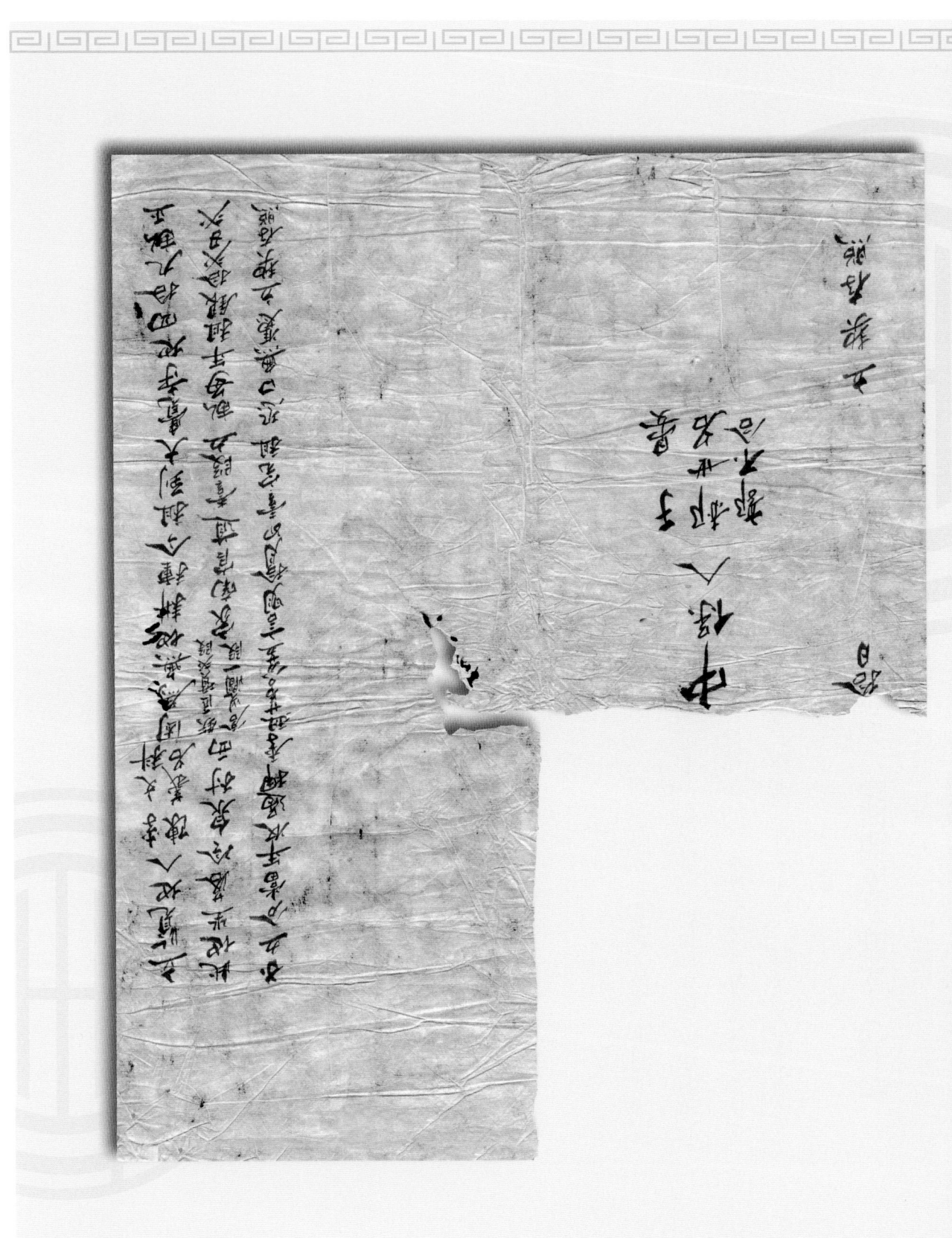

拾日

【[缺] 李文科、陈义名立租佃契】（QW—一一〇）

立览地人李文科、陈义名，因为无地耕种，今租到大觉寺地四拾九亩正，此地坐落冷泉村西铁匠坟贰段，仓儿涧一段，家南官道壹段五亩。每年租银拾贰两贰钱五分。当年收过，押季租廿吊零分正。言明拾月初壹完租，恐口无凭，立契存照。

中保人　于　晏

郝世名

郭不合

[缺] 拾日　　立契存照

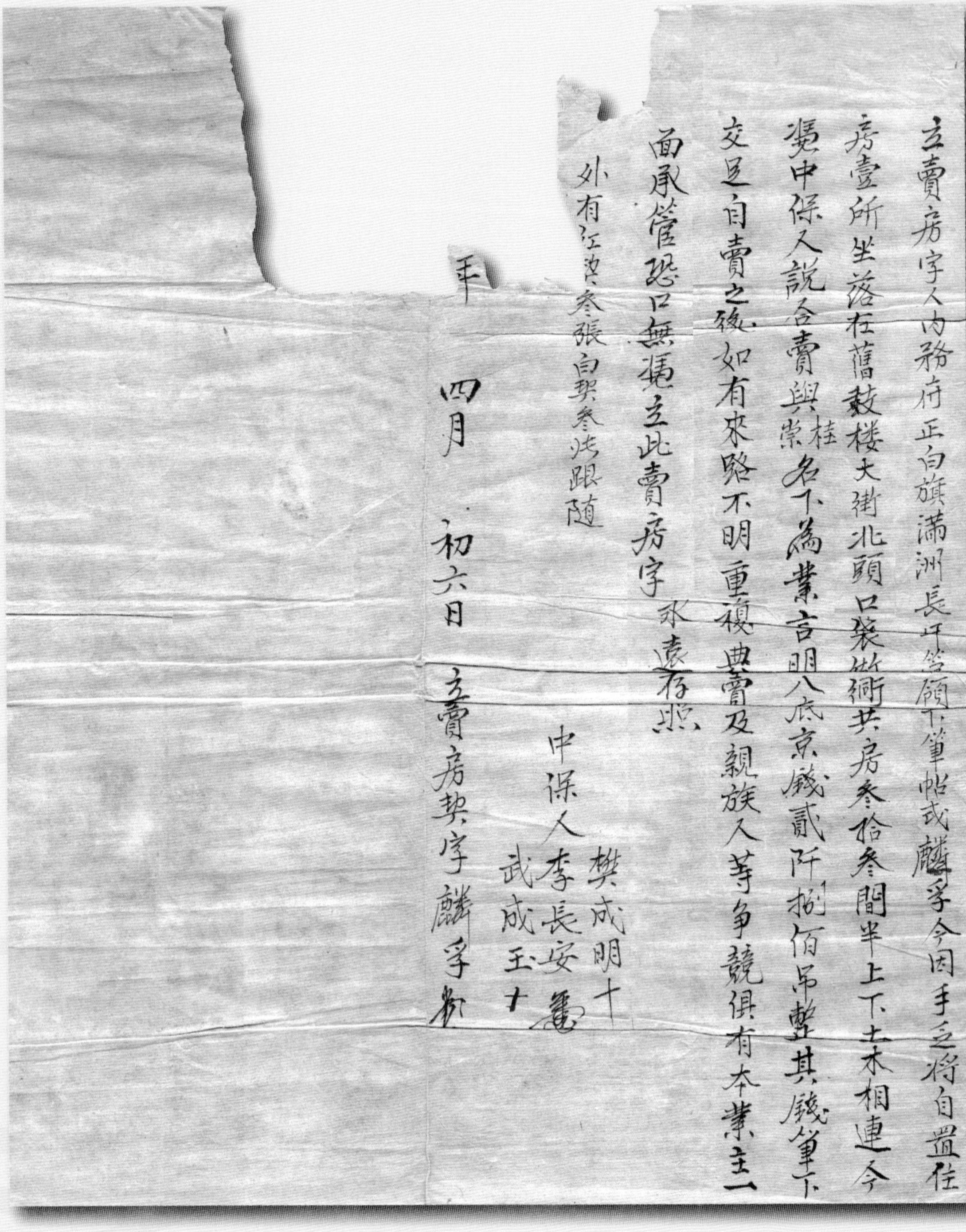
立賣房字人内務府正白旗滿洲長吓嗇領下筆帖式麟孚今因手乏將自置住
房壹所坐落在舊鼓樓大街北頭口袋衚衕共房叁拾叁間半上下土木相連今
憑中保人說合賣與崇桂名下為業言明八底京錢貳阡捌佰吊整其錢筆下
交足自賣之後如有來歷不明重複典賣及親族人等争競俱有本業主一
面承管恐口無憑立此賣房字永遠存照
外有紅契叁張白契叁紙跟隨
中保人 樊成明 十
李長安
武成玉 十
年 四月 初六日 立賣房契字 麟孚

【[缺] 麟孚立卖房契】（QW—一一一）

立卖房字人内务府正白旗满洲长圩*管领[一]下笔帖式麟孚，今因手乏，将自置住房壹所，坐落在旧鼓楼大街北头口袋胡同，共房叁拾叁间半，上下土木相连。今凭中保人说合，卖与桂、崇名下为业。言明八底京钱贰阡（仟）捌佰吊整，其钱笔下交足。自卖之后，如有来路不明、重复典卖及亲族人等争竞，俱有本业主一面承管。恐口无凭，立此卖房字，永远存照。

外有红契叁张、白契叁张跟随。

中保人　樊成明（押）

李长安（花押）

武成玉（押）

[缺] 年　四月初六日

立卖房契字　麟孚（花押）

[一] 管领：清代官名。初为正五品，道光时改为从五品。

立賣字人鑲黃旗滿洲奎英佐領下筆帖式桂紳藍翎侍衛崇紳今將自置
舊鼓樓大街口袋胡同內路北大門住房一所共房三十四間憑中保說合情愿
賣與內務府正黃旗鍾佑佐領下領催清安
邊
姓名下永遠為業門窗戶壁俱全上下土木相連言明價錢叁千叁百千
整其錢筆下交足並無少欠自賣之後如有來路不明重複典賣及親族人等爭
[illegible]賣主及中保人等一面承管恐口無憑立此賣字永遠存照
[illegible]大叁張白字肆張跟隨
[illegible]月二十八日 立

立賣字人 桂紳
崇紳
知情底保 楊五
李光順 十
馬德川 七
中保人 趙永喜 十
馬興祿
趙永壘

【[缺] 桂绅、崇绅立卖房契】（QW—一一二）

立卖字人镶黄旗满洲奎英佐领下笔帖式桂绅、蓝翎侍卫崇绅，今将自置
旧鼓楼大街口袋胡同内路北大门住房一所，共房三十四间，凭中保说合，情愿
卖与内务府正黄旗钟佑佐领下领催〔二〕清安
边性（姓）名下，永远为业。门窗户壁俱全，上下土木相连，言明价钱叁千叁百吊
整。其钱笔下交足，并无少欠。自卖之后如有来路不明，重复典卖及亲族人等争
[缺]卖主及中保人等一面承管。恐口无凭，立此卖字，永远存照。
[缺]契*叁张、白字肆张跟随。

立卖字人　桂　绅（花押）
崇　绅（花押）
知情底保　杨　五（花押）

[缺]月二十八日立

李光顺（押）
马德川（押）
中保人　赵永喜（押）
马兴禄（花押）
赵永丰（花押）

〔二〕领催：八旗兵中佐领下属，每佐领下设一至五名领催，从马甲之优秀者中选任。

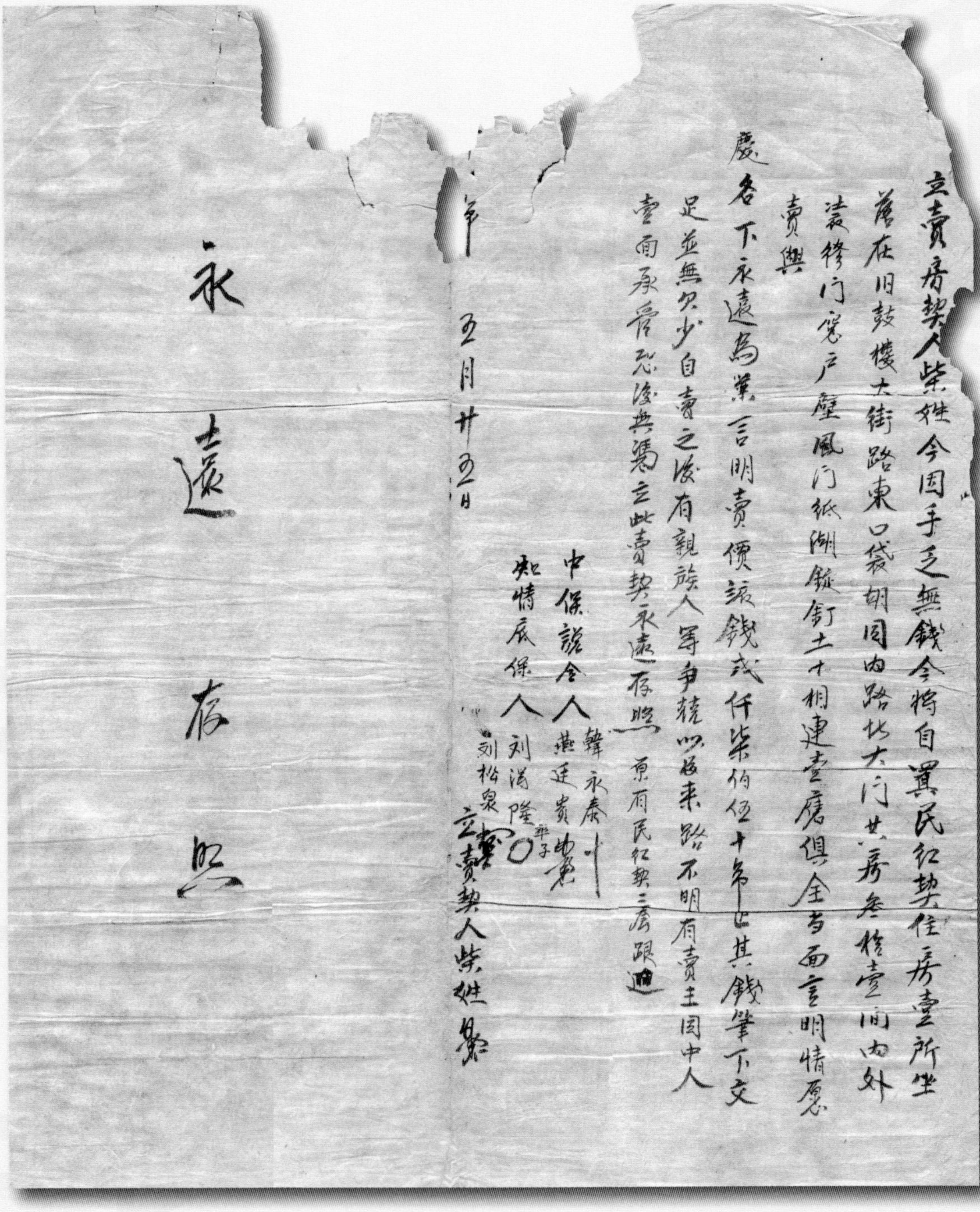
立賣房契人紫姓今因手乏無錢今將自置民紅契住房壹所坐
落在旧鼓樓大街路東口袋胡同內路北大门共房叁間內外
裝修门窓户壁風门紙糊鋸釘土木相連壹應俱全當面言明情愿
賣與
處名下永遠為業言明賣價錢錢弍仟柒佰伍十吊正其錢筆下交
足並無欠少自賣之後有親族人等爭競以及來路不明有賣主同中人
壹面承管恐後無憑立此賣契永遠存照　原有民紅契三張跟隨
中保說合人　韓永泰　十
　　　　　　燕廷貴　押
知情底保人　刘潤隆　〇
　　　　　　刘松泉
年　五月廿五日　立賣契人紫姓　押
永遠存照

【[缺] 柴姓立卖房契】（QW—一一三）

立卖房契人柴姓，今因手乏无钱，今将自置民红契住房壹所，坐
落在旧鼓楼大街路东口袋胡同内路北大门，共房叁拾壹间。内外
装修，门窗户壁风门纸糊锭钉，土木相连，壹应俱全。当面言明，情愿
卖与
庆名下永远为业。言明卖价银钱贰仟柒佰伍十吊正，其钱笔下交
足，并无欠少。自卖之后，有亲族人等争兢以及来路不明，有卖主同中人
壹面承管，恐后无凭，立此卖契，永远存照。原有民红契三套跟随。

中保说合人　韩永泰（押）
燕廷贵（花押）
知情底保人　刘得隆率*子（押）
刘松泉（花押）
立卖契人　柴　姓（花押）

[缺] 年五月廿五日

永远存照

大觉寺藏清代和民国时期契约文书研究

下编

一、大觉寺和大觉寺藏清代和民国时期契约文书

北京城西，群山连绵，林木茂盛，溪泉淙淙，寺庙掩映，历代统治者在此建造了数以百计的寺庙行宫、园林陵寝，位于北京西北阳台山东麓的大觉寺是一座至今保存完整、规模宏大的古代巨刹。大觉寺千年的历史遗存下众多的文物古迹，蕴涵着丰富的文化内容，其中古代建筑、金石碑刻、园林生态、绘画雕塑、佛教典籍等寺庙文化内容丰富多彩。发现于二十世纪九十年代初的一批契约文书，则以其内容广泛、种类纷繁而最具科研价值。

（一）大觉寺历史文化简述

大觉寺始建于辽代，时称『清水院』。辽代统治者崇信佛教，优礼僧徒，恢复兴建了许多寺院。社会各阶层也崇佛信佛，对寺院资助施舍。『清水院』当时募得信士捐资修葺经舍和印刷『大藏经』，足见燕京崇佛风气之盛，清水院规模之大、香火之旺，在辽南京（今北京）地区众多佛寺中居于前列。金统治者建立政权后，对佛教采取既抑制又有保护的态度。金章宗完颜璟时，广修离宫别院、名胜景点。在山势雄伟、风景秀丽的西山地区兴建了著名的八大水院，大觉寺即金章宗所建西山八院之一的『清水院』。清水院泉流丰沛，景色秀丽，尤以杏花著称，是南京城外久负盛名的风景游览区。明代自成祖迁都北京后，北京逐渐成为北方的佛教中心。由于统治者的提倡和保护，佛教寺庙在元末残破的基础上得以恢复和发展。北京的西北郊为传统风景游览胜地，明统治者在西山一代大量修建佛寺，对西北郊风景进行开发。明代前期是大觉寺的鼎盛时期，据史料记载，有明一代，皇家对大

觉寺进行了三次大规模的翻修扩建，奠定形成了现存寺院的规模。明宣德三年（一四二八），宣宗朱瞻基奉其母孝昭太后之命，出内帑翻修了凋敝已久的灵泉佛寺，更名为『大觉寺』，大觉寺从此成为皇家敕建寺院。明英宗正统十一年（一四四六）和明宪宗成化十四年（一四七八），又对大觉寺进行了两次修葺。明末清初，改朝换代，社会动荡不安，寺院也处于萧条之中。从成化十四年（一四七八）至明末，大觉寺再未重修，寺内建筑残破不堪，几成废墟。清康熙五十九年（一七二〇），时在藩邸的皇四子胤禛对寺院进行了修缮，遣临济正宗三十四世嗣法传人迦陵（性音）住大觉寺方丈，并亲撰《送迦陵禅师安大觉方丈碑记》一文以示恩宠。乾隆十二年（一七四七），弘历出内帑重修大觉寺，乾隆帝多次驾临此寺，留下许多御制诗文和匾额。道光以后，清王朝由盛而衰，财源日渐枯竭，已无力顾及西山寺庙之修复。民国时期，军阀混战，日寇入侵，社会秩序混乱，国民经济衰敝。大觉寺虽然香火冷落，但作为京西名刹，尽管建筑残旧，园林凋敝，仍吸引达官贵人、民族志士及文人学者游览或栖止。距此不远的妙峰山庙会久负盛名，开庙期间，朝山进香的人络绎不绝，大觉寺是妙峰山进香的必经之处。一九三七年抗日战争爆发，北平沦陷，古都的传统文化氛围遭到破坏，昔日人流如潮的进香山道已无人烟，西山一带寺庙也惨遭厄运。

古代佛教寺庙不仅是供奉佛教诸神、僧众修行的所在，也是人们朝圣膜拜、游览观赏的中心，有着丰富的历史文化内涵，其中作为主体的佛殿建筑融入中国传统建筑，既强调布局形式，又体现宗教功能，艺术表现丰富，极具中国特色。大觉寺建筑布局总体采用中国传统建筑中的院落式布局，整个建筑布列在自东向西的轴线之上，依次有山门、碑亭、钟鼓楼、天王殿、大雄宝殿、无量寿佛殿、大悲坛等，南北两侧有跨院，整座寺院布局精巧，错落有致，为典型的汉式寺院布局。作为皇家敕建寺院，其佛殿堂的装饰艺术亦十分出色。佛教诸神是佛教徒信奉崇拜的对象，包括佛、菩萨、罗汉、天神等，而寺院就是佛教诸神在人间的栖身之地。供奉在大觉寺殿堂之内的佛教塑像，造型生动，雕刻精美，具有极高的艺术价值，是珍贵的历史文物。

寺院的兴盛在于历代僧人的焚修和香火的旺盛。明宣德三年（一四二八）皇家重修大觉寺后，命高僧智光入寺住持。智光是明初著名高僧，以其政治上的功绩和传译经典方面的成就，备受明初帝王恩宠。明成化十四年（一四七八），明宪宗之母周太后出资重修大觉寺，周太后的弟弟周吉祥年少时在大觉寺剃度，圆寂后葬于大觉寺附近，周云端（即周吉祥）和尚塔至今保存完好。大觉寺清代著名住持是迦陵和尚，康熙五十九年（一七二〇）大觉寺重修后，雍亲王胤禛遣名僧性音入寺住持，并亲赐碑文，雍正四年（一七二六）性音圆寂，在寺旁建塔一座。

大觉寺在其近千年的历史中作为皇家寺庙的历史长达六百年，如从金章宗清水院算起，与皇家的渊源已逾八百年，这为大觉寺的历史蒙上一层浓重的皇家色彩。金章宗、明宣宗、清世宗、清高宗都曾在此驻跸，降香礼佛之余留下许多匾额及诗文，给古朴庄严的古寺增添许多雅趣，它们与名胜交相辉映，是这座皇家寺院不可缺少的文化内容。大觉寺在明清两朝，多次重修扩建，得到皇室的巨大支持。据正德四年（一五〇九）大觉寺庙产碑所记，宣德十年（一四三五）、成化十年（一四七四）、弘治十七年（一五〇四），曾屡向大觉寺赐庄田佃户，使得寺院庄田丰实，僧弥众多，成为西山三百寺中有名的巨刹。寺内收藏的部分清代契约文书真实具体地记录了大觉寺清代至民国初年经济及其他活动，是研究清代大觉寺历史、寺院经济史及北京社会经济史的宝贵资料。近年在清理寺内文物时还发现了明代藏经残留卷页，以及清代高僧释经著作和印刷木版。刻经、藏经曾是大觉寺历史上重要的文化活动，历代高僧大德在此焚修住持，传经布道，留下了众多的语录著述及木刻经版，它们是寺内珍贵的历史文物，具有极高的保护价值。

新中国成立时，大觉寺地区属河北宛平县辖区，当时寺院已是满目苍凉，院内荒草丛生，古建陈旧。一九五〇年，大觉寺成为林业部林干校校址，一九五二年林业部将大觉寺作为北京林学院校址，一九五三年至一九七八年为林业部、农林部使用，一九七九年又归林学院管理，同年成为北京市重点文物保护单位。一九八八年十月，北京市文物局接收大觉寺，一九八九年成立了大觉寺管理处。在北京市文物局的具体指导下，制订了文物抢修计划及大觉寺发展规划，明确了大觉寺今后的发展方向：保护历史文物，弘扬民族文化，凭借环境优势开展文物旅游事业，为社会主义精神文明、物质文明服务，为广大群众提供多功能文化活动场所。大觉寺于一九九二年四月正式对外开放。大觉寺是阳台山自然风景区内保存完整、规模宏大的古建筑群，周围林木旺盛，古迹众多，旅游资源丰富，极具开发价值。十几年来管理处文物工作者遵循抢救为主、保护第一、合理利用、加强管理的文物工作原则，取得了巨大的成绩。寺内古建文物得到全面修复和妥善保护。二〇〇一年，大觉寺被国家旅游局评为『国家AA级旅游景区』。二〇〇六年成为国家重点文物保护单位。

（二）大觉寺藏契约文书的发现和保护

历经一千多个寒暑交替和五个封建王朝的政权更迭，大觉寺在多变的沧桑世事中虽几衰几兴，却衣钵相传，既完整地保存了一处古代建筑群落，也保留了造像、碑刻、经版等许多珍贵的佛教文化遗存。大觉寺是一处典型的汉传佛教寺院，它的建筑设计、殿堂配置和园林布局，是中华民族光辉文化的凝结，具有比较高的研究价值与美学价值。除了这些古代建筑外，大觉寺还藏有各类文物千余件，其中重要的文物当为发现于二十世纪九十年代的契约文书。这批契约文书其时间上起清代康熙七年（一六六八），下至民国十七年（一九二八）。内容十分丰富，涉及土地制度、宗法制度、赋役制度、风俗人情等多方面，不仅直接反映了大觉寺二百多年来寺院经济的各个方面，也间接反映了北京地区整个社会的方方面面，具有研究寺院经济、社会风俗、土地制度等多方面的价值。

大觉寺藏的这批文书档案，其年代最早者迄今已历三百多个寒暑。其间在朝代更替的兵火、世事变迁的兴衰、岁月轮回的消磨中，能够有序流传，完整保留，殊为不易。尤其是二十世纪三四十年代北京沦陷于日寇和六七十年代『「文革」破「四旧」』之际，这些纸质文物得以度过劫难，幸存至今，更是难上加难。在这里，不能不提到当时保护大觉寺和这批文物有功的一位老人——常修。常修是大觉寺的最后一位僧人，俗姓王，名永太，常修是他皈依佛门后的法名。一九四〇年春，常修受广济寺方丈委派前往大觉寺常住，看守寺院，经管田产。常修到大觉寺，时值抗日战争和解放战争时期，值此国家动荡不安之际，常修尽力与土匪和日军周旋，努力使寺院文物古迹不受更大的破坏。新中国成立后，大觉寺收归国有，当时隶属林垦部管理，常修于一九五二年还俗，成为林垦部下属的林业机械研究所的一名职工。林机所当时就设在大觉寺，所以常修仍未离开寺院，而且其工作职责仍是管护寺庙院落和物品。一九八一年三月，常修去世，未向任何人提及收藏这批契约文书的事情。

北京市文物局专家吴梦麟先生在《四十年前调查京西名刹大觉寺追忆》这篇文章里关于大觉寺契约文书有这样的记述：调查开始时，常修还没全部透露他心中的『秘密』，但经过几天的接触，他认为我们不是搞政治的，是专业调查，所以有一天他很神秘地询问还有东西要不要看，有没有用，忘了他怎么从大殿顶棚（天花）处拿来了一个包袱，上面落满了灰尘，我们小心翼翼地打开了包袱，仔细观看后，知其为契约文书，立刻被震惊了。这些文书经过建国后土地改革等大小运动，尤其是『「文革」破「四旧」』，怎能保存至今？在北京的众多寺庙中，我们仅在西郊万寿寺和大觉寺看到了本寺地契约文书，这与首博征集到的不同，其价值连城。常修虽文化不高，但他以出家人虔诚之心，以惊人的毅力和智慧将它保存下来，真是了不起，应当大书特书。当时只有我们三人知此事（他未让领导知道），鉴于当时的社会环境，我们决定请他原封不动地再放回原处，以防不测，没想到后来他疾病缠身，可能也因信仰的缘故，未告诉任何人，甚至其子女，这一重要信息也随着他离开了人世。〔一〕

此后，直到一九九一年三月，北京市文物局西山大觉寺管理处在修缮大雄宝殿时发现了这批珍贵的文物，对其进行登记，整理入藏。北京市文物局在二十世纪九十年代开始了对大觉寺古建的修缮保护工作，为配合大觉寺于一九九二年四月对外开放的要求，一九九一年上半年，对寺内中路主要殿堂内部进行全方位的除尘保护工作。工人师傅在大雄宝殿殿顶进行除尘时，发现了藏在天花板上的珍贵文物。据当时在现场施工的人员回忆：这批契约文书散乱地堆在天花板格栅之上，上面布满了灰尘和蛛网。管理处工作人员对这些泛黄发旧、污损严重、因堆叠捆扎散乱不堪的契约文书原件进行了除尘清理，经清点核对编号登记后入库保存。

明史研究专家、原首都博物馆馆长赵其昌先生在看到这批契约文书资料后说：『大觉寺所藏契约文书是北京地区极为少见的残存资料，内容涉及诸多方面，除对寺院经济有直接价值外，对清代北京社会经济之研究更有其独特价值。』原北京石刻艺术博物馆研究馆员吴梦麟先生说：『大觉寺是北京市保存较完整的古代寺院，寺藏文物丰富，其中的契约文书又为劫后残存的珍贵文物，对研究大觉寺的历史较有价值，更可补充研究北京地区部分寺院及重要僧人的历史。』专家学者的评语充分肯定了大觉寺藏清代、民国时期契约文书的史料科研价值，并建议将其申报为北京市文物局科研课题。

〔一〕参见吴梦麟：《四十年前调查京西名刹大觉寺追忆》，载《阳台集——大觉寺历史文化研究》，北京：北京燕山出版社，二〇一二年，第二三七页。

（三）大觉寺藏契约文书的内容解读

大觉寺发现的这些古老泛黄的契约文书资料，在今天的现代社会生活中也许已经没有太大的现实价值，但它们却是大觉寺这座佛教寺院僧人与僧人之间、僧人与世俗社会之间处理种种事务的详细记录，较为系统地反映了清代大觉寺寺院经济的发展状况。从契约文书的程式上看，大觉寺藏清代时期契约与同时期其他契约并无不同，有固定的立契格式和契约用语，契约的内容主要由立约时间、立约双方姓名以及立约的主要条款几部分构成。契约的开头部分一般都写明契名及立约人名称，如『立卖契文约人某某』『立典契文约人某某』，契约的主要条款一般写得比较详尽准确。契约尾部一般写有中人、证人及书契人的姓名，并注明立约的时间。从契约的主要内容看，土地买卖、典当是主要的内容。大觉寺藏契约文书，均用汉字订立，书写在长方形棉纸上，在契约格式、契约固定用语和当事人权利义务设定上都与同一时期其他地区契约文书类似。为了说明的方便，将部分大觉寺契约迻录如下：

契约文书QW—〇四三

康熙五十八年（一七一九）马云腾立借据

立借文约人马云腾，今借到王名下文银拾两整，同中人言定，每月起息三分，按月计算，不许短少。恐口无凭，立借为照用凭*。

西房一间，房无租价，银无利息。

康熙五十八年十月二十八日

中保人　马云永（押）

沙中玉（押）

立借约人　马云腾（押）

契约文书QW—〇四六

雍正八年（一七三〇）祖洪立卖地契

立卖契文约人祖洪，因手乏无钱使用，将自置地壹段，东西畛，东至沟，西至郝姓，南至郝姓，北至赵姓，四至分明，计地叁拾亩。此地座落在北安河村北，今同中说合，情愿卖与大觉寺常住，永远为香火之地。言明清钱肆佰伍拾吊整，其钱笔下交足，并无欠少。自立契之后倘有重租盗典等情，俱在卖主一面承管，与买主无涉。此系两家情愿，各不返悔，恐口无凭，立此卖契为证。

雍正八年十二月初十日

中保人　宝　均（花押）

立卖契人　祖　洪（押）

永远执照

契约文书QW—〇六四

乾隆六十年（一七九五）孙廷佐立典地契

立典契文约人孙廷佐，因手乏无钱使用，将周家坟地一段，烦中说合，情愿典与大觉寺常住以为耕种。供（同）众言明，清钱贰拾吊整。其钱笔下交足，并无欠少。其地土木相连，俩家情愿，各无恢悔。三年以后，钱到回赎。恐后无凭，立此文约存照。

乾隆陆拾年后二月初七日

中人　李　喜（押）

地主　孙廷佐（押）立

信行大吉

契约文书QW——一〇二

光绪十八年（一八九二）李和、李晏立倒佃户地契

立倒佃户文约人李和、李晏，今因手乏，本身大觉寺佃户地一段，计地捌亩两辐，座落在韩家川村北。东至刘姓，西〈至〉本香火，南〈至〉沟，北至香火，四至分明。今同中人说合，情愿倒与陈文祥名下，认佃交租，永远为业。言明倒价，京平松银壹佰壹拾伍两整。其银笔下交足，并不欠少。言明每年九月初一日交大觉寺租价当十钱玖吊。自倒以后，如有亲族人等争论者，有李和、中保人一面承管。此系两家情愿，各无反悔。恐口无凭，立倒字为证。

大清光绪拾捌年十月十六日

中保人　李　海（押）

立字人　李　和（押）李　晏（押）

代字人　王永风（押）

契约文书QW——一〇三

光绪辛丑年（一九〇一）宋门宋氏立施舍园地契

立施舍园地契文约人宋门宋氏，因为本身园地壹段，座落在朱家坟，计地叁亩，上下两段，计开四至：东至闵姓，西至吴姓，

南至小道，北至吴姓，四至分明。因年齿有迈，不能刨种。今同至亲人，自心情愿，将此地施舍与三教院庙内住持僧人常慧名下，作为香火之地，耕种锄刨，修养树（株），土木相连，取土作井，立占坟茔。从立字之后，永远为业，不与宋氏相干。立字之后，并无争论。如有争论者，有宋一面承管。此系两家情愿，各无反悔。恐口无凭，立施舍字可证。随代（带）旧契纸三张，每年随代（带）小租，当十大钱贰吊正，十月初一日交取。

中保人　张德如（花押）

光绪辛丑年辛卯月乙卯日

立施舍契字人　宋　氏（押）

王富利（押）　李广德（押）

李进安（押）　李永兴（押）

内亲中保人　任治国（押）

代字人　赵永绍（花押）

立施舍契永远执照

以上契约是大觉寺馆藏契约文书中比较典型的有关买卖、典当、借贷及施舍等方面内容的具体实例。大觉寺藏契约文书中关于土地房产买卖的契约有二十余件之多，所立契约的内容由买卖事主、买卖原因、标底、中人、价格担保事宜、立契时间、画押、加批等具体条款构成。现以QW—〇四六为例做简要说明。契约右侧首行开始的『立卖契文约人祖洪……』等字表示该契的种类和立契人，『因手乏无钱……』是说明卖掉土地的理由，『今同中人说合情愿……』是麻烦别人做中保卖掉土地。契约中还写明了这块土地的来源是自置，所处的具体位置是大觉寺附近的北安河村北，土地数量为三十亩。契约中还写明了买、卖、中人三方共同议定的价格及立契日交付银两的事实，最后则是为了预防纠纷写下的约定内容，强调契约是根据当事者双方意愿而立，结尾部分是立契日期和立契者、中人的名字，名字下画押。在大觉寺发现的契约文书中，有一件契约为光绪十八年（一八九二）十月大觉寺佃户李和、李晏因手乏，将佃种的八亩土地，倒与陈文祥名下认佃交租永远为业，言明倒价京平松银一百一十五两，每年九月初一交大觉寺租价当十钱九吊。这件倒佃契，既反映出永佃权虽在南方已成普遍现象，但又提供了一个北京地区不太多见的一田二主的例证。北宋时期，租佃关系中出现了永佃制。所谓永佃制，就是在租佃关系中把田底的所有权与田面的使用权分开，田底的所有权仍归原主，田面的使用权、收益权成为可以交易转让的权利。清代中后期，福建、安徽等地一田二主或一田多主、田骨与田皮相分离的情况相当普遍，而在北方，此类情况则不太多，但也存在。

大觉寺藏契约文书中的借贷契约有实物借贷和金钱借贷两种。清嘉庆十四年（一八〇九）僧宁远立借水井字据为实物借贷：『立字人宁远，因诸山相好，将北安河村观〈音〉庵菜园井水借用与大觉寺下院，春秋二季浇菠菜。春秋别相不管，十年为满，此照凭据。』金钱借贷契约的情形较实物借贷契约复杂，其中有取利息的，也有不取利息的。有要求以财产为抵押的，也有不要求以财产为抵押的。康熙五十八年（一七一九）马云腾立借钱字据：『立借文约人马云腾，今借到王名下纹银拾两整，同中人言定，每月起息三分，按月计算，不许短少。』契文中的每月起息三分，就是所借之银的利息是三分。清律明确规定：『凡私放钱债及典当财物，每月取利不得过三分，年月虽多，不过一本一利，违者，笞四十，以余利计赃重者坐赃论，罪止杖一百。』[一]反映了清统治者对高利贷否定和抑制的态度。此外，大觉寺藏契约文书中还有关于合同文书的内容。所谓『合同』是两方或多方在办理某事时为了确定各自权利和义务而订立的共同遵守的条文，如道光十六年（一八三六）的一份合同便是典型的合伙合同，其内容如下：『立公议合同，旧业窑户马进山，旧业山主张起龙，因南安河村小南山地方旧有煤窑一坐，嘉庆九年后做过，因工本短少未成。今马进山会同新业开窑人、大觉寺常住监院了尘与三官庙豁然，报明做煤。言明按壹佰贰拾股开做。言明出煤得利之日，先归新业工本，后有余利，照字所分。旧业窑户马进山应得贰拾伍股，山主张起龙应得拾伍股，大觉寺常住应得四拾股，三官庙豁然应得四拾股，说过如有旧业人等诤论，有马进山一面承管。三言议定批合同，一样二张，此系在字各人情愿，并无反悔。恐后无凭，立合同文约永远存照。山主人张起龙（押），新业伙计人豁然（押），了尘（押），立合同人窑户人马进山（押），代字人王成功（花押），

[一]《大清律例》卷十四《户律·钱债·违禁取利》。

道光十六年十一月廿二日。』合伙经营，按股份分利，反映了清代中期合股经营的情况，大觉寺常住监院与三官庙僧人也参与了合股经营活动。光绪二十三年（一八九七）大觉寺同本利木厂工头张永吉立修建南塔院合同也反映了大觉寺与世俗社会存在着很多往来和联系。

从大觉寺保存下来的契约来看，绝大部分是单契，一方立契，单方押署，对方持契。而合同则是多方书立，多方押署，采用『半书』形式，各方都持有合同。[一]大觉寺所藏的契约大部分是由一方当事人签名订立，交由另一方保存，较少是当事人地位较为平等、共同签名订立的『合同』。大觉寺藏契约文书中一般所录契文无官印，为民间自行议定。古代中国在民间，凡是买卖之后经过向官府呈报、备案、纳税后得到认可，且经官方加盖官印的契约俗称为『红契』，而未经纳税、没有加盖官府印章的契约则称为『白契』。清政府规定凡买卖土地房屋者必须购买政府统一印制的官版契纸，并缴纳地契税过割。光绪《大清会典事例》载：『凡典买田宅不税契者，笞五十，仍追契内田宅价钱一半入官。不过割者，一亩至五亩，笞四十，每五亩加一等，罪止杖一百，其田入官。』[二]由此可见白契是一种不合法的契约，但尽管如此，为了逃避赋税，民间交易多私下进行，白契在民间大量通行，不见绝迹。大觉寺所藏契约文书大部分为白契，将这些契约与国家图书馆所藏清代契约相比较，两者在格式上大致相同，都是由立契约文书人姓名、立约原因、土地房屋来源、名称位置、四至地点、土地数量、卖方或租方姓名、价钱、银钱交付方式、立约保证、立约时间、立契人中保人姓名等构成。所不同的就是大觉寺所藏契约大多为白契，这足以证明清政府已不能按其意志控制土地田产的买卖活动，另外也从另一方面反映了大觉寺这座皇家敕建寺庙与清皇室及地方政府的关系极为密切。尽管大觉寺所藏契约白契居多，但却具有传统契约的凭证作用。具体表现在以下两点：首先，签订契约的卖方必须说明交易物品的来历，以大觉寺藏土地买卖契约为例，出卖土地之人要言明该土地是由祖上所传还是自己先年所买，如是自己先年所买，则还需注明买自何人，有时还要将先年所买之契约一并付与现买受人，或将卖契写于先年的契约之后。其次，作为一种产权凭证，出卖之人需要申明由自己承担权利担保义务，并对日后可能发生的纠纷承担责任，契约订立之目的就是在于其有凭证的作用。为保证签订契约双方交易的

[一] 参见周绍泉：《明清徽州契约与合同异同探究》，载《中国史学》，一九九三年第三期。

[二] 光绪《大清会典事例》卷七五五《刑部·户律·田宅·典买田宅》，北京：中华书局，一九九一年版，第九册，第三百二十九页。

安全和契约的凭证功能，表明卖主的诚意，说明土地房产的来源清楚无误，并使买主放心，在契约文书的结尾，都有大体相同的话作为订立契约文书的保证。『如有来路不明、重复典卖及亲族人等争竞，俱由卖主及中保人等一面承管』，『自后如有同宗同派人等争竞等情，由作证人一面承管』，等等。这既是立契约文书的基本要求，也是卖方诚信的表示，还是立契约人和中保人给买方的一个保证。同时，也说明无论是世俗的亲族人等，还是僧人的同宗同派人等，在房产土地等财产转移活动中，均具有优先权，即亲族或亲邻优先原则。如果没有亲族、同宗同派的同意，就会埋下许多隐患，大觉寺所藏契约文书反映了宗法血缘关系、僧侣宗派关系在土地房产等所有权的转移中起着一定的作用。大觉寺藏契约文书中除了有『立字人』的签名画押外，大部分都还有『中见人』『中保人』『说合人』『中保众乡人』等第三方的签名和画押。为了保证契约的履行，签订契约时需要负有连带责任的第三方即中人作为保人，中人在买卖契约中起着介绍引见、说合交易、议定价金的作用。而在借贷、租赁契约中，中人还对义务人有督促的责任，以保证契约的履行。因此，中人在契约订立中起着重要的作用，这一点我们也可以从大觉寺所保存的契约中得到证实。

二、大觉寺寺田的来源、分布及经营

明清时期，统治阶级对佛教实行既保护又限制的政策，在整顿限制的同时，为了发挥佛教『阴翊王度』的作用，对佛教也加以保护和提倡。明清帝王大多崇信佛教，在全国各地兴建修复了大量寺院，由于统治阶级的统治和保护，佛教势力得以迅速恢复和发展，寺院经济发达。位于北京西山的大觉寺成为明清时代寺院经济发展的一个缩影。明代是大觉寺的鼎盛时期，从宣德三年（一四二八）至成化十四年（一四七八）仅五十年的时间里，皇室就出资对其进行三次大规模的重修扩建。清代康、乾两朝又重修寺庙，现存大觉寺的规模基本上是明清时期奠定的。历史上大觉寺周围曾有西竺寺、普照寺、莲花寺、广善寺、胜果寺等寺庙，共同构成了西山脚下一处颇具气势、规模宏大的寺院群落。雕梁画栋、僧弥众多的西山大觉寺及周围寺庙是何以维持其日常生活的呢？俗语说民以食为天，僧人虽然其生活方式特殊，但毕竟也要吃、穿、住，他们的生活与当时社会是紧密相连的，如果离开了物质生活，离开了社会，显然是不可能的，如果没有国家财力的支持和雄厚可靠的经济来源，也是绝难维持时日的，因此其生活的主要来源应是寺院经济。寺院经济是中国佛教赖以存在和发展的基础，寺院经济的基础主要体现在寺院土地和庄园的拥有及经营上面。寺院占有土地数量的多少直接影响着寺庙经济的实力，可以说土地是寺院生存的命根子。因此，对土地的争夺就成为各大寺院的主要目标。明清时期土地兼并十分严重，土地越来越集中，出现了许多大土地所有者，其中不乏僧侣阶层。各地寺庙争相占有土地，数量大小不一，多者达千顷百顷，少者也有数十顷。从各地留存的庙产碑及一些相关寺庙研究的论著里，可以得知寺庙土地来源为皇家钦赐、官府拨给、僧人自置典买、施舍交换等渠道。本文以大觉寺为个案，通过对寺内现存碑刻、契约文书及相关文献资料进行分析，探讨大觉寺明清时期寺田的来源、分布及经营状况。

（一）寺存明代庙产碑中记载的寺田来源

所谓寺田，是指僧道寺观所拥有的田地，多为国家赐给之官田，免一切赋税，但也有部分是自制私产。

中国历史上各朝皇帝及王公贵族向寺院赐田舍宅的记载屡见于史书，钦赐田亩，遍及全国。各地的庙产碑详细地记载了赐田赐地的时间、数量和范围。梁武帝时向寺庙赐田八十余顷，隋唐时更为普遍，宋元时期向寺院赐田更未间断。到明代，由于统治者对寺院经济采取的既抑制又保护的政策，使得寺院经济出现了衰弱的现象，远不及隋唐宋元时期。但随着佛教的日益世俗化、社会化及各地大量新建重建寺院的增加，明代寺院经济依然有一定的规模。明代北京城郊寺院约有五六百所之多，著名的大寺都有大量香火地，有的寺院还有果园、菜园和水田。北京西山大觉寺是京郊一处著名的禅寺，寺内现存一通明代石碑，详细记载了明代从宣德十年（一四三五）至成化十五年（一四七九）寺庙土地的来源及数量等情况。此碑高三点三米，宽零点七六米，螭首龟趺，碑身曾断裂，原放置在寺内北院一隅，近年将其修复重置于寺内大雄宝殿之前。碑阳刻有弘治十七年（一五〇四）大明敕谕，共十二行字，字迹清晰。碑阴刻有明正德四年（一五〇九）本寺住持性容等刻立的庙产清单，碑阴字迹多已漫漶不清，但部分内容依稀可辨。为说明方便，将碑文摘录如下：

碑阳录文

额题：大明敕谕

皇帝敕谕官员军民诸色人等

昔我

圣祖母孝肃太皇太后敬遵慈悲之教，成化十四年重修敕建大觉寺一所，祇奉诸佛菩萨，盖以阴翊皇度，普庇群生。凡殿堂门庑以及方丈庖□之类，规制悉备。本寺宣德十年原赏常乐庄地二十七顷九十九亩八厘，清河庄地八顷，汤山庄地二顷九十四亩一分四厘，冷泉庄地二十亩，并昌平县佃户五十七户，家人一十六名。成化十五等年买得顺天府宛平县民地八十五段，共一十四顷九十八亩五分，昌平县民地八十五段，共三十九顷四十七亩五分，俱以资本寺之用。所买地土该纳粮草养马□银免征一半。恐后顽昧之徒罔知禁忌，或有亵渎毁坏盗窃陵占，兹特降敕戒谕：凡官员军民诸色人等，俱宜仰体至意，敢有不遵敕旨，辄肆侵犯者，必重罪不宥。故谕。

弘治十七年十一月初九日

碑阴录文：

今将

大觉寺原

钦赏庄田并置买地土□□开坐：宣德十年，蒙宣宗章皇帝奉圣母太皇太后

钦赏本寺庄田四处：

常乐庄一处，计地二十七顷九十九亩八厘；清河庄一处，计地八顷；汤山庄一处，计地二顷九十四亩一分四厘；冷泉庄一处，计地二十亩，俱免粮草。钦赏家人一十六户，佃户五十七户。成化十五等年，蒙宪宗纯皇帝奉圣慈仁寿太皇太后，赐价银买到顺天府宛平县［缺］八十五段，计地一十四顷九十八亩五分，该征□草二百八十一束。买到顺天府昌平县□□里民人邓友［缺］八十五段，计地三十九顷四十七亩五分，该征□草三百三束三分。买到金吾后卫指挥宋英亲弟宋□原买到［缺］三十亩，该征□草一百一十束。买到内宫监太监刘□兄刘玉白地共五顷二十五亩，该征［缺］买到内府酒醋面局太监伍薰、侄男伍祥白地共五顷九十八亩，该征□草［缺］束。弘治十七年十一月初九日复蒙孝宗敬皇帝重念圣祖母太皇太后恩育甚厚，赐赉有嘉。钦降本寺敕谕□□，内开买过两县民人地土，该征草束免科一半，钦此。本寺遵奉［缺］外该征□草四百六十五束一分五□。

僧禄司左讲经兼本寺住持性容

左觉义兼本寺住持悟祥
右觉义兼本寺住持净寿
住持可保
道聪　道宝
湛洪　东序
提点　净□
都官　净伍
都寺　道安
都文　悟胤
监寺　道受
副寺　德受
西序
首座　悟洪　可得　道景
书记　道祥　道□
藏主　周晖
维那　德保　悟仙　惠春
堂司　满玉　德渊
烧香官王□　张□　王　玉
大明正德四年岁次己巳秋九月菊日立

从大明敕谕碑阴内容可以得知，大觉寺寺田来源分皇家赏赐官田和大觉寺出资买进的田地两种。明代皇室拥有大量土地，这些土地主要是官田，官田即是籍没之田，这些田地由官府招募人员耕种，官田中的一部分成为明代皇室赏赐田地的主要来源。明根据碑文记载，明宣德十年（一四三五）起，明皇室先后赏赐给大觉寺庄田四处，有常乐庄地二十七顷九十九亩八厘，清河庄地八顷，汤山庄地二顷九十四亩一分四厘，冷泉庄地二十亩。其中庄地即指进入宫项之下的宫庄，其田地即为庄田。这些庄田地土俱免粮草。在成化十五年（一四七九）至弘治十七年（一五〇四）近二十五年的时间里，大觉寺还得到皇室赐价银，先后五次买地，分别买到顺天府宛平县，昌平县民人土地及其他地亩。弘治十七年（一五〇四），钦降敕谕，所买地土该纳粮草免征一半。正是由于得到明皇室雄厚的物力和财力支持，大觉寺在明代中期拥有土地一百二十余顷，成为京城著名的佛教大寺，寺庙经济相当发达。

（二）寺藏清代契约文书中记载的寺庙土地来源及分布

大觉寺藏有部分清代契约文书，记载了从康熙七年（一六六八）至民国十七年（一九二八）二百六十余年寺庙土地来源、分布及经营情况，是研究寺庙经济史的宝贵资料，从对这些契约文书的整理分析中，我们发现清代寺庙土地的来源包括寺僧的典买、檀越的施舍及寺与寺之间的土地交换。现将部分契约内容转录如下：

契约文书QW—〇四四

康熙五十九年（一七二〇）尚进忠立卖地契

立卖地契人尚进忠同大爷起凤。因为无银使用，今将祖置地一段，今同中人赵国祚说合，卖与大觉寺永为香火之地。言明每亩时值价银壹两叁钱，其地共玖亩，坐落黄家洼。四至都至常住之地。共该价银拾壹两柒钱正，其银当日交足，并无欠少。自立契之后并无弟男子侄诤斗，如有诤斗，都在卖主一面成管。恐后无凭，立此永远存照。空

康熙五十九年十二月十五日
同大爷起凤（押）
立卖契人　尚进忠（押）
同中人　赵国祚（押）
赵惟明（押）
张喜忠（押）
大　吉

契约文书QW—〇四五

康熙六十一年（一七二二）刘荣显立典地契

立典地契人刘荣显，因为无银使用，今将西立屯村南地四亩，典于大觉寺永远为香火。言明典价银捌两正，其银当日交完，外无欠少。五十年后银到许赎。两家情愿，恐后无凭，立字存照。

康熙六十一年二月初七日
中保人　张二胡子（押）
立典地人　刘荣显（押）
高文标（押）

内有换地廿六亩，作落冷泉村东南一段十四亩，村西南一段十二亩。

契约文书QW—〇六〇

乾隆五十年（一七八五）僧觉心卖庙基契

立卖契僧人觉心，因大觉行宫墙外右边有庙基一所，年深日久，殿宇圣像全无，只存倒坏破房六间。木料损坏，许多年来并无人住。恐其驾临有碍于事，今同南北廊下、本家说合卖与常住，作钱叁拾吊，其钱笔下交足，自卖之后任常住修补或焚修，与南北廊下并本家无干。恐后无凭，立此契存证。

乾隆伍拾年二月廿九日

同众南北廊下僧　觉　晶（押）

觉　明（押）

信　悟（押）

永　德（押）

立卖契僧　觉　心（押）

契约文书QW—〇六五

嘉庆四年（一七九九）李永泰立卖荒坡地契

立卖契文约人李永泰，因为手乏无钱使用，今将本身祖遗荒坡壹段，内有四至，东至李富财，西至本主，南至本主，北至西观音庵。四至分明，今同说合，情愿卖与李成福*名下，永远为业。言定卖价文艮七两整。其艮当面交足，并*无*短少。恐后无凭，立卖契永远存照。

每年随代（带）钱粮钱壹佰文交与里长。

嘉庆四年二月初六日

同族人　李成福（押）

李富财（押）

立卖契人　李永泰（押）

代笔人　靳秉良（押）

中保人　王良相（押）　王良芳（押）　李之亮（押）

靳其瑞（押）　李进忠（押）　觉　明（押）

凭　据

契约文书QW—〇六六

嘉庆七年（一八〇二）僧信悟立施舍供养契

立字人信悟，因老迈年残，四肢不能动转，耳目眩晤，难已自爨。又加度日贫乏，艰难太甚，实出无奈。叩讫大觉寺和尚施恩，情愿带自己园地投入常住，望讫和尚慈悲，怜悯收留，栖身养命得安也。所带园地并无法族亲人争兢，更有族中人保荐，具字为质。所带园地、破庙开例（列）于后：杨树凹果园一段，南至廊下，北至大岭，东至常住，西至本庙。妄八坑果园一段，北至岭，西至道，东至观音庵，南至道。河东果园一段，南至山，北至道，西至东屋，东至观音庵。八亩地一段，东至李姓，南至李姓，西至东屋，北至道。此八亩地典与妙洪，典价钱拾五吊。四亩地一段，东至常住，北至道，南至道，西至观音庵，此四亩地典与马姓，典价钱贰拾三吊。家门口白果园一段，南至觉明，西至山，北至道。红果园一段，北至官园，西至官园，东至胜果寺。此红果园典与赵姓，典价钱八吊。庙前道北杂果园一段，东至胜果寺，西至官园，南至道，北至本庙。本庙四至，东至三教庵，西至本庙，南至三教庵，又欠万顺号钱七吊五百文，再无他事。

嘉庆七年七月十四日

立字人　信　悟（押）

中保人　永　德（押）　觉　明（押）

觉　经（押）　觉　心（押）

执照为凭

契约文书 QW—〇六九

嘉庆九年（一八〇四）张永连立施舍果园契

立施园契约人

立施园契文约人张永连，今有祖遗杂果园壹段，土木相连。此地座落在常住大影壁下坎。东至徐各庄，西至大影壁，南至道，北至道。四至分明，计地叁拾贰亩。因年老无子，不能耕种。今同中人说合，情愿施与大觉寺耕种摘收。常住因伊年老，与伊养老银贰拾伍两整。其银笔下交清，并无欠少。自立契之后，如有亲族人等诤夺，俱在施舍人一面承管，两家不须反悔。恐后无凭，立契永远存照。

嘉庆玖年伍月初二日

立施字人　张永连（押）

中见人　广　智（押）　阎福荣（押）

郝尊武（押）　吕国洪（押）

执照

契约文书 QW—〇七三

嘉庆二十五年（一八二〇）戒台寺方丈、监院立施舍赠予字据

立字人戒台寺方丈临、监院怡，常住旧有香火庙一处，坐落昌平州西门外延庆寺。随庙香火地壹顷有余，原系戒台祖遗旧产。因道途遥远不能照应，情愿与大觉寺方丈慧彻焚修办理，永远为业。恐口无凭，立字存照。

嘉庆二十五年二月十三日立

立字人　临　远（押）　怡　然（押）

接住人　慧　彻

契约文书 QW—〇八三

道光十三年（一八三三）僧慧彻、汪菊圃立换地契

立换契大觉寺方丈慧彻、山阳汪菊圃、中人富嵘莽三面公（共）同议定，汪菊圃有自典园地一块，原置价钱肆百伍拾吊整，坐落在北安河瓦窑厂，计地叁拾亩。因欲立茔，凭中说合换与大觉寺为业。慧（彻）和尚情愿将庙中施产园地一块，坐落在北安河老公园，计地拾肆亩换与汪菊圃立茔地安葬。之后言明永远绝不回赎，后人亦不得翻悔。至汪姓典产，如原业主取赎，听大觉寺自便，与汪姓换地无干。不得以业主取赎为辞，向汪姓另有他议。自换之后，如有僧俗人等争竞，有方丈和尚一面承管。恐后无凭，立换契存照。

道光拾叁年中秋月　日

慧　彻（押）

汪菊圃（花押）

富嵘斧（花押）

从以上所列契约文书中我们可以得知，清代大觉寺田来源于典买、施舍、赠与、自置、垦荒及交换几种渠道。

施舍：施舍是寺院田产的一个重要来源。因为宗教信仰或其他原因，施主将土地钱粮等施给寺院。施舍人中既包括出家的僧人，也有寺院周围的居士、村民。大觉寺关于施舍的最早记载当属辽代古碑所记的邓从贵捐资修葺清水院及刻印大藏经的事情。大觉寺在辽时，就得到民间信徒的大量施舍，寺藏契约中也有部分关于信徒向寺庙施舍土地、果园的内容，如QW—〇六九号契约反映的就是这方面的内容，施舍人张永连将自己祖上遗存下来的果园地施舍给大觉寺耕种摘收，施舍的原因契文上写的是『年老无子，不能耕种』，大觉寺因其年老，年岁已大，孤身一人，还给其『养老银贰拾伍两整』。这份契约反映了大觉寺在嘉庆年间寺庙在接受施舍时，并不是无偿接受的，而是会根据一些特殊情况给予部分施主一些银两，说明当时寺庙有一定经济实力。还有另外一种情况，如QW—〇六六号契约，出家人信悟将自己园地投入常住，并请求常住收留栖身养病，施舍的原因也是其年老度日艰难。但这份契约是附带一定条件的，即大觉寺要将其收留并养老，契纸上详细罗列了所带园地的具体位置、土地面积，其所欠万顺号银钱债务也由大觉寺替其偿还。此契定于嘉庆七年（一八〇二），信悟为出家僧人，从这份契约内容中我们可以看到，当时一些规模不大、实力不强的小寺庙逐渐衰败下去，寺小僧多，度日如年，景色凄惨。

典买：除去赐田与施田，一般有财力的大寺庙常用积累的钱财购置田产。大觉寺寺藏契约中显示出其土地来源大部分是典买的，卖主既有僧人，也有百姓，买卖土地的原因大部分是因手乏无银使用，或因其荒废多年。如QW—〇六〇号契纸，立契人僧人觉心就因大觉寺外一座寺庙无人使用而交与大觉寺常住。这座寺庙就在大觉寺附近，早已废弃多年，而作为皇家寺庙的大觉寺，因其常有帝王临幸，周围小寺恐其衰容影响皇家寺庙，便将其卖与大觉寺，这件契约从侧面说明了大觉寺正是因为有皇家的支持才得以实力强大，得以保存，否则也会像其他寺庙一样，早已衰败。由于寺庙不断得到统治者及广大信徒大量财产的施舍，因此寺庙积累了一定数量的资金，这样就为寺院购置田产创造了条件。大觉寺田产的购置，明代庙产碑上已有详细的记载。至清代，寺院只要有钱，仍要向民间购置田产。寺藏清代契约文书中还有康熙五十九年（一七二〇）买地各家地亩账、雍正八年（一七三〇）买地亩账单，真实地记录了寺庙购置田土的详细情况。

垦荒：寺院田产的另一个重要来源是垦植开荒。古代中国有许多寺院建造在风景秀丽的风光胜地，而这些地区因地处偏远，往往人烟稀少，存有许多荒山荒地。僧人在修行之暇，开垦荒地，种菜种粮，这些开垦出的土地自然成为寺田。大觉寺这座古刹建立在京西阳台山麓，由于地处郊野山区，为扩充土地面积，寺僧依山就势，开垦了许多山坡荒地，栽种松柏、银杏和各种果树。经过世世代代的耕耘劳作，使得这座山中寺庙林木葱郁、绿荫遍地，开垦出来的荒地成为大觉寺寺田的一部分。垦荒的方式是多种多样，有的是寺僧自行开垦种上果树，有的是施主将垦荒后的果园及田产投入寺庙。寺藏契约中有许多土地都是荒坡自置地，如契约文书QW—〇五九号，清乾隆四十八年（一七八三）僧信悟、信真立卖地契，契约文书QW—〇六五号清嘉庆四年（一七九九）李永泰立卖荒坡地契，记载所卖土地的来源就是自置或祖上所遗的荒坡荒山地，这些同样说明垦植开荒是寺田的一个重要来源。

交换：寺藏契约文书中有几件记载的是土地交换方面的内容，如契约文书QW—〇八六号清道光二十年（一八四〇）僧湛一立转香火契记载：『立转香火文约僧人湛一，因本庙无人照管，将自置西直门洞庙，转于月宽师焚修住持，永远为业。转价清钱叁佰叁拾吊整。当日交足，并无欠少。言明自立字之后，如有僧俗人等争竞者，由立字见证人一面承管。』契约文书QW—〇八三号清道光十三年（一八三三）僧慧彻立换地契记载：汪菊圃因欲立茔地，将坐落在北安河瓦窑场自典园地一块，计地三十亩。经中人说合与大觉寺慧彻和尚施产园，计地十四亩进行交换。慧彻和尚情愿将庙中施产园地换与汪姓建立坟茔。契约文书QW—一〇一号清光绪八年（一八八二）邓文亮立换地契记载，立契人邓文亮用自置民地十八亩托中人说合换大觉寺香火地十五亩半，用长于寺庙香火地二亩的自置地情愿换寺庙的香火地，从契约中的内容可以得知，自换地后，盖房打井安营，由邓姓自便不与常住相干。因此可以得知，邓姓置换土地的目的是今后在此香火地之内盖房打井居住，而不是用于耕作，寺院本身通过交换多得了两亩地，双方通过土地的交换达到各自目的，可以说是互惠互利。

从以上分析中可以知道，大觉寺这座古刹是通过皇家钦赐，僧人自置、典买、施舍、开垦、交换等渠道获得了大量的土地，成为支撑其雄厚经济实力的基础。通过对大觉寺土地来源的分析，我们对北方寺庙经济窥一斑而见全豹，对寺庙土地的来源有了一个基本的认识。大觉寺出租土地时，要与佃户订立租批，在其中讲清所租土地的位置、名称、四至、亩数、租金等，并申明交租日期及罚约。由于商品经济发展的影响，地租以货币地租为主。寺院土地称为香火地，名称带有宗教色彩，而在土地经营方面，则与世俗地主并无根本区别，大多数寺院也采取招佃收租的形式，寺租收入主要用于寺院的焚修和僧众的口粮。大觉寺出租土地以招徕佃户耕种为主，有时也找其他寺庙僧人来佃耕，如老爷庙曾租种大觉寺七十八亩土地多年。从大觉寺所藏嘉庆二十年（一八一五）地亩押租账看，租种大觉寺土地的有十六个村庄、八十一户。每户租种土地多者达一百一十余亩，少者仅二亩或一小块。租种大觉寺土地的冷泉村、后厂、后营、土井村、韩家川等村庄，距离大觉寺远近不等。大觉寺藏清代和民国时期契约文书中还包括置产簿、收租簿，内容有：康熙五十九年（一七二〇）买地各家地亩账、雍正八年（一七三〇）三月各家地亩单、乾隆五十一年（一七八六）大觉寺收地租账、乾隆五十九年（一七九四）八月初三日收地租账、嘉庆二十年（一八一五）二月地亩押租账、光绪五年（一八七九）十一月初一日香火地亩立租批老账等。从清代大觉寺土地租佃数量及分布表（见下页附表）可以了解具体土地数量及分布情况。

附表：清代大觉寺出租土地数量及分布

账簿契约编号	账簿契约名称	时间	土地数量（亩）	出租土地位置
QW—〇〇八	康熙五十九年（一七二〇）买地各家地亩账	康熙五十九年（一七二〇）	一千四百九十九	回龙观、唐家岭、朱房、树村、安灵庄、土井村、后厂、韩家川、新立屯、亮甲店、太舟坞、羊房、冷泉村、狼尾沟等
QW—〇〇九	雍正八年（一七三〇）三月各家地亩单	雍正八年（一七三〇）	一千三百九十九	回龙观、东北旺、唐家岭、朱房、树村、西北旺、后厂、土井村、安灵庄、北节、狼尾沟、老爷庙、吴家坟等
QW—〇〇一	乾隆五十一年（一七八六）八月大觉寺收地租账	乾隆五十一年（一七八六）	一千一百六十三	杨各庄、太舟坞、亮甲店、冷泉村、韩家川、西北旺、后厂、东北旺、回龙观二拨、土井村等
QW—〇〇二	乾隆五十九年（一七九四）八月初三日收地租账	乾隆五十九年（一七九四）	一千六百零五点五	杨各庄、太舟坞、亮甲店、冷泉村、韩家川、西北旺、后厂、东北旺、东地、后营、唐家岭、回龙观、二拨子、土井村、新立屯、西阜头、草厂等
QW—〇〇三	乾隆六十年（一七九五）收地租账簿	乾隆六十年（一七九五）	一千六百三十五点五	杨各庄、太舟坞、亮甲店、冷泉村、韩家川、西北旺、后厂、东北旺、东地、后营、唐家岭、回龙观、二拨子、土井村、新立屯、西阜头、草厂等
QW—〇〇四	嘉庆二十年（一八一五）二月地亩押租账	嘉庆二十年（一八一五）	一千五百五十	东北旺、韩家川、冷泉村、土井村、后厂、唐家岭、亮甲店、屯田、杨各庄、树村、新立屯、西阜头、马连洼、柳林、二拨子、草厂等
QW—〇〇六	光绪五年（一八七九）十一月初一日香火地亩立租批老账	光绪五年（一八七九）至宣统三年（一九一一）	一千四百三十一	二拨子、土井村、韩家川、唐家岭、西北旺、白家疃、新立屯、冷泉村、东北旺、太舟坞等

说明：出租土地位置系今名

三、契约文书记载的清代大觉寺建筑及周边地名

北京的西北郊，林茂泉清，丘壑起伏，兼有江南水乡的秀丽和北方山林的粗犷。早在金、元、明时期，这里就被皇族贵胄看中，修建了大量的园林和寺庙，到了清代又一次得到皇家贵胄的开发和建设，阳台山脚下的大觉寺在康熙五十九年（一七二〇）、乾隆十二年（一七四七）曾两次得到清皇室大规模的修缮。清代帝王、皇后多次巡幸驻跸此寺，御题许多匾额及诗词。高僧大德在此住持焚修，传经布道，雕版印经，寺内至今仍保存着清代高僧的语录木刻经板，这些都彰显着大觉寺的辉煌历史。随着中国进入内忧外患的近代时期，大觉寺也失去了往日的兴盛景象。关于这座皇家寺院的记载，除《宛署杂记》《日下旧闻考》《光绪顺天府志》等书中的片段记录外，系统资料很少见到，很多事情语焉不详。而大觉寺所藏契约文书为研究清代大觉寺的历史提供了真实记载。研究清代大觉寺的历史，寺院建筑是不可忽视的重要内容。本文主要从大觉寺寺院建筑布局、殿堂配置以及佛塔建筑几个方面，并结合寺藏契约文书等相关文献的记载，对清代的大觉寺建筑及周边地名演变做一探讨。

（一）寺藏契约文书中记载的清代大觉寺建筑

大觉寺藏有一份道光八年（一八二八）的文札，内容是当时寺庙住持真觉和尚向宛平县衙禀报大觉寺内各处建筑殿堂、庭院池桥渗漏、坍塌、损坏的情况。文札中所报建筑数量众多，面面俱到，非常详细。当然所报的残损建筑是否得到维修已不可得知，但它从一个侧面向我们透露了大觉寺在道光年间已进入了衰微阶段，由于得不到及时维护，寺内建筑损毁严重。值得注意的是，

在这份文书中提到了大觉寺所有建筑的名称及当时的现状，有许多建筑在道光年间的叫法与现在建筑名称不全一样，因此它也为我们研究大觉寺寺院建筑名称的演变提供了不可多得的宝贵资料。为了说明方便，特将这份文书转录如下：

契约文书QW—〇七七

道光八年（一八二八）西山大觉寺住持僧真觉呈告文书

西山大觉寺住持僧真觉禀报大老爷座前：所报寺内渗漏坍塌损坏等项，中所山门之内旗杆糟朽，大幡破烂，大绳绒绳糟烂，朝房渗漏，碑亭走兽损坏，荷花池四面坍塌，大桥栏杆鼓闪，钟、鼓二*楼瓦片脱截，殿前红白墙鼓闪，天*王殿油画迸裂，大殿瓦片脱截，单〇栏杆走闪，南北配殿瓦片脱截，南北转*角渗漏，配房渗漏，南北影堂坍塌，法堂瓦片脱截，油画迸裂，单〇阶石走错，大悲*坛瓦片脱截，油画迸裂，顶棚纱窗破烂，阑墙红墙角门俱以损坏坍塌。佛塔一座不齐，龙弹（潭）栏杆鼓闪，龙王槁（堂）瓦片脱截，油画俱以不齐。南北*跨所南行宫七堂渗漏，四宜堂脱截，朝房渗漏，憩云轩阑墙灰墙坍塌，领要亭瓦片脱截，周围群墙损坏，北方斋堂渗漏走闪，山墙角门糟朽，厨房渗漏脱截，配房俱以渗漏，马棚院阶石走错，俱以不齐，门外红墙鼓闪，影壁脱截。

道光八年　月　日具

从以上内容可知，在清道光八年（一八二八）大觉寺寺内建筑规模和建筑布局与现今没有大的区别，只是建筑状况因年久失修，损坏严重，呈现了凋敝萧条的景象。所报寺内渗漏、坍塌、损坏等项包括：影壁，山门，碑亭，钟、鼓楼，荷花池[一]，石桥，南北转角房配殿，南北影堂，法堂，大悲坛，龙王堂，龙潭，佛塔，斋堂，四宜堂，憩云轩，领要亭等建筑。禀报内容非常详细，寺内建筑房屋几乎没有一处完好无缺。现在寺院之内的功德池在清代道光年间有一个别名，称荷花池，想必当时池中肯定是遍植荷

〔一〕现名『功德池』。

花。清代乾隆皇帝多次游幸大觉寺，曾为荷花池赋诗一首：『言至招提境，遂过功德池。石桥亘其中，缓步虹梁跻。一水无分别，莲开两色奇。右白而左红，是谁与分移。』乾隆三十三年（一七六八）御制杂诗中所描述的两色荷花景观在道光年间依然存在，只不过这座荷花池到了道光八年（一八二八），在六十年的时间里，已经残破不堪，『荷花池四面坍塌，大桥栏杆鼓闪』。值得注意的是，这份建筑损坏情况内容的禀报中，还有关于大觉寺后山古塔的零星记载：『……佛塔一座不齐，龙弹（潭）栏杆鼓闪，龙王槅（堂）瓦片脱截，油画俱以不齐。』此佛塔即为寺内后山龙王堂前的覆钵式白塔，在道光年间，寺僧称之为佛塔，而佛塔内所藏应是佛祖的法身舍利，即经像、法物等。从西山大觉寺住持僧真觉呈文禀报宛平县衙，述报寺院建筑『渗漏坍塌损坏』等项情况的文札还可以得知，寺内其他建筑布局的一些别称，『中所』当为今之中路，『南北跨所』当为今之南北跨院。这份道光年间的文札还将寺院南路行宫建筑与北路生活区建筑明显地区分开来，南路行宫建筑包括四宜堂、憩云轩等，北路生活区包括方丈院、斋堂、厨房、马棚院等，与现存寺院建筑的名称基本相似。马棚院即现在寺内的北下院，此院宽大敞亮，院内植有一棵巨大的雌雄合抱银杏树，至今仍枝繁叶茂。道光年间称北下院为马棚院，此院近年还出土了一些石碾、石磨，应为当时寺内重要的生活区域。

（二）大觉寺建筑布局、殿堂配置及装饰艺术

佛教寺院的建筑布局总体上与中国传统建筑中的院落式布局相同，这种布局的特点是将寺院内各主要殿堂布置在一条由南向北或由东向西的纵向轴线上，殿堂前方、左侧、右侧各置一座配殿形成三合或四合院落。大觉寺的建筑布局就是这种形式，即整个建筑布列在自东向西的轴线之上，依次为山门，钟、鼓楼，天王殿，大雄宝殿，无量寿佛殿和大悲坛，寺的南北两侧还建有多个跨院。建筑随地势升高而变化，大觉寺现存建筑规模及布局基本上为明清两代所奠定。清代寺院建筑整体分为五个部分：前导建筑部分，包括影壁至山门；南路行宫建筑部分，包括四宜堂、憩云轩等院落；寺后园林建筑，包括龙王堂、畅云轩、领要亭等；北路僧居建筑，包括方丈院、香积厨等；中路是殿堂建筑，包括山门，钟、鼓楼，天王殿，大雄宝殿，无量寿佛殿和大悲坛。中路建筑是寺院的主体建筑，是进行宗教活动的场所。由山门到无量寿佛殿，前后由一条砖砌甬路贯穿东西，形成寺院布局的中

轴线。寺院占地近四万平方米，平面呈长方形，主要建筑从山脚直至山腰部分，依天然地势自东向西排列，南北两侧各有几组封闭式的跨院，整座寺院建筑巍峨，布局严谨。大觉寺寺院建筑布局为传统的汉式寺院布局，即以中路轴线上的建筑为主体，两侧对称布置一些附属建筑。

大觉寺这座皇家敕建寺院，明清两朝屡次得到重修扩建，历经五百多年的风风雨雨。虽然殿内陈设与原状发生了一些变化，但其主体建筑依然雄伟高大、古朴庄严。殿堂内的佛像、装饰及用具的漆饰早已斑驳陆离，失去了往昔的光彩，但仍能感受到这座皇家敕建寺庙辉煌悠久的历史和建筑工艺的精湛。大觉寺殿宇宏丽，气势壮观，寺院至今保存完整，主体建筑结构坚固，工艺制作精良，古色古香的明代木结构建筑群堪称不可多得的珍品。寺内建筑采用传统的砖木结构体系，建筑的台基、墙体和屋顶都具有浓郁的北方特色。寺内建筑依山就势，分布在一条东西方向的轴线之上，其他附属建筑则安排在南北两路，主次分明，错落有致。大雄宝殿和无量寿佛殿殿堂建筑为红墙灰瓦，色调艳丽古朴，大雄宝殿殿顶采用琉璃瓦顶，与众不同，突显出皇家寺庙的等级制度，屋顶的四个檐角向上翘起，呈展翅欲飞之势。两座殿堂建筑周围均用白色花岗岩石雕栏杆围绕，栏板雕工规整。殿堂斗拱装饰精美。殿堂的装饰艺术也十分出色，古代工匠对梁、柱、枋、斗拱、天花、藻井、屋顶等结构进行艺术处理，通过壁画、彩绘、脊饰等多种形式对佛殿的空间部分进行装饰，使得殿堂建筑极具传统风格和宗教色彩。殿堂正中的盘龙藻井上圆下方，周边有小斗拱，层层收拢，制作精细。藻井中心的金漆盘龙，雕刻精美逼真。彩绘又称建筑彩绘，是在建筑物的梁、枋、斗拱、柱头等部位上描绘出各种图案纹样，它既有装饰作用，同时又对木结构建筑起到保护作用。寺内建筑彩绘以龙的图案和佛教梵文的画题居多。封建帝王自命为真龙天子，凡御用之物多以龙纹做标记。脊饰就是在古建屋脊之上进行的装饰，对屋脊进行装饰，是我国古建筑一种传统的外部装饰技术。脊饰包括正脊上的吻兽、重脊端的垂兽、四翼角戗脊上的仙人和走兽。这些脊饰有严格的等级区分，不同的建筑应有不同的脊饰。吻兽又称大吻，一般装饰在正脊的两端，寺内殿顶两边头插宝剑的琉璃大兽就是大吻。吻兽是由汉代的鸱吻演变而来的，明清时，传统的鸱吻变成了吻兽，由鸱吻演变成大吻。寺内大殿屋脊上的鸱吻，脊上插有宝剑，怒目张口，吞住正脊，是殿堂屋脊上最华丽的装饰物品。仙人走兽，饰于佛殿的戗脊端部或角脊上，一般在翼角处为『仙人骑凤』，其后为数量不等的走兽，最多可达十一个。清代走兽的排列顺序为龙、凤、狮、天马、海马、狻猊、押鱼、獬豸、斗牛、行什，它们都是能兴云作雨、灭火救灾的神异动物。把这些动物形象置于殿脊之上，有消灾灭祸、逢凶化吉之意。

（三）大觉寺白塔

塔是寺院建筑中重要的内容，起源于印度。梵文为『stupa』，中文译作窣堵坡、浮屠等。塔是坟冢的意思。佛祖释迦牟尼圆寂后，其弟子把火化后的尸骨埋于地下，堆成土丘，称其为舍利塔。后世佛教信徒继承了这一方式，凡对佛教有过贡献的高僧后世都为他们建塔纪念。塔上镶有石碑，称为塔铭。塔的位置有的在寺内，有的在寺外，把历代高僧的纪念塔集中一处而形成『塔林』或『塔院』。塔的形式也是多种多样：有楼阁式、亭阁式、密檐式、花式、覆钵式、金刚宝座式、过街塔门式、经幢式、组合式等，丰富多彩。随着佛教在中国的传播，塔的建筑方法与中国古代传统雕塑艺术、建筑技法相融合，不断地发展变化，塔不仅仅是佛教建筑中的重要内容，也成为其所在地的一处风景标志。

大觉寺中路建筑最高处，寺庙后山的园林中耸立着一座覆钵式白塔。此塔高约十五米，南北两旁植有松、柏各一株，树身粗壮。关于这座古塔的名称、功用、建造年代及背景，辽、金、元、明代文献史料及寺内现存历次重修碑都未提及，仅在清代和民国一些史料及近年一些著作中有关于这座古塔的记述。

清人完颜麟庆（一七九一—一八六四）在他的《鸿雪因缘图记》中记录描绘了大觉寺诸多的景物。完颜麟庆，字见亭，金世宗后裔，隶镶黄旗，官至河督，一生治河有功。他博学多才，见识深远，利用为官在外宦游四方之便，将耳闻目睹的名山胜迹编成文字，绘成图画，付梓印行，即著名的《鸿雪因缘图记》，其中的《大觉卧游图》描绘了清代大觉寺内憩云轩、灵泉、领要亭诸景，为当时的大觉寺留下了生动的记录。

大觉卧游

大觉寺在妙峰山麓，去金山口二十里，远视惟一山，近则山山相倚，如笋张箨，最尊者曰妙峰顶，有天仙圣母庙，香火最盛，每春秋开庙之期，朝山者不绝于路，兹寺为必经之地，按：寺本金章宗清水院故址，明建寺曰灵泉，易今名。康熙五十九年，世宗在潜邸时特加葺修，命僧性音住持。乾隆十二年，高宗重修，额弥勒殿曰圆证妙果，正殿曰无去来处，无量寿佛殿曰动静等观，大悲坛曰最上法门，右置精舍曰憩云轩，前为七堂，左设香积厨，坛后有塔，塔后有塘，塘后有楼。垣外双泉，穴墙址入，环楼左右汇于塘，沉碧泠然，於仞鱼跃。其高者东泉，经蔬圃入香积厨而下，西泉经领要亭，因山势重叠作飞瀑，随风锵堕，由憩云轩双渠绕霤而下，同汇寺门前方池中，上驾石梁，七月二十二日，余入寺经之，闻池莲右白左红，僧言本年因修池未开，瞻七堂中立宝龛，左右各设砖榻，每榻卧百人，盖堂深二十丈，与戒坛均天下无双云。北过憩云轩，僧化成具薄馔，豆粥，饭罢，挹泉煮茗。旋贺焕文拄杖寻僧，陈朗斋倚栏作画，贻斋因事辞归，余乃拂竹床，设藤枕，卧听泉声，淙淙琤琤倏然，愈喧愈寂，梦游华胥，倏然世外，少醒，觉蝉噪愈静，鸟鸣亦幽，辗转间又入黑甜乡梦回啜香茗，思十余年来值伏秋汛，每闻水声，心怦怦动，安得如今日听水酣卧耶。寺名大觉，吾觉矣。[一]

文中提到的塘即寺内园林的龙潭，憩云轩即南路行宫的一幢建筑，泉水流至轩后依陡峭山势呈三叠飞瀑顺流而下，从《大觉卧游图》中清晰可见当年南路飞流成瀑的景象。从图中还可看到，憩云轩依山傍水，曲径纵横，轩旁林木茂盛，翠竹丛生，一幅极美的人间仙境。对于古塔，全文也只有『坛后有塔』『塔后有塘』的简单记述。

民国二十四年（一九三五）《旧都文物略》大觉寺条中提及大觉寺塔，并配有古塔的图片，文中这样记载：『……山顶有舍利塔一座，为乾隆时造，塔后为龙潭，水清可鉴……』[二]

民国二十五年（一九三六）李慎言的《燕都名山游记》中也有关于大觉寺塔的记载：『……大悲坛的后面，有座藏经塔，长

[一]（清）麟庆著文、汪春泉等绘图：《鸿雪因缘图记》之《大觉卧游》篇，北京：北京古籍出版社，一九八四年版。

[二] 北平市政府秘书处编：《旧都文物略》之《大觉寺》篇，北平市政府秘书处，民国二十四年版，第二十四页。

松环绕，势甚挺秀……塔的周围有傅增湘题诗二则。』[一]

今耸立于大觉寺后山最高处的白塔为覆钵式塔。喇嘛塔在金元之际已出现，是藏传佛教的产物。元代统治者将藏传佛教奉为『国教』，地位颇高，覆钵式塔亦随着藏传佛教的盛行而遍布京城。北京阜成门内『妙应寺』白塔，是我国现存最早最大的覆钵式塔，建于元代。坐落在北海琼华岛上的『永安寺』白塔始建于清顺治年间，高耸云天的白塔堪为风景标志的典范，是宗教建筑与园林景观巧妙结合的产物。

大觉寺白塔即为典型的覆钵式塔，砖石结构，分为地宫、塔基、塔身、塔刹四部分，塔高约十五米，下有八角形须弥座，中部是圆形塔肚，上方是细长的相轮，顶上饰有宝盖。塔位于寺内最高处，塔西面是龙潭，塔旁有一松一柏，周围是布局精巧的寺庙园林。地宫位于佛塔所在地基石之下，塔基高五十厘米，呈四方形。塔基平面铺以花岗岩条石，正东面有石阶可供上下，塔座为八角形，正面朝东，坐落在方形的塔基之上。须弥座的上枋和下枋雕刻着仰俯莲花瓣，须弥座的束腰中雕刻有精美的砖雕图案。图案呈菱形，塔的东、西、南、北四面的菱形图案正中央各雕刻着一条腾云驾雾、张牙舞爪的祥龙，在龙身周围雕满了朵朵祥云图案。龙爪呈风车状，龙首昂起，圆目怒张，四条龙的造型非常生动，呼之欲出，栩栩如生。塔的东北、东南、西南、西北四面雕有不同的花卉图案，依次为葵花、牡丹、莲花、西番莲，花卉造型精美，形态各异。

须弥座上是圆形的塔座，束腰上雕有莲花图案。圆形塔座的上方有三层金刚圈与塔身相连，塔身呈覆钵形，上宽下窄，塔身正东面开有焰光式塔门，也称『眼光门』，塔门呈壶门式样，中间雕有两扇花棱形门窗。

塔身上面是相轮，共有十三层，上窄下宽，也称作十三天。最上面是华盖，四周雕有一圈佛字，计十六个。华盖下面撑有四根铁柱，起到支撑金属塔刹的作用。华盖下还悬有风铃八只，华盖的顶上是铜质宝珠式刹顶。

整座白塔造型优美，比例匀称。两边栽植的古树，树身高大，树冠蓊郁，犹如巨人默默地忠实地守护着历经沧桑、见证历史、神秘庄严的大觉寺白塔。从以上对古塔的描述及塔的形制上看，今存大觉寺内之白塔，为典型的藏传佛教佛塔。依大觉寺白塔两

［一］李慎言撰：《燕都名山游记》之《大觉寺》篇，北京燕都学社，民国二十五年版，第一百二十三页。

侧所植的松、柏树龄推算，此塔应有不少于五百年以上的历史。大觉寺内的白塔，塔身既无记载塔主身份的塔铭，塔前又无记载立塔之目的和背景之石碑，为我们考察此塔的历史增加了一定的难度。寺内白塔建于何时，是舍利塔还是藏经塔，这些都有待于新的考古发现和更深入的研究才能确定。

（四）契约文书中出现的清代大觉寺周边地名

大觉寺作为一座独立的佛教寺庙，寺存的百余件契约文书反映的内容也全是与大觉寺相关的历史事件。这些契约文书，尤其是收租账簿中涉及很多地名，如太舟坞、韩家川、亮甲店、屯佃、马连洼等。不同历史时期，其地名的叫法也有所不同。大觉寺契约文书在流传过程中没有受到干扰，具有很强的独特性和连续性，对大觉寺周边地名史的研究考证有特殊的价值。

太舟坞：太舟坞位于京密引水渠北，西北与东埠头、西与杨家庄相邻。据兴善寺明碑记为太州府，清《光绪顺天府志》记为『太舟务』，[一]《北京历史地图集》清光绪三十四年（一九〇八）图记为『太州务』。大觉寺寺藏的契约文书中有多处关于太舟坞名称的记载：康熙五十九年（一七二〇）买地各家地亩账和乾隆五十一年（一七八六）大觉寺收地租账中记为『太子府』；乾隆五十九年（一七九四）、乾隆六十年（一七九五）和宣统三年（一九一一）大觉寺收地租账中记为『太舟务』；民国时期的收租账簿中记为『太子坞』。大觉寺乾隆五十九年（一七九四）、六十年（一七九五）和宣统三年（一九一一）的收租账簿中关于『太舟务』之名的记载，与『光绪顺天府志』的记载相吻合。

亮甲店：百望山西北与黑龙潭之间，有村庄亮甲店。据《光绪昌平州志》记载，亮甲店分前、后两个村，南北相距半公里。[二]

[一]〔清〕周家楣、缪荃孙等编纂《光绪顺天府志》，北京：北京古籍出版社，一九八七年版，第九百六十二页。

[二]〔清〕缪荃孙、刘万源编纂《光绪昌平州志》，北京：北京古籍出版社，一九八九年版，第一百四十五页。

传说这里是杨六郎、杨七郎晾甲的地方，多认为『亮』是『晾』字的错写。

据大觉寺藏契约文书记载，康熙五十九年（一七二〇）买地各家地亩账记为『良家店』，乾隆五十一年（一七八六）、五十九年（一七九四）、六十年（一七九五）和嘉庆二十年（一八一五）大觉寺收地租账记为『亮家店』。《光绪昌平州志》关于『亮甲店』之名的记载，盖为嘉庆朝之后由『良家店』『亮家店』演变而来。

屯佃：屯佃村上承黑龙潭、冷泉诸水，水源充足，名玉泉屯。《光绪昌平州志》记为屯田村。〔一〕

大觉寺藏契约文书中，嘉庆二十年（一八一五）大觉寺收地租账中记为『屯田』，与《光绪昌平州志》记载相符。另据大觉寺收地租账中记载，光绪七年（一八八一）时即记为『屯甸』村。现在的『屯佃』，即由『屯田』『屯甸』衍变而来。

韩家川：今百望山西北，明末刘侗记载：『出阜成门三十六里者，罕山，志称韩家山，汉循吏韩延寿家焉。罕，韩音讹也。』〔二〕韩家川与韩家山在明代是相伴而生的两个地名，清代以来民间传说中与宋辽之间的战争有关。韩家川是辽国韩昌驻兵之地。

大觉寺藏契约文书中清乾隆五十九年（一七九四）收地租账簿、乾隆六十年（一七九五）收地租账簿有『韩家串阎六种地四亩』记载，韩家串应为韩家川的误写。

〔一〕〔清〕缪荃孙、刘万源编纂《光绪昌平州志》，北京：北京古籍出版社，一九八九年版，第一百四十六页。

〔二〕转引自孙东虎：《北京地名发展史》，北京：北京燕山出版社，二〇一〇年版，第二百二十页。

四、清代大觉寺住持和契约文书中记载的僧人

寺院的兴盛传承，不仅在于历代帝王的重视，还在于著名大德高僧的住持焚修和民间供奉香火的旺盛。大觉寺是一座高僧辈出的古刹。见于载籍的，如辽道宗时期的觉苑，赐号『总秘大师』，位至公卿，有名冠京师之誉。再如明宣德年间曾主大觉寺的智光和尚，更是明初的著名高僧，他一生政教成就卓著，生前被封为大国师，圆寂后朝廷赐授『大通法王』封号。明成化十四年（一四七八）开始兼大觉寺住持的周吉祥，是明朝僧录司的最高官员——左善世钦命掌印，他在大觉寺主寺务达十五年之久，死后建灵塔两处分葬。清代迦陵（性音）禅师，为临济正宗第三十四代嗣法传人，他深通佛学，独悟禅机，示寂后敕封『国师』之号，平生著述甚丰，有多种佛学著作传世。乾隆九年（一七四四）圆寂的佛泉（实安）禅师，也是一位精通佛理的高僧，他是迦陵的大弟子，临济正宗第三十五代传人，曾继其师主大觉寺方丈，著有《语录》数卷传世。乾隆年间（一七三六—一七九五）住持之一的月天宽，被庄亲王允禄称为『真心实行，遐迩信瞻』。月天宽在大觉寺九年，『谨守祖法，无愧人天』，乾隆十七年（一七五二）圆寂。但此后的住持为何人，如何延续传继，则可供考察的材料不多。随着时间的流逝，绝大部分僧人事迹已经湮没无闻，只有少数名僧在史籍中留有雪泥鸿爪，大多则不为后人所知。本文即是通过对清代不同时期大觉寺著名僧人及契约文书中记载的僧人日常行事、佛事活动，按其在大觉寺修行的先后顺序，再结合方志、碑刻等资料，进行分析探究，试图了解他们之间的师徒传承和活动踪迹，从而使清代前后相继焚修于大觉寺的僧人传承历史，变得更加具体生动。

迦陵禅师

迦陵（一六七一—一七二六），沈阳人，俗姓李，法名性音，别号吹馀，迦陵是其字，平生以字行。聪敏机变、深悟佛理的迦陵禅师是清代早期著名的禅僧。迦陵自幼聪慧，能言善辩，成年后厌弃尘俗，投高阳毗卢真一法师受具足戒出家为僧，关于迦陵出家后参究禅理弘演佛法之事，《新续高僧传》有这样的记述：

『真一示以本来面目，诣默参有省，辞一南游。时济洞尊宿，法席相望，音皆谒叩，多未能契。及见梦庵于理安，便入记室。庵每有垂问，横机不让，竟授衣拂。已而辞去，道经六安，爱雪峰山水之胜，颇欲栖止。康熙丁亥（一七〇七），梦庵主柏林，寓书招之，入京分座临众勘验，真切简要，莫不推服。戊子（一七〇八）夏，梦庵寂，诸山耆旧请音继席，乃遁之。西山缁素复以大千佛寺敦逼，出世据座提唱，广众翘仰，为法为人，剿知刊见。于是方来英俊，奔超恐后，座前环绕三千余指。禅风斯卤，殷勤六载，得益如林。未几，协锡补处柏林。才及三年，而杭之理安虚席以待，又往应之。方欲避酬答、憩山阿，江右许方伯兆麟以庐山归宗请为栖息之地，忻然赴之。未逾年，而有京都大觉寺之命。雍正元春，忽谢院事，飘然而南，一瓢一笠，山栖水宿，居无定止。四方征书交至，却之弗顾。四年秋，复还归宗，独居静室。凉风九月，偶示微疾，举疏山造塔事，遂段作颂，有「此处埋老僧，不得羊肠鸟道自庚辛」之语，为后来迁塔燕都大觉先兆。以雍正四年（一七二六）九月二十九日示寂。礼亲王汇其事迹奏闻，敕赠圆通妙智大觉禅师。』[一]

根据以上记载，可知迦陵嗣法于杭州理安寺梦庵禅师，超越常格而得授临济宗衣钵，成为临济正宗第三十四世嗣法传人。康熙四十六年（一七〇七）梦庵住持柏林寺时召性音入京，第二年梦庵示寂，众僧请性音继嗣法席，性音不受而隐遁于西山，一度在京西大千佛寺（遗址在今房山长沟北正村北）开堂说法，禅林大振，后性音又辗转于柏林寺、归宗寺。康熙五十九年（一七二〇）经和硕雍亲王力荐，任大觉寺方丈。胤禛继位后，性音却忽然辞去大觉寺寺务，悄然南行，从此山栖水宿，居无定止，雍正四年

〔一〕喻谦编《新续高僧传》四集卷二十五。

（一七二六）秋示寂于江西庐山归宗寺，终而归葬于京师大觉寺。雍正六年（一七二八）敕赠『圆通妙智』谥号，建灵塔于西山大觉寺南塔院。迦陵一生参学佛法，活动范围遍及江南塞北的许多著名禅寺，他一生著述颇丰，著有《宗鉴法林》、《是名正句》、《杂毒海》等多卷佛教内外典籍，是清代早期的一位著名的禅师。今国家图书馆善本部藏《性音塔铭》拓本中有关于迦陵禅师的记载，其铭曰：『国师圆通妙智大觉禅师传临济正宗三十四世迦陵性音和尚塔。』两侧有钦差监督造墓塔官员、嗣法门人、造塔匠人题名。从迦陵塔铭中可以确知雍正曾追赐迦陵为国师，赐予他『圆通妙智大觉禅师』的谥号，并且知道迦陵生前是我国佛教禅宗中临济宗的第三十四世正宗传人。

佛泉禅师

佛泉（？—一七四四），讳实安，号佛泉，湖北人。他是清代临济正宗第三十四世传人迦陵禅师的弟子，清代著名僧人。迦陵示寂后，佛泉禅师继任大觉寺方丈，成为临济正宗第三十五世传人。佛泉禅师有《佛泉禅师语录》上下两卷、《佛泉禅师后录》四卷流传于世，这些语录木刻版至今仍存于大觉寺之内，是研究佛泉禅师生平的重要资料。关于佛泉禅师，《新续高僧传》无传。寺藏《佛泉禅师后录》经版中其行状内容只存『师讳安，号佛泉，楚之湖北安陆府景陵县张氏子，父』等文字，其余经版都已亡佚，行状部分已失，没有下文。庆幸的是在大觉寺保存有《佛泉禅师语录》及《佛泉禅师后录》木刻经版，从其经版序文中，我们可以了解到佛泉禅师的生平。

『大觉佛泉公，我先法兄迦陵和尚之嗣也。当世宗皇帝在藩邸时，留心性宗，且帝以古佛再来，信根深重，其护持三宝为古今罕匹。若京兆之柏林、千佛、西山之大觉、古杭之南□咸发重帑修造，捐资供众，命师兄次第住持。佛法之隆，于斯为最，以故四方龙象望风而翕聚者恒万余；指我师兄秉三尺龙须，指开觉路，闻正法者，不可胜数，而我佛泉公，尤为入室之真子焉。』〔一〕

从这段序文可知：佛泉是迦陵禅师的继嗣人，即弟子中继位为大觉寺方丈者。佛泉是在迦陵极受雍亲王礼遇、一生中最得意

〔一〕大觉寺藏《佛泉禅师语录》木刻板。

时所收的入室弟子，关于佛泉师从迦陵的情形，序文中这样写道：

『佛泉大和尚具笃实之性，生秉冰霜之操守，未入归宗之门，已如临济之在黄檗位下三年，行业纯一，暨受迦老人咐嘱之语，潜心苦志，参则真参，悟则真悟，修则真修。真云居所谓行之之人，而余所谓行而后能言之人也。』〔一〕

一七二三年雍正登基，迦陵禅师却离京南行，作为迦陵的大弟子，佛泉不忘师恩，追随迦陵南行不离左右，历尽艰难。寺藏《佛泉禅师语录》序文中这样写道：

『厥后，世宗御极，我师兄退隐匡阜，四海英豪，亦皆星散，而佛公（迦陵嗣位弟子佛泉）等数人甘心藜藿，木食草衣，执侍靡倦。其为之真切，事师之诚挚，不啻婴儿之于慈母，有终身不肯离者。』〔二〕

雍正四年（一七二六）迦陵在江西辞世，雍正闻讯后降旨褒赐迦陵为国师，命佛泉奉其灵骨回北京西山大觉寺建塔安葬。序文中也描述了这一情况：

『痛我师兄，于丙午秋谢世。上闻之，不忍置荒烟寂寞之，以特命佛公等请灵龛建塔西山大觉寺之傍，而佛公即主席方丈。』〔三〕

也就是在这一年，迦陵的弟子佛泉禅师被任命为西山大觉寺住持。雍正在迦陵圆寂后，对大觉寺的眷顾有增无减。雍正对迦陵的弟子佛泉可谓恩礼甚厚，佛泉继大觉寺方丈后，举办法会，宣讲禅法，有许多朝廷重臣，包括皇上的弟弟和硕怡亲王允祥也经常亲临现场，因此在《语录》中除念及雍正皇帝恩宠之外，还不断多次提及怡亲王的恩典。经过雍正四年（一七二六）至十年（一七三二）短暂的哀荣之后，雍正帝对迦陵的态度又大变其调，一改以往赞誉有加与恩礼备至，公开指责迦陵语录，削其国师封号，语录撤出藏经，并不许门徒私记存留在藩邸之旧迹，违者重治其罪。随着迦陵的又一次遭贬，一向以迦陵为荣的佛泉禅师陷入了两难的境地。今大觉寺保存的迦陵禅师画像上方有佛泉禅师为之题写的像赞一首，真实地流露出了他对迦陵欲言又止、毁誉两难的无奈心态。乾隆九年（一七四四）冬，佛泉示寂，其灵塔位于大觉寺之南塔院，墓志铭云：『传临济正宗三十五世佛泉安

〔一〕大觉寺藏《佛泉禅师语录》木刻板。
〔二〕同上。
〔三〕同上。

和尚塔。』此石现存于大觉寺南莲花寺墙基之下，字迹清晰可见。佛泉禅师，性情笃实，操守秉洁，继迦陵禅师为大觉寺方丈后，潜心于佛学研究。『一瓢自爱，足不入城者十有余年。凡城中之学士，大夫慕佛公之名而求一见者，山城迢递，邈不可得。盖其真实践履，能令人一望而生欢喜心，而出一言吐一气亦使人当下知归。』〔一〕语录序文中的这段描述，真实地记载了佛泉入住大觉寺方丈后的戒行生涯。

月天禅师

月天禅师是清代著名僧人，讳际宽，号月天，河北玉田县人。他生于康熙四十二年（一七〇三）十一月，卒于乾隆十七年（一七五二）三月九日。有《月天宽禅师语录》传于后世。月天禅师幼年聪慧，性善好施，年二十岁出家，雍正十二年（一七三四）经京西大觉寺参礼佛泉禅师，因其深明大法而得继佛泉禅师衣钵，乾隆九年（一七四四）佛泉示寂，月天禅师奉庄亲王命继任大觉寺方丈。

月天禅师任大觉方丈共有九年，因其『住持得体，真心实行』而远近闻名。乾隆十二年（一七四七）即月天任大觉寺方丈的第三个年头，当朝皇帝乾隆出内帑重修西山大觉寺：『幸蒙今上恩被山林，重新香界，佛殿僧堂焕乎金碧。斯之际遇，千载斯逢，若非夙有胜缘何乃天龙释梵之宫一朝顿现如斯乎。』〔二〕月天禅师在工程告竣之后结制谢恩，上堂拈香。寺藏《月天宽禅师语录》中有一节详细记载了重修寺庙之事：『纶音一出。直下承当，彻底掀翻，重新梵宇，山门、佛殿、厨库、僧堂、露柱、灯笼，无一不新者也，苟非帝力孰以为之。』〔三〕月天禅师在任期间，值遇皇恩重修大觉寺，堪比稀世之奇逢。此后数年，月天以佛法为己任，力振宗风，欲以此来报国恩浩荡。寺藏《月天宽禅师语录》中还附有其《行状》篇，从中我们可以更多地了解月天禅师的生平。『师讳宽，号月天，系遵化玉田县孙氏子。母张氏，生于康熙癸未十一月二十四日戌时，童年颖异不凡。二亲强之娶，生二

〔一〕大觉寺藏《佛泉禅师语录》木刻板。
〔二〕大觉寺藏《月天宽禅师语录》木刻板。
〔三〕同上。

子，性好施，每怀出世之心，年二十九，辛亥依出头山净和尚雉染，次年诣盘山和尚授具戒，至甲寅往京西参大觉师翁一载，深明大法，师翁以从上法印并源流衣拂付之，有掀翻窠臼法眼流传之句，戊午调叔祖奉上命主万寿，师以深心力辅之，后因正师主江西归宗，遵师翁命代理兴善方丈，居座元寮三载，至甲子春，归省大觉，遂留山中，辅之一载，至甲子冬，师翁谢世，庄亲王命继主大觉方丈，未逾一载，遐迩称其真心实行，住持得体，值遇皇恩重修大觉，此亦稀世之奇逢，至辛未春，又荷命兼理印务，非师所尚，唯以佛法为己任，结制打七，单提向上，力振宗风，到乾隆十七年壬申三月九日示微疾，就医于灵鹫庵，师觉病体沉重，急命归山告众，跏趺坐化，蒙发帑金，津送入塔。师住大觉九载，谨守祖风，实心为道，可谓无愧于龙天者也，有语录一卷，嗣法弟子共七人。』[一]

《月天宽禅师语录》前附有实瑄撰写的序文，序文中称迦陵为迦伯，称佛泉为佛兄，称月天为月侄，依此排序分析，实瑄乃月天的法叔，他在序文中对月天的评价甚高：『今庚午初夏，余诣山中信宿丈室，展阅数年来提唱语要，能继迦伯之嘉声，佛兄之法印，而吾月侄和尚，可谓滴水兴波，狂澜砥柱，则大觉海中前波后浪，沃日涛天，总发源于涧南一滴，滹沱一派，诚千江普会万派朝宗之妙唱者也。古德云，非父不生其子。是非吾迦伯佛兄门庭光大堂，奥幽玄又安得如是后贤之振耀乎？正脉流通端有赖矣。』[二]

空恒

生卒年不详。据『笑祖塔院碑』碑阴记载，空恒为道光二十二年（一八四二）前后大觉寺住持僧。碑阳为『大清京师西直门外笑祖塔院反本寻源归复临济正宗碑记』，临济正宗第三十七世了信撰文，碑文记载了临济正宗反本寻源的缘由。碑阴为助资镌刻此碑的笑祖塔院众法亲名记，其中记述了『极乐寺、万善殿，瑞应寺、资福寺、报国寺、卧佛寺、柏林寺、大觉寺、龙泉寺』等三十二个寺庙的住持僧。另据大觉寺寺存『迦陵禅师画像』上的『像赞』记叙『大觉堂上第二代继席法徒实安题……同治二年秋

〔一〕大觉寺藏《月天宽禅师语录》木刻板。
〔二〕同上。

重装第八代法孙空恒供奉』，可知在同治二年（一八六三），空恒依然是大觉寺的住持。虽然无从考证空恒在大觉寺任住持的确切时间，但自道光二十二年（一八四二）至同治二年（一八六三）的二十二年时间里，他应一直在大觉寺住方丈。

佛果

生卒年不详。据大觉寺遗存牌位『传临济正宗四十二世大觉堂上第九代佛果法公和尚之位』和寺存契约文书QW—〇三七号记载可知，佛果为同治二年（一八六三）后大觉寺方丈，承袭临济衣钵，为临济正宗第四十二世宗师。

大觉寺藏清代契约文书中有清嘉庆二十五年（一八二〇）西山大觉寺名册一份，上面记录了多位住持僧人情况。在这份清册中不仅有出家僧人的法名、年龄，而且还简要描述了其面目形象，另外还有关于出家僧人的原籍和出家寺庙的记录。

西山大觉寺清册

具甘结西山大觉寺住持僧真觉

系山西泽州府零川县兴福寺出家年四十三岁黄面有须

蕴空系江南扬州府江都县福庆寺出家年卅七岁面有须

洪润系顺天府宛平县人四王府三教寺出家年二十三岁白面无须

海宽系顺天府宛平县人本县通明庵出家年卅六岁黄面无须

莲祥系河间府东光县本县宏庙出家年卅八岁黄面无须

瑞光系顺天府宛平县人本县无量寺出家年四十岁黄面无须

妙山系顺天府宛平县人本县 革嘉寺出家年卅六岁黄面无须

觉本系昌平州人本州真武庙出家年卅九岁黄面无须

脱尘系都石口人龙神庙出家年二十三岁白面无须

意成系关东奉天府开元兴寿禅寺出家五十岁黑面无须

秀宽系平阳府临汾县人真武庙出家年三十一岁黄面无须

正晟系山西太原府寿阳县金容寺出家年二十一岁黄面无须

勒修系山西平阳府洪洞县人真如庵出家年十九岁白面无须

大千系山西五台县人殊像寺出家年五十四岁黄面无须

道芳系山西祁县人隆盛寺出家年三十岁黄面无须

舒真系赵州白阳县人元通庵出家年廿二岁白面无须

傅宗系昌平州人十里院出家年四十九岁赤面无须

万恒系昌平州人龙泉寺出家年七十岁赤面无须

刘天系直隶易州人顺天府老爷庙出家年三十九岁赤面无须

妙果系顺天府大内县人清泰院出家年二十七岁面黄无须

聚仙系河南彰德府安阳县人护国寺出家年三十九岁面黑无须

以上做工道人

宋连成系宛平县人年四十五岁黄面有须

王得仁系昌平州人年卅三岁麻面无须

李存有系宛平县人年六十五岁黑面有须

高连登系宛平县人年七十一岁赤面有须

张七系昌平州人年卅七岁黄面无须
马安福系宛平县人年廿二岁赤面无须
张文元系宛平县人年卅七岁白面无须
孙庆系宛平县人年十七岁白面无须
王振熊系天津县人年四十九岁赤面无须
胡德荣系涿州人年六十七岁赤面有须
赵连登系五青县人年六十岁赤面有须
张二系昌平州人年六十三岁黑面有须
果兴三系宛平县人年五十岁赤面有须
于有信系河间府许宁县人年五十一岁黑面有须
陈瑞安系昌平州人年六十一岁赤面有须
陈瑞安系昌平州人年六十一岁赤面有须
孙廷柱系镶黄旗掌仪司人年三十岁赤面无须
韩进忠系定州人年卅三岁赤面无须
张成意系宛平县人年廿六岁白面无须

嘉庆贰拾伍年　月　日　立

寺院是僧人修行和生活的地方，既然出家为僧，寺院就成为终身依靠。我国自南北朝时期就有了僧籍制度，僧人的出家受戒受到严格的管理，发展到隋唐时代，更加严格，明朝初年又制定了《申明佛教榜册》，对僧人的居寺生活又做了近一步的规定，如有违反严刑惩治。但也有例外，就是游方问道，即僧人可以离开自己的寺院到全国各地寺庙求师问道，巡礼胜迹，寻访佛法。禅宗兴起后，这种参礼往来，问道求师风气更是盛极一时，因此中国寺院形成了一种接待过往僧人的挂单制度。〔一〕由于僧人需要游历参访，因此也不会一生只停留在一个固定的寺院，名册中记录的僧人应是清嘉庆二十五年（一八二〇）在大觉寺挂单修行之僧人。

从大觉寺所藏清代契约文书中，我们还可以知道嘉庆、道光年间（一七九六—一八五〇）的住持有慧彻，道光年间的住持有真觉、月宽，咸丰年间（一八五〇—一八六一）的住持有同寿，道光年间的监院有了尘等。同时，还可以了解其他一些僧人的情况，如海山、寂举，明依、行义，申缘、修同三对师徒，性德、寂志师兄师弟，觉晶、信悟、圆通等僧人。既可以从大觉寺所藏的契约文书中了解他们活动的踪迹，排列出其先后时期顺序年表，又可以了解他们之间的师徒、师兄师弟等关系。

附表：清代大觉寺住持僧名录

定旺	康熙二十七年（一六八八）前后	参见大觉寺藏清代契约QW—〇三八
海山	康熙四十五年（一七〇六）前后	参见大觉寺藏清代契约QW—〇四〇、QW—〇四一
性音（迦陵）	康熙五十九年（一七二〇）至雍正四年（一七二六）	参见《送迦陵禅师安大觉寺方丈碑记》
佛泉（实安）	雍正六年（一七二八）至乾隆九年（一七四四）	参见莲花寺建筑基座下『佛泉禅师塔铭』
性德 寂志	乾隆八年（一七四三）前后	参见大觉寺藏契约QW—〇四九

〔一〕李富华：《中国古代僧人生活》，北京：商务印书馆国际有限公司，一九九六年版，第八十四页。

续表

月天（际宽）	乾隆九年（一七四四）至乾隆十七年（一七五二）	参见《月天宽禅师语录》
明依 行义	乾隆五十二年（一七八七）前	参见大觉寺藏契约QW—〇六一
真觉	嘉庆、道光年间（嘉庆二十五年、道光八年）	参见大觉寺藏清代契约QW—〇七七、QW—〇〇五
慧彻	道光十三年（一八三三）	参见大觉寺藏清代契约QW—〇八三
空恒	道光二十二年（一八四二）至同治二年（一八六三）	参见大觉寺藏『迦陵禅师画像』（空恒，第八代法孙）
同寿	咸丰十年（一八六〇）前后	参见大觉寺藏清代契约QW—〇九一
佛果	同治二年（一八六三）前后	参见大觉寺遗存牌位『传临济正宗四十二世大觉堂上第九代佛果法公和尚之位』；寺藏契约QW—〇三七
德宝	民国三年（一九一四）前后	参见租批QW—〇一三—QW—〇一八、QW—〇二〇、QW—〇二一、QW—〇二四、QW—〇二五
方宗	民国三年（一九一四）后至民国十五年（一九二六）前后	参见大觉寺藏契约QW—一二三、国家图书馆藏民国十八年大觉寺经板补刻后印刷的《宗鉴法林》序言
福振	民国十八年（一九二九）前后	参见国家图书馆藏民国十八年大觉寺经板补刻后印刷的《宗鉴法林》序言

五、从寺藏契约文书看清代大觉寺的兴衰

大觉寺在近千年的历史传承中，其人文历史拥有浓厚的皇家色彩。大觉寺与历代帝王有极为密切的关系，清代帝王尤甚。因此本文将清代帝王对佛教的态度与寺院具体的人事变迁紧密联系，并结合文献记载及寺存部分文物，探讨有清一代大觉寺的兴衰原委和发展轨迹。

清朝是中国历史上最后一个封建王朝，从顺治元年（一六四四）清朝入关至一九一二年清帝退位、中华民国成立，统治中国计三百六十八年。清统治者出于政治上的目的，对释、道两教也采取保护支持的政策，清朝对于佛教的政策几乎完全沿袭了明代。顺治八年（一六五一）五世达赖应请入京受到册封。康熙六次南巡，沿途多参礼佛寺，撰御碑文，赋诗题词。清世宗与禅僧往来甚密，自号圆明居士、破尘居士，还以生前邸宅作为藏传佛教寺院。乾隆皇帝更是崇信佛教，多次巡幸驻跸名山大寺，题写了许多楹联匾额，御制诗文。这些皇帝们不仅出资修扩寺庙建筑，赏赐土地佃户，御题匾额诗文，而且还遣高僧入寺住持，并和当时著名的僧人交往密切。

（一）雍乾时期的大觉寺

雍正帝胤禛是清入关定鼎中原后的第三位皇帝，康熙玄烨的第四子，他四十五岁始登基继位，在位共十三年。胤禛崇信佛教

的程度在中国历代帝王中非常突出。胤禛自幼苦读佛学书籍，研习佛家典籍。成年后更认真研究佛法，交结僧衲，多次在王府内举行法会，邀众僧论经说法。雍正称帝后，对佛教的兴趣有增无减，崇佛的兴趣未因政务繁忙而减弱。他贵为天子，却起了两个佛号：破尘居士和圆明居士，以示身虽在世，心已皈佛。雍正朝后期，佛事大兴，他于万机之暇还在宫中多次举办法会。以释主自称的雍正帝，不仅直接干预佛教内部事务——任命寺院住持，捐资扩建修缮寺庙，赐予释徒封号，而且还利用皇权将儒、释、道三教糅合在一起，强调三者间的一致性。雍正帝一生参究佛理，佛学方面著述甚丰。编有《当今法会》《经海一滴》《宗镜大纲》等佛学作品，还撰写《圆明语录》《集云百问》《悦心集》等佛学著作。雍正在位时，还开始了对汉文《大藏经》的重修，一直持续到乾隆朝才完成。

北京西山大觉寺，有康熙五十九年（一七二〇）雍亲王亲撰的《送迦陵禅师安大觉方丈碑记》，从碑文中可以看到雍亲王对迦陵性音禅师德学品识的高度评价，以及当时雍亲王与迦陵俗僧君臣间关系之密切程度。雍亲王胤禛先后多次到柏林寺、大觉寺与迦陵禅师参究佛理，往复极为密切。胤禛对大觉寺『山深境幽，泉石殊胜』的自然环境非常喜爱，他在潜邸时曾撰写《大觉寺》诗一首，生动详细地描述了大觉寺的地理位置、山形地势、庄严神秘的宗教气氛和清幽静谧的自然景观。

翠微城外境，峰壑画图成；
寺向云边出，人从树梢行。
香台喧鸟语，禅室绕泉鸣；
日午松荫转，钟传说偈声。[一]

雍正的斋号称四宜堂，在他经常居住的圆明园中有四宜堂，雍正的诗集有《雍邸集》和《四宜堂集》，他还把大觉寺这座寺庙

[一]〔清〕于敏中等：《日下旧闻考》，北京：北京古籍出版社，一九八三年版。

南路行宫院的一座建筑赐名四宜堂，匾额也由雍正御书，这一切足以证明他对大觉寺的垂青。

迦陵禅师（一六七一—一七二六）是清代中期著名的禅僧，别号吹馀。自幼聪慧，能言善诵，成年后厌弃尘俗，投高阳毗卢真一法师受具足戒出家为僧，后嗣法于杭州理安寺梦庵禅师，因悟性深，超越常格而得授临济宗衣钵，成为临济正宗第三十四世嗣法传人。康熙五十九年（一七二〇）经和硕雍亲王力荐，任大觉寺方丈。迦陵升任大觉寺住持后，开堂演法之余，还辑纂刊印佛教典籍，一时间丛林大振，遐迩闻名。但胤禛继位后，性音却忽然辞去大觉寺寺务，悄然南行，从此山栖水宿，居无定止，雍正四年（一七二六）秋示寂于江西庐山归宗寺，终而归葬京师大觉寺，雍正六年（一七二八）敕赠『圆通妙智』号，建灵塔于西山大觉寺南塔院。但与同时代的一些高僧大德相比，迦陵和尚的一生特殊的遭逢，尤其是晚年及身后的荣辱与雍正皇帝有着重要的关系。

雍正在藩邸时结交僧人，韬晦其外，密议其内，这一点朝野共知。但在登基后却担心臣工们认为他依靠沙门参政，因此为避臣下说他佞佛宠僧之议，又出于性音『力辞归隐』，所以才有迦陵到江西庐山归隐安禅之事。

但迦陵死后，其『哀荣』并未得以保持长久。数年之后，雍正帝对其态度突然又发生了变化，一改以往的赞誉有加、恩礼备至的口吻，降旨说：『朕早知迦陵性音品行不端，「好干世法」，故朕初御极即命其出京，以保法门清规。性音语录也是「含糊处不少」，并非「彻底利生之作」，故而不堪为「人天师范」，着削其封号，语录也自藏经中撤出。命地方官员严加查访，不许其门徒将朕当年藩邸之旧迹私记存留，违者重治其罪。』[一]

雍正一方面削黜迦陵国师封号，将其语录撤出藏经，还不许迦陵门人将其『当年藩邸之旧迹私记存留』，另一方面却仍将他在康熙五十九年（一七二〇）撰写的《送迦陵禅师安大觉方丈碑》存立于寺内碑亭之内，且还将当年他向迦陵求参禅学的问题编成《集云百问》一书收在自己的文集之中。他既将世法（即国家大事）主动向迦陵讨教，后又怪罪迦陵『好干世法』，这种出尔反尔的行为完全出自于封建帝王的善弄权术及驭人之道。由此也可以得知雍正崇佛不仅是出于宗教信仰的缘由，更多的却是出于利用佛教

[一]《文献丛编》第三辑《雍正朝汉文谕旨》，转引自冯尔康《清人生活漫步——雍正帝的崇佛和用佛》，北京：中国社会出版社，一九九九年版。

来巩固其封建统治的考虑。

清高宗乾隆（一七一一—一七九九）是雍正第四子，雍正十三年（一七三五）继位。乾隆帝笃信佛教，在御院以及行宫内建有许多佛堂寺庙，崇佛的乾隆还把他的葬身之地裕陵设计为佛国世界，充分表明他崇佛之态度。乾隆十二年（一七四七），乾隆帝出内帑重修了西山大觉寺，并撰写了《御制重修大觉寺碑文》，这通石碑也是大觉寺清代历史上的唯一一通御制重修寺庙碑。乾隆帝在碑文中赞誉其父皇佛学修养之精湛，追述了雍正当年对性音的倚重，从而间接地表明了自己对禅宗的态度和他对迦陵的肯定。因通达佛理、机敏聪慧而与清朝一代帝王结识的迦陵禅师，虽然遭逢复杂，命运坎坷，但却一直作为大觉寺『开法第一代先师』被其徒子徒孙『奉重』了近三百年，个中缘由，真实地反映了自康熙五十九年（一七二〇）至清末近二百年历史中，大觉寺的兴盛衰微是与当时最高统治者皇帝对佛教喜好态度不无关系的。

乾隆重修大觉寺后多次巡幸驻跸于寺内。这位雅好诗书的皇帝还为寺内殿堂建筑题写下了许多匾额、楹联，现存弥勒殿『圆证妙果』、大雄宝殿『无去来处』、无量寿佛殿『动静等观』及憩云轩匾额均为乾隆帝御笔。寺内后山园林假山石上刻有多幅乾隆游幸大觉寺时所作诗词，内容多为吟咏寺内景物的抒怀之作。乾隆十二年（一七四七）有《初游大觉寺诗》，是写他到黑龙潭祈雨后来大觉寺游览时所看到的景色。乾隆三十三年（一七六八）有《御制大觉寺杂诗八首》，分别吟咏描写了寺内石桥、四宜堂、龙潭、领要亭和银杏树诸景。

乾隆九年（一七四四），佛泉禅师示寂，月天禅师奉庄亲王命继任大觉寺方丈。乾隆十二年（一七四七），当朝皇帝乾隆出内帑重修西山大觉寺，月天禅师在工程告竣之后结制谢恩，上堂拈香。寺藏《月天宽禅师语录》详细记载了重修寺庙之事。[一] 月天宽禅师在任期间，值遇皇恩重修大觉寺，堪比稀世之奇逢。此后数年，月天以弘法为己任，力振宗风，以此来报国恩浩荡。

正是由于雍乾两代皇帝的眷顾，大觉寺这座古老的禅寺，在有清一代名闻遐迩，香火鼎盛，进入了大觉寺历史上的兴旺时期。

[一] 寺藏《月天宽禅师语录》书板。

（二）寺藏清代契约文书中记载的寺院经济情况

大觉寺在明末清初时由于世乱年荒，佛事不兴，殿堂已年久失修，廊宇多圮。这种局面一直持续了许多年，直至清代康熙四十五年（一七〇六）以前尚未有大的改观。大觉寺所藏清代契约文书中康熙四十五年（一七〇六）前的五件契约均为寺庙僧人典当房产和出卖土地的内容。由此可见当时寺庙经济困难、香火冷落的窘况。从雍正末年至乾隆初年一段时间及道咸年间，大觉寺经济又出现几次低谷，寺院建筑萧条，经济衰退。这一点从大觉寺现藏清代契约文书中可见一斑。

康熙七年（一六六八）三月，大觉寺僧佛果将坐落在大觉寺山门外的杂果园约八亩地以银七十两之价出售给俗人马文辅永远为业。录文如下：

契约文书QW—〇三七

康熙七年（一六六八）僧人佛果立复卖园地契

立复卖园地僧人佛果，有自置杂果园地壹段八亩，坐落大觉寺山门*外。因为无□□用，今*［缺］人马一夔说合，果情愿卖与马文辅*永远为业。复价银柒拾伍两整，其银当日□足，不致短□□地东至道，南至道，西至〇庄头、北至道，四至明白*。［缺］罚契内价一半入官公用。倘亲族人等争兢者，乞僧果一面承管。恐后无凭，固（故）立〇〇文，永远存照。每年随带宛平县香火钱粮。

康熙七年三月初二日

立复卖文约僧人　佛　果（花押）

同中见代书人　马一夔（押）　张应旂（花押）

同前契中人　性　果　海　勋　性　福

大吉利

康熙二十七年（一六八八）十一月初八，大觉寺僧定旺复将本庵正殿两间典与王某住坐为业。录文如下：

契约文书QW—〇三八

康熙二十七年（一六八八）僧定旺立典房契

立字人僧定旺，因为无银使用，将本庵正殿前围房贰间，系东边同师弟典到王名下住坐为业。言明典房价银伍拾柒两整，其银当日交足，外无欠少。立字之后，如有外人静兢，有典主一面承管。恐无凭，立此典房字存照。

康熙肆拾年贰月初六日，定旺大师傅往西安府去，指此又借银伍两整。

康熙贰拾柒年拾壹月初八日

同师　僧　定　盛（押）

立典房人　僧　定　旺（押）

大吉利

康熙四十五年（一七〇六）七月，大觉寺僧海山等将杂果林一块典出。录文如下：

契约文书QW—〇四〇

康熙四十五年（一七〇六）僧人海山立典祖业契

立典约僧人海山同徒寂举，因为无银使用，今将自置祖业甜樱桃、香椿、杂果树株，坐落在乍而峪，共三沟三段，出典与韩、性德二人名下摘收为业。同众言明，典价白银捌拾叁两整。其典价银当日交足，外无欠少。言过十年以后，银到园归本主。自立字之后如有法眷人等争兢，有山师徒一面承管。此系三面情愿，各*无*返悔。如有悔者，罚契内银一半，入官公用。恐无凭信，立此典契存照*。

中见　崔文秀（押）　普　慈（押）　普　宇（押）　赵子绪（押）

闵绍祯（押）　赵国瓒（押）　通　贵（押）

同徒　寂　举（押）

立典契人　僧　海　山（押）

代书　何呈祥（花押）

康熙四十五年七月十五日

乍而峪老典契

由以上契约反映的内容来看，大觉寺寺院经济在当时呈每况愈下之状。康熙五十九年（一七二〇），皇四子和硕雍亲王胤禛出资重修大觉寺，并力荐迦陵为大觉寺住持，这时大觉寺的寺院经济呈上升阶段。迦陵在任大觉寺方丈期间因雍亲王的宠遇和倚重，大觉寺于康熙五十九年（一七二〇）十二月十五日即购置香火地九亩。录文如下：

契约文书QW—〇四四

康熙五十九年（一七二〇）尚进忠立卖地契

立卖地契人尚进忠同大爷起凤。因为无银使用，今将祖置地一段，今同中人赵国祚说合，卖与大觉寺永为香火之地。言明每亩时值价银壹两叁钱，其地共玖亩，坐落黄家洼。四至都至常住之地。共该价银拾壹两柒钱疋，其银当日交足，并无欠少，自立契之后并无弟男子任诤斗，如有诤斗，都在卖主一面成管。恐后无凭，立此永远存照。空

康熙五十九年十二月十五日

同大爷起凤（押）

立卖契人　尚进忠（押）

同中人　赵国祚（押）　赵惟明（押）　张熹忠（押）

大吉

康熙六十一年（一七二二）二月初七，大觉寺以五十年为期典进香火地四亩。录文如下：

契约文书QW—〇四五

康熙六十一年（一七二二）刘荣显立典地契

立典地契人刘荣显，因为无银使用，今将西立屯村南地四亩，典于大觉寺永远为香火。言明典价银捌两正，其银当日交完，外无欠少。五十年后银到许赎。两家情愿，恐后无凭，立字存照。

康熙六十一年二月初七日

中保人　张二胡子（押）

立典地人　刘荣显（押）　高文标（押）

内有换地廿六亩，作落冷泉村东南一段十四亩，村西南一段十二亩。

雍正登基后，迦陵卸寺务南游，于雍正四年（一七二六）示寂于江西庐山归宗寺，果亲王允礼汇禅师事迹奏皇上，朝廷敕赠其为『圆通妙智大觉禅师』谥号，追封迦陵为大清国师。将其灵骨迁移入京。雍正八年（一七三〇）十二月初一日，大觉寺又购置香火地三十亩。

雍正末年，雍正帝对已死多年的迦陵禅师态度大变。寺院事务也因此而受牵连，寺院经济进入了衰微不振的阶段。雍正十年（一七三二）八月十五日，大觉寺僧人海潮、性德将寺内祖业香火地十亩典出。录文如下：

契约文书QW—〇四七

雍正十年（一七三二）僧海潮、性德立典地契

立典契文约僧人海潮、性德，因为无银使用，今将祖业香火＊地拾亩，坐落在黄家凹，出典与铺头村杨名下耕种为业。言明典价清钱拾肆吊正，同众言过，三年已后钱倒归赎，地归本主，银无利昔，地无租价，每年种主交纳钱粮清钱壹吊正。恐后无凭，立文约存照。

雍正拾年八月十五日

立典地文约人　海潮（押）　性　德（押）

同说合人　同　依（押）　杨从志（押）

顾岐凤（押）　赵之祯（押）

闵其章（押）　肖宗海（押）

信　成（押）

信行

乾隆拾壹年拾贰月，高钱贰吊同三村乡亲说合人

圓通（押）同三村乡亲说合人高钱贰吊，说合人言明四年以外许赎，十二年起至十五年秋后许赎。

乾隆四年（一七三九）正月，大觉寺僧人海潮、性德又将祖业香火地七亩典出。由此可见寺庙当家僧人因为没有了皇亲贵族这座靠山，不得不靠出卖祖业维持时日。寺院内部由于疏于管理，也闹起了纷争。乾隆八年（一七四三）十一月，大觉寺当家僧性德、寂志兄弟因二人不和，议同分受祖业，遂将田园、财物搭均平分，各领法徒，分户管理各业，一居街之南，一居街之北，这件契纸上还有若干行红色批语，字迹已漫漶不清，推测应是数年后寺僧因纠纷，执此件赴京诉讼，红字应为官府的批语。录文如下：

契约文书QW—〇四九

乾隆八年（一七四三）僧性德、寂志分单字据

立分单分*单*人性德、寂志师兄师弟二人不自岂宜，一旦分折，人心不合*，勉强同居，恐□□隙。是以兄弟和同商议，情*愿请寺内和尚、两廊下、乡亲各将分受祖业炸儿峪上分一块园子地、财物家什*等项，品搭均分，拈阄*为定，开列于后明白。性德照管，至公无私，各宜安分，照单管*业，倘有二家眷属争*竞者，执此*赴官深究。恐后无凭，性德〈寂志〉各纸一张，永远徒子法孙执照。

[缺]

[缺]

[缺]

乾隆八年十一月廿三*日

同寺*内和尚　通　玄　觉　寿　普　兴　普　意

同两廊下　普　弘　通　达　通　祥

□□□□□

同乡亲　赵国瑞　闵朝维　郝世芳

〇□

分单

乾隆十一年（一七四六）十月十日，大觉寺僧人圆通将祖业香火地十八亩典出，至此大觉寺经济每况愈下，寺多僧少，几近破败。直到乾隆十二年（一七四七）五月，乾隆到黑龙潭祈雨后忽发游兴，来到了西山大觉寺，这种窘况才有所改变。乾隆十二年（一七四七）大觉寺重修，乾隆亲撰《重修大觉碑记》，刊刻于其父雍亲王《送迦陵禅师安大觉方丈碑》之阴。乾隆在碑文中追

述了雍正与迦陵交往之事，从碑文内容中可以看到乾隆对迦陵的肯定。

因为皇室的垂青眷顾，大觉寺的寺庙经济又得到恢复发展。乾隆十二年（一七四七）至乾隆六十年（一七九五），大觉寺逐年购入香火地和杂果园数块数顷之多，乾隆十八年（一七五三）五月，檀越普兴还自带果园三块投大觉寺『住净养老』。录文如下：

契约文书QW—〇五三

乾隆十八年（一七五三）僧普兴立施舍供养契

立字人普兴，因为年老失目，无有徒子法孙奉侍，今同两廊本家人等同送常住，住净养老，所有果园三块亦随常住。永远供众，恐后不明，立字存照。

果园第一段旧普同塔西，

又果园一段坐落主山后，

又一段二亩上八亩园下坎。

乾隆拾捌年五月初七日

说合人　闵朝维（押）

立字人　普　兴（押）

乾隆三十八年（一七七三）十月，购香火地十六亩。录文如下：

契约文书QW—〇五六

乾隆三十八年（一七七三）僧觉明立卖地契

立卖契文约人觉明，因为无钱使用，今将本身香伙（火）地两段，头段六亩，四至买主；二段拾亩，东、北、西三至买主，南至大沟，四至分明，共计地二段十六亩，坐落北安河家北黄阴洼。同中说合卖给大觉寺耕种，永远为业，言明价钱清钱六十五吊正。当日笔下交足，外无欠少。恐后无凭，立此卖契存照。

乾隆三十八年十月二十九日

中见人　觉　寿（押）　通　性（押）

刘自祥（押）　郝承义（押）

孙弘志（押）

立卖契人　觉　明（押）

代字人　了　照（押）

永远存照

粮从地出

乾隆四十七年（一七八二）十二日购入杂果园地一块。录文如下：

契约文书QW—〇五八

乾隆四十七年（一七八二）僧通达立卖果园契

立卖契文约僧人，法名通达，因为无钱使用，将老爷庙东杂果园一块，情愿卖与常住，作永远香火。东至房后，北至阶子，西至官到（道），南至阶子，四至分明。但此园于卅九年租于常住八年，年限未满，于四十三年又接租八年。二次使过常住租钱十六吊，其园至五十四年秋后才满，于四十七年同师侄觉心情愿卖与常住，永远土木相连，杂果园前有未满年限租钱七吊，今又找钱十五吊，二共付卖价京钱廿二吊，其钱当日同师侄觉心并中保人三面交足，并无短少，恐后无凭，立此卖文约为据。

乾隆四十七年十二月初三日

立卖契文约人　通　达（押）

中证僧人　觉　晶（押）永　德（押）觉　心（押）

乾隆四十八年（一七八三）又购入荒地一处，永为恒业。乾隆五十二年（一七八七）二月，因大觉寺行宫外有旧庙址一所，殿宇倒塌，恐有碍圣驾巡幸观瞻，故购入修补。这些都是当时寺院的经济实力和政治地位的有力证明。

嘉道时期，清王朝国力由盛而衰，财源也日渐枯竭，道光后期内忧外患愈演愈烈，清王朝的政治经济局面每况愈下。清室已无力再修缮这座敕建禅刹，这一点在大觉寺现存清代契约文书中即有真实的记录。如契约中有一张清嘉庆二十三年（一八一八）札谕，这件札谕反映了大觉寺作为行宫的使命已不复存在，从此失去了皇室的关注，衰微成为定局。另外寺内现存的契约文书中还有一份道光八年（一八二八）大觉寺住持禀报寺内多处渗漏坍塌损坏建筑的情况文札，内容非常具体，从当时情况来看，也说明了寺庙因未得及时维修才破损严重，这也是大觉寺呈现衰微状态的又一个可靠记录。随着中国进入多灾多难的近代社会，大觉寺逐渐失去了往日皇家敕建寺院的风光。

大觉寺这座敕建禅寺不仅因是雍乾两代帝王的行宫而得到皇室的重视和多次修缮，而且还以其园林的秀丽、环境的幽雅及高僧大德们法理修养的精湛成为远近缁素求法拜佛、修心明性的一处伽蓝圣地。大觉寺在康熙五十九年（一七二〇）、乾隆十二年（一七四七）曾得到清皇室两次大规模的修缮。康熙末年，因与雍亲王过往甚密，而被力荐到大觉寺做住持的著名高僧迦陵在这里开堂演法，辑刊经典，佛事活动一时大兴。迦陵禅师还拟将阳台山一带开创成为弘扬临济宗的一座大道场，但后来却因他在雍正登基后离开京城卒于江西而作罢。由此可窥一斑，与其他各朝一样，在清代二百多年的历史进程中，大觉寺的兴衰荣辱与当时最高统治者对其冷暖态度的变化一直密切相关。『释老之教，行乎中国也，千数百年。而其盛衰，每系乎时君之好恶。』大觉寺兴衰升沉的历史恰恰印证了这一观点。[一]

[一]（明）宋濂等撰：《元史》，中华书局，一九七六年版。

附录

中国古代契约中的中保人制度探析

——从大觉寺契约文书说起〔一〕

高大敏

坐落在北京西北的大觉寺建于辽代，距今已有近千年的历史，寺初名『清水院』，后称『灵泉寺』，明宣德三年（一四二八）重修扩建后改称大觉寺，清朝时曾作为御建寺庙。寺内珍藏着鲜为人知、保存完整的清代至民国初年有关寺院庙产等方面契约文书的原始资料，在契约领域具有很高的造诣，是研究清代乃至我国封建社会契约制度的绝好资料。这批契约文书涉及社会经济生活各个方面，由买卖、典当、互易、借贷、施舍等类型，具体内容也各不相同，但有一点是相同的，即每个契约文书中都有中保人条款。此处的中保人兼具现代契约法中的保证人和居间人的身份，即帮助卖方和买方撮合交易，也负责保证交易的履行，并且往往还具有见证交易和契约管理之意图。如大觉寺一卖地契记载：『今同中说合情愿卖与大觉寺常住永远为香火地言明清钱肆佰伍拾吊整其钱笔下交足并无欠少。』在另一倒佃契中记载：『自倒以后如有口族人等争论者有李和中保人一面承管此系两家情愿各无悔反恐后无凭立倒字为证。』放眼中国古代契约中，可以发现一个鲜明的特征，就是中保人制度，它伴随着中国古代契约发展的全过程，本文试图对这一制度做系统阐述，期望从中窥探出中保人制度独特的法律价值，进而分析这一古老制度在现代契约中的演化。

一、中保人起源考

虽然中国古代没有形成单独的民法部门，也没有孕育出现代意义上的契约理念，但实质意义上的民法还是存在的，其中的契约制度还颇为发

〔一〕本文原刊载于《法制与社会》二〇〇七年〇五期。

达。〔一〕在契约制度中就产生一个问题，通过何种途径订立契约？如何保证契约得到履行？因此契约的订立方式和保证制度便几乎与契约同时产生，如前所述，中国古代契约中的居间人和保证人往往就是合二为一，尽管各个时期名称不同，但基本意思大体相当。我国古代比较早的有契约的记述是在周代，《周礼》中就有了详细的契约记载，称之为『傅别』『书契』『质剂』『判书』『约剂』，此时虽然没有对促成和保证契约交易的人有具体称呼，但史料记载已经有第三人参与买卖双方的契约中，如周共王时期铜器《王祀卫鼎》中，记载了裘卫以田交换邦君厉田五田，得到厉的认可，并请有关官员、证人参加，签订了交换契约，〔二〕这可以说是最原始的中保人形态了。

到了汉代时期，中保人的称呼有『任者、任知、任知者、时任知者、旁人、时旁人、时临知者、时知券约』〔三〕等等。当时已经普遍出现中保人参与订立契约的情况，在当时发现的《乐奴卖田契》中有如下记载：『□置长乐里乐奴田卅五亩贾（价）钱九百钱毕已丈田即不足计亩数环钱旁人淳于次孺王充郑少卿古酒旁二斗皆饮之。』〔四〕到了封建社会鼎盛时期的唐代，由于经济的发展，契约也随之增多，为了保证契约的履行，中保人便大量出现，甚至有专门的中保人职业人群。如唐天宝五年（七四六）《吕才艺租田契》记载：『天宝五载闰十月十五日，□□交用钱肆佰伍拾文，于吕才艺边，租取涧东渠□下常田一段贰亩。东渠、西废毛、南□□、北□□公□，其地□用天宝陆载佃食，如到下□之日。□□得田佃者其钱壹罚贰□□……钱主知赏、田主吕才艺、保人妻李、保人浑定仙、倩书人浑定仙。』〔五〕当时虽然有使用保人一词，但也还有使用牙人来表示中保人，如陶宗仪所著《辍耕录》中说：『今人谓驵侩为牙郎，本谓之互郎，唐人书互作牙，牙似互字，因讹为牙耳。』〔六〕到了宋元以后，随着契约制度的进一步发展，中保人制度更加完善，其名称也基本固定下来，多使用中人、中保人之称谓，而且在契约中的作用也基本上固定下来，即一方面是居间介绍，负责评议交易价格、促

〔一〕关于中国古代是否有民法，学者们素有争议，现在比较一致的观点是中国古代虽然没有民法部门法，但实质意义上的民法还是存在的。详细论述见俞江：《关于『古代中国有无民法』问题的再思考》，《现代法学》，二〇〇一年第六期。

〔二〕转引自张晋藩著：《中华法制文明的演进》，北京：中国政法大学出版社，一九九九年十一月第一版，第五十五页。

〔三〕李祝环：《中国传统民事契约中的中人现象》，《法学研究》，一九九七年第六期。

〔四〕中国社科院考古所编：《居延汉简甲乙编》，释文编号五五七点四，北京：中华书局，一九八〇年版。转引自李祝环：《中国传统民事契约中的中人现象》，《法学研究》，一九九七年第六期。

〔五〕《敦煌史料第一辑》，北京：中华书局，一九六一年版。转引自李祝环：《中国传统民事契约中的中人现象》，《法学研究》，一九九七年第六期。

〔六〕转引自孔庆明、胡留元、孙季平：《中国民法史》，长春：吉林人民出版社，一九九六年版，第二百五十六页。

成交易并见证交易过程；另一方面是起到保证履行之作用，分为留住保证、支付保证、催促保证。〔一〕南宋淳祐八年（一二四八）《徽州胡梦斗卖山赤契》载：『武山乡胡梦斗，今将尤昌下都如字源廿二号山壹段，东止田，西止降，南止王富山地，北止康如楫地。其山计叁亩，随田其上止降。今将出卖与同乡人李武成，三面平（评）议价钱十七界官会贰佰贯，其官钞当日交领足讫，其山未卖已（以）前，不曾与家外人交易。……其契请业主行官纳兑（税），起割税钱入李武成户供解。今恐人无信，立此卖契为凭。淳八年六月十五日，胡梦斗（押），见钱人李敬孟（押）。』以下不管是官领契约样本，还是实际契约中提到的『三面言议』，或『三面平（评）议』的『三面』，均是指双方当事人和中人。〔二〕而大觉寺契约中出现的中保人也是这种制度发展的一个表现，并且是其完善之作，因而每一个契约上都有规定，并且称呼和作用已经相当固定，成为契约的一个基本构成要件。

二、中保人产生的原因

中国古代是个小农经济占主导地位的社会，而且历代统治者基本上采取了重农抑商的政策，使得商品经济的发展举步维艰，因而契约制度也就颇受压抑，人们订立契约后非常重视其履行情况。只靠买卖双方，一方面是交易信息不够通畅，对交易条款的拟定也不能顺利完成，另一方面也无法保证契约的履行。此时就需要一个人来撮合契约的订立，并且担保契约的履行，因而产生了中保人制度。有了中保人以后，希望交易的一方可以委托中保人寻找交易相对方，并且帮助双方就交易条款进行磋商，而在古代的乡土社会中，一般中保人都是德高望重的族人，有相当的权威，由其来撮合更容易为双方接受，有利于交易的实现。并且由于中保人同时还是保证人，鉴于中保人的身份，由其来保证合同的履行对双方当事人来说就具有安全感，为合同顺利履行提供了担保。这在古代担保制度不发达的情况下具有格外重要的意义，因为在中国古代由于民法式微，没有系统的担保制度，并且政府立法时更多关注于刑事法律制度，认为此是危害统治的行为，至于民间争议则更多留给习惯法和伦理道德来调整。因而契约的履行基本上靠人的保证，靠乡土社会的道德约束，而这是远远不够的。中保人的出现正好解决了这个问题，靠着德高望重的中保人和众多见证人的约束，使得乡土社会中的契约履行有的基本的保障。

同时，在中国古代，由于家族和邻里的存在，人的独立性受到极大限制，尤其是在为重要的民事行为时，契约中常常体现出某种人身依附性。古

〔一〕　戴炎辉认为，保证制度分两类，一为『留住保证制』，保证人须担保债务人不逃亡，若债务人逃亡，保证人即寻找带回原处，倘不能找回则须承担代偿责任。一为『支付保证制』，唐以后，根据以上转为：因债务人逃亡不能清偿时，保证人须代偿；再转为：因债务人死亡时而不能清偿，保证人须代偿；三变为：不能何种原因，债务人不能清偿时，保证人须代偿。参见戴炎辉：《中国法制史》，三民书局，一九六六年版。章燕在其硕士论文《中国古代借贷契约的保证制度——与罗马法比较》中提出还有一种保证，乃『催促保证』，指保证人既不负债务人『身东西』或『不平善』时的留住保证义务，也不负债务人不履行债务时的支付保证义务，仅承担催促债务人履行债务的义务。其责任在这三种保证之中，属最轻的义务内容。虽然没有找到古代契约中的明确规定，但作者引用了前南京国民政府司法行政部编的《民事习惯调查报告录》中的代保代还之规定来作为论证依据。

〔二〕　李祝环：《中国传统民事契约中的中人现象》，《法学研究》，一九九七年第六期。

代契约主体是受严格限定的，其中，即便能够成为契约主体的宗族族长和家长，尽管能以自己的名义订立契约，并且拥有对本族其他成员的人身、财产支配权，但其契约行为并非就是个人意志的任性，也受制于整个宗族或家族。[一] 正是由于对人们订约能力的限制，使得中保人在古代契约中成为一个不可缺少的契约成立要件，此时，契约已经不仅仅是双方当事人的意思表示一致即可，需要有第三人参与，而这第三人往往就是双方当事人意思表示的限制者，他可能是族长、保长，也可能是政府的雇员，专门从事此等职业。在这种情况下，就限制并监督着民事行为，成为封建统治者在民事统治中的一种重要方式，而官方则可以集中精力来治理刑事犯罪，这也正是历代统治者的治国思路。

中国人固有的含蓄心态和对商业的态度也是中保人产生的一个条件。中国人做事历来含蓄，不喜欢直接谈论交易时的价格，否则感觉是贪利小人，尤其在邻里亲朋之间交易时更是如此，所以在交易中总会找个中保人来做中介，传达双方的意思，以期望达到交易之目的，并且古代中国社会对商业和商人的态度也使得人们耻于陷身商业活动。可见，古代中国对商业的态度再加上国人的心态，也是中保人产生并发展的一个催化剂。

总之，正是基于中国古代的社会生活情况，中保人有了产生的基础，并且伴随着契约的发展而发展，贯穿于整个中国古代契约的全过程，成为古代契约成立的一个不可缺少的要件，[二] 形成了独具特色的中保人制度。

三、中保人制度的利弊分析

中保人对契约制度的发展产生了深远的影响，客观分析中保人在古代契约中的作用将更利于加深对此制度的认识，下文就分利弊两个方面来客观地分析中保人的作用。

（一）中保人制度的重要作用

第一，客观上有利于契约的订立和履行

由于中国古代法律制度对民法的忽视，使得民间习惯在民事活动中起到了不可替代的作用，中保人就是在契约领域中由习惯发展起来并最终得到官方认可的一种法律制度。它的出现使得在小农经济和小农意识盛行的古代中国订立契约变得更为可行和方便，也使得契约的履行有了基本保障，客观上有利于契约的发展。可以说，中保人制度既是中国古代契约成立的一个必要条件，也是催生中国古代契约的一个催化剂，两者的发展相呼应。

第二，某种程度上确保交易的安全性

中保人参与契约活动时，一般情况下既要居间介绍契约的订立，也要保证契约的履行，所以中保人会从自身利益出发严格审核交易的真实性，防

[一] 肖传林：《略论中国古代契约的特点》，《湖北大学成人教育学院学报》，二〇〇一年第六期。

[二] 李祝环先生就明确指出第三方『中人』的参与是传统中国民事契约成立的七个要件之一。详见李祝环：《中国传统民事契约成立的要件》，《政法论坛》，一九九七年第六期。

止交易标的的瑕疵，从而尽心检验契约的每个环节。加之中保人所具有的身份地位，这种检验往往很容易做到，也能够保持其真实性，这也就使得契约欺诈不大可能发生，维护了交易安全。宋人在《名公书判清明集》记载了一些田宅典卖的行骗案例，不少场合见有牙人卷入犯法过程之中，其中有一例如下：『鼓诱卑幼取财。』『黎定夫等六名利用孙某之幼，教其私取将田业，就将上舍、宋通判宅倚当，生钱共一百二十贯足，非所使用。』主审官除了判决黎定夫等六人为『欺诈取财，从盗论』之外，裁定『孙某有母在，而私以田业倚当，亦合照瞒昧条，从杖一百。刘顺为牙保，亦当同罪』。[一]可见这个案例就对中保人不实之审核做出了处罚，这也就督促着中保人的审核职责。

另外，由于有中保人以及其他见证人的存在，使得契约交易行为为大家所知，颇具公示意味，这在古代没有发达登记制度情况下显得格外重要，也是各方权利义务得以履行的外部彰显。此时不仅维护了交易的动的安全，还维护了物之所有的静的安全。

第三，可以监督买卖双方，防止其逃税

随着契约的发展，古代中国的官方也推出自己的官版契约文书，一方面是为了更好的引导民间契约的订立，另一方面是为了保持税收，因为在订立契约时使用官方的红契就要同时缴纳交易税。但为了能够逃避赋税，许多人在订立契约时便不再使用红契，而是私下订立不经过官府的白契。中保人制度的产生，在一定程度上避免了这种现象，因为此时有了中保人在中间制约，并且有些中保人甚至本身就是官方在民间的代表，这就有利于保障政府税收的缴纳。例如宋朝就有所谓『投税印契』，宋徽宗政和元年（一一一一）户部有规定：『欲诸以田宅契投税者，即时当官注籍给凭由，付钱主，限三日勘会。业主、邻人、牙保、写契人书字圆备无交加，以所典卖顷亩、田色、间架勘验原素税租、免役钱、纽定应割税租分数，令均平取推，收状入案。当日于部内对注开放。』[二]

（二）中保人制度的弊端

第一，限制了当事人自我意思的表示，不利于现代契约精神的形成

按照现代契约的观念，契约是当事人意思表示一致的行为，在主体平等的基础上，只要当事人意思表示一致即可成立契约，而排斥其他任何外来物对当事人意思表示的干涉。因而在契约成立中，最看重的是当事人自己的意思表示，也最重视意思表示的自由和独立。而在古代中国的中保人制度下，契约成立与否还要有中保人条款，此时在契约中加入了第三者的意志，而该第三者往往又是社会生活中公认的强者或者是政府在契约中的代表，这样就难免会限制当事人双方意思自治，也使得契约背离了其原来的真实面貌。中人自始至终须参加全部交易过程，从评定双方标的物，到最终商定价格，并监督双方『交割』，其中的『三面』即双方当事人及『中人』，足见『中人』在契约中的重要地位及其不可缺少的作用，没有中人的参加，无

[一]《名公书判清明集》卷八，『鼓诱卑幼取财』，北京：中华书局，二〇〇二年版，上册，第二百八十四页。

[二]《宋会要辑稿》食货六一之六二，北京：中华书局，一九五七年影印本，第五千九百零四页。转引自李琳：《中国古代土地典当买卖中的牙人研究》，吉林大学硕士学位论文，二〇〇四年。

法公允评定价格及监督双方交割。因此，如失去中介见证将导致契约不能成立。[一]因此，在此种契约环境下，即使有实践中的契约行为，也无法熏陶出当事人的意思自治，更不用说现代契约法的精神了。

第二，增加了交易成本，降低交易效率

在中保人成为契约成立的一个要素之后，哪怕很细小的一个契约交易都需要有中保人条款，这显然就走到了问题的另一个极端，给当事人双方造成了不必要的麻烦和负担，不利于交易迅速完成，也无形中增加了交易双方的负担。并且此时中保人的存在往往成了官方或第三人干涉双方当事人的借口，亦加剧了当事人的订约负担。

第三，评议交易价格的不公，给弱势方带来损害

由于中保人在契约中所具有的特殊地位，他往往对交易价格具有重要影响力，此时中保人的态度往往成为交易公平能否得到保证的一个重要条件。古代契约订立中，本身就很难存在实质意义上的平等当事人，比如在卖房和卖地契约中的卖方往往是度日困难才会出此下策，在借贷中的借方往往也是因为生活所迫才举借。[二]而此时强势一方往往会利用自身优势来拉拢中保人，从而在估价上对弱势方很不利，加速了对贫穷农民的剥夺，也加剧了社会的分化。『牙人在封建政府的支持下，在实现其职能时，具有一定的权力基础和暴力因素，带着更加强烈的封建垄断性，从而使牙人的作弊活动更加放肆，为所欲为。此时牙人往往是媚富欺贫，其仲裁的交易价格远远低于商品的实际价值。』[三]

第四，帮助买卖方逃税

虽然封建政府要求交易需要『投税印契』，以期望来增加财政收入，颁布所谓『红契』，并制定律令来维护此制。如《大清律例 户律田宅》规定：『凡典买田宅不税契者，笞五十。（仍追）契内田宅价钱一半入官。』[四]其《户部则例》规定：『凡民间置买田房，于立契约之后限一年内呈明纳税，倘有逾期不报者，照例究追。』[五]但实际上民间许多契约都没有经过官方的认证缴税，即使是有中保人签名，比如上述大觉寺的契约就基本上以白契为主。显

〔一〕李祝环：《中国传统民事契约成立的要件》，《政法论坛》，一九九七年第六期。

〔二〕学者俞江在《『契约』与『合同』之辨——以清代契约文书为出发点》一文中提出的清代乃至古代的契约中，凡是以买卖、租佃、借贷为内容的契约都只有一方当事人签字，因而是单契，其体现的是双方当事人的不平等地位，因为卖地、借钱一方乃是生活所迫，在事实上处于弱者地位，所以需要画押签字，从而在他看来，单契所体现的是一种事实上的不平等地位。而凡是以合伙、分家析产、族产管理为内容的契约都需要双方签字，并且合同为一人一半，所用名称也是合同，在他看来这是由于在此等合同中，当事人的地位是平等的。因而他提出了单契中，存在事实交易关系中的主体不平等性，说明古代中国契约中当事人虽然作为契约一方，但并不代表他们在契约中的地位就一定平等。

〔三〕李琳：《中国古代土地典当买卖中的牙人研究》，吉林大学硕士学位论文，二〇〇四年。

〔四〕马建石、杨育棠主编：《大清律例通考校注》，北京：中国政法出版社，一九九二年十月第一版，第四百三十五页。

〔五〕转引自张晋藩主编：《中国民法通史》，福州：福建人民出版社，二〇〇三年一月第一版，第一百九十六页。

然此时，中保人是伙同交易双方一起逃避纳税，并且由于有中保人的保证，使得当事人在不经过官府认证时有了底气，不用担心契约履行问题，客观上也加剧了当事人的逃税行为。

四、中保人制度在清以后的演进及其现代化

到了清末，清政府在内外交困的情况下被迫进行了变法改革，这也自然波及到民法领域，中国结束了诸法合一的体制，制定了《大清民律（草案）》，引入西方的民法观念和理论。中国古代契约也转型成现代意义上的契约，其中的中保人制度也自然受到了冲击，促使其向现代契约要求转化。但是虽然在国家制定法层面经历了剧烈的变革，但民间习惯仍旧保持着巨大的惯性，『二十世纪中国民事法律制度的变化与延续涉及的不是非此即彼的简单选择，也不是由传统向现代的直接转换，或对旧的本土做法的简单坚持，而是两者之间的迁就与对抗、延续与剧变』[一]。具体到中保人制度也是一样，它并没有随着清末的改制而一步消亡，而是一个渐进的现代化过程。有一案例可以表明：在顺义（一九二三），中人马如林控告顾其智，马曾担保顾向一家店铺赊买值六点六九元的布及向另一家店借贷现金二十元，月息三分。[二]这就说明到了一九二三年，仍然有中保人在订约中活动。并且这一时期，在民间契约中有中保人、中人、居间、牙人、保证等各种情形出现，足见传统制度在向现代转型期的磨合与碰撞。[三]但是随着国家法律层面的规定以及学者对契约制度的研究，中保人制度还是逐渐淡出历史舞台，更具现代意义的居间和保证制度得到确立，并且契约法也更进一步走向现代化。[四]

至此为止，中国古代契约中的中保人制度已经走到了历史的尽头，中保人是中国古代契约制度中的一个特点，其具有的居间和保证双重身份以及所扮演的多种角色更是凸显其特色，然而伴随着法制的变革和现代契约在中国的引进，中保人制度也慢慢消失，但其中所具有的现代契约功能和精神

〔一〕黄宗智：《法典、习俗与司法实践：清代与民国的比较》，世纪出版集团、上海书店出版社发行，二〇〇三年二月第一版，第一百九十六页。

〔二〕案例引自黄宗智：《法典、习俗与司法实践：清代与民国的比较》，世纪出版集团、上海书店出版社发行，二〇〇三年二月第一版，第一百一十九页。

〔三〕详见前南京国民政府司法行政部编，胡旭晟、夏新华、李交发点校：《民事习惯调查报告（下册）》，第四百二十七—七百五十五页。此书数度出现中保人、中人、居间、牙人、保证等名称，并且在具体制度上也出现传统与现代的反复，但是总的趋势是居间和保证逐渐走向分离，并且功能也逐步单一化。

〔四〕一九二七年十月出版的赵修鼎所著：《契约法论》。在契约各论中就有第七节居间规定『居间者约明为相对人报告订立某种契约之机会，或为媒介某种契约，而相对人亦约明与以报酬之契约也。如此与人机会或为媒介者，谓之居间人。与人报酬者，谓之委托人……』。第十五节乃保证之规定『保证者，某人与第三人之债权人，约明第三人不履行其债务时，由某人履行其债务之契约也。负此义务之人，称为保证人。其债务人，即第三人，谓之主债务人……』。可见，当时无论是在法律规定还是在学者论述中均已确立了与保证契约，传统中保人制度消亡已经不可避免。另外，在《民国法学论文精粹　民商法律篇》一书，详细列举了民国时期民商法方面的论文标题，在所列两千多篇论文中，笔者没有找到一篇是单独写中保人的文章，倒是有关于居间和保证的论文。

保存了下来，并被新制度所吸收，其在古代社会所具有的保证、居间、见证乃至契约成立要件的功能在契约现代化的过程中各自寻找到自己的制度归宿。它的介绍订约和保证履约功能分别演化为居间契约、保证契约，而见证功能则被契约的登记和其他证明形式所取代。同时随着对个人意思自治的尊重，契约成立只需要双方当事人的意思表示一致即可，而不再需要其他任何构成要件。中保人所具有的公法性功能则淡出契约舞台，为公法中的契约管理制度所吸收。可见，虽然中保人是古代契约中的一种制度，并且其本身也有许多不合契约精神之处，但其中也还隐藏着不少契约法之理念，并为后世契约法所继承，转为现代契约的一个组成部分。[一]

[一] 我国现行民法中的基本制度和概念应该说是引自西方世界，尤其是德国法律，但并不代表其中没有中国传统法律中的任何东西，因为法律移植本身就需要与受体相融合，这也是清末民初中国掀起大规模的民间调查活动的一个重要原因。所以，笔者认为，虽然中国现代契约法中的基本框架来自于国外，但其中还是有不少中国传统法律内容演化，而中保人制度的演化则是其缩影之一。

近代北京佛教的寺院经济

张蕾蕾

『末路比丘乞食维艰，从林接待恒产为要』

——潭柘寺四代住持洞初澄林〔一〕

孟子曰：『民之为道也，有恒产者有恒心，无恒产者无恒心。』在钱财有余的情况下置办恒产（多为土地房屋等）遗馈子孙，一向是古代农耕社会中人们普遍持有的『理财观念』。佛教自不例外，自传入中国以来，很快就放弃了印度托钵乞食的方式，在社会各阶层的布施供养中逐步拥有『恒产』，并依此为基在中国弘化发展。『末路比丘乞食维艰，从林接待恒产为要』，洞初澄林律师一语道破了『恒产』对于佛寺的重要之处。

对于一佛教寺院而言，其收入来源可谓多样，能称为恒产者，必是可以不依赖外界就能获得自有收入的一些产业，如房产、地产等；这些产业在近代还采取了某些新的形式。除此之外，作为宗教信仰与宗教仪式的场所，佛事、捐赠、募化等收入亦成为寺院的一大收入来源。

一、北京近代佛教寺院的『恒产』

近代北京城区的大寺院，其恒产，即不依赖外界的自有收入〔二〕，主要来自土地收入与房屋租金。

〔一〕〔清〕源谅《律宗灯谱》，北京：全国图书馆文献缩微复制中心，一九九三年十二月，第九十一页。

〔二〕即寺院在不依赖外来供养、佛事活动等情况下的自营收入。

（一）北京佛教寺院的土地收入

田产收入历来是拥有庞大地产的大寺院收入中最重要的一项，高旻寺《库房管各佃夏秋租簿规则》称：『租簿之大超乎天地，等乎日月，何以？天地虽大，生天地之人更大，日月虽明，租簿之明同明。然日月暗在一时，租簿暗无底止。故租簿之关系大而明，非他可比拟也。无租簿不得收租，不收租乃大众性命何可有？租簿之存，乃生大众之性命，租簿之明，因清果澈，利佃、利寺，毫无偏袒，由是管租簿的人，必尽心努力，将租簿当自己性命还要加倍宝贵。』[一] 其视租簿超乎天地，等乎日月，乃至比自己的性命还要宝贵，可见田产对于寺院的重要性，比之法源寺前任住持海祥『饬司事者毋与争租，量入为出可也』的态度，可谓有天壤之别。那么近代的土地能够给寺院带来多少的收入呢？我们以广善寺为例进行分析，广善寺是政府所列一三座重点僧寺中的一座，位于西直门附近内四区宝禅寺街，为大明成化年间所建，笔者根据档案资料将广善寺的田亩及其出租状况列表如下：[二]

表一 广善寺地租清单

广善寺地租清单

地址	租户	租钱	地亩[三]	每亩租银	人均亩数	人均租银
京东武清县高庄村	五十九	六百九十一吊八百六十文	三百亩	二吊三百零六文	五亩	十一吊七百二十六文
京东武清县张庄	九十四	一千零七十七吊九百三十文	四百二十九亩	二吊五百一十二文	四点五六亩	十一吊四百七十六文
京东武清县宋家场	二十五	四百三十三吊五百五十文	二百八十六亩	一吊五百一十六文	一十一点四四亩	十七吊三百四十二文
京东武清县赵庄	二十九	四百九十三吊四百六十文	二百一十三点五三七亩	二吊三百一十六文	七点三亩	十七吊十五文
京东武清县扶头村	二十八	五百一十三吊八百文	二百五十二亩	二吊三十八文	九亩	十八吊三百五十文
平西府魏家窑	五十九	铜元一千三百一十吊七百文	六百五十二点六亩	二吊十文	十一亩	二十二吊二百一十五文
京西卢沟桥	一十五	铜元五十吊三十四文	一百五十七亩（自种一部分）	—	—	—

[一]《禅林四寮规约》，『高旻寺库房规约』，第五页。

[二]《京师警察厅关于广善寺房地租三单比较单的报告》，一九一七年九月十一日，北京市档案馆藏，《北平警察局档案》，档号J181—19—17447。

[三] 档案中以『三顷正』出现，为兑换方便，笔者按照一顷等于一百亩、一亩等于十分，一分等于一百厘直接将土地数量以亩标示。

续表

京西冯村本庙塔园	六	铜元三百零九吊	五十九亩	—	九点八三亩	五一吊五百文
京西黑石头	一	铜元十二吊	十亩	一吊二百文	十亩	十二吊
京北顺义县吴各庄	二	银一百八十二两八钱	四百六十五亩	典	三十二点五亩	九十一点四两
京北平西府典价地	九	银九十六两七钱二分	二百二十八点七八亩	此地钱到许赎	二十五点四一亩	十点七四两
老虎庙村	无	无	一点三亩	看守不收租	—	—
西直门外二里沟庙	一	红粮四斗	一亩	—	—	—
总计	三百二十七	—	三四四五点三三七亩	—	—	—

广善寺共有地亩三千四百四十五亩余，在各寺院中算是占有地亩比较多的丛林了。其中京北平西府的二百二十八点七亩与京北顺义县吴各庄的四百六十五亩由寺僧典出，老虎庙与二里沟的两亩土地不收租银，京西卢沟桥一部分自种，余下的土地概行出租。按照地亩的情况不同所收租银亦不一样，从每亩一吊二百文至每亩二吊五百一十二文，差异很大，这大约与土地的肥沃程度不无关系。除了典地与自种土地之外，广善寺的租户共有三百一十五个，平均每户所种地亩从四亩到十一亩亦各有不同。寺院所收土地租金每年大约有四千八百九十二吊三百三十四文，约合银元三万五千九百七十三元，合银约有四百余两，[一]即每顷的租金不到七两，而将土地出典一顷就可得银约四十两，可见出租土地所得收入是极有限的，当寺院急需大额钱款的时候，典卖土地成了不少北方寺僧惯用的手法，近代佛教中『北僧卖地，南僧置产』的说辞即指此种现象。前文所提法源寺亦是此种情况，庆钵、志果等在位时多有出典土地的情形，道阶上任后才逐步将出典土地收回。

笔者于档案中唯见此一份列有详细地租清单的寺院，多数寺院虽列有土地亩数，但都未列明土地租金，其租金状况应与广善寺大致差异不大。广善寺田地有三千余亩，而常住僧人在一九一八年左右只有八人，即便如此，寺僧仍不免要出寺应付经忏[二]，可见即使拥有比较大规模的土地，依然难以维持寺院运转，寺僧仍需其他项目的收入来源。况且，京城寺院中也只有少数寺院的土地数量达到千亩以上，多数寺院只有数百亩或者几十亩，更

[一] 这里的铜元指的是铜钱，为清末民初的通行货币，其中一吊合四十九文。至于铜钱与银钱的兑换比例，最初政府规定是一银元换一百铜元，不过随着物价上涨，在一九一八年左右已变为每一百三十六枚铜钱换一银元了。北洋政府时期还实行废两改元的币制改革，以银元为基本单位停止银两的流通；不过由于民间习惯等问题，银两依然通行，其兑换比例大致为一个银元等于平库银七钱二分，即一银元约等于零点七二两平库银。见袁熙著《近代北京的市民生活》，北京：北京出版社，二〇〇〇年版，第四十五页。

[二] 《京师警察厅关于广善寺房地租三单比较单的报告》，一九一七年九月十一日，北京市档案馆藏，《北平警察局档案》，档号 J181—19—17447。

难仅凭土地收入存续。

（二）北京佛教寺院的房租收入

京城地界有限寺院众多，诸多寺院所置土地亦是有限，或者即使拥有大规模的土地，也会因为相隔分散且较远取租，不便，加上佃户抗阻侵占盗卖等，使得房租对于某些寺院的重要性超过了地租。这是近代北京佛教寺院经济中值得注意的事项，维慈调查结论中即说『其他的寺院（尤其是北平的）经济拮据，必须出租空房间维持部分生活』〔一〕。事实上，出租房屋本就是民国时期北京寺院的重要收入来源之一，几乎没有一家寺院不将空房出租的，曾为皇家寺院的大寺庙隆长寺，甚至因出租太多太杂而沦为了『寺庙大杂院』〔二〕。而与弘慈广济寺相邻的西四北广济寺『没有附属地，无法用地亩出产给养僧众，但因其地理位置适中，则以出租房屋来维持生计』〔三〕。

近代的寺院为了能够有较稳定的自营性收入，在资金有余的情况下多会添置一些非宗教性的『商用、民用』房屋，这一点在寺院登记的变动申请中可以很明显地看出。如京城大寺广济寺的住持现明就曾经在有余钱的情况下置办了二十余间空房〔四〕，全为出租而用；前文中法源寺住持道阶更是大兴土木广盖房屋，为寺院提供了新的收入来源。寺院的房屋出租一般可分为三个方面：一是租于百姓居住，二是租于商铺经营，三则空出房屋停灵。用来出租给百姓居住的房间一般位于寺庙附近，租金按房间面积及间数大小有所不同，拥有较多房产的寺院自然能据此取得一笔可观的收入。这些住户有的与寺院并无来往，只是租住，按月付租而已；大部分则与寺院僧人有『朋友之谊』，彼此互相走动频繁，前者借寺院之房屋以容身，后者也依赖前者之社会关系与能量行入世之方便，两者相得益彰。

出租停灵则是寺院特有的租金收入方式，笔者下节在经忏佛事中述之。

至于出租给商铺经营的部分，情况就比较复杂了，有典、卖、租赁、倒铺底、合股经营等等多种方式，据笔者看到的寺院档案而言，主要涉及典、租赁与倒铺底这三种方式。租赁比较常见，也不是很复杂，而所谓典，是一种附加条件的出卖，即作为债务人一方的房主直接以房屋在一定期限内的经济收益（主要是房租）抵算利息给债主（典主），在房屋出典期间，典主拥有使用权、处分权或转典他人权，房主则保留出典限满后的回赎权。『出典人虽然将房屋典给典主，作为所得借款利息的补偿，但名义上仍保留着房屋所有权和期满赎回的权利，这正是典与卖的主要区别。』〔五〕法源寺的众多

〔一〕维慈：《近世中国的佛教制度》，台湾：华宇出版社，一九八五年版，第三三五页。
〔二〕周锦章：《寺庙大杂院的历史变迁与社会关系的互动——以北京西四北三条隆长寺为个案》，北师大硕士论文，二〇〇三年。
〔三〕陈娟：《北京历史上的广济寺》，北京市档案馆编，《北京档案史料》，二〇〇二年第二期，北京：新华出版社，二〇〇二年版。
〔四〕《内四区弘慈广济寺僧人显宗登记庙产添盖斋堂、更换主持人的呈文及社会局的批示》，北京市馆藏档案，《北平市社会局档案》，一九三〇年六月一九日，档号J2—8—89。
〔五〕刘小萌、茹静：《论清代及民国年间的北京房契》，《行业文化与行业技术传承会议论文集》（未公开发表），第一百一十页。

房产大都是由前代住持这样『典』出去的，而老典即约定五十年、一百年为期的，几乎与卖没什么差别了。关于铺底的交易就更加复杂了，民国十年（一九二一）京师税务左右翼公署制定的《京师铺底转移税章程》中，将其交易形式概括为：倒价铺底、家具铺底、建筑铺底、倒空铺底、活租铺底、定期租铺底、永租铺底、押租铺底、分业铺底、帮伙铺底、分租铺底、折债铺底共十二种方式。[一]所谓铺底，齐如山先生在《古都三百六十行》一书中有一段详细的解说[二]：

铺底二字各处皆用之，其性质不过是铺中卖余之货或货架桌椅各种家具而已。北京铺底之意义则专系房屋性质。其来源系因商家租房买卖日久，或因生意沉闷，修理门面藉以振作精神，或因买卖得利修理门面，更以发扬光大。而房东无钱，不能修理，归商家自己出钱动工，所用之款由每月房租内扣还，而房东又需钱甚紧，不能扣留，于是商立合同，此款将来由房东设法偿还，如不能归还，至商号歇业或迁移时，何人欲租此房则必先还此款方得开张。合同既定自然不能反悔。各铺之欲修门面者争相效仿，久之遂成惯例。至其所以名为铺底者，盖因当时商号建筑新房之后，经若干时间而歇业，建房之款房主亦不能偿，于是见残货家具一同倒卖与他人，遂皆以铺底呼之。久之，虽不带残货家具，亦以铺底之名矣。新铺倒卖之后，因不合用又事翻修，或因地面不敷用，又买邻家之地一总建筑，房主虽属一主而地皮则属两三家，如此改建之后，房主只有地皮之权而无房屋所有权矣。故前门外恒有极大一所房而房租每月才合几吊者，比比皆是。倘房主窘乏，欲卖房时，又可名曰卖房折子，而不名卖房。因买到手之后，对于该房不能过问，故房折所值无几。

此外寺院与普通民众一样遵守社会通行的规则，租房需订立契约，写明房东与租户各自应付责任义务及租金等项，并需有铺保与中证人，现抄录一份宣统元年（一九〇九）万佛寺的租地契约如下[三]：

立租房人靳丕旭作德盛馆饭铺生理，今租到万佛寺铺面房二间。奉堂谕言明每月房租旧平足银三两整，按月付给不准塌欠，大小修理租主承管，房东无干。如三个月房租不付准，房主将房收回，外有押租二两平足银一百两正，其银当交不欠，因何有押租银十五年内不准房主收房，十五年外准其庙内收房，将押租银退回。无论远年近日，倘生理不做，将房交由房主领回，不准转租转倒租押银作为抛弃，如果该号将此房私自倒出，有铺保中人一面承管，恐口无凭，立字为证。外有取月租银折子一块。

[一]《北京志·市政卷·房地产志》，第一百七十七页。

[二] 齐如山著、鲍瞰埠编：《古都三百六十行》，北京：书目文献出版社，一九九三年版，第一百零四页。

[三]《万佛寺僧人博厚关于请收回辅产另行招租的呈文》，北京市档案馆藏，《北平警察局档案》，档号 J181—18—827。

铺保人　余团饭庄

中证人　赵德明　潘景星

代笔人　孙忠山

宣统元年二月十七日 靳丕旭　吉立

立定的契约不论红契白契都有法律效力，民国政府是一律给予承认的，当一方不履行时，另一方有权将其告上法庭。一九一三年，万佛寺住持博厚就以靳丕旭半年未交租为由将其告到京师警察厅，由京师警察厅勒令该租户速交租银。

值得注意的是，租房契约除了中证人外，还需要有铺保。关于北京佛教寺院的铺保问题，董晓萍教授曾撰《流动代理人：北京旧城的寺庙与铺保（一九一七—一九五六）》一文予以介绍，[一]董文认为，在政府的管理系统与宗教自身的管理系统之间，存在着作为中介形式的铺保——在政府和寺庙中间作为担保的商号，以确保寺庙社会运行的合法性，并以京城外一区的洪福寺为例，讨论了铺保的关系以及它们各自的角色与功能，认为寺僧与铺保都要服从民国政府的管理，但他们又都利用民国政府政策的疏漏，获取了利益而又逃脱了部分行政责任，从而双双成为各自的代理人；进而说明寺僧与铺保相结合，利用城市流动人口与流动资源，既保证了寺庙的生存，也发展了铺保经济。

其实铺保在民国是很普遍常见的事项，举凡订立契约、与政府有交涉的登记、结案具保等都需要有铺保作证。例如，老舍的小说《月牙儿》中也讲到，被救济的妇女离开收留的慈善机构时需要铺保保证；一九四五年后，普通市民补办身份证还要求有二等捐以上的铺保。民国时期举行的三次寺庙登记都由各自寺庙的铺保做保，寺院发生纠纷诉诸法庭时，双方当事人也需要请铺保为其最终具结出保作证。铺保名义上一般而言是商铺，似乎按其资本与捐纳税的情况分成不同的等级，笔者在档案中就发现了二等、四等、九等不同等级的铺保，虽暂无找到与之相关的论述资料，却也能大概推知铺保是用来承担『以商店名义为出具证明所给的保证』的。

下面我们来看一下长椿寺的例子：一九三一年，长椿寺的胜缘接寿泉法席继任住持，社会局派人调查胜缘是否寿泉法徒、檀越及近诸山等公举是否属实、有无其他纠纷、铺保。在所有事项都确定后，列有铺保担保如下：

为担保具结事。今保得宣外下斜街长椿寺客堂僧文林等因原住持病故，呈报公举胜缘接充住持事。商确知其间并无纠葛，倘有假冒及任何纠葛等情，均由铺保负责，所据保结是实。

[一] 董晓萍：《流动代理人：北京旧城的寺庙与铺保（一九一七—一九五六）》，《北京师范大学学报（社会科学版）》，二〇〇六年第六期，第三十五—四十五页。

铺保：菜市口恒发号，外四区菜市口门牌三号，资本一百元，九等捐，铺长张华亭，河北永清县人。[1]

其他的由铺保担保的保据形式都是与此类似的。

(三) 固定性经营收入的其他形式

寺院经济与整个社会经济密切相关，社会经济的变化发展自然会影响到寺院经济的形式与形态，我们以万柳堂拈花寺为例来看民国时期寺院经济的新形式。此拈花寺与大石桥胡同拈花寺同名，康熙三十二年（一六九三）募建，原由北方僧人德和住持，后来因『德和无力整理又无同宗本家可以接替，离庙出走，呈请佛教会公选妥僧接充』，佛教会在社会局的许可下公推普从接充，不过由于『接收困难』，佛教会将其辞退，备案后于一九四三年一月另选宽瑞来接管。宽瑞系湖南籍僧人，是显宗的法徒，一九四二年曾在广济寺担任知客。[2]

接任住持不久，宽瑞即将原属寺院的一百亩土地租于福泉农园，订立了一份租地的新式合同[3]：

立租地契约人　拈花寺住持宽瑞（甲方）

福泉农园代表人刘捷卿、庞子臻（乙方）

今甲方有自有拈花寺庙地产一段，座落崇文门外万柳堂拈花寺地方，约计面积一百亩有零。兹由双方请凭中保，由甲方将该地典乙方种植使用，双方议定条款如下：

（一）甲方之园地一处，座落崇文门外万柳堂，东至城根，南至土岭，西至大道，北至地邻，四至分明，共计面积一百亩有零。由地主甲方将该地全部租于乙方耕种，及开荒栽植果木园艺，兴造农业之用。

（二）前项地内原有葡萄园地及田地四十亩，亦是由乙方种植议定，每亩年按五斗玉米交租。按新度量衡计算，每石计一百五十市斤，全年计交老玉米二十石，每年于旧历十月初一日以前交纳至乙方接手。新开之荒地，需种植三年后按照开垦亩数每亩年按五斗玉米交粮，所有承租地亩无论种植何种物品，均按玉米交租。倘有拖欠短少，均由铺保担负责任。

（三）租期十八年为限，期满时准许甲方将地收回，但甲方须按照地上种植果品等类第十八年全年售卖价额之半数交付乙方，作为收回地上物之

[1]《外四区长椿寺僧人寿泉登记庙产的呈文及社会局的批示》，北京市馆藏档案，《北平市社会局档案》，档号 J2—8—464。

[2] 参见档案《北京佛教会关于公选万柳堂拈花寺住持的呈文及社会局的指令》，北京市馆藏档案，《北平市社会局档案》，档号 J2—8—1347。

[3]《拈花寺与福泉农园租地合同》，《北京佛教会关于公选万柳堂拈花寺住持的呈文及社会局的指令》，北京市馆藏档案，《北平市社会局档案》，一九四三年九月三十日，档号 J2—8—1347。

代价。倘期满后双方如均愿续租，时得由双方另行商定。

（四）倘乙方中途无意经营时，得通知甲方将地亩收回，所有地上种植果品等类按照当年售卖价额之半数交付乙方作为收回地上物之代价。

（五）所定租期未满时，甲方不得收地或转租乙方，亦不得将该地转租转倒。

（六）承租之地如须交纳钱粮归甲方交纳，其他捐税，由乙方负责。

（七）本契约缮写三份，甲乙双方各存一份，见证人存一份，以为凭证。

民国三十二年古历九月三十日

出租人　拈花寺住持　宽瑞（印）

承租人　福泉农场代表　刘捷卿（印）、庞子臻（印）

铺　保　陈记杂货铺（住址外五区南横街九号）（印）

见证人　律师卢约（印）

将这份合同与晚清及民国初期的北京租地合同相对比就会发现，里面的内容形式大致与民国前期的相同，例如都要注明四至、租期、租金以及其他重要事项；不过这新出现的甲方、乙方，以及需要律师做中证人等项当属随社会潮流而出现的新现象。仅此一份租地合同还不足以说明问题，有意思的是，档案后随即附了一份《福泉农园经营农田园艺的合同》，让我们了解了寺院出租经营的一种新形式，照录如下：

福泉农园经营农田园艺合同

立合同人　庞子臻、刘捷卿、宽瑞

兹因合资在崇文门外万柳堂地方设立福泉农园，经营耕种植果园艺事业，共同商定办法条例于后：

（一）本农园租用万柳堂拈花寺庙产百亩有零，经营耕种及开荒栽植果木园艺，兴造农业事业。

（二）本园系合伙集资办理，共集资金五万元作为五股，每股一万元，庞子臻认三股，计三万元；刘捷卿认半股计伍仟元，宽瑞认一股半，计一万五千元。

（三）前项股款除庞子臻所认三万元、刘捷卿所认均缴现款外，宽瑞所认之股，系以所租与本农园地亩内原有之葡萄三千余棵、铅锡若干、驴一头、水车一部、小大车辆及农工器具柴草等类全部估计作价一万伍仟元，作为所认一股半之股款并不缴交现款。上项物品另开清单，由三方签名各执一份以为凭证。

（四）三方共同议定推举刘捷卿为本农园经理，庞子臻为协理，宽瑞为监理。

（五）地上所产食粮、菜蔬、果品等类一切收获除留员工食用外均按市价出售，所得价款除一切开销及缴纳地租外按八股分配：（股）东占五股，经理得一股，协理及监理各得半股，下余一股为财神股，由经理酌量本园出力员工作奖励之用。

（六）股东对于地上出产物品不得私自留用，如需用时应向经理接洽按市价计算。

（七）自开办日起，所有收入支出款项每一年清算一次，列表报告股东总结算一次。

（八）股东每年开会一次讨论分配应得红利及一切进行事宜。遇有重要事故得临时召集股东开会。

（九）如兴造农业难期成效时，得由股东商定另行开展他业以免损失。

（十）本办法嗣后如有不适宜处，得由股东公司商定修改之。

（十一）本合同缮写四份，股东三人各存一份，见证人存一份以为凭证。

民国三十二年古历九月三十日

立合同人　刘捷卿、庞子臻、宽瑞

见证律师　卢约

寺院僧侣采取了合伙集资的方式经营果园，可谓是不同于传统的『创新』形式了，这样寺院的收入就有了双保险，一方面，每年地租收入二十石老玉米；另一方面，每年还可得到果园大约两股的分成。而寺院入股的不过是『农园地亩内原有之葡萄三千余棵、铅锡若干、驴一头、水车一部、小大车辆及农工器具柴草等类』，并未有其他额外开销。

不过，由于契约及合同是以宽瑞个人名义制定，一九四五年十月，宽瑞因病逝世后，新继任的住持海照（同为显宗法徒，系宽瑞的法师弟）并不承认此项契约，呈请社会局废除，不过社会局认为『宣告契约合同无效涉入法律范围，拟令依法解决后再报局备查』。可见虽然继任者不承认，契约总还有法律效力的，但以海照此种态度，想必该农园并不能经营很长时间，国民党从日本人手里接手北平后市面日益混乱，更不利于其经营了。

民国时期北京寺院还开办了其他一些经营模式的产业，这其中比较值得注意的当属碧云寺申请开采煤矿的事情。一九四七年，碧云寺住持妙原领头在寺院后山开煤窑，得到当时主管部门的批准，用土方法开凿了一口煤井。煤矿的开采受当时社会影响也采取了『股份』的形式，曾在碧云寺做过知客、新中国成立后还俗的郎深源介绍说：『开煤窑的经费是用集资入股的办法来筹措。入股有两种：一种是以劳力入股，也叫人股；另一种以资金入股，又叫财股。曾主演电视连续剧《武生泰斗》的王金璐先生一九四八年夏天携长子来香山玩，在碧云寺小住，亲临煤窑参观并欣然入股。』[一]碧云

[一] 郎深源：《碧云寺生活见闻》，北京市政协资料委员会编，《北京文史资料·第五十八辑》，北京：北京出版社，一九九八年版。

寺的煤矿开采不仅吸纳资金，还将周围的居民以劳动力入股的形式吸引进来，在一九四七年至一九四九年左右不仅解决了寺方资金紧张的问题，也为乡民带来了一份收益。不过新中国成立后，为了保护香山环境，煤矿禁止开采了。

除此之外，寺院的树木也成了可以买卖的商品。[一]四川大学徐跃博士的研究发现，作为庙会公产资源之一的庙树，在各地都曾被砍伐，以为修缮、营造学堂之用，或筹作学堂运作经费，多有因此发生诉讼者。据南充市档案馆载上乘寺古树曾被盗伐四十三株，『邱辑瑞、房书带同木工以及木材商刘运煊往上乘寺，对所伐庙树制成的枋料逐一丈量尺寸，总计各类木料一百二十余件，共估价银九百二十五两五钱。』[二]寺院内部种植的古树多愈百年乃至千年，仅四十三株古树就能得银九百余两，可见当时的古树称得上是一种『财富』。不过由于古树多植于寺中，原是园林绿化之需，砍伐之后于寺院整体观感是颇有影响的，故政府反对古树砍伐，在警察局档案中就保留有不少盗卖古树的案宗。

[一] 在北京市档案馆所藏民国寺庙档案中，一九三八年以后关于盗伐寺院树木的条目达到八十二条之多，而之前关于寺院树木的档案记载近乎为零，说明三十年代以来由于各种社会原因，树木也成为财产之一。

[二] 徐跃：《清末四川庙产兴学进程中的砍伐庙树》，《四川大学学报（哲学社会科学版）》，二〇〇七年第五期。

契约文书索引

（一）租佃

（二）典当

（三）买卖

（四）施舍供养

（五）转换

（六）合同

（七）凭据

（QW—〇四三）康熙五十八年（一七一九）马云腾立借据……二七
（QW—〇四九）乾隆八年（一七四三）僧性德、寂志分单字据……三九
（QW—〇六二）乾隆五十四年（一七八九）僧行义立借钱字据……六七
（QW—〇七〇）嘉庆十四年（一八〇九）乡长邢秉理等人立伐御路树字据……八七
（QW—〇七一）嘉庆十四年（一八〇九）僧宁远立借据……八九
（QW—〇七九）道光九年（一八二九）李〇立借钱字据……一〇五
（QW—〇八五）道光十九年（一八三九）李万春等立凭据……一一七
（QW—〇二八）中华民国七年（一九一八）东北旺高德顺下忙串票……二〇七
（QW—〇二九）中华民国七年（一九一八）东北旺高德旺下忙串票……二〇九
（QW—〇二六）中华民国八年（一九一九）东北旺高德顺上忙串票……二一一
（QW—〇二七）中华民国八年（一九一九）东北旺高德旺上忙串票……二一三
（QW—〇三〇）中华民国十一年（一九二二）东北旺高德旺升科执照……二一七
（QW—〇三一）中华民国十一年（一九二二）东北旺高德旺升科执照……二一九
（QW—〇三二）中华民国十七年（一九二八）东北旺高德顺升科执照……二二五
（QW—〇三三）中华民国十七年（一九二八）东北旺高德旺升科执照……二二七
（QW—〇三四）中华民国十七年（一九二八）东北旺高德旺升科执照……二三三
（QW—〇三五）中华民国十七年（一九二八）东北旺高德顺升科执照……二三五
（QW—一〇八）［缺］赵连秋立凭证……二四一

（QW—一二〇）同治元年（一八六二）灵鹫庵立字据……二三九

（八）文书

（QW—〇五〇）乾隆十一年（一七四六）僧录司印堂告示……四一
（QW—一一五）乾隆四十二年（一七七七）准更入册……五七
（QW—一一六）嘉庆八年（一八〇三）娘娘庙住持源利更名入册……八一
（QW—〇七二）嘉庆二十三年（一八一八）札谕文书……九一
（QW—〇七七）道光八年（一八二八）西山大觉寺住持僧真觉呈告文书……一〇一
（QW—一二四）同治四年（一八六五）城主老爷恩准法兴寺显明更名入册……一三七
（QW—一二五）同治四年（一八六五）印堂老和尚恩准法兴寺显明更名入册……一三九
（QW—一二六）光绪甲午年（一八九四）壬申月丛林规约禁止清规……一七〇
（QW—一二七）光绪甲午年（一八九四）己巳月禅堂规条……一六八
（QW—一〇五）光绪三十三年（一九〇七）本利木厂开南塔院做法清单……一七五
（QW—一二二）抄记　中华民国四年（一九一五）庙产执照……二〇三
（QW—一二三）中华民国十三年（一九二四）京师地方审判厅判决文书……二一二

参考书目及论文

一、（梁）慧皎：《高僧传合集》，上海：上海古籍出版社，一九九一年版。
二、（明）沈榜：《宛署杂记》，北京：北京古籍出版社，一九八三年版。
三、（清）高宗弘历撰文，庄有恭正书：《御制重修大觉寺碑》，刻于清代乾隆十二年，碑石立于大觉寺南碑亭内。
四、（清）麟庆著文，汪春泉等绘图：《鸿雪因缘图记》，北京：北京古籍出版社，一九八四年版。
五、（清）缪荃孙、刘万源编：《光绪昌平州志》，北京：北京古籍出版社，一九八九年版。
六、（清）释际宽等编：《佛泉禅师语录》卷五，板存大觉寺，清乾隆三年版。
七、（清）释了睿等编：《月天宽禅师语录》卷上，板存大觉寺，清乾隆年间版。
八、（清）《性音和尚塔记》拓本，现藏于国家图书馆。
九、（清）于敏中等：《日下旧闻考》，北京：北京古籍出版社，一九八三年版。
十、（清）雍亲王胤禛：《送迦陵禅师安大觉方丈碑记》，刻于清康熙五十九年，碑石立于大觉寺南碑亭。
十一、（清）周家楣、缪荃孙编：《光绪顺天府志》，北京：北京古籍出版社，一九八七年版。
十二、安徽省博物馆：《明清徽州社会经济资料丛编》，北京：中国社会科学出版社，一九八八年版。
十三、北平市政府秘书处：《旧都文物略》，民国二十四年版。
十四、比丘明：《中国佛学人名辞典》，北京：中华书局，一九八八年版。
十五、冯尔康：《清人生活漫步》，北京：中国社会出版社，一九九九年版。

十六、冯尔康、许盛恒、阎爱民：《雍正皇帝全传》，北京：学苑出版社，一九九四年版。
十七、冯钟平：《中国园林建筑》，北京：清华大学出版社，一九八八年版。
十八、奉宽：《妙峰山琐记》，国立中山大学民俗学会，民国十八年版。
十九、光绪《大清会典事例》卷七五五，《刑部·户律·田宅·典买田宅》，北京：中华书局，一九九一年版。
二十、何孝荣：《明代南京寺院研究》，北京：中国社会科学出版社，二〇〇〇年版。
二十一、李慎言：《燕都名山游记》，北京：北京燕都学社，民国二十五年版。
二十二、梁思成著：《中国建筑史》，天津：百花文艺出版社，一九九八年版。
二十三、刘侗、于奕正：《帝京景物略》，上海：古典文学出版社，一九五七年版。
二十四、秦进才：《大觉寺所藏清代契约文书史料价值浅谈》，《中国农史》，二〇〇六年第二期。
二十五、全根先、张有道：《中国佛教文化大典》，西宁：青海人民出版社，一九九九年版。
二十六、任道斌：《佛教文化辞典》，杭州：浙江古籍出版社，一九九四年版。
二十七、孙荣芬、孙蕴芬、宣立品：《大觉禅寺》，北京：北京出版社，二〇〇六年版。
二十八、田树藩：《西山名胜记》，大华印书局，民国三十五年版。
二十九、汪建民、侯伟著：《北京的古塔》，北京：学苑出版社，二〇〇三年版。
三十、宣立品：《大觉寺契约文书与海淀区部分地名的发展演变》，《北京文博》，二〇〇七年。
三十一、张传玺主编：《中国历代契约汇编考释》，北京：北京大学出版社，一九九五年版。
三十二、郑天挺，谭其骧主编：《中国历史大辞典·清史卷(上)》，上海：上海辞书出版社出版，一九九二年版。
三十三、中国历史大辞典·清史卷(上)编纂委员会编：《中国历史大辞典·清史卷(上)》，上海：上海辞书出版社，一九九二年版。
三十四、中国社会科学院历史研究所：《徽州千年契约文书》，石家庄：花山文艺出版社，一九九三年版。
三十五、周齐：《明朝诸帝的佛教认知与政治文化环境》，《法源》，二〇〇一年第一九期。
三十六、周维权著：《中国古典园林史》，北京：清华大学出版社，一九九〇年版。

俗写字、同音字借用与正字对照表

俗写字、同音字	正字	俗写字、同音字	正字
有	由	清	情
傅、付	父	源	愿
艮	银	作	做
文	纹	做	作
正	整	俩	两
⿰争争	争	随	虽
竸	竞	涌	甬
返，⿰忄反，翻	反	须	许
相	厢	察	查
作、座	坐	歉	欠
凹	洼	费	废
已	以	竹	住
以	已	敢	感
倒	到	伦	论
昔	息	壹	一

后记

发现于二十世纪九十年代初的大觉寺藏契约文书，内容丰富，保存基本完整，具有很高的学术价值，是研究清代社会经济、大觉寺寺院经济和寺院历史极为宝贵的原始资料。关于大觉寺藏契约文书的整理研究工作一直在陆续进行，目前已有多篇论文发表，部分契约文书内容也以专项展览、图书出版等形式面世，得到学者、公众的广泛关注。《北京西山大觉寺藏清代契约文书整理及研究》一书即是通过对契约文书梳理分析、释疑考证并结合有关历史文献进行的综合研究，探寻清代大觉寺经济发展脉络和大觉寺寺院历史兴衰情况，从而为清代寺院经济，社会经济的研究提供新的材料证明。

《北京西山大觉寺藏清代契约文书整理及研究》从早期课题立项到获得出版项目资助，北京市文物局领导及学术委员会诸多专家学者给予了大力支持和帮助。北京市文物局舒小峰局长始终关心着大觉寺科研业务工作的发展，时任副局长主管文博业务工作时就多次关心并指导大觉寺业务工作的开展，对大觉寺藏契约文书的研究方向、研究方法给予了很好的建议。听取工作汇报时常常鼓励工作人员虚心求教于专家学者，认真钻研业务工作，在实践中不断提高综合研究能力。北京西山大觉寺管理处历任领导都非常重视科研业务工作，关少坚主任在任期间，多次邀请赵其昌、吴梦麟等文博界专家学者到大觉寺就契约文书的研究价值、研究步骤等内容进行探讨，在课题申报立项，组建研究力量等方面给予支持和帮助。孙荣芬主任上任伊始，看到业务人员缺乏、研究工作遇到困难时，想方设法予以解决。来自河北师范大学历史系的秦进才教授，在大觉寺考察期间阅览了契约文书的档案资料，悉心指导业务人员撰写相关研究论文，期盼寺藏契约文书尽早公布于世。著名学者伊葆力先生作为大觉寺文博业务顾问，建议将契约文书初步整理及研究成果入选《大觉禅寺》图书，并精选四十余件契约文书图片资料作为重要内容首次出版；参与《大觉寺藏契约文书展》专项展览策划，对外展出寺藏契约文书八十余件，展览推出后获得观众好评，多家媒体进行了报道宣传，大觉寺藏契约文书引起更多人士的关注。二〇一三年管理处对大觉寺历史文化展进行改陈工作，辟出专门展区展示契约文书的内容，并将陈列内容编制画册正式出版。展陈及画册都涉及了契约文书的相关内容。由于诸多原因，寺藏契约文书的全部档案还未得到整理并公布于世，未得到很好的开发和利用。有鉴于此，大觉寺管理处姬脉利主任建议将全部契约文书整理研究后出版并将其申报为北京市文物局科研成果出版项目。针对寺藏契约文书的整理及研究现状，姬脉利主任要求按照学术委员会专家的意见进行认真修改和补充，支持鼓励业务人员进行科研工作并为之创造了良好的工作环境。

《北京西山大觉寺藏清代契约文书整理及研究》一书，经过近两个寒暑的修改补充，不断完善，于二〇一四年岁末终于付梓。作为契约申报北京市文物局科研项目的负责人，笔者有幸参与了大觉寺藏契约文书的整理及研究工作。从契约文书的入藏建档，图片文字的整理搜集，到专题展览策划、课题申报以及图书编纂，做了许多具体的工作。在契约文书的整理及研究过程中多次亲耳聆听专家学者的悉心指教和精辟论述，真切感受到领导同事给予的关怀理解和支持帮助，至今回忆起来，许多场景，历历在目……在本书即将付梓之际，谨向以上提到的各位领导、专家学者及未提到而对本书的写作出版给予帮助的诸多同事和朋友致以真诚的谢意！本书的完成尤其须向秦进才教授致谢，秦进才教授是河北师范大学中国古代史与历史文献整理研究领域著名的专家学者，大觉寺藏契约文书整理及研究选题的挖掘，凝聚着他的心血，在学术上给予细心的指导和帮助，秦先生还在百忙之中抽出时间，审阅修改了《北京西山大觉寺藏清代契约文书整理及研究》书稿内容，对契约文书的具体编校工作提出了宝贵的意见和建议。刘卫东老师、原北京古籍出版社总编辑杨璐老师，也在百忙之中审读了稿件，并提出了专业的意见，在此向二位老师一并致以谢意。此外还要对为本书的出版给予鼎立支持的北京燕山出版社，以及许立华社长等诸位领导表示诚挚谢意！副总编李满意以其敏锐的工作视角，经她精心评估策划，还将该项目申报并获得国家出版基金项目资助，她和本书的编辑团队（编室主任王梦楠，责任编辑海涵、郭东梅，以及质检老师胡玉萍等）对本书的编写体例、录文、索引规范等提出许多独到建议，并就录文录入做了严谨、规范的处理工作，也在此致以衷心的感谢！

另外，在编写此书的过程中曾借鉴和参考了许多相关的著作和论文，也借此机会向这些作者表示感谢！限于研究能力水平，书中难免有内容遗漏、观点不当之处，希望专家学者提出宝贵意见，也恳请读者批评指正。

张蕴芬

二〇一四年十月记于大觉寺